Aen Hanghmoeg Cienmonz Bued Cienz Oksaw Gij Sawcih Minzcuz
民族文字出版专项资金资助项目

SAWGING NGEIHCIBSEIQ HAUQ GOENGSAE BOUXCUENGH

壮族师公二十四孝经书

(Fanhoiz Cawqgej)

（译注）

Gvanh Swgingh souloeg hoizgej
关仕京　采录译注

Gvangjsih Minzcuz Cuzbanjse
广西民族出版社

作者简介

关仕京，男，壮族，长期从事汉壮语文翻译和审定译稿工作，现为国家二级译审、享受政府特殊津贴专家，广西师范学院、中央民族大学等高校兼职教授。被聘为广西区翻译系列高级专业技术资格评委委员、国家民委少数民族语言文字出版和翻译专业高级职称评委委员、广西区第十一次社会科学优秀成果奖评审专家，担任广西区民语委壮文专家工作组副组长、广西少数民族语文学会副会长。

参加《毛泽东选集》《邓小平文选》《资本论》《马克思恩格斯文集》等十多部经典著作以及1987年以来参加全国人大、政协历次大会重要文件的翻译、审定译稿。执行主编并审定汉壮双语工具书《现代汉壮词汇》；主编并审定《学生多用词典》；主编《壮汉词汇》（两人主编）多部汉文工具书；主编并审定《赶圩歌》（合著）、《中国壮剧传统剧作集成·上林卷》、《壮族四大悲歌》、《壮族俗语集成》（上林、武鸣篇）。个人译著有《壮族传统对唱恋歌》《象州歌谣》《寡妇苦歌》《壮族孝母歌》等。发表的汉文散文有《讨奶》《神仙果》等50多篇，发表壮文短篇散文有《掌犁》等30多篇。

内容提要

该书是壮族师公举行法事时演唱的歌,由二十四个古壮字手抄本组成,全是诗歌体裁,讲究押韵,诗句十分优美。其主要内容是关于古人行孝的感人事迹,奉劝世人诚心行孝,行善积德,知恩图报,建立和睦家庭,搞好人际关系,构建和谐社会。师公演唱时声情并茂,感人肺腑,催人泪下,发人深省。

全书采用四行对照式。即第一行是标准拼音壮文,第二行是国际音标,第三行是直译汉文,第四行意译汉文。并对难以理解的词语加以注解,力争做到准确恰当,便于读者理解和把握全书的思想内容和艺术特色。

Vahhaidaeuz

《Ngeihcibseiq Hauq》banj Sawgun, sij miz ngeihcibseiq boux hauqceij caenhsim hengzhauq、ndaej aendaek rox bauqdap doenghgij saeh gamjdoengh vunz neix. De youq dieg Bouxcuengh gvangqlangh riuzcienz le, Bouxcuengh gaengawq gij neiyungz de, giethab gij yinzswnghgvanh、gyacizgvanh、sinjmeijgvanh、daudwzgvanh Bouxcuengh dem gij gezgou yinhlwd fwen Bouxcuengh daengj, biensij ok ngeihcibseiq bien fwenhauq Bouxcuengh, ndawbiengz miz lai cungj bonjfwngzcau sawndip, neiyungz daihdaej doxdoengz. Gou youq Gvangjsih Bouxcuengh Swcigih Nanzningz Si Vujmingz Gih Ningzvuj Cin soucomz ndaej gij daejbonj bouh saw neix —— bonjfwngzcau《Bouh Saw Caezcingj Ngeihcibseiq Hauq Ciuzgonq》. Neix dwg bouh sawging bonjfwngzcau ndeu, goengsae Bouxcuengh guh fapsaeh seiz ciuq de bae yienjciengq, cienzbouh yungh sawndip daeuj causij, gungh miz ngeihcibseiq bien, caemh dwg ngeihcibseiq aen hengzhauq gojsaeh siengdoiq doglaeb. Gou cingjleix、fanhoiz cawqgej bonjfwngzcau neix seiz, vihliux sawj gij mingzcoh bouh saw neix engqgya ciengzsaeq mingzbeg, mingz saed doxhab, couh dawz gij sawmingz bonj saw neix gaij baenz《Sawging Ngeihcibseiq Hauq Goengsae Bouxcuengh》(fanhoiz cawqgej).

《Sawging Ngeihcibseiq Hauq Goengsae Bouxcuengh》(fanhoiz cawqgej) miz geij aen daegdiemj lajneix:

It、Cujyau dwg doiq gij neiyungz《Ngeihcibseiq Hauq》banj Sawgun haenx ciuqyungh、gaijbien caeuq saenbien.

Sien dwg ciuqyungh. Gizneix soj gangj ciuqyungh, dwg ceij ciuqyungh gij gojsaeh cingzciet《Ngeihcibseiq Hauq》banj Sawgun. Lumjbaenz daih cibgouj bien《Laujlaizswj Hengzhauq》, couh dwg ciuqyungh gij gojsaeh cingzciet《Ngeihcibseiq Hauq》banj Sawgun, Laujlaizswj siengj caenh banhfap hauqgingq bohmeh, de gaenq ndaej 70 bi baenzlai, vih sawj bohmeh sim'angq, gingqyienz daenj buhva cangguh lwgnyez, hawj bohmeh vuenheij. De rap raemx ma deng laemx, hixnaengz ringx gwnz doem, hag lwgnyez daej, daeuq bohmeh riuhaha.

Daihngeih dwg gaijbien. Lumjbaenz《Ngeihcibseiq Hauq》banj Sawgun aen gojsaeh "aeu cij maxloeg hawj bohmeh gwn" neix, Yenjswj boux cujyinzgungh neix dwg boux gozginh aen Yenjgoz mwh Dunghcouh guek raeuz, caenhsim hengzhauq. Bohmeh de song aen da cungj baenzbingh, aeu gwn cij maxloeg cij ndaej yw ndei. Yenjswj couh aemq naengmaxloeg, cangndang ndonj haeuj ndaw gyoengq maxloeg bae aeu cij maxloeg, ma hawj bohmeh gwn. Hoeng bouh saw neix bien daihcaet "Yenjswj Hengzhauq", doiq aen gojsaeh "aeu cij maxloeg hawj bohmeh gwn" neix guh gaijbien lo, dawz Yenjswj gaij baenz dah lwgdog simsoh ndeu, vih ciengx bohmeh goengbuz cix baenzciuh mbouj bae haq.

Daihsam dwg saenbien. Lumjbaenz bien《Gyangh Sih Hengzhauq》neix, cawz boux cujyinzgungh Gyangh Sih mingzcoh mbouj bienq, gojsaeh cingzciet cienzbouh dwg saenbien, Gyangh Sih youz vunzsai gaij baenz vunzmbwk. De haq hawj Fanh Liengz, Fanh Liengz deng gaemh bae gingsingz cuk ciengzsingz deng ciengz nap dai. Gyangh Sih ganj bae banhleix sangsaeh, doeklaeng riengz Fanh Liengz haeuj yaemfouj bae. Song boux bienqbaenz doiq ngwz ndeu, caenhsim hauqgingq mehlaux, aen hauqgingq gojsaeh neix gig gamjdoengh vunz.

Ngeih、Cujyau dwg sij gij saeh hengz sienh hengzhauq、ndaej aendaek rox bauqdap cix gamjdoengh vunz neix, haenh gyoengqde gij hengzhauq binjdwz gig ndei. Luz Ciz 6 bi couh rox cam aeu makgam hawj meh gwn; Dungj Yungj aenvih gya gungz cix gaindang cangq boh; Yenjswj vih fugsaeh bohmeh caeuq goengbuz, cix baenzciuh mbouj haq; Vuz Mungj daegdaengq hawj nyungz gaet lwed bonjfaenh, cix sawj bohmeh mbouj deng nyungz haeb; Vangz Siengz ninz gwnz daemz gouz byaleix hawj mehlaeng gwn doenghgij neix. Gyoengq hauqceij gig hauqgingq bouxlaux, gamjdoengh diendeih, ndaej seiqseiq daihdaih cienz haenh.

Sam、Gya gij yenzsu daegbied dieg Bouxcuengh haeujbae. Youq ndaw fwen hengzhauq, mizmbangj lij gaengawq Bouxcuengh gij sinjmeij aeu miz、cauhsij daegdiemj de, gyahaeuj gij yenzsu daegbied dieg Bouxcuengh. Lumjbaenz bouh saw neix daih ngeihcibngeih bien "Dingh Lanz Hengzhauq", sij Dingh Lanz daengz Hawgiuzleih bae ra meh. "Hawgiuzleih", dwg gij coh aen haw Mbanjcuengh ndeu, youq Gvangjsih Majsanh Yen Gyauzli Yangh. Goengsae Bouxcuengh bien fwen seiz, daegdaengq gya "Hawgiuzleih" doenghgij yenzsu Mbanjcuengh daegbied neix, hawj bouxyawjsaw、bouxdingq roxnyinh gij gojsaeh goengsae soj yienjciengq neix, couh dwg gij saeh bonjdieg, lumjbaenz caenndang camgya, caensaed saenq ndaej.

Seiq、Ciuq gij gezgou caeuq yinhlwd fwen Bouxcuengh daeuj biensij fwen. Ngeihcibseiq bien fwenhauq Bouxcuengh, cungj dwg sei, moix bien cungj dwg youz gij fwen moix gawq haj cih caeuq moix gawq caet cih gapbaenz, caemhcaiq cujyau dwg "din hwet" dawzyinh, doeg hwnjdaeuj habbak dangqmaz, miz gij yinh mizyinx fwen Bouxcuengh lailai. Hawj vunz mbouj ndaej mbouj boiqfug Bouxcuengh gij bonjsaeh ak aeu fwen daeuj lwnh saeh neix.

Haj、Moix bien fwenhauq cungj youz "fwenlaegdin moix gawq haj cih" caeuq "fwen moix gawq caet cih" gonqlaeng song bouhfaenh gapbaenz. Ngeihcibseiq bien fwenhauq Bouxcuengh ndawde, moix bien fwenhauq haidaeuz sien miz "fwenlaegdin moix gawq haj cih" aen bouhfaenh neix, gaenlaeng dwg "fwen moix gawq caet cih" aen bouhfaenh neix, caiqlij miz gij daegdiemj lajneix:

1. Fwenlaegdin moix gawq haj cih aen bouhfaenh neix, cungj dwg gij fwen laegdin moix gawq haj cih, miz mbangj gawq fwen cungzfuk okyienh, gawq fwen doxsonx, yinhdiemj maeddeih, gig miz yinhlwd. Gij neiyungz de cujyau dwg yinxhaeuj doengh boux vunz、saehgienh soj yaek yienjciengq haenx, hawj bouxyawjsaw、bouxdingq doiq gij neiyungz bien fwenhauq neix, sien miz cobouh roxyiuj, miz gij yunghcawq cadawz cujyau、genjdanh mingzbeg neix.

2. Fwen moix gawq caet cih aen bouhfaenh neix, cungj dwg song gawq guh ciet ndeu, dawz "yinh din hwet"。Gij cujyau neiyungz de, dwg gvendaengz vunz ciuhgeq hengzhauq doengh aen gojsaeh gamjdoengh vunz haenx, gienq vunzbiengz caensim hengzhauq, hengzsienh rom daek, ndaej aendaek rox bauqdap.

3. Moix bien fwenhauq aen bouhfaenh fwen moix gawq caet cih de, haidaeuz neiyungz caeuq vahgawq hingzsik cungj daihdaej doxdoengz, baenz le cungj yienghsik doekdingh ndeu:

Heij souj youh daj yiengsoujdiuh,
Fuk souj youh daj fungh siuyieng.

Seng dwk gojsing diuh lingh yiengh,
Lwnhciengq Sundi gyangq sangciengz.

Ciuz neix cawqyouq fungh sang guek,
Ndaejnyi gyong'yag nauh yixywenx.

Ndaejnyi gyong'yag sing mbouj duenh,
Swenx byoem hengzhauq gyangq sangciengz.

Vih gijmaz moix bien fwenhauq aen bouhfaenh fwen moix gawq caet cih de, haidaeuz cungj yaek yungh gij vahgawq gezgou hingzsik doekdingh、neiyungz daihdaej doxdoengz? Raeuz nyinhnaeuz, doenghgij fwenhauq neix cungj dwg youq sangciengz cungj ciengzhab daegdingh neix yienjciengq, gij fwen haidaeuz neix, yunghcawq dwg yinxok gij hauqceij、saehgienh yaek yienjciengq daengz haenx, caiqlij dazyinx gyoengq hauqnamz hauqnawx haeuj daengz ndaw ciengzgingj daegbied sangciengz bae. Vahgawq gezgou hingzsik、neiyungz daihdaej doxdoengz, it fuengbienh goengsae geiqmaenh, ngeih fuengbienh gyoengq hauqnamz hauqnawx ndaw uk cauxbaenz gij yienghsik doekdingh le, baez haidaeuz doeg fwenhauq, couh ndaej sikhaek gamjdoengh ndawsim, gig vaiq haeuj ciengzgingj、haeuj sangcingz.

Roek、Fwenhauq Bouxcuengh gij yunghcawq son vunz haenx gig yienhda. Gij fwenhauq Bouxcuengh bonjlaiz couh miz gij goengyungh son vunz hengzhauq, caiq gyahwnj goengsae yienjciengq fwen hengzhauq seiz sing'yaem gyaeundei、gamjcingz fungfouq, gamjdoengh sim vunz, sawj vunz raemxda rih, sawj vunz roxsingj, son gyoengq hauqnamz hauqnawx baenzlawz guhvunz, vihneix gij yunghcawq son vunz de gig yienhda. Gijneix youq seizneix dizcang gohyoz fazcanj、huzndei fazcanj、laeb aenbiengz huzndei, vanzlij miz yienhsaed eiqsei gig daih.

Raeuz ciuqcoengz aen gohyoz yenzcwz ciuq saedsaeh guh neix, daeuj cingjleix、fanhoiz、cawqgej, caenhliengh baujlouz gij swhsiengj neiyungz caeuq yisuz daegdiemj bonjfwngzcau. Bouh saw neix dwg bouh saw seiq hangz doiqciuq: Daih'it hangz dwg Sawcuengh gyoebyaem fanhoiz gij sawndip bonjfwngzcau; daihngeih hangz dwg gozci yinhbyauh biuyaem; daihsam hangz Sawgun doiqwngq cigsoh fanhoiz; daihseiq hangz dwg Sawgun ciuq eiqsei fanhoiz. Doengzseiz, ndaw saw doiq doengh aen swz mbouj yungzheih roxyiuj de, lingh gya cawqgej, caenhliengh guh daengz habdangq、cinjdeng.

Fwen ngeihcibseiq hauq Bouxcuengh, caensaed geiqloeg le Gun Cuengh vwnzva gyaulouz、yungzhab caeuq cienzswnj, dwg gij vwnzva mbouj dwg vuzciz engqgya cigndaej yawjdij、yawjnaek, raeuz wngdang gibseiz、gohyoz、cienzmienh bae soucomz、ra aeu、cingjleix、fanhoiz、okbanj, sawj gij fwenhauq vwnzva Bouxcuengh ndaej mizyauq cienzswnj、daihlig fazyangz.

Gvanh Swgingh
2015. 7

前言

汉文版《二十四孝》描述了二十四位孝子尽心行孝、知恩图报的感人事迹。它在壮族地区广泛流传后，壮族人根据其内容，结合壮族人的人生观、价值观、审美观、道德观以及壮族山歌的结构韵律等，编写出壮族的二十四行孝歌，民间有多种古壮字（方块壮字）手抄本，内容大同小异。我在广西壮族自治区南宁市武鸣区宁武镇收集到本书的底本——《前朝二十四行孝全书》手抄本。这是壮族师公举行法事时演唱所用的一部经书手抄本，全部用古壮字来抄写，共有二十四篇，亦即二十四个相对独立的行孝故事。我对这部手抄本进行整理、译注时，为使书名更具体明白，名副其实，将本书名改为《壮族师公二十四孝经书》（译注）。

《壮族师公二十四孝经书》（译注）有如下几个特点：

一、主要是对汉文版《二十四孝》内容的沿用、改编和新编。

首先是沿用。这里所说的"沿用"，指沿用汉文版《二十四孝》的故事情节。比如第十九篇《老莱子行孝》，就是沿用了汉文版《二十四孝》的故事情节，老莱子想方设法孝敬父母，他已是七十岁高龄，为让父母高兴，竟穿彩服扮小孩样，让父母开心。他挑水回来摔倒，就干脆打滚地面，学小孩哭闹，逗父母欢乐。

其次是改编。比如汉文版《二十四孝》"鹿乳奉亲"的故事，主人公郯子是我国东周时期郯国的国君，尽心行孝。他父母双目都患有疾病，要喝鹿乳才能治好。郯子就披上鹿皮，伪装到群鹿中取鹿乳，来供养双亲。但本书第七篇"剡子行孝"，对"鹿乳奉亲"故事作了改编，把剡子改成个心地善良的独生女，为供养父母和祖父母四位老人而终身不嫁。

再次是新编。比如《姜诗行孝》篇除了主人公姜诗的名字不变外，故事情节完全是新编的。姜诗由男性改成女性。她嫁给万良，万良被抓去京城筑城墙被塌墙压死。姜诗赶去给丈夫办丧事，后跟随万良进入阴府。两人化成一对蛇，尽心孝敬老母，这个行孝故事感人至深。

二、主要是叙述孝子积善行孝、知恩图报的感人事迹，赞颂他们高尚的行孝品德。陆绩六岁就会讨柑橘给母亲品尝；董永因家贫卖身葬父；剡子为侍奉父母和祖父母，终身不嫁；吴猛特意让蚊子吃自己的血，让父母不被蚊子咬；王祥卧塘求得鲤鱼给后母吃等等。孝子们事亲至孝，感天动地，为世代所传颂。

三、注入壮族壮乡的独特元素。壮族行孝歌中，有的还根据壮族人的审美需求、创作特点，注入壮族壮乡的独特元素。比如本书第二十二篇“丁兰行孝”，写丁兰到乔利圩寻母。“乔利圩”壮语称为“Hawgiuzleih”，是壮乡圩镇名，在广西马山县乔利乡。壮族师公编歌时特地加上乔利圩等壮乡独有的元素，让读者、听众觉得师公唱的就是本土的故事，如临其境，真实可信。

四、完全按照壮族山歌的结构和韵律来编歌。壮族二十四行孝歌，均为诗歌体裁。每篇都是由五言歌和七言歌组成，而且主要是押脚腰韵，念起来朗朗上口，散发出浓浓的壮歌韵味。让人不得不佩服壮族人以歌叙事的高超本领。

五、每篇孝歌都由“五言勒脚歌”和“七言歌”前后两部分组成。壮族二十四篇孝歌中，每篇孝歌开头先有“五言勒脚歌”部分，接着是“七言歌”部分，且有以下特征：

1. 五言勒脚歌部分，都是五言勒脚歌，有的句子重复出现，歌句相套，韵点密集，富有韵律。其内容主要是引入所要唱述的人物、事件等，让读者、听众对本篇孝歌内容先有个初步了解，有提纲挈领的作用。

2. 七言歌部分，都是两句为一节，押脚腰韵。其主要内容是关于古人行孝的感人故事，奉劝世人诚心行孝，行善积德，知恩图报。

3. 每篇孝歌的七言歌部分的开头，其内容和句式都大体相同，成了一种固定模式：

起首又打香首调，
伏首又打奉烧香。

生打鼓声调另样，
论唱舜帝降丧场。

本朝处在奉丧国，
听见锣鼓闹嚷嚷。

听见锣鼓声不断，
散发行孝降丧场。

为什么每篇孝歌的七言歌部分，开头都要用这样一种句式固定、内容基本相同的歌词？我认为，这些孝歌都是在丧场这种特定的场合演唱，开头的这些歌词主要作用是引出要唱述的孝子、事件，并引导孝男孝女们进入丧场的特殊场景。句式、内容大体相同，一则便于师公记忆，二则便于让孝子们脑子形成固定模式后，一开始诵唱孝歌，就能立即感动内心，很快入境、入情。

六、壮族行孝歌教化功能非常明显。壮族行孝歌本来就有教育人行孝的功用，加上师公演唱行孝歌时声情并茂，感人肺腑，催人泪下，发人深省，教育孝男孝女如何立身做人，因而其教化功能非常明显。这在提倡科学发展、和谐发展、建立和谐社会的今天，仍然具有十分重要的现实意义。

我们遵循实事求是的科学原则对本书进行整理、译注，尽量保持手抄本的思想内容和艺术特点。本书为四对照文本：第一行为拼音壮文，翻译手抄本古壮字；第二行为国际音标注音；第三行为汉文直译；第四行为汉文意译。同时，正文中对难以理解的词语，另加注解，力争做到妥帖、准确。

壮族二十四孝歌，是汉壮文化交流、融合和传承的真实记载，是弥足珍贵的非物质文化，我们应当及时、科学、全面地进行收集、挖掘、整理、翻译、出版，让壮族的孝歌文化得以有效传承，发扬光大。

关仕京

2015.7

MOEGLOEG
目录

Daih'it Bien Sundi Hengzhauq
第一篇 舜帝行孝

Genjdanh Gangj Neiyungz

Sundi, singq Yauz, mingz Cung'vaz, sw (aen biedmingz ciuq mingzcoh hamzeiq lingh an) dwg Duhginh, dai le hawj aen cwnghauh "Sun". Aenvih guekmingz dwg "Yiz", soqlaiz youh cwngguh Yizsun. Dwg cienzgangj ndawde bouxdaeuz aen buloz lenzmungz geizlaeng fuhi sicuz sevei, dwg Cungguek lizsij cienzgangj sam vuengz haj daeq ndawde boux vuengzdaeq ndeu.

Bien fwenhauq neix, lwnhgangj Sundi daj iq couh deng mehlaeng caeuq Daegciengh bouxnuengx mehlaeng seng neix bikhaih.

Baez ndeu, mehlaeng heuh Sun bae coih gwnzdingj aen canghaeux. Youq mwh Sun daj aenlae benz daengz gwnz dingj canghaeux, mehlaeng couh beuj aenlae deuz, Daegciengh youq baihlaj coemh feiz, yaek coemh dai Sun bae. Caeklaiq Bohmbwn baij funghvuengz daeuj gouq, de cij duetyiemj.

Mehlaeng caeuq Daegciengh bingq mbouj gamsim, youh heuh Sun bae vat cingj. Sun roengz cingj bae le, mehlaeng caeuq Daegciengh couh aeu namh caeuq rin dienz cingj, yaek haemlix Sun youq laj daejcingj. Haujcaij Sun ndaej daengz duzsaenz daeuj bang, cij ndaej bingzan ma ranz.

Sun deng gvaq haujlai baez muznanh, hoeng vanzlij gig hauqgingq bohmeh, gyaezhoh daegnuengx, lij nyiengh cienzbouh gyacaiz hawj daegnuengx.

Sun youq Byaligsan gaenx dajndaem gvaq. Aenvih de binjdwz gig ndei, youq ndawbiengz vimuengh daih, vunz dangdieg mbouj caiq doxceng reihnaz, caezgya doxnyiengh.

Doeklaeng Yauzdi nyiengh vihvuengz hawj Sun, youh haq dahlwg swhgeij hawj Sun. Sun ciep guh vuengzdaeq le, lij lumj doenghbaez ityiengh, doiqdaih bohmeh caeuq daegnuengx gig unqswnh huzheiq.

Sundi ndaej cwngguh boux daih hauqceij ndeu! Bien neix lwnhgangj Sundi hengzhauq, dwg coengz dienceij caengz ceiq sang neix daeuj gangj hauq.

内容简介

舜帝，姓姚，名重华，字都君，谥曰“舜”。因国名“虞”，故又称虞舜。是传说中的父系氏族社会后期部落联盟首领，是中国历史传说三皇五帝中的五帝之一。

本篇孝歌叙述舜帝从小就受到后母和后母所生之弟象的迫害。

一次，后母叫舜修补粮仓顶部。当舜从梯子爬到仓顶时，后娘就搬走梯子，象就在下面烧火，想把舜烧死。幸好上帝派凤凰来救舜，他才脱险。

后母和象并不甘心，又叫舜去挖井。舜下井去后，后母和象就用土石填井，想把舜活埋在井底。幸亏舜得到神助，才能安全回家。

舜屡经磨难，但仍很孝敬父母，爱护弟弟，并把家里财产都让给弟弟。

舜曾辛勤耕种于历山。因他品德高尚，在民间威望大，当地人不再争田界，互相谦让。

后尧帝把皇位让给舜，又将自己的女儿嫁给他。舜接替尧登上帝位后，还是像过去一样和和气气对待他的父母和弟弟。

舜帝可以称得上大孝之人！本篇讲述舜帝行孝，是从天子这个最高层次的角度来说孝的。

Fwenlaegdin moix gawq haj cih

fɯ:n^{1} lak^{8} tin^{1} mo:i^{4} kaɯ^{5} ha^{3} ɕi^{6}

五言勒脚歌

Caem sing cungq bouxlaux,
ɕam^{1} θiŋ^{1} ɕuŋ^{5} pou^{4} la:u^{4}
沉静 声 众 老人
父老们寂声，

Lwnh cienzciuz lwgminz;
lɯn^{6} ɕi:n^{2} ɕi:u^{2} lɯk^{8} min^{2}
论 前朝 子民
论前朝古人；

Ngeihcibseiq hauqcingz,
ŋei^{6} ɕip^{8} θei^{5} ha:u^{5} ɕiŋ^{2}
二十四 孝情
二十四孝情，

Raeuz dingq ndei vunzlai.
ɣau^{2} tiŋ^{5} ʔdei^{1} wun^{2} la:i^{1}
我们 听 好 众人
众人听入神。

Naeuz mehmbwk gaej daej,
nau^{2} me^{6}ʔbɯk^{7} kai^{3} tai^{3}
说 女人 别 哭
说妇女别哭，

Sae hwnjdaeuj diuqhauq;
θai^{1} hɯn^{3} tau^{3} ti:u^{5} ha:u^{5}
师公 起来 吊孝
师公来祭神；

Caem sing cungq bouxlaux,
ɕam^{1} θiŋ^{1} ɕuŋ^{5} pou^{4} la:u^{4}
沉静 声 众 老人
父老们寂声，

Lwnh cienzciuz lwgminz.
lɯn^{6} ɕi:n^{2} ɕi:u^{2} lɯk^{8} min^{2}
论 前朝 子民
论前朝古人。

Langh miz mou miz gaeq,
la:ŋ^{6} mi^{2} mou^{1} mi^{2} kai^{5}
如果 有 猪 有 鸡
若有猪有鸡，

Dawz ma caeq daizlingz;
taɯ^{2} ma^{1} ɕai^{5} ta:i^{2} liŋ^{2}
拿 回 祭 台灵
灵台祭祖人；

Ngeihcibseiq hauqcingz,
ŋei^{6} ɕip^{8} θei^{5} haːu^{5} ɕiŋ^{2}
二十四 孝情
二十四孝情，

Raeuz dingq ndei vunzlai.
ɣau^{2} tiŋ^{5} ʔdei^{1} wun^{2}laːi^{1}
我们 听 好 众人
众人听入神。

Naeuz sou gyoengq hauqnamz,
nau^{2} θou^{1} kjoŋ^{5} haːu^{5} naːm^{2}
说 你们 众 孝男
说你们孝男，

Gaem fan riengz heux faex;
kam^{1} faːn^{1} ɣiːŋ^{2} heːu^{4} fai^{4}
拿 幡 随 绕 木(棺材)
拿幡环绕棺；

Lwnh hengzhauq gojsaeh,
lɯn^{6} heːŋ^{2} haːu^{5} ko^{3} θai^{6}
论 行孝 故事
论行孝故事，

Boiz ndei bohmeh cingz.
poːi^{2} ʔdei^{1} po^{6} me^{6} ɕiŋ^{2}
偿还 好 父母 恩情
父母恩要还。

Bohmeh dai gvaqseiq,
Po^{6} me^{6} taːi^{1} kwa^{5} θei^{5}
父母 死 过世
父母已过世，

Cingq ngoenzneix boizvanz;
ɕiŋ^{5} ŋon^{2} nei^{4} poːi^{2} waːn^{2}
正 今天 偿还
今日把恩还；

Naeuz sou gyoengq hauqnamz,
nau^{2} θou^{1} kjoŋ^{5} haːu^{5} naːm^{2}
说 你们 众 孝男
说你们孝男，

Gaem fan riengz heux faex.
kam^{1} faːn^{1} ɣiːŋ^{2} heːu^{4} fai^{4}
拿 幡 随 绕 木(棺材)
拿幡环绕棺。

Soengq bohmeh daengz gwnz,
θoŋ^{5} po^{6} me^{6} taŋ^{2} kɯn^{2}
送 父母 到 上
送父母升堂，

Cij baenz vunz doengleix;
ɕi^{3} pan^{2} wun^{2} toŋ^{1} lei^{4}
才 成为 人 通理
才成通理郎；

Lwnh hengzhauq gojsaeh,
lɯn6 heːŋ2 haːu5 ko3 θai6
论 行孝 故事
论行孝故事，

Boiz ndei bohmeh cingz.
poːi2 ʔdei1 po6 me6 ɕiŋ2
偿还 好 父母 恩情
父母恩要还。

Ngeihcibseiq hengzhauq,
ŋei6 ɕip8 θei5 heːŋ2 haːu5
二十四 行孝
二十四行孝，

Leixdauh hix nanz faen;
Lei4 taːu6 hi4 naːn2 fan1
道理 也 难 分
也难分道理；

Lwnh bohmeh gij aen,
lɯn6 po6 me6 ki3 an1
论 父母 之 恩情
论父母恩情，

Lwg cibfaen yaek geiq.
lɯk8 ɕip8 fan1 jak7 kei5
儿 十分 要 记
儿十分要记。

Vunz raeuz ok lajmbwn,
wun2 ɣau2 oːk7 la3 ʔbɯn1
人 我们 出 天下(世间)
人降生大地，

Yaek fungswngz bouxlaux;
jak7 fuŋ1 θɯŋ2 pou4 laːu4
要 奉承 老人
侍父母终极；

Ngeihcibseiq hengzhauq,
ŋei6 ɕip8 θei5 heːŋ2 haːu5
二十四 行孝
二十四行孝，

Leixdauh hix nanz faen.
Lei4 taːu6 hi4 naːn2 fan1
道理 也 难 分
也难分道理。

Haemh ninz gen ban gyaeuj,
ham6 nin2 keːn1 paːn1 kjau3
夜晚 睡 臂 抱 头
夜睡手抱头，

Raemxda daeuj faenfaen;
ram4 ta1 tau3 fan1 fan1
眼泪 来 纷纷
泪落情依依；

Lwnh bohmeh gij aen,
lɯn6 po6 me6 ki3 an1
论 父母 这 恩情
论父母恩情，

Lwg cibfaen yaek geiq.
lɯk8 ɕip8 fan1 jak7 kei5
儿 十分 要 记
儿十分要记。

Ngeihcibseiq hengzhauq,
ŋei6 ɕip8 θei5 heːŋ2 haːu5
二十四 行孝
二十四行孝，

Cauh gyauq ce hawj biengz;
ɕaːu6 kjaːu5 ɕe1 haɯ3 piːŋ2
造 教 留 给 社会
造教留世上；

Haemh neix heij sangciengz,
ham6 nei4 hei3 θaːŋ1 ɕiːŋ2
夜晚 这 起 丧场
丧场今夜起，

Ciengq cienzvuengz gojsaeh.
ɕiːŋ5 ɕiːn2 wuːŋ2 ko3 θai6
唱 前皇 故事
前皇故事唱。

Ciengx bohmeh caenseng,
ɕiːŋ4 po6 me6 ɕan1 θeːŋ1
养 父母 亲生
养亲生父母，

Dwgrengz raeuz gaej nauh;
tɯk8 ɣeːŋ2 ɣau2 kai3 naːu6
辛苦 我们 别 闹
辛苦别闹嚷；

Ngeihcibseiq hengzhauq,
ŋei6 ɕip8 θei5 heːŋ2 haːu5
二十四 行孝
二十四行孝，

Cauh gyauq ce hawj biengz.
ɕaːu6 kjaːu5 ɕe1 haɯ3 piːŋ2
造 教 留 给 社会
造教留世上。

Hengzhauq doengh diendeih,
heːŋ2 haːu5 toŋ6 tiːn1 tei6
行孝 感动 天地
行孝动天地，

Haemh neix raeuz nanz riengz;
ham6 nei4 ɣau2 naːn2 ɣiːŋ2
晚上 这 我们 难 随
难随上天堂；

Haemh neix heij sangciengz,
ham^{6} nei^{4} hei^{3} θa:ŋ^{1} ɕi:ŋ^{2}
夜晚 这 起 丧场
丧场今夜起，

Ciengq cienzvuengz gojsaeh.
ɕi:ŋ^{5} ɕi:n^{2} wu:ŋ^{2} ko^{3} θai^{6}
唱 前皇 故事
前皇故事唱。

Hengzhauq miz doenghcingz,
he:ŋ^{2} ha:u^{5} mi^{2} toŋ^{6} ɕiŋ^{2}
行孝 有 动情
行孝有动情，

Raeuz caez dingq vunz lwnh;
ɣau^{2} ɕai^{2} tiŋ^{5} wun^{2} lɯn^{6}
我们 齐 听 人 论
人论咱聆听；

Ngeihcibseiq hauqswnh,
ŋei^{6} ɕip^{8} θei^{5} ha:u^{5} θɯn^{6}
二十四 孝顺
二十四孝顺，

Cingq vunzmaenh mizmingz.
ɕiŋ^{5} wun^{2} man^{6} mi^{2} miŋ^{2}
正 贤人 有名
贤人留芳名。

Naeuz sou gyoengq sae dauh,
Nau^{2} θou^{1} kjoŋ^{5} θai^{1} ta:u^{6}
说 你们 众 师公 道公
说你们师道，

Gaejbah nauh gyong lingz;
kai^{3} pa^{6} na:u^{6} kjo:ŋ^{1} liŋ^{2}
且慢 闹 鼓 铃
先别闹鼓铃；

Hengzhauq miz doenghcingz,
he:ŋ^{2} ha:u^{5} mi^{2} toŋ^{6} ɕiŋ^{2}
行孝 有 动情
行孝有动情，

Raeuz caez dingq vunz lwnh.
ɣau^{2} ɕai^{2} tiŋ^{5} wun^{2} lɯn^{6}
我们 齐 听 人 论
人论咱聆听。

Vunzraeuz mbouj ndaej dawz,
wun^{2}ɣau^{2} ʔbou^{3} ʔdai^{3} taɯ^{2}
人 我们 不 得 记住
人们记不住，

Miz saw okdaeuj lwnh;
mi^{2} θaɯ^{1} o:k^{7} tau^{3} lɯn^{6}
有 书 出来 论
有书来论清；

Ngeihcibseiq hauqswnh，
ŋei^{6} ɕip^{8} θei^{5} haːu^{5} θɯn^{6}
二十四 孝顺
二十四孝顺，

Cingq vunzmaenh mizmingz.
ɕiŋ^{5} wun^{2} man^{6} mi^{2} miŋ^{2}
正 贤人 有名
贤人留芳名。

Ae (boux) lawz gaeuj gvaq cienh，
ai^{1} (pou^{4}) laɯ^{2} kau^{3} kwa^{5} ɕiːn^{6}
个 哪 看 过 传记
哪个看过传，

Haet (couh) siengj goengmingz hwnj；
hat^{7} (ɕou^{6}) θiːŋ^{3} koŋ^{1} miŋ^{2} hɯn^{3}
就 想 功名 起
就想功名成；

Gan (guenj) bohlaux daengzgwnz，
kaːn^{1} (kuːn^{3}) po^{6} laːu^{4} taŋ^{2} kɯn^{2}
照料 老父 至上
侍父母送终，

Haet baenz vunz ha doih.
hat^{7} pan^{2} wun^{2} ha toːi^{6}
才 成 人 呀 同伴
才成知理人。

Bohmeh haeuj aenyaem，
po^{6} me^{6} hau^{3} an^{1} jam^{1}
父母 进 个 阴司
父母进阴司，

Aencingz raeuz cix duenh；
an^{1} ɕiŋ^{2} ɣau^{2} ɕi^{4} tuːn^{6}
恩情 我们 则 断绝
恩断不欲生；

Ae lawz gaeuj gvaq cienh，
ai^{1} laɯ^{2} kau^{3} kwa^{5} ɕiːn^{6}
个 哪 看 过 传记
哪个看过传，

Haet siengj goengmingz hwnj.
hat^{7} θiːŋ^{3} koŋ^{1} miŋ^{2} hɯn^{3}
就 想 功名 起
就想功名成。

Ngeihcibseiq hengzhauq，
ŋei^{6} ɕip^{8} θei^{5} heːŋ^{2} haːu^{5}
二十四 行孝
二十四行孝，

Youq cienzciuz miz vunz；
jou^{5} ɕiːn^{2} ɕiːu^{2} mi^{2} wun^{2}
在 前朝 有 人
前朝有忠臣；

Gan bohlaux daengzgwnz,
ka:n^{1} po^{6} la:u^{4} taŋ^{2} kɯn^{2}
管 父老 至上
侍父母送终，

Haet baenz vunz ha doih.
hat^{7} pan^{2} wun^{2} ha to:i^{6}
才 成 人 呀 同伴
才成知理人。

Danq Sundi hengzhauq,
ta:n^{5} θun^{1} ti^{1} he:ŋ^{2} ha:u^{5}
叹 舜帝 行孝
叹舜帝行孝。

Dawz ma bauq gwnzbiengz;
taɯ^{2} ma^{1} pa:u^{5} kɯn^{2} pi:ŋ^{2}
拿 回 报 上 社会
拿来报世人；

Mehlaeng yaek siengj muenz,
me^{6} laŋ^{1} jak^{7} θi:ŋ^{3} mu:n^{2}
后母 要 想 瞒
后娘想要瞒，

Baenz vuengz guenj dienyah.
pan^{2} wu:ŋ^{2} ku:n^{3} ti:n^{1} ja^{6}
成 皇 管 天下
当皇管民生。

Mwngz hengzhauq daengz mbwn,
mɯŋ^{2} he:ŋ^{2} ha:u^{5} taŋ^{2} ʔbɯn^{1}
你 行孝 到 天
你行孝至高，

Doeng sim gwnz daeq Yauz;
toŋ^{1} θim^{1} kɯn^{2} tai^{5} ja:u^{2}
通 心 上 帝 尧
尧帝感动深；

Danq Sundi hengzhauq,
ta:n^{5} θun^{1} ti^{1} he:ŋ^{2} ha:u^{5}
叹 舜帝 行孝
叹舜帝行孝，

Dawz ma bauq gwnzbiengz.
taɯ^{2} ma^{1} pa:u^{5} kɯn^{2} pi:ŋ^{2}
拿 回 报 上 社会
拿来报世人。

Miz fukheiq dahraix,
mi^{2} fuk^{7} hei^{5} ta^{6} ɣa:i^{4}
有 福气 果然
果然有福气，

Mbouj caenh baih dai sieng;
ʔbou^{3} ɕan^{6} pa:i^{6} ta:i^{1} θi:ŋ^{1}
不 尽 败 死 伤
没败亡遗恨；

Mehlaeng yaek siengj muenz,
me6 laŋ1 jak7 θiːŋ3 muːn2
后母 要 想 瞒
后娘想要瞒，

Baenz vuengz guenj dienyah.
pan2 wuːŋ2 kuːn3 tiːn1 ja6
成 皇 管 天下
当皇管民生。

Fwen moix gawq caet cih

fɯːn1 moːi4 kaɯ5 ɕat7 ɕi6

七言歌

Heij souj youh daj yiengsoujdiuh,
hei3 θou3 jou6 ta3 jiːŋ1 θou3 tiːu6
起 首 又 打 香首调[1]
起首又打香首调，

Ciuz neix cawqyouq fungh sang guek,
ɕiːu2 nei4 ɕaɯ5 jou5 fuŋ6 θaːŋ1 kuːk7
朝代 这 处在 奉 丧 国
本朝处在奉丧国，

Fuk souj youh daj fungh siuyieng.
fuk7 θou3 jou6 ta3 fuŋ6 θiːu1 jiːŋ1
伏 首 又 打 奉 烧香
伏首又打奉烧香。

Ndaejnyi gyong'yag nauh yixywenx.
ʔdai3 ȵi1 kjoːŋ1 jaːk8 naːu6 ji4 jɯːn4
听见 锣鼓 闹 嚷嚷
听见锣鼓闹嚷嚷。

Seng dwk gojsing diuh lingh yiengh,
θeːŋ1 tɯk7 ko3 θiŋ1 tiːu6 liŋ6 yiːŋ6
生 打 鼓声 调子 另 样
生打鼓声调另样，

Ndaejnyi gyong'yag sing mbouj duenh,
ʔdai3 ȵi1 kjoːŋ1 jaːk8 θiŋ1 ʔbou3 tuːn6
听见 锣鼓 声 不 断
听见锣鼓声不断，

Lwnh ciengq Sundi gyangq sangciengz.
lɯn6 ɕiːŋ5 θun1 ti1 kjaːŋ5 θaːŋ1 ɕiːŋ2
论 唱 舜帝 降 丧场
论唱舜帝降丧场。

Swenx byoem hengzhauq gyangq sangciengz.
θɯːn4 pjom1 heːŋ2 haːu5 kjaːŋ5 θaːŋ1 ɕiːŋ2
散 发 行孝 降 丧场
散发行孝降丧场。

[1]香首调：师公在丧场做法事时打锣鼓的一种调子。

Ma daengz sangciengz soengxsaxyaeb，
ma^{1} taŋ^{2} θaːŋ^{1} ɕiːŋ^{2} θoŋ^{4} θa^{4} jap^{8}
回 到 丧场 呆站样
回到丧场呆呆站，

Mbouj rox cojbaed gijmaz mingz.
ʔbou^{3} ɣo^{4} ɕo^{3}pat^{8} ki^{3} ma^{2} miŋ^{2}
不 知 祖佛 什么 名
不知佛祖名哪样。

Ma daengz sangciengz soeb roengzgvih，
ma^{1} taŋ^{2} θaːŋ^{1} ɕiːŋ^{2} θop^{8} ɣoŋ^{2} kwi^{6}
回 到 丧场 即 下跪
回到丧场即下跪，

Gaeujraen baizvih cix gya muengz.
kau^{3} ɣan^{1} paːi^{2} wi^{6} ɕi^{4} kja^{1} muːŋ^{2}
看见 牌位 就 更 慌忙
看见牌位心更慌。

Ma daengz sangciengz hix roengznaengh，
ma^{1} taŋ^{2} θaːŋ^{1} ɕiːŋ^{2} hi^{4} ɣoŋ^{2} naŋ^{6}
回 到 丧场 也 下 坐
回到丧场就坐下，

Dingq gou saefouh lwnh gaenyienz.
tiŋ^{5} kou^{1} θai^{1} fou^{6} lɯn^{6} kan^{1} jiːn^{2}
听 我 师父 论 根源
听我师父根由讲。

Lwnhciengq cienzvuengz bingq (caeuq) haujhanq，
lɯn^{6} ɕiːŋ^{5} ɕiːn^{2} wuːŋ^{2} piŋ^{5}（cau^{5}） haːu^{3} haːn^{5}
论唱 前王 并 好汉
论唱前王和好汉，

Danqciengq dangco bohmeh seng.
taːn^{5} ɕiːŋ^{5} taːŋ^{1} ɕo^{1} po^{6} me^{6} θeːŋ^{1}
叹唱 当初 父母 生
叹唱父母恩如山。

Bohmeh cingq seng mwngz lij iq，
po^{6} me^{6} ɕiŋ^{5} θeːŋ^{1} mɯŋ^{2} li^{3} i^{5}
父母 正 生 你 还 幼小
父母生你幼小时，

Meh mwngz saet mingh bae gvi yaem.
me^{6} mɯŋ^{2} θat^{7} miŋ^{6} pai^{1} kwi^{1} jam^{1}
娘 你 失 命 去 归 阴
你娘丧命阴间藏。

Meh mwngz saet mingh bae gvi guq，
me^{6} mɯŋ^{2} θat^{7} miŋ^{6} pai^{1} kwi^{1} ku^{5}
娘 你 失 命 去 归 故里
你娘丧命归故里，

Boh mwngz guhmaiq goj lij coz.
po^{6} mɯŋ^{2} ku^{6} maːi^{5} ko^{3} li^{3} ɕo^{2}
父 你 鳏夫 可 还 年轻
你父年轻鳏夫当。

Mwngz liux guh gyax hix lij nyaeq,
mɯŋ^{2} liːu^{4} ku^{6} kja^{4} hi^{4} li^{3} ȵai^{5}
你 了 成为 孤儿 也 还 幼小
你成孤儿还幼小，

Lingh aeu mehngeih ma gan ranz.
liŋ^{6} au^{1} me^{6}ŋei^{6} ma^{1} kaːn^{1} ɣaːn^{2}
另 娶 娘二 回 管 家
父娶后娘管家堂。

Aeu ndaej meh neix ndang daiqfuk,
au^{1} ʔdai^{3} me^{6} nei^{4} ʔdaːŋ^{1} taːi^{5} fuk^{7}
娶 得 娘 这 身 怀孕
娶得后娘带孕来，

Seng ndaej Daegciengh[1] daihngeih langz.
θeːŋ^{1} ʔdai^{3} tak^{8} ɕiːŋ^{6} taːi^{6} ŋei^{6} laːŋ^{2}
生 得 特象 第二 郎
生得特象第二郎。

Seng ndaej Daegciengh cibsam bi,
θeːŋ^{1} ʔdai^{3} tak^{8} ɕiːŋ^{6} ɕip^{8} θaːm^{1} pi^{1}
生 得 特象 十三 岁
生得特象十三岁，

Ndaq mwngz Sundi mbouj caixhangz.
ʔda^{5} mɯŋ^{2} θun^{1} ti^{1} ʔbou^{3} ɕaːi^{4} haːŋ^{2}
骂 你 舜帝 不 在行
骂你舜帝不在行。

Ndaq mwngz Sundi mbouj rox laex,
ʔda^{5} mɯŋ^{2} θun^{1} ti^{1} ʔbou^{3} ɣo^{4} lai^{4}
骂 你 舜帝 不 知 礼
骂你舜帝不知礼，

Haethaemh dwendaez mbouj daengz dangz.
hat^{7} ham^{6} tɯːn^{1} tai^{2} ʔbou^{3} taŋ^{2} taːŋ^{2}
早晚 提及 不 到 堂
早晚提及不到堂。

Mehlaeng goj caenh dungx bazyauq,
me^{6} laŋ^{1} ko^{3} ɕan^{6} tuŋ^{4} pa^{2} jaːu^{5}
后娘 可 尽 肚 狠毒
后娘尽是坏心肠，

Gijgwn gijdaenj mbouj doengzdangq.
ki^{3} kɯn^{1} ki^{3} tan^{3} ʔbou^{3} toŋ^{2} taːŋ^{5}
吃的 穿的 不 相同
吃的穿的不一样。

Baz ndij Daegciengh hwnj cikeiq,
pa^{2} ʔdi^{3} tak^{8} ɕiːŋ^{6} hɯn^{3} ɕik^{7} ei^{5}
妇 和 特象 起 主意
她和特象起主意，

Nyi liux roih neix cix yaek muenz.
ȵi^{1} liːu^{4} ɣoːi^{6} nei^{4} ɕi^{4} jak^{7} muːn^{2}
听见 了 他 这 就 将要 瞒
听见这个他隐藏。

[1] Daegciengh：即“特象”，后娘所生儿子的小名。

Haetlaeng hwnqninz naj caengz swiq,
hat7 laŋ1 hɯn5 nin2 na3 ɕaŋ2 θɯːi5
早上 后 起床 脸 未 洗
次日起床未洗脸，

Youh hawj Sundi bae coih cang.
jou6 haɯ3 θun1 ti1 pai1 ɕoːi6 ɕaːŋ1
又 让 舜帝 去 修 粮仓
又让舜帝修粮仓。

Sundi euq meh goj mbouj ndaej,
θun1 ti1 eːu5 me6 ko3 ʔbou3 ʔdai3
舜帝 拗 娘 可 不 得
舜帝拗不过后娘，

Youh aeu laeraez dap hwnj cang.
jou1 au1 lai1 ɣai2 taːp7 hɯn3 ɕaːŋ1
又 要 长梯 踏 上 粮仓
就要长梯踏上仓。

Youh gwed laeraez okbae dap,
jou6 kɯːt8 lai1 ɣai2 oːk7 pai1 taːp7
又 扛 长梯 出去 搭
就扛木梯出去搭，

Song din cix dab daengz gwnz cang.
θoːŋ1 tin1 ɕi4 taːp7 taŋ2 kɯn2 ɕaːŋ1
双 脚 就 踏 到 上 粮仓
双脚踏到粮仓上。

Bae daengz gwnz cang caengz ndaej coih,
pai1 taŋ2 kɯn2 ɕaːŋ1 ɕaŋ2 ʔdai3 ɕoːi6
去 到 上 粮仓 尚未 得 修
去到仓上尚未修，

Meh neix dawz faex haeujbae cang.
me6 nei4 taɯ2 fai4 hau3 pai1 ɕaːŋ1
娘 这 拿 木 进入 粮仓
这娘木柴仓里扛。

Meh neix dawz lae okbae cab,
me6 nei4 taɯ2 lai1 oːk7 pai1 ɕaːp8
娘 这 拿 梯子 出去 放
这娘拿梯子去放，

Baz gwed laelag dauqma ranz.
pa2 kɯːt8 lai1 laːk8 taːu5 ma1 ɣaːn2
妇 扛 梯子 回去 家
她扛梯子回家藏。

Meh neix dawz lae deuz yienzcaez,
me6 nei4 taɯ2 lai1 teːu2 jiːn2 ɕai2
娘 这 拿 梯 逃 完
这娘拿梯逃夭夭，

Daegciengh dawz feiz haeujbae cit.
tak8 ɕiːŋ6 taɯ2 fei2 hau3 pai1 ɕit7
特象 拿 火 进去 烧
特象拿火烧粮仓。

Daegciengh dawz feiz haeujbae coh,
tak8 ɕiːŋ6 taɯ2 fei2 hau3 pai1 ɕo6
特象 拿 火 进去 向
特象拿火进里面，

Lwgfeiz lienzseiz (sikhaek) bae daengz ndang.
lɯk8 fei2 liːn2 θei2 (θik7 hak7) pai1 taŋ2 ʔdaːŋ1
火苗 立刻 去 到 身
火苗立刻烧身上。

Sundi lienzseiz daeujngaujngauj,
θun1 ti1 liːn2 θei2 tau3 ŋaːu3 ŋaːu3
舜帝 立即 匆匆来
舜帝立即就跑开，

Hemq dien naeuz deih coengh gou dang.
heːm5 tiːn1 nau2 tei6 ɕoŋ6 kou1 taːŋ1
喊 天 说 地 帮 我 当
喊天喊地快来帮。

Daihdeih gwnzmbwn cingq daeuj coengh,
taːi6 tei6 kɯn2 ʔbɯn1 ɕiŋ5 tau3 ɕoŋ6
大地 天上 正 来 帮助
大地苍天正来助，

Vaq guh rumz ingj roengzdaeuj dangj.
wa5 ku6 ɣum2 iŋ3 ɣoŋ2 tau3 taːŋ3
化 作 风 影 下来 挡
化作风影下来挡。

Vaq guh rumz ingj couh daeuj hoh,
wa5 ku6 ɣum2 iŋ3 ɕou6 tau3 ho6
化 作 风 影 就 来 护
化作风影下来护，

Mbouj hawj lwgfeiz cit daengz ndang.
ʔbou3 haɯ3 lɯk8 fei2 ɕit7 daŋ2 ʔdaːŋ1
不 让 火苗 烧 到 身
不让火苗烧身上。

Beixnuengx mbanjranz doengz daej doh,
pei4 nuːŋ4 ʔbaːn3 ɣaːn2 toŋ2 tai3 to6
兄弟 家乡 同 哭 完全
家乡兄弟全哭完，

Goj coh Sundi lwg daeuznamz[1].
ko3 ɕo6 θun1 ti1 lɯk8 tau2 naːm2
可 向 舜帝 儿 头男
都向舜帝这头男。

Funghvuengz gang fwed roengzdaeuj umj,
fuŋ6 wuːŋ2 kaːŋ1 fɯːt8 ɣoŋ2 tau3 um3
凤凰 展开 翅 下来 抱
凤凰展翅下来抱，

Soengq mwngz Sundi daengz gyangdangz.
θoŋ5 mɯŋ2 θun1 ti1 taŋ2 kjaːŋ1 taːŋ2
送 你 舜帝 到 中间 厅堂
送你舜帝到厅堂。

[1] daeuznamz：即“头男”（长子）。

Haetlaeng hwnqninz caengz swiqnaj,
hat7 laŋ1 hɯn5 nin2 ɕaŋ2 θɯːi5 na3
早上后 起来 未 洗脸
翌日起床未洗脸，

Dauq raen Sundi youq ndaw fuengz.
taːu5 ɣan1 θun1 ti1 jou5 ʔdaɯ1 fuːŋ2
重 见 舜帝 在 里面 房间
却见舜帝仍在房。

Nyi liux feiz roih (de) coemh mbouj doengh,
ȵi1 liːu4 fei2 ɣoːi6 (te1) ɕom6 ʔbou3 toŋ6
听见 了 火 他 烧 不 动
听说火烧他不动，

Ngeiz guh yienghneix roih cix dai.
ŋei2 ku6 jiːŋ6 nei4 ɣoːi6 ɕi4 taːi1
以为 做 这样 他 就 死
以为这样他命丧。

Mehlaux cix doiq Sundi naeuz,
me6 laːu4 ɕi4 toːi5 θun1 ti1 nau2
老妈 就 对 舜帝 说
老妈开言舜帝道，

Gaej couh hoznyaek dwk mehlaeng.
kai3 ɕou6 ho2 ȵak7 tɯk7 me6 laŋ1
别 就 恼火 向着 后娘
你别发火向后娘。

Daegciengh aeu feiz bae coemh moed,
tak8 ɕiːŋ6 au1 fei2 pai1 ɕom6 mot8
特象 拿 火 去 烧 蚂蚁
特象拿火烧蚂蚁，

Mboujngeix (mboujliuh) bae cit doiq aencang.
ʔbou3 ŋei4 (ʔbou3 liːu6) pai1 ɕit7 toːi5 an1 ɕaːŋ1
不料 去 烧 着 个粮仓
不料火烧着粮仓。

Daeuj liux youq ranz doengzcaez doh,
tau3 liːu4 jou5 ɣaːn2 toŋ2 ɕai2 to6
来 了 在 家 一起 度
来了在家一起过，

Laihnaeuz lwgfeiz doek daengz ndang.
laːi6 nau2 lɯk8 fei2 tok7 taŋ2 ʔdaːŋ1
以为 火花 落 到 身
以为火花落身上。

Mwngz liux guh lwg goj ndwi baenz,
mɯŋ2 liːu4 ku6 lɯk8 ko3 ʔdɯːi1 pan2
你 了 做 儿子 可 没 成
你这儿子没当成，

Yietnaiq dauq neix vet cingj nyaengq.
jiːt7 naːi5 taːu5 nei4 weːt7 ɕiŋ3 ȵaŋ5
休息 回 此 挖 井 忙
休息到此挖井忙。

Mwngz bae ndaw suen vet cingjraemx,
mɯŋ2 pai1 ʔdaɯ1 θuːn1 weːt7 ɕiŋ3ɣam4
你 去 里面 园子 挖 水井
你去园中挖水井，

Haethaemh raeuz yungh coj caemxndang.
hat7 ham6 ɣau2 juŋ6 ɕo3 cam4 ʔdaːŋ1
早晚 我们 用 才 洗凉
早晚可用水洗凉。

Sundi euq meh goj mbouj ndaej,
θun1 ti1 eːu5 me6 ko3 ʔbou3 ʔdai3
舜帝 顶嘴 娘 可 不 得
舜帝喊娘也不行，

Gaem so gaem gvat vat cingj nyaengq.
kam1 θo1 kam1 kwaːt7 waːt7 ɕiŋ3 ɲaŋ5
拿 锹 拿 锄 挖 井 忙
拿锹拿锄挖井忙。

Gaem so gaem gvat vat cingjraemx,
kam1 θo1 kam1 kwaːt7 waːt7 ɕiŋ3 ɣam4
拿 锹 拿 锄 挖 水井
拿锹拿锄挖水井，

Daegciengh bae daengz namh youh dienz.
tak8 ɕiːŋ6 pai1 taŋ2 naːm6 jou6 tiːn2
特象 去 到 土 又 填
特象去到土填上。

Mehngeih vut rin dawz bae coh,
me6 ŋei6 wut7 ɣin1 taɯ2 pai1 ɕo6
后娘 丢 石 拿 去 朝
后娘石头丢下去，

Daegciengh namh coh daengz youh buenz.
tak8 ɕiːŋ6 naːm6 ɕo6 taŋ2 jou6 puːn2
特象 土 朝 到 又 培
特象培土也在忙。

Mehlwg song sou caez dienz cingj,
me6 lɯk8 θoːŋ1 θou1 ɕai2 tiːn2 ɕiŋ3
母子 二 你们 齐 填 井
母子二人齐填井，

Sundi saet mingh nanz fanndang.
θun1 ti1 θat7 miŋ6 naːn2 faːn1 ʔdaːŋ1
舜帝 失 命 难 翻身
舜帝丧命翻身难。

Couh gaj Sundi dai gizneix,
ɕou6 ka3 θun1 ti1 taːi1 ki2 nei4
就 杀 舜帝 死 这里
就杀舜帝死这里，

Daemz naz diegdeih mwngz cix swngz.
tam2 na2 tiːk8 tei6 mɯŋ2 ɕi4 θɯŋ2
塘 田 土地 你 就 承
你承田地和池塘。

Daemz naz diegdeih gag gou ndaej，
tam^{2} na^{2} tiːk^{8} tei^{6} kaːk^{8} kou^{1} ʔdai^{3}
塘 田 土地 独 我 得
池塘田地我独占，

Gai laeq Sundi aeu ngaenz dem.
kaːi^{1} lai^{5} θun^{1} ti^{1} au^{1} ŋan^{2} deːm^{1}
卖 个 舜帝 要 银元 还
还卖舜帝要银元。

Gwnzmbwn goj rox mwngz hauqswnh，
kɯn^{2} ʔbɯn^{1} ko^{3} ɣo^{4} mɯŋ^{2} haːu^{5} θɯn^{6}
天上 可 知 你 孝顺
上天可知你孝顺，

Ngoxgvan gimlungz hwnjdaeuj dang.
ŋo^{4} kwaːn^{1} kim^{1} luŋ^{2} hɯn^{3} tau^{3} taːŋ^{1}
五关 金龙 起来 当
五关金龙来当权。

Mbwn cai Gveijsaeh roengzdaeuj hoh，
ʔbɯn^{1} ɕaːi^{1} kwei^{3} θai^{6} ɣoŋ^{2} tau^{3} ho^{6}
天 差 鬼士 下来 护
天差鬼士下来护，

Soengq gvaq conghdoh bae daengz ranz.
θoŋ^{5} kwa^{5} ɕoːŋ^{6} to^{6} pai^{1} taŋ^{2} ɣaːn^{2}
送 过 暗沟 去 到 家
送过暗沟到家见。

Haetlaeng hwnqninz caengz swiqnaj，
hat^{7} laŋ^{1} hɯn^{5} nin^{2} ɕaŋ^{2} θɯːi^{5} na^{3}
早上 后 起床 未 洗脸
翌日早起未洗脸，

Nyi ndaej danz gimz youq ndaw fuengz.
ȵi^{1} ʔdai^{3} taːn^{2} kim^{2} jou^{5} ʔdaɯ^{1} fuːŋ^{2}
听见 得 弹 琴 在 里面 房间
听见弹琴在房间。

Mwngz bae hai dou haeuj fuengz gaeuj，
mɯŋ^{2} pai^{1} haːi^{1} tou^{1} hau^{3} fuːŋ^{2} kau^{3}
你 去 开 门 进 房间 看
你去开门进房看，

Sundi danz gimz youq ndaw fuengz.
θun^{1} ti^{1} taːn^{2} kim^{2} jou^{5} ʔdaɯ^{1} fuːŋ^{2}
舜帝 弹 琴 在 里面 房
舜帝弹琴在房里。

Daegciengh bae daengz soeb roengzgvih，
tak^{8} ɕiːŋ^{6} pai^{1} taŋ^{2} θop^{8} ɣoŋ^{2} kwi^{6}
特象 去 到 即 下跪
特象去到即下跪，

Beix gou bae lawz baenzlai nanz.
pei^{4} kou^{1} pai^{1} laɯ^{2} pan^{2} laːi^{1} naːn^{2}
兄 我 去 哪 这么多 久
吾兄恁久去何地。

Sundi haiyienz ngeihdae dauh,
θun^{1} ti^{1} haːi^{1} jiːn^{2} ŋei^{6} tai^{1} taːu^{6}
舜帝 开言 二弟 道
舜帝开言二弟道，

Bae ganj gohciengz ndwi youq ranz.
pai^{1} kaːn^{3} ko^{6} ɕiːŋ^{2} ʔduːi^{1} jou^{5} ɣaːn^{2}
去 赶 科场 没 在 家
前往科场赶考去。

Song de mehlwg gag saetlaex,
θoːŋ^{1} te^{1} me^{6} luːk^{8} kaːk^{8} θat^{7} lai^{4}
两 他 母子 自 失礼
他们母子自失礼，

Dauq aeu dauhleix buenx daeuznamz.
taːu^{5} au^{1} taːu^{6} lei^{4} puːn^{4} tau^{2} naːm^{2}
重 要 道理 陪 头男
重与头男讲道理。

Daemz naz diegdeih faen boux mbiengj,
tam^{2} na^{2} tiːk^{8} tei^{6} fan^{1} pou^{4} ʔbiːŋ^{3}
池塘 田 土地 分 个 一半
池塘田地各一半，

Song sou beixnuengx faen gyaranz.
θoːŋ^{1} θou^{1} pei^{4} nuːŋ^{4} fan^{1} kja^{1} ɣaːn^{2}
两 你们 兄弟 分 家产
你俩兄弟分家产。

Daemz hung daemz gvangq ce ciengzfuengz,
tam^{2} huŋ^{1} tam^{2} kwaːŋ^{5} ɕe^{1} ɕiːŋ^{2} fuːŋ^{2}
塘 大 塘 宽 留给 长房
大塘宽塘给长子，

Ranz hung ranz gvangq faen ciengzfuengz.
ɣaːn^{2} huŋ^{1} ɣaːn^{2} kwaːŋ^{5} fan^{1} ɕiːŋ^{2} fuːŋ^{2}
房子 大 屋子 宽 分给 长房
大屋宽屋给长房。

Sundi haemh ninz hwnz gag ngeix,
θun^{1} ti^{1} ham^{6} nin^{2} huːn^{2} kaːk^{8} ŋei^{4}
舜帝 夜 睡 夜 自 思
舜帝夜睡自思忖，

Gou youq dieg neix mbouj ndaej roengz.
kou^{1} you^{5} tiːk^{8} nei^{4} ʔbou^{3} ʔdai^{3} ɣoŋ^{2}
我 在 地 此 不 得 住下
我在此地难住上。

Sundi haiyienz ngeihdae dauh,
θun^{1} ti^{1} haːi^{1} jiːn^{2} ŋei^{6} tai^{1} taːu^{6}
舜帝 开言 二弟 道
舜帝开言二弟道，

Lij song boux laux caih mwngz dang.
li^{3} θoːŋ^{1} pou^{4} laːu^{4} ɕaːi^{6} muːŋ^{2} taːŋ^{1}
还有 两 个 老人 任由 你 当家
还有两老由你当。

Bohmeh lij youq mwngz mbouj gan,
po^{6} me^{6} li^{3} jou^{5} mɯŋ^{2} ʔmou^{3} kaːn^{1}
父母 还 在 你 不 管
父母还在你不管，

Dai mwngz gag cangq mwngz gag haem.
taːi^{1} mɯŋ^{2} kaːk^{8} ɕaːŋ^{5} mɯŋ^{2} kaːk^{8} ham^{1}
死 你 自 葬 你 自 埋
死后由你葬尸骸。

Bohmeh mwngz haem gag ancangq,
po^{6} me^{6} mɯŋ^{2} ham^{1} kaːk^{8} aːn^{1} ɕaːŋ^{5}
父母 你 埋 自 安葬
父母由你来安葬，

Daemz naz gyadangq caih mwngz aeu.
tam^{2} na^{2} kja^{1} taːŋ^{5} ɕaːi^{6} mɯŋ^{2} au^{1}
塘 田 家当 任 你 要
任要田地和家财。

Bak swngz daemz naz dem gyadangq,
paːk^{7} θɯŋ^{2} tam^{2} na^{2} teːm^{1} kja^{1} taːŋ^{5}
嘴 承 塘 田 和 家当
田地家财全给你，

Caih gou cienj vueng bae laeng vi.
ɕaːi^{6} kou^{1} ɕiːn^{3} wuːŋ^{1} pai^{1} laŋ^{1} wi^{1}
任由 我 转 荒 去 后 亏
由我落荒日后衰。

Sundi haemh ninz hwnz gag ngeix,
θun^{1} ti^{1} ham^{6} nin^{2} hɯn^{2} kaːk^{8} ŋei^{4}
舜帝 晚上 睡 半夜 自 思
舜帝夜睡自思考，

Deuz bae Ligsan cauhhong gwn.
teːu^{2} pai^{1} lik^{8} θaːn^{1} ɕaːu^{6} hoːŋ^{1} kɯn^{1}
逃 去 历山 劳动 吃
逃到历山创业来。

Diuq bae Ligsan mwngz cauh mbanj,
tiːu^{5} pai^{1} lik^{8} θaːn^{1} mɯŋ^{2} ɕaːu^{6} ʔbaːn^{3}
跑 去 历山 你 造 村
你跑历山去造村，

Gyau ndaej beixnuengx cib hoih ranz.
kaːu^{1} ʔdai^{3} pei^{4} nuːŋ^{4} ɕip^{8} hoːi^{6} ɣaːn^{2}
结交 得 兄弟 十 排 房
结交兄弟十排房。

Coenzcoenz mwngz gangj hix hableix,
ɕon^{2} ɕon^{2} mɯŋ^{2} kaːŋ^{3} hi^{4} haːp^{8} lei^{4}
句句 你 说 也 合理
句句你说都在理，

Bae haw bae seih (haw) nyiengh dingqgyang.
pai^{1} haɯ^{1} pai^{1} θei^{6} (haɯ^{1}) ɲiːŋ^{6} tiŋ^{5} kjaːŋ^{1}
去 圩 去 市 让 中间
上街赶集把路让。

Bae haw dwg nyiengh mwngz cawx haeux,
pai1 haɯ1 tɯk8 ȵiːŋ6 mɯŋ2 ɕaɯ4 hau4
去 圩 是 让 你 买 米
赶集买米先让人,

Cingj laeuj dwg nyiengh naengh daiz daeuz.
ɕiŋ3 lau3 tɯk8 ȵiːŋ6 naŋ6 taːi2 tau2
请 酒 是 让 坐 桌 头
入席让位你坐旁。

Diuq bae Ligsan goj doiq dieg,
tiːu5 pai1 lik8 θaːn1 ko3 toːi5 tiːk8
跑 去 历山 可 对 地
跑到历山找对地,

Youh miz nga dah gvaq najranz.
jou6 mi2 ŋa1 ta6 kwa5 na3ɣaːn2
又 有 条 河 过 前家
门前有河流欢畅。

Youh miz nga dah gvaq najmbanj,
jou6 mi2 ŋa1 ta6 kwa5 na3ʔbaːn3
又 有 条 河 过 前村
又有条河过村前,

Beixnuengx doxiu bae cuengq saeng.
pei4 nuːŋ4 to4iːu1 pai1 ɕuːŋ5 θaŋ1
兄弟 相邀 去 撒 网
兄弟相邀去撒网。

Cungq vih vunzlai naengh song mbiengj,
ɕuŋ5 wi6 wun2 laːi1 naŋ6 θoːŋ1 ʔbiːŋ3
众 位 群众 坐 两 边
众人各位坐两边,

Nyiengh hawj Sundi cuengq dingqgyang.
ȵiːŋ6 haɯ3 θun1 ti1 ɕuːŋ5 tiŋ5 kjaːŋ1
让 给 舜帝 放 中间
让给舜帝在中央。

Cungq vih vunzlai naengh song mbiengj,
ɕuŋ5 wi6 wun2 laːi1 naŋ6 θoːŋ1 ʔbiːŋ3
众 位 群众 坐 两 边
众人各位在两边,

Muengh raen laj raemx miz saedgung[1].
muːŋ6 ɣan1 la3 ɣam4 mi2 θat8 kuŋ1
望 见 下 水 有 日宫
望见水下有太阳。

Muengh raen saedgung youq ndaw raemx,
muːŋ6 ɣan1 θat8 kuŋ1 jou5 ʔdaɯ1 ɣam4
望 见 日宫 在 里面 水
望见太阳在水中,

Muengh raen diegnaengh miz hauzgueng.
muːŋ6 ɣan1 tiːk8 naŋ6 mi2 haːu2 kuːŋ1
望 见 座位 有 豪光
望见座位有豪光。

[1]Saedgung:汉译为"日宫",即太阳。

Daih'it dwg liux daengz ndaw mbanj,
taːi6 it7 tɯk8 liːu4 taŋ2 ʔdaɯ1 ʔbaːn3
第一 是 了 到 里面 村庄
第一是到村庄中，

Daihngeih dwg liux daengz ndaw cai.
taːi6 ŋei6 tɯk8 liːu4 taŋ2 ʔdaɯ1 ɕaːi1
第二 是 了 到 里面 寨
第二是到要寨里。

Daihsam dwg liux daengz vuengzdaeq,
taːi6 θaːm1 tɯk8 liːu4 taŋ2 wuːŋ2 tai5
第三 是 了 到 皇帝
第三是去皇帝宫，

Gunceij doxcaeh roengzdaeuj aeu.
kun1 ɕei3 to4 ɕai6 ɣoŋ2 tau3 au1
君子 相随 下来 要
君子相随来要急。

Gunceij daeuj liux ging daeuj gip,
kun1 ɕei3 tau3 liːu4 kiŋ1 tau3 kip7
君子 来 了 京城 来 急
京城君子来匆匆，

Daeuj daengz Ligsan gip dawz bae.
tau3 taŋ2 lik8 θaːn1 kip7 taɯ2 pai1
来 到 历山 急 要 去
急到历山要人去。

Gunceij haiyienz Sundi dauh,
kun1 ɕei3 haːi1 jiːn2 θun1 ti1 taːu6
君子 开言 舜帝 道
君子开言舜帝道，

Vuengzdaeq heuh mwngz bae raen coenz.
wuːŋ2 tai5 heːu6 mɯŋ2 pai1 ɣan1 ɕon2
皇帝 叫 你 去 见 句
皇帝下令召见你。

Vuengzdaeq heuh mwngz bae raen vah,
wuːŋ2 tai5 heːu6 mɯŋ2 pai1 ɣan1 wa6
皇帝 叫 你 去 见 话
皇帝召你去见面，

Hawj mwngz roengz laj bae hoiz laeng.
haɯ3 mɯŋ2 ɣoŋ2 la3 pai1 hoːi2 laŋ1
让 你 下去 下面 去 回（话） 后面
让你下面去当差。

Sundi ndaejnyi coenz yienghneix,
θun1 ti1 ʔdai3 ȵi1 ɕon2 jiːŋ6 nei4
舜帝 听到 句 这样
舜帝听到这句话，

Youh ndij gunceij bae daengz ging.
jou6 ʔdi3 kun1 ɕei3 pai1 taŋ2 kiŋ1
又 和 君子 去 到 京城
就和君子赴京来。

Bae daengz gimdienh soeb roengzgvih,
pai^{1} taŋ^{2} kim^{1} tiːn^{6} θop^{8} ɣoŋ^{2} kwi^{6}
去 到 金殿 忽 下跪
去到金殿就下跪，

Daeq Yauz hengzlaex cix daeuj ciep.
tai^{5} jaːu^{2} heːŋ^{2} lai^{4} ɕi^{4} tau^{3} ɕiːp^{7}
帝 尧 行礼 就 来 接
尧帝行礼来接待。

Daeq Yauz hengzlaex daeuj ciepgyaq,
tai^{5} jaːu^{2} heːŋ^{2} lai^{4} tau^{3} ɕiːp^{7} kja^{5}
帝 尧 行礼 来 接驾
尧帝行礼来接驾，

Song fwngz doxsax naengh daengq ing.
θoːŋ^{1} fɯŋ^{2} to^{4} θa^{4} naŋ^{6} taŋ^{5} iŋ^{1}
双 手 作揖 坐 凳子 靠
双手作揖坐椅挨。

Song fwngz doxsax naengh daengqeij,
θoːŋ^{1} fɯŋ^{2} to^{4} θa^{4} naŋ^{6} taŋ^{5} ei^{3}
双 手 作揖 坐 椅子
双手作揖来坐椅，

Heuh mwngz daeuj neix guenj ciuzdingz.
heːu^{6} mɯŋ^{2} tau^{3} nei^{4} kuːn^{3} ɕiːu^{2} tiŋ^{2}
叫 你 到 此 管 朝廷
召你到此管朝上。

Lij heuh dah'iq caengz haimingh,
li^{3} heːu^{6} ta^{6} i^{5} ɕaŋ^{2} haːi^{1} miŋ^{6}
还 叫 小女 未 开命
还有小女未出嫁，

Gou ce aen'yaenq hawj mwngz swngz.
kou^{1} ɕe^{1} an^{1}jan^{5} haɯ^{3} mɯŋ^{2} θɯŋ^{2}
我 留 个印 让 你 承
我留金印让你掌。

Sundi lienzseiz soeb roengzgvih,
θun^{1} ti^{1} liːn^{2} θei^{2} θop^{8} ɣoŋ^{2} kwi^{6}
舜帝 立刻 急 下跪
舜帝立即就下跪，

Vuengz gangj coenz nix (neix) mbouj gamj dang.
wuːŋ^{2} kaːŋ^{3} ɕon^{2} ni^{4} (nei^{4}) ʔbou^{3} kaːm^{3} taːŋ^{1}
皇 说 句 这 不 敢 当
皇上金言不敢当。

Gou youq lajmbwn guh beksingq,
kou^{1} jou^{5} la^{3} ʔbɯn^{1} ku^{6} peːk^{7} θiŋ^{5}
我 在 世间 做 百姓
我是世间一百姓，

Cix nanz ndaej lingx aeu nuengxniengz.
ɕi^{4} naːn^{2} ʔdai^{3} liŋ^{4} au^{1} nuːŋ^{4} niːŋ^{2}
就 难 得 领 娶 妹娘
迎娶公主实在难。

Aeu vuengz gunghcuj gou nanz sawj,
au^1 wuːŋ^2 kuŋ^6 ɕu^3 kou^1 naːn^2 θaɯ^3
娶 皇 公主 我 难 使
娶来公主我难使，

Naenghgoj aeu sau boux lwgminz.
naŋ^6 ko^3 au^1 θaːu^1 pou^4 lɯk^8 min^2
宁可 娶 姑娘 个 贫民
宁愿讨个民女郎。

Daeq Yauz haiyienz Yizsunq dauh,
tai^5 jaːu^2 haːi^1 jiːn^2 ji^2 θun^5 taːu^6
帝 尧 开言 虞舜 道
尧帝开言虞舜道，

Dienceij vuengz ciu mbouj daengz gwnz.
tiːn^1 ɕei^3 wuːŋ^2 ɕiːu^1 ʔbou^3 taŋ^2 kɯn^2
天子 皇 召 不 到 上面
天子皇召不从皇。

Gou boux daiqceij fouz vuengzmingh,
kou^1 pou^4 taːi^5 ɕei^3 fou^2 wuːŋ^2 miŋ^6
我 个 太子 无 皇命
我那太子没皇命，

Naeuz mwngz Yizsunq daeuj naengh dangz.
nau^2 mɯŋ^2 ji^2 θun^5 tau^3 naŋ^6 taːŋ^2
说 你 虞舜 来 坐 堂
召你虞舜来坐堂。

Heuh mwngz Yizsunq daeuj gaem yaenq,
heːu^6 mɯŋ^2 ji^2 θun^5 tau^3 kam^1 jan^5
叫 你 虞舜 来 管 印
召你虞舜来管印，

Gou ce aen'yaenq hawj mwngz swngz.
kou^1 ɕe^1 an^1 jan^5 haɯ^3 mɯŋ^2 θɯŋ^2
我 留 个印 让 你 承
我留金印你执掌。

Bak liux gangjndwi mwngz mbouj saenq,
paːk^7 liːu^4 kaːŋ^3 ʔdɯːi^1 mɯŋ^2 ʔbou^3 θan^5
口 了 空说 你 不 信
空谈无凭你不信，

Fwngz gyau aen'yaenq hawj mwngz gaem.
fɯŋ^2 kjaːu^1 an^1 jan^5 haɯ^3 mɯŋ^2 kam^1
手 交 个印 让 你 拿
手交金印让你管。

Gueksae cungcaenz ma cienz vah,
kuːk^7 θai^1 ɕuŋ^1 ɕan^2 ma^1 ɕiːn^2 wa^6
国师 忠臣 回 传 话
国师忠臣来传话，

Couh sij dienyah hawj mwngz gaem.
ɕou^6 θi^3 tiːn^1 ja^6 haɯ^3 mɯŋ^2 kam^1
就 舍得 天下 给 你 掌管
天下让你来掌管。

Sundi lienzseiz soeb roengzgvih,
θun^{1} ti^{1} liːn^{2} θei^{2} θop^{8} ɣoŋ^{2} kwi^{6}
舜帝 立即 就 下跪
舜帝立即就下跪，

Couh lingx dienyah ma daengz fwngz.
ɕou^{6} liŋ^{4} tiːn^{1} ja^{6} ma^{1} taŋ^{2} fɯŋ^{2}
就 领 天下 回 到 手
就领天下手里攥。

Sundi guenj biengz biengz andaiq,
θun^{1} ti^{1} kuːn^{3} piːŋ^{2} piːŋ^{2} aːn^{1} taːi^{5}
舜帝 管 社会 社会 安泰
舜帝执政国安泰，

Lauxnyez saimbwk goj vuenyungz.
laːu^{4} ȵe^{2} θaːi^{1} ʔbɯk^{7} ko^{3} wuːn^{1} juŋ^{2}
老少 男女 可 幸福
人人幸福都心欢。

Yienghneix nyaemhbienh langh gyangdoengh,
jiːŋ^{6} nei^{4} ȵam^{6} piːn^{6} laːŋ^{6} kjaːŋ^{1} toŋ^{6}
这样 任便 行 野外
这样随意行野外，

Dieghoengq nyaemhbienh langh mou yiengz.
tiːk^{8} hoŋ^{5} ȵam^{6} piːn^{6} laːŋ^{6} mou^{1} jiːŋ^{2}
空地 任意 放 猪 羊
空地任意放猪羊。

Ngoenzhoengq ngoenzndwi mbouj gamj daez,
ŋon^{2} hoŋ^{5} ŋon^{2} ʔdɯːi^{1} ʔbou^{3} kaːm^{3} tai^{2}
空日 闲日 不 敢 提
空日闲日不敢提，

Cien ngeix fanh muengh mbouj gamj ciengq.
ɕiːn^{1} ŋei^{4} faːn^{6} muːŋ^{6} ʔbou^{3} kaːm^{3} ɕiːŋ^{5}
千 思 万 渴望 不 敢 唱
千万渴望不敢唱。

Ngoenzhoengq ngoenzndwi mbouj gamj lwnh,
ŋon^{2} hoŋ^{5} ŋon^{2} ʔdɯːi^{1} ʔbou^{3} kaːm^{3} lɯn^{6}
空日 闲日 不 敢 论
空日闲日不敢论，

Ngoenzneix hauqswnh hingq sangciengz.
ŋon^{2} nei^{4} haːu^{5} θɯn^{6} hiŋ^{5} θaːŋ^{1} ɕiːŋ^{2}
今日 孝顺 兴 丧场
今日孝顺办丧场。

Sangciengz mbouj dwg vunz ngeix cauh,
θaːŋ^{1} ɕiːŋ^{2} ʔbou^{3} tɯk^{8} wun^{2} ŋei^{4} ɕaːu^{6}
丧场 不 是 人 想 造
丧场不是人臆造，

ngeihcibseiq hauq cauh sangciengz.
ŋei^{6} ɕip^{8} θei^{5} haːu^{5} ɕaːu^{6} θaːŋ^{1} ɕiːŋ^{2}
二十四 孝 造 丧场
二十四孝造丧场。

Bae cingj aesae daeuj diuqhauq,
pai^{1} ɕiŋ^{3} ai^{1}θai^{1} tau^{3} tiːu^{5} haːu^{5}
去 请 个 师公 来 吊孝
去请师公来吊孝，

Bae cingj aedauh daeuj ciu muengz.
pai^{1} ɕiŋ^{3} ai^{1}taːu^{6} tau^{3} ɕiːu^{1} muːŋ^{2}
去 请 个 道公 来 超亡
去请道公超亡灵。

Dauh daeuj ciu muengz gvaq cib dienh,
taːu^{6} tau^{3} ɕiːu^{1} muːŋ^{2} kwa^{5} ɕip^{8} tiːn^{6}
道公 来 超亡 过 十 殿
道公超亡过十殿，

Sae daeuj loeglienh muengz haet caeq.
θai^{1} tau^{3} lok^{8} liːn^{6} muːŋ^{2} hat^{7} ɕai^{5}
师公 来 徘徊 亡 就 祭
师公徘徊祭亡命。

Ae lawz ndwi gaeuj ngeihseiq hauq,
ai^{1} lauɯ^{2} ʔduɯːi^{1} kau^{3} ŋei^{6} θei^{5} haːu^{5}
个 哪 没有 看 二十四 孝
二十四孝谁没看，

De dingq sae dauh mboujcaengz yimz.
te^{1} tiŋ^{5} θai^{1} taːu^{6} ʔbou^{3}ɕaŋ^{2} jim^{2}
他 听 师公 道公 未曾 吟
他听师道尚未吟。

Dauh liux dem sae ma swngdoh,
taːu^{6} liːu^{4} teːm^{1} θai^{1} ma^{1} θɯŋ^{1} to^{6}
道公 了 和 师公 回来 升度
道公师公来升度，

Ciudoh muengzloh siengh (hwnj) diendingz.
ɕiːu^{1} to^{6} muːŋ^{2} lo^{6} θiːŋ^{6} (hɯn^{3}) tiːn^{1} tiŋ^{2}
超度 亡路 上 天庭
超度亡路上天庭。

Daihngeih Bien　Vwnzdi Hengzhauq
第二篇　文帝行孝

Genjdanh Gangj Neiyungz

Han Vwnzdi Liuz Hwngz (gonq 202 — gonq 157 nienz), Han Gauhcuj daihseiq daeglwg, dwg daegnuengx Han Veidi, meh heuh Boz Gih. Gonq 196 nienz, Liuz Bangh gaemguenj Cinz Hih le, fung Liuz Hwngz guh daivangz. Liuz Hwngz guhvunz aekgvangq bingzhuz, doiq vuengzvih gig ngeizlaengx.

Bien fwenhauq neix, cujyau sij Vwnzdi baenzlawz caenhsim hauqgingq meh de. Daxmeh baenzbingh seiz, Vwnzdi caenhsim fugsaeh, mbouj ragraix saek di, cungj guh daengz le "gij hauqhengz boux vuengzdaeq". Han Gauhcuj gyau vihvuengz hawj de, de doi hawj Veidi daegbeix, swhgeij cingznyienh daiq daxmeh bae diegrog guenj baekfan. Doeklaeng Veidi gvaqseiq, ranz Lij gaemgienz ciuzdingz guhyak, Cinz Bingz caeuq Vangz Boz canjcawz ranz Lij, Cinz Bingz youh daiq bing bae baekfueng, ciepcoux Vwnzdi ma gingsingz guh vuengz. Vwnzdi guh vuengzdaeq le, hengzsienh hengzhauq riuzmingz lajmbwn. De doiq vunzranz hauq、gyaez、gingq, caiqlij guh daengz gyaezhoh、gingqcungh beksingq. Swhgeij baenz aen yienghndei ndeu, caemh son gyoengq guenhak caeuq beksingq lo.

Bien neix caeuq bien daih'it, cungj dwg daj vuengzdaeq caengz ceiq sang neix daeuj gangj hengzhauq, hoeng miz cabied caeuq doxbouj. Sundi caeuq Vwnzdi yienznaeuz cungj dwg dienceij、vuengzdaeq, hoeng Sundi sawj vunz roxnyinh ndaw cienzgangj hoengqvak yawj mbouj raen, Vwnzdi cix sawj vunz roxnyinh saedsaed - caihcaih. Song bien neix hawj raeuz yawjraen gij hengzhauq cienzdoengj Cungguek, youq caengz ceiq sang baenzlawz doxciep doxcienz roengzdaeuj.

内容简介

汉文帝刘恒(前 202 — 前 157 年),汉高祖第四子,汉惠帝之弟,母薄姬。前 196 年刘邦镇压陈豨叛乱后,封刘恒为代王,其为人宽容平和,面对皇位很犹豫。

本篇孝歌主要是写文帝尽心孝敬其母。母亲生病文帝尽心服侍，毫不懈怠，尽到了一个“天子之孝”。汉高祖要把皇位交给他，他推托给长兄惠帝，自己宁愿带着母亲到外地管北番。后来惠帝去世，吕家把持朝政作恶，陈平和周勃铲除吕家，并且陈平带兵到北方迎接文帝回京当皇。文帝当皇后，仁孝传闻于天下。他由对亲人的孝、爱、敬，又延伸到对百姓的爱护、敬重。自己成为一个榜样，也教育了百官与百姓。

本篇和第一篇，都是从最高层次的天子角度来说行孝的，不过有区别与互补。舜帝和文帝虽都是天子、帝皇，但舜帝让人感到传说的虚无缥缈，而文帝则让人感到实实在在。这两篇让我们看到中国行孝传统在最高层面的遥接、传承的情况。

Fwenlaegdin moix gawq haj cih

fuːn^{1} lak^{8} tin^{1} moːi^{4} kaɯ^{5} ha^{3} ɕi^{6}

五言勒脚歌

Danq Vwnzdi hengzhauq,
taːn^{5} wɯn^{2} ti^{1} heːŋ^{2} haːu^{5}
叹 文帝 行孝
叹文帝行孝，

Gyaez mehlaux cibcingz;
kjai^{2} me^{6} laːu^{4} ɕip^{8} ɕiŋ^{2}
爱 老母 十情
爱老母十情；

Bae guh vuengz Baekging,
pai^{1} ku^{6} wuːŋ^{2} pak^{7} kiŋ^{1}
去 做 皇 北京
去北京做皇，

Guenj lwgminz bingzan.
kuːn^{3} lɯk^{8} min^{2} piŋ^{2} aːn^{1}
管 百姓 平安
管百姓太平。

Ram giuh daengz doumonz,
ɣaːm^{1} kiːu^{6} taŋ^{2} tou^{1} moːn^{2}
抬 轿 到 大门
抬轿到大门，

Goj dingq coenz hauq laux,
ko^{3} tiŋ^{5} ɕon^{2} haːu^{5} laːu^{4}
可 听 句 孝 老人
听娘尽孝心；

Danq Vwnzdi hengzhauq,
taːn^{5} wɯn^{2} ti^{1} heːŋ^{2} haːu^{5}
叹 文帝 行孝
叹文帝行孝，

Gyaez mehlaux cibcingz.
kjai^{2} me^{6} laːu^{4} ɕip^{8} ɕiŋ^{2}
爱 老母 十情
爱老母十情。

Miz fukheiq dahraix,
mi^{2} fuk^{7} hei^{5} ta^{6} ɣaːi^{4}
有 福气 果然
真正有福气，

Doekbaih mbouj daengx din;
tok^{7} paːi^{6} ʔbou^{3} taŋ^{4} tin^{1}
落败 不 停 步
落败步不停；

Bae guh vuengz Baekging,
pai^{1} ku^{6} wuːŋ^{2} pak^{7} kiŋ^{1}
去 做 皇 北京
去北京做皇，

Guenj lwgminz bingzan.
kuːn^{3} lɯk^{8} min^{2} piŋ^{2} aːn^{1}
管 百姓 平安
管百姓太平。

Fwen moix gawq caet cih

fɯːn^{1} moːi^{4} kaɯ^{5} ɕat^{7} ɕi^{6}

七言歌

Yiengsoujdiuh,
jiːŋ^{1} θou^{3} tiːu^{6}
香 首 调
香首调，

Fuk souj youh daj gojsouj dingz.
fuk^{7} θou^{3} jou^{6} ta^{3} ko^{3} θou^{3} tiŋ^{2}
伏 首 又 打 鼓手 停
伏首又打鼓手停。

Seng dwk gojsing diuh lingh yiengh,
θeːŋ^{1} tɯk^{7} ko^{3} θiŋ^{1} tiːu^{6} liŋ^{6} jiːŋ^{6}
生 打 鼓声 调 另 样
生打鼓声调另样，

Vwnzdi hengzhauq gyangq sangciengz.
wɯn^{2} ti^{1} heːŋ^{2} haːu^{5} kjaːŋ^{5} θaːŋ^{1} ɕiːŋ^{2}
文帝 行孝 降 丧场
文帝行孝降丧场。

Ciuz neix coqyouq cienzciuz guek,
ɕiːu^{2} nei^{4} ɕo^{5} jou^{5} ɕiːn^{2} ɕiːu^{2} kuːk^{7}
朝 这 处在 前朝 国
本朝处在前朝国，

Ndaejnyi gojyag nauh mbouj dingz.
ʔdai^{3} ȵi^{1} ko^{3} jaːk^{8} naːu^{6} ʔbou^{3} tiŋ^{2}
听见 锣鼓 闹 不 停
听见锣鼓闹嚷嚷。

Ndaejnyi gojyag nauh mbouj duenh,
ʔdai^{3} ȵi^{1} ko^{3} jaːk^{8} naːu^{6} ʔbou^{3} tuːn^{6}
听见 锣鼓 闹 不 断
听见锣鼓闹不断，

Swenx byoem hengzhauq gyangq sangciengz.
θɯːn^{4} pjom^{1} heːŋ^{2} haːu^{5} kjaːŋ^{5} θaːŋ^{1} ɕiːŋ^{2}
散 发 行孝 降 丧场
散发行孝降丧场。

Ma daengz sangciengz naengh laj faex,
ma1 taŋ2 θaːŋ1 ɕiːŋ2 naŋ6 la3 fai4
回 到 丧场 坐 下 棺材
回到丧场棺旁坐，

Dingq gou gojsaeh raemxda roengz.
tiŋ5 kou1 ko3 θai6 ɣam4 ta1 ɣoŋ2
听 我 故事 眼泪 流
听我故事眼泪淌。

Bonj ciengq cienzvuengz bingq haujhan,
poːn3 ɕiːŋ5 ɕiːn2 wuːŋ2 piŋ5 haːu3 haːn1
本 唱 前王 并 好汉
本唱前王和好汉，

Lwnhciengq dangco bohmeh seng.
lɯn6 ɕiːŋ5 taːŋ1 ɕo1 po6 me6 θeːŋ1
论唱 当初 父母 生
论唱父母恩情长。

Bohmeh cingq seng cibseiqhaj,
po6 me6 ɕiŋ5 θeːŋ1 ɕip8 θei5 ha3
父母 正 生 十四五
父母生下十四五，

Vuengz nyiengh dienyah boh mwngz gaem.
wuːŋ2 ȵiːŋ6 tiːn1 ja6 po6 mɯŋ2 gam1
皇 让 天下 父 你 掌管
皇让天下你父管。

Gauhcuj guh vuengz guenj dienyah,
kaːu6 ɕu3 ku6 wuːŋ2 kuːn3 tiːn1 ja6
高祖 做 皇 管 天下
高祖当皇管天下，

Guenj ndaej Bozsi ma daengz dangz.
kuːn3 ʔdai3 po2 θi1 ma1 taŋ2 taːŋ2
管 得 薄氏[1] 回 到 堂
管得薄氏回到堂。

Guenj ndaej Bozsi guh daihou,
kuːn3 ʔdai3 po2 θi1 ku6 taːi1 hou1
管 得 薄氏 做 太后
管好薄氏当太后，

Seng ndaej roih daeuj dienceij langz.
θeːŋ1 ʔdai3 ɣoːi6 tau3 tiːn1 ɕei3 laːŋ2
生 得 个 来 天子 郎
生下这个天子郎。

Mwngz ndaej roih neix daengz lingzleih,
mɯŋ2 ʔdai3 ɣoːi6 nei4 taŋ2 liŋ2 lei6
你 得 个 这 到 伶俐
你得这个伶俐仔，

Seng ndaej lienzvih lwg daeuznamz.
θeːŋ1 ʔdai3 liːn2 wi6 lɯk8 tau2 naːm2
生 得 继位 儿 头男
生得继位是头男。

[1] 薄氏：即文帝的生母薄姬。

Daihou haemh ninz fangzhwnz loq,
taːi1 hou1 ham6 nin2 faːŋ2 hɯn2 lo5
太后 夜 睡 夜梦
太后夜睡就做梦，

Loq raen lungzyinh daeuj daengz ndang.
lo5 ɣan1 luŋ2 jin6 tau3 taŋ2 ʔdaːŋ1
梦 见 龙运 来 到 身
梦见龙运附身上。

Loq raen lungzyinh daeuj daengz gaenh,
lo5 ɣan1 luŋ2 jin6 tau3 taŋ2 kan6
梦 见 龙运 来 到 近
梦见龙运来靠近，

Youh raek Vwnzdi baenz cib ndwen.
jou6 ɣak7 wɯn2 ti1 pan2 ɕip8 ʔdɯːn1
又 怀 文帝 这么 十 月
又怀文帝十月满。

Youh raek Vwnzdi cuk cib ndwen,
jou6 ɣak7 wɯn2 ti1 ɕuk7 ɕip8 ʔdɯːn1
又 怀 文帝 足 十 月
又怀文帝十月足，

Seng ndaej Vwnzdi daihngeih namz.
θeːŋ1 ʔdai3 wɯn2 ti1 taːi6 ŋei6 naːm2
生 得 文帝 第二 男
生得文帝第二男。

Seng ndaej Vwnzdi dienceij mingh,
θeːŋ1 ʔdai3 wɯn2 ti1 tiːn1 ɕei3 miŋ6
生 得 文帝 天子 命
生得文帝天子命，

Aensim youh cingq dungx miz caiz.
an1 θim1 jou6 ɕiŋ5 tuŋ4 mi2 ɕaːi2
个 心 又 正直 肚 有 才干
内心正直有才干。

Nienzgeij mwngz ndaej cibseiqhaj,
niːn2 kei3 mɯŋ2 ʔdai3 ɕip8 θei5 ha3
年纪 你 到 十四五
年纪你到十四五，

Vuengz nyiengh dienyah ce hawj mwngz.
wuːŋ2 ɲiːŋ6 tiːn1 ja6 ɕe1 haɯ3 mɯŋ2
皇 让 天下 留 给 你
皇让天下你管掌。

Vwnzdi bae daengz soeb roengzgvih,
wɯn2 ti1 pai1 taŋ2 θop8 ɣoŋ2 kwi6
文帝 去 到 猝 下跪
文帝去到猝下跪，

Goj lij najbeix mbouj gamj dang.
ko3 li3 na3 pei4 ʔbou3 kaːm3 taːŋ1
可 还 长兄 不 敢 当
还有长兄不敢当。

Cungcaenz haiyienz vuengzdaeq dauh,
ɕuŋ1 ɕan2 haːi1 jiːn2 wuːŋ2 tai5 taːu6
忠臣 开言 皇帝 道
忠臣开言皇帝道，

Nga (gou) cawj mbaet hauq dingq caenz naeuz.
ŋa1 (kou1) ɕaɯ3 ʔbat7 haːu5 tiŋ5 ɕan2 nau2
我 主 停 话 听 臣 说
我主暂且听臣讲。

Caiqlij Veidi guh beixvuengz,
ɕaːi5 li3 wei1 ti1 ku6 pei4 wuːŋ2
并且 惠帝 做 皇兄
并且惠帝做皇兄，

Dwg cuengq aen'yaenq hawj mwngz gaem.
tɯk8 ɕuːŋ5 an1 jan5 haɯ3 mɯŋ2 kam1
是 放 个印 给 你 管掌
是留玉玺你管掌。

Boh mwngz ndaejnyi coenz yienghneix,
po6 mɯŋ2 ʔdai3 ȵi1 ɕon2 jiːŋ6 nei4
父 你 听到 句 这样
你父听到这言语，

Youh gyau aen deih Veidi guenj.
jou6 kjaːu1 an1 tei6 wei1 ti1 kuːn3
又 交 个 地 惠帝 管
就交天地惠帝管。

Youh gyau dienyah Veidi gaem,
jou6 kjaːu1 tiːn1 ja6 wei1 ti1 kam1
又 交 天下 惠帝 管
又交天下惠帝管，

Youh nyiengh aen'yaenq ce mwngz swngz.
jou6 ȵiːŋ6 an1 jan5 ɕe1 mɯŋ2 θɯŋ2
又 让 个印 留 你 承
又让玉玺你管掌。

Gauhcuj haiyienz cungcaenz dauh,
kaːu6 ɕu3 haːi1 jiːn2 ɕuŋ1 ɕan2 taːu6
高祖 开言 忠臣 道
高祖开言忠臣道，

Gak boux haklaux dingq gou naeuz.
kaːk7 pou4 haːk7 laːu4 tiŋ5 kou1 nau2
各 位 大官 听 我 说
各位大官听我讲。

Veidi najbeix hawj naengh dienh,
wei1 ti1 na3 pei4 haɯ3 naŋ6 tiːn6
惠帝 长兄 给 坐 殿
惠帝长兄给坐殿，

Vwnzdi najnuengx cienj baekfan[1].
wɯn2 ti1 na3 nuːŋ4 ɕiːn3 pak7faːn1
文帝 小弟 转去 北番
文帝小弟管北番。

[1] baekfan：即北番，指北方契丹族及其所建之辽国。

Veidi guh vuengz guenj Hanqcauz,
wei1 ti1 ku6 wuːŋ2 kuːn3 haːn5 caːu2
惠帝 做 皇 管 汉朝
惠帝当皇管汉朝，

Vwnzdi haidauh gaem baekfan.
wɯn2 ti1 haːi1 taːu6 kam1 bak7 faːn1
文帝 开道 掌管 北番
文帝开道管北番。

Mwngz beix youq ging guenj Cungguek,
mɯŋ2 pei4 jou5 kiŋ1 kuːn3 ɕuŋ1 kuːk7
你 兄 在 京城 管 中国
兄你在京管中国，

Gou bae dieg vunz guh siujfou.
kou1 pai1 tiːk8 wun2 ku6 θiːu3 fou1
我 去 地方 别人 做 小夫
我去外地小夫当。

Mwngz ndij daiqvuengz youq guhcawj,
mɯŋ2 ʔdi3 taːi5 wuːŋ2 jou5 ku6 ɕaɯ3
你 和 太皇 在 做主
你和太皇同做主，

Nyiengh hawj daihou hix riengz gou.
ȵiːŋ6 haɯ3 taːi1 hou1 hi4 ɣiːŋ2 kou1
让 给 太后 也 随 我
就让太后随我奔。

Mwngz ndij Veidi gangj yienzbeih,
mɯŋ2 ʔdi3 wei1 ti1 kaːŋ3 jiːn2 pei6
你 与 惠帝 讲 完备
你与惠帝谋完备，

Dwg liux ngoenzleih couh haibing.
tɯk8 liːu4 ŋon2 lei6 ɕou6 haːi1 piŋ1
是 了 吉日 就 发兵
吉日发兵冲上阵。

Vwnzdi gwih max bae ganghgonq,
wɯn2 ti1 kɯːi6 ma4 pai1 kaːŋ6 koːn5
文帝 骑 马 去 前面
文帝骑马率先行，

Meh naengh giuh riengz bae doeklaeng.
me6 naŋ6 kiːu2 ɣiːŋ2 pai1 tok7 laŋ1
母亲 坐 轿 随 去 后面
娘坐轿子后面跟。

Bae daengz baekfan ndaej naengh dienh,
pai1 taŋ2 pak7 faːn1 ʔdai3 naŋ6 tiːn6
去 到 北番 得 坐 殿
去到北番得坐殿，

Cungcaenz song mienh daeuj hoh saen (ndang).
ɕuŋ1 ɕan2 θoːŋ1 miːn6 tau3 ho6 θan1 (ʔdaːŋ1)
忠臣 两 边 来 护 身
忠臣两边来护身。

Mwngz guenj baekfan sam bi cingq,
muɯŋ^{2} ku:n^{3} pak^{7} fa:n^{1} θa:m^{1} pi^{1} ɕiŋ^{5}
你 管 北番 三 年 正
你管北番三年整，

Boux mbwk boux nding gyonj bingzmingz.
pou^{4} ʔbɯk^{7} pou^{4} ʔdiŋ^{1} kjo:n^{3} piŋ^{2} miŋ^{2}
个 大 个 小孩 归于 平明
大人小孩平安好。

Mboujngeix daihou ndang miz bingh,
ʔbou^{3} ŋei^{4} ta:i^{1} hou^{1} ʔda:ŋ^{1} mi^{2} piŋ^{6}
不料 太后 身 有 病
不料太后身有病，

Mwngz cingj canghyw daeuj limz (daengz) ranz.
muɯŋ^{2} ɕiŋ^{3} ɕa:ŋ^{6} jɯ^{1} tau^{3} lim^{2} (taŋ^{2}) ɣa:n^{2}
你 请 大夫 来 临 家
你把大夫请来到。

Ywguen ma gwn bingh mbouj siu,
jɯ^{1} ku:n^{1} ma^{1} kɯn^{1} piŋ^{6} ʔbou^{3} θi:u^{1}
官药 回 吃 病 不 消除
吃了官药病不消，

Ywdoj gwn liux hix mbouj ndei.
jɯ^{1} to^{3} kɯn^{1} li:u^{4} hi^{4} ʔbou^{3} ʔdei^{1}
土药 吃 完 也 不 好
吃了土药也不好。

Mboujcaih ywdoj caiq ywbouj,
ʔbou^{3} ɕa:i^{6} jɯ^{1} to^{3} ɕa:i^{5} jɯ^{1} pou^{3}
不仅 土药 再 补药
不仅土药再补药，

Cawx gaeq bya noh dawz ma naengj.
ɕaɯ^{4} kai^{5} pja^{1} no^{6} taɯ^{2} ma^{1} naŋ^{3}
买 鸡 鱼 肉 拿 回 蒸
鸡鸭鱼肉来蒸炒。

Vwnzdi vid gen daeuj guenj de,
wɯn^{2} ti^{1} wit^{8} ke:n^{1} tau^{3} ku:n^{3} te^{1}
文帝 挽 臂 来 管 她
文帝亲自下来管，

Umj laeng bazmeh lumj lwgnding.
um^{3} laŋ^{1} pa^{2} me^{6} lum^{3} lɯk^{8} ʔdiŋ^{1}
抱 后面 母亲 像 婴儿
像对婴孩把娘抱。

Vwnzdi fanzsim guen mbouj dang,
wɯn^{2} ti^{1} fa:n^{2} θim^{1} ku:n^{1} ʔbou^{3} ta:ŋ^{1}
文帝 心烦 官 不 当
文帝心烦不做官，

Caenndang leix meh bingh dauq ndei.
ɕan^{1} ʔda:ŋ^{1} lei^{4} me^{6} piŋ^{6} ta:u^{5} ʔdei^{1}
亲自 料理 母 病 重 好
侍奉老妈病又好。

Veidi guh vuengz guenj dienyah,
wei1 ti1 ku6 wuːŋ2 kuːn3 tiːn1 ja6
惠帝 做 皇 管 天下
惠帝当皇管天下，

Guenj ndaej Lij si ma daengz dangz.
kuːn3 ʔdai3 li3 θi1 ma1 taŋ2 taːŋ2
管 得 吕 氏 回 到 堂
管得吕氏很周到。

Mwngz aeu Lij si guh doenggung,
mɯŋ2 au1 li3 θi1 ku6 toŋ1 kuŋ1
你 要 吕 氏 做 东宫
你把吕氏放东宫，

Veidi gaem yaenq guenj cungciuz.
wei1 ti1 kam1 jan5 kuːn3 ɕuŋ1 ɕiːu2
惠帝 掌 印 管 中朝
惠帝掌印管中朝。

Veidi guh vuengz caet bi buenq,
wei1 ti1 ku6 wuːŋ2 ɕat7 pi1 puːn5
惠帝 做 皇 七 年 半
惠帝当皇七年半，

Mboujngeix mbwn suenq bingh laemz ndang.
ʔbou3 ŋei4 ʔbɯn1 θuːn5 piŋ6 lam2 ʔdaŋ1
不料 天 算 病 临 到
不料天算病来临。

Mwngz liux guh vuengz ndang miz bingh,
mɯŋ2 liːu4 ku6 wuːŋ2 ʔdaŋ1 mi2 piŋ6
你 了 做 皇帝 身 有 病
你当皇帝身有病，

Mwngz doiq beksingq mbouj ndaej caen.
mɯŋ2 toːi5 peːk7 θiŋ5 ʔbou3 ʔdai3 ɕan1
你 对 百姓 不 得 真诚
你对百姓不真心。

Mwngz dingh lwgminz mbouj ndaej cingq,
mɯŋ2 tiŋ6 lɯk8 min2 ʔbou3 ʔdai3 ɕiŋ5
你 定 百姓 不 得 公正
你对民众不公正，

Mwngz ce yaenqgim Lij si gaem.
mɯŋ2 ɕe1 jan5 kim1 li3 θi1 kam1
你 留 金印 吕 氏 掌管
你让吕氏管金印。

Lij si guh vuengz hix mbouj cingq,
li3 θi1 ku6 wuːŋ2 hi4 ʔbou3 ɕiŋ5
吕 氏 做 皇 也 不 公正
吕氏做皇也不正，

Baz daih beksingq hix mbouj bingz.
pa2 taːi6 peːk7 θiŋ5 hi4 ʔbou3 piŋ2
她 待 百姓 也 不 公平
她待百姓不公平。

Lij si guh vuengz guenj Cungguek,
li^{3} θi^{1} ku^{6} wuːŋ^{2} kuːn^{3} ɕuŋ^{1} kuːk^{7}
吕 氏 做 皇 管 中国
吕氏做皇管中国，

Dauq aeu ywdoeg coq lwglan.
taːu^{5} au^{1} jɯ^{1} tok^{8} ɕo^{5} lɯk^{8} laːn^{1}
却 要 毒药 害 儿孙
却用毒药害儿郎。

Yaek suenq lwglan de dai caez,
jak^{7} θuːn^{5} lɯk^{8} laːn^{1} te^{1} taːi^{1} ɕai^{2}
要 算计 儿孙 她 死 全部
要害儿孙全死光，

Cix hawj maex Lij de guh vuengz.
ɕi^{4} haɯ^{3} mai^{4} li^{3} te^{1} ku^{6} wuːŋ^{2}
就 让 妇人 吕 氏 做 皇
好让吕氏做皇上。

Ndaw ciuz Cinz Bingz[1] guh haklaux,
ʔdaɯ^{1} ɕiːu^{2} ɕin^{2} piŋ^{2} ku^{6} haːk^{7} laːu^{4}
里面 朝廷 陈 平 做 大官
朝中陈平做大官，

Mbouj fug ranz Lij nauh guh vuengz.
ʔbou^{3} fuk^{8} ɣaːn^{2} li^{3} naːu^{6} ku^{6} wuːŋ^{2}
不 服 家 吕 闹 做 皇
不服吕家人当皇。

Dienyah Hanqciuz mboujcaengz mued,
tiːn^{1} ja^{6} haːn^{5} ɕiːu^{2} ʔbou^{3} ɕaŋ^{2} muːt^{8}
天下 汉朝 未曾 灭
汉朝天下尚未灭，

Nyaenmaz (vihmaz) ranz Lij dued vuengzvih.
ȵan^{1} ma^{2} (wi^{6} ma^{2}) ɣaːn^{2} li^{3} tuːt^{8} wuːŋ^{2} wi^{6}
因何 家 吕 夺 皇位
为何皇帝吕家当。

Cinz Bingz youq ndaw daj cikeiq (cawjeiq),
ɕin^{2} piŋ^{2} jou^{5} ʔdaɯ^{1} ta^{3} ɕik^{7} ei^{5} (ɕaɯ^{3} ei^{5})
陈 平 在 里 打 主意
陈平心里打主意，

Caeg caeuq Couh Boz[2] bae haibing.
ɕak^{8} ɕau^{5} ɕou^{6} po^{2} pai^{1} haːi^{1} piŋ^{1}
暗暗 与 周 勃 去 发兵
暗与周勃就发兵。

---

[1]陈平（？—前178年），阳武（今河南原阳东南）户牖乡人，西汉开国元勋，杰出的政治家、军事家。

[2]周勃（约前240—前169），汉族，沛（今江苏沛县）人，西汉开国元勋，杰出的政治家、军事家。

Caeg dem Couh Boz couh bae daj,
ɕak^{8} teːm^{1} ɕou^{6} po^{2} ɕou^{6} pai^{1} ta^{3}
暗暗 与 周 勃 就 去 打
暗与周勃去攻打，

Couh gaj ranz Lij daibingzmingz.
ɕou^{6} ka^{3} ɣaːn^{2} li^{3} taːi^{1} piŋ^{2} miŋ^{2}
就 杀 家 吕 死光光
就把吕家杀归阴。

Gaj baih ranz Lij de dai raeg,
ka^{3} paːi^{6} ɣaːn^{2} li^{3} te^{1} taːi^{1} ɣak^{8}
杀 败 家 吕 她 死 绝
就把吕家都杀绝，

Mwngz sawj Lij si mbouj ndaej ningz.
mɯŋ^{2} θaɯ^{3} li^{3} θi^{1} ʔbou^{3} ʔdai^{3} niŋ^{1}
你 使 吕 氏 不 得 动
你使吕氏不安宁。

Mwngz dawz Lij si yaek siengj fanj,
mɯŋ^{2} taɯ^{2} li^{3} θi^{1} jak^{7} θiːŋ^{3} faːn^{3}
你 抓 吕 氏 要 想 反
你抓吕氏她要反，

Cabcanj Lij si daibingzmingz.
ɕaːp^{8}ɕaːn^{3} li^{3} θi^{1} taːi^{1} piŋ^{2}miŋ^{2}
铲杀 吕 氏 死光光
铲杀吕氏全死尽。

Sou gaj Lij si dai yienzbeih,
θou^{1} ka^{3} li^{3} θi^{1} taːi^{1} jiːn^{2} pei^{6}
你们 杀 吕 氏 死 完全
你们杀光吕家人，

Bae coux dienceij ma guh vuengz.
pai^{1} ɕou^{4} tiːn^{1} ɕei^{3} ma^{1} ku^{6} wuːŋ^{2}
去 迎 天子 回来 做 皇
要迎天子来当皇。

Fung saenq daih'it bae ndwi lingx,
fuŋ^{1} θan^{5} taːi^{6} it^{7} pai^{1} ʔdɯːi^{1} liŋ^{4}
封 信 第一 去 没 领取
第一封信没人领，

Fung saenq daihngeih bae ndwi doeng.
fuŋ^{1} θan^{5} taːi^{6} ŋei^{6} pai^{1} ʔdɯːi^{1} toŋ^{1}
封 信 第二 去 没 通
第二封信不通畅。

Cinz Bingz gyanghwnz naeuz Couh Boz,
ɕin^{2} piŋ^{2} kjaːŋ^{1} hɯn^{2} nau^{2} ɕou^{6} po^{2}
陈 平 夜晚 说 周 勃，
陈平夜对周勃说，

Haetcog ok loh bae coux vuengz.
hat^{7} ɕoːk^{8} oːk^{7} lo^{6} pai^{1} ɕou^{4} wuːŋ^{2}
明早 出 路 去 迎接 皇
明早外出迎皇上。

Gou bae baekfan coux dienceij,
kou1 pai1 pak7 fa:n1 ɕou4 ti:n1 ɕei3
我 去 北番 迎接 天子
我去北番接天子，

Mwngz youq gizneix guenjdawz singz.
mɯŋ2 jou5 ki2nei4 ku:n3 taɯ2 θiŋ2
你 在 这里 管住 城
你在这里把城看。

Haetlaeng hwnqninz caengz swiqnaj,
hat7 laŋ1 hɯn5 nin2 ɕaŋ2 θɯ:i5 na3
早上 后 起床 未曾 洗脸
翌日起床未洗脸，

Cang max cang giuh bae coux vuengz.
ɕa:ŋ1 ma4 ɕa:ŋ1 ki:u6 pai1 ɕou4 wu:ŋ2
配 马 装 轿 去 迎接 皇
配马抬轿去迎皇。

Bae ngoenz daih'it ngoenz daihngeih,
pai1 ŋon2 ta:i6 it7 ŋon2 ta:i6 ŋei6
去 天 第一 天 第二
赶去第一第二天，

Ngoenz sam ngoenz seiq daengz baekfan.
ŋon2 θa:m1 ŋon2 θei4 taŋ2 pak7 fa:n1
天 三 天 四 到 北番
三天四天到北番。

Bae daengz baekfan haeuj yietdienh,
pai1 taŋ2 pak7 fa:n1 hau3 ji:t7 ti:n6
去 到 北番 进入 寝殿
去到北番进寝宫，

Couh yienh soujbonj haeujbae bauq.
ɕou6 ji:n6 θou3 po:n3 hau3 pai1 pa:u5
就 献 手书 进去 报
就献手书报皇上。

Cinz Bingz soujbonj haeujbae yienh,
ɕin2 piŋ2 θou3 po:n3 hau3 pai1 ji:n6
陈 平 手书 进去 献
陈平手书进去献，

Vwnzdi naengh dienh guenj baekfan.
wɯn2 ti1 naŋ6 ti:n6 ku:n3 pak7 fa:n1
文帝 坐 殿 管 北番
文帝坐殿管北番。

Cinz Bingz bae daengz soeb roengzgvih,
ɕin2 piŋ2 pai1 taŋ2 θop8 ɣoŋ2 kwi6
陈 平 去 到 猝 下跪
陈平去到猝下跪，

Vwnzdi hengzlaex daeuj ciepcoux.
vɯn2 ti1 he:ŋ2 lai4 tau3 ɕi:p7 ɕou4
文帝 行礼 来 迎接
文帝礼迎堂里进。

Vwnzdi hengzlaex daeuj ciepgyaq,
vɯn^{2} ti^{1} heːŋ^{2} lai^{4} tau^{3} ɕiːp^{7} kja^{5}
文帝 行礼 来 接驾
文帝行礼来迎接，

Song fwngz doxsax naengh daengq ing.
θoːŋ^{1} fɯŋ^{2} to^{4} θa^{4} naŋ^{6} taŋ^{5} iŋ^{1}
两 手 作揖 坐 凳子 倚靠
两手作揖坐椅定。

Song fwngz doxsax naengh daengqeij,
θoːŋ^{1} fɯŋ^{2} to^{4} θa^{4} naŋ^{6} taŋ^{5} ei^{3}
两 手 作揖 坐 椅子
两手作揖坐椅子，

Lienz naeuz gunceij laeuj daengz limz.
liːn^{2} nau^{2} kun^{1} ɕei^{3} lau^{3} taŋ^{2} lim^{2}
连 说 君子 酒 到 临
连叫君子倒酒饮。

Gwn laeuj gwn caz yienzbeih gvaq,
kɯn^{1} lau^{3} kɯn^{1} ɕa^{2} jiːn^{2} pei^{6} kwa^{5}
喝 酒 喝 茶 完备 过
喝酒喝茶结束后，

Miz gijmaz vah daeuj baekfan.
mi^{2} ki^{3} ma^{2} wa^{6} tau^{3} pak^{7} faːn^{1}
有 什么 话 来 北番
问来北番是何因。

Cinz Bingz haiyienz hawj vuengz gaeuj,
ɕin^{2} piŋ^{2} haːi^{1} jiːn^{2} haɯ^{3} wuːŋ^{2} kau^{3}
陈 平 开言 给 皇 看
陈平开口告诉皇，

Daeuj coux dienceij bae ciuzdingz.
tau^{3} ɕou^{4} tiːn^{1} ɕei^{3} pai^{1} ɕiːu^{2} tiŋ^{2}
来 迎接 天子 去 朝廷
来接天子回朝廷。

Cungguek Hanqciuz cix gaenq guenj,
ɕuŋ^{1} kuːk^{7} haːn^{5} ɕiːu^{2} ɕi^{4} kan^{5} kuːn^{3}
中国 汉朝 就 已 掌管
中国汉朝已掌管，

Mwngz nyiengh Veidi guenj lwgminz.
mɯŋ^{2} ȵiːŋ^{6} wei^{1} ti^{1} kuːn^{3} lɯk^{8} min^{2}
你 让 惠帝 管 百姓
你让惠帝管百姓。

Veidi guh vuengz guenj dienyah,
wei^{1} ti^{1} ku^{6} wuːŋ^{2} kuːn^{3} tiːn^{1} ja^{6}
惠帝 做 皇 管 天下
惠帝做皇管天下，

Aeu baz Lij si guenj lwgminz.
au^{1} pa^{2} li^{3} θi^{1} kuːn^{3} lɯk^{8} min^{2}
要 婆 吕 氏 管 子民
要吕氏婆管子民。

Lij si guh vuengz lij mbouj gam,
li^{3} θi^{1} ku^{6} wuːŋ^{2} li^{3} ʔbou^{3} kaːm^{1}
吕 氏 做 皇 还 不 甘
吕氏做皇还不甘，

Youh aeu doegyw haih lwglan.
jou^{6} au^{1} tok^{8} jɯ^{1} haːi^{6} lɯk^{8} laːn^{1}
又 要 毒药 害 子孙
毒害子孙行歹心。

Baz suenq lwglan dai bae liux,
pa^{2} θuːn^{5} lɯk^{8} laːn^{1} taːi^{1} pai^{1} liːu^{4}
婆 算计 子孙 死 去 完
婆害子孙都死完，

Cix hawj ranz Lij bae guh vuengz.
ɕi^{4} haɯ^{3} ɣaːn^{2} li^{3} pai^{1} ku^{6} wuːŋ^{2}
就 给 家 吕 去 做 皇
吕氏做皇管朝廷。

Veidi guh beix mwngz guh nuengx,
wei^{1} ti^{1} ku^{6} pei^{4} mɯŋ^{2} ku^{6} nuːŋ^{4}
惠帝 为 兄 你 为 弟
惠帝为兄你是弟，

Ranz Lij ma suenq gij lwglan.
ɣaːn^{2} li^{3} ma^{1} θuːn^{5} ki^{3} lɯk^{8} laːn^{1}
家 吕 回 算计 那些 儿孙
吕氏算计儿孙命。

Ranz Lij guh vuengz dou mbouj couh,
ɣaːn^{2} li^{3} ku^{6} wuːŋ^{2} tou^{1} ʔbou^{3} ɕou^{6}
家 吕 做 皇 我们 不 迁就
吕家称皇俺不认，

Gou dem Couh Boz couh haibing.
kou^{1} teːm^{1} ɕou^{6} po^{2} ɕou^{6} haːi^{1} piŋ^{1}
我 与 周 勃 就 开兵
我与周勃就发兵。

Dou ce Lij si baz dauq fanj,
tou^{1} ɕe^{1} li^{3} θi^{1} pa^{2} taːu^{5} faːn^{3}
俺 留 吕 氏 婆 回 返
俺让吕氏婆回来，

Cabcanj Lij si haet bingzmingz.
ɕaːp^{8} ɕaːn^{3} li^{3} θi^{1} hat^{7} piŋ^{2} miŋ^{2}
铲除 吕 氏 就 平明
铲除吕氏就平明。

Daeuj gaj ranz Lij dai yienzbeih,
tau^{3} ka^{3} ɣaːn^{2} li^{3} taːi^{1} jiːn^{2} pei^{6}
来 杀 家 吕 死 完全
来把吕家全杀死，

Daeuj coux dienceij bae ciuzdingz.
tau^{3} ɕou^{4} tiːn^{1} ɕei^{3} pai^{1} ɕiːu^{2} tiŋ^{2}
来 迎接 天子 去 朝廷
来迎天子去朝上。

Daeuj coux dienceij bae Hanqciuz,
tau3 ɕou4 ti:n1 ɕei3 pai1 ha:n5 ɕi:u2
来 迎接 天子 去 汉朝
来接天子去汉朝，

Yaek cit vuengzciuz ok gwnzbiengz.
jak7 ɕit7 wu:ŋ2 ɕi:u2 o:k7 kɯn2 pi:ŋ2
将要 出 皇朝 出 世上
世上要出新帝皇。

Vwnzdi haiyienz Cinz Bingz dauh,
wɯn2 ti1 ha:i1 ji:n2 ɕin2 piŋ2 ta:u6
文帝 开言 陈 平 道
文帝开言陈平道，

Mwngz mbaet coenzhauq dingq gou naeuz.
mɯŋ2 ʔbat7 con2 ha:u5 tiŋ5 kou1 nau2
你 停 话 听 我 说
你不说话听我讲。

Gou dauq Hanqciuz goj yungzheih,
kou1 ta:u5 ha:n5 ɕi:u2 ko3 juŋ2 hei6
我 返回 汉朝 可 容易
我回汉朝可容易，

Goj lij daihou cawjeiq baenz.
ko3 li3 ta:i1 hou1 ɕaɯ3 ei5 pan2
可 还 太后 主意 成
还有太后意哪样。

Sou caez haeuj neix cam daihou,
θou1 ɕai2 hau3 nei4 ɕa:m1 ta:i1 hou1
你们 齐 进入 这 问 太后
你们进去问太后，

Gingq baz bouxlaux gangj coenz lawz.
kiŋ5 pa2 pou4 la:u4 ka:ŋ3 ɕon2 laɯ2
敬 妇 老人 讲 句 哪
老人尊意请去问。

Cinz Bingz bae daengz soeb roengzgvih,
ɕin2 piŋ2 pai1 taŋ2 θop8 ɣoŋ2 kwi6
陈 平 去 到 猝 下跪
陈平去到忙下跪，

Vuengzhouh cix dingq caenz baez naeuz.
wu:ŋ2 hou6 ɕi4 tiŋ5 ɕan2 pai2 nau2
皇后 就 听 臣 一次 说
皇后请听臣一论。

Veidi guh vuengz caet bi buenq,
wei1 ti1 ku6 wu:ŋ2 ɕat7 pi1 pu:n5
惠帝 做 皇 七 年 半
惠帝当皇七年半，

Nyiengh hawj Lij si guenj lwgminz.
ȵi:ŋ6 haɯ3 li3 θi1 ku:n3 lɯk8 min2
让 给 吕 氏 管 子民
让给吕氏管众人。

Lij si guh vuengz dauq mbouj caih,
li^{3} θi^{1} ku^{6} wuːŋ^{2} taːu^{5} ʔbou^{3} ɕaːi^{6}
吕 氏 做 皇 却 不 止
吕氏当皇仍不甘，

Baz aeu doegyw haih lwglan.
pa^{2} au^{1} tok^{8} jɯ^{1} haːi^{6} lɯk^{8} laːn^{1}
妇 要 毒药 害 子孙
她用毒药害子孙。

Dou gaj ranz Lij dai yienzbeih,
tou^{1} ka^{3} ɣaːn^{2} li^{3} taːi^{1} jiːn^{2} pei^{6}
我们 杀 家 吕 死 完全
我们杀光吕家人，

Daeuj coux dienceij bae guh vuengz.
tau^{3} ɕou^{4} tiːn^{1} ɕei^{3} pai^{1} ku^{6} wuːŋ^{2}
来 迎 天子 去 做 皇
来迎天子当皇上。

Daihou haiyienz Cinz Bingz dauh,
taːi^{1} hou^{1} haːi^{1} jiːn^{2} ɕin^{2} piŋ^{2} taːu^{6}
太后 开言 陈 平 道
太后开言陈平道，

Caiq lau ranz Lij rox fanjsim.
ɕaːi^{5} laːu^{1} ɣaːn^{2} li^{3} ɣo^{4} faːn^{3} θim^{1}
再 怕 家 吕 会 反心
还怕吕家会反叛。

Cinz Bingz haiyienz daihou dauh,
ɕin^{2} piŋ^{2} haːi^{1} jin^{2} taːi^{1} hou^{1} taːu^{6}
陈 平 开言 太后 道
陈平开言太后道，

Vuengzmoux mbaet hauq dingq gou naeuz.
wuːŋ^{2} mou^{4} ʔbat^{7} haːu^{5} tiŋ^{5} kou^{1} nau^{2}
皇母 停 话 听 我 说
皇母停下听我谈。

Dou gaj ranz Lij dai yienzbeih,
tou^{1} ka^{3} ɣaːn^{2} li^{3} taːi^{1} jiːn^{2} pei^{6}
我们 杀 家 吕 死 完全
我们杀光吕家人，

De lij youq lawz ma fanjsim.
te^{1} li^{3} jou^{5} laɯ^{2} ma^{1} faːn^{3} θim^{1}
他 还 在 哪 回 反心
他们哪能来造反。

Daihou haiyienz Vwnzdi dauh,
taːi^{1} hou^{1} haːi^{1} jiːn^{2} wɯn^{2} ti^{1} taːu^{6}
太后 开言 文帝 道
太后开言文帝道，

Dienceij mbaet hauq dingq gou naeuz.
tiːn^{1} ɕei^{3} ʔbat^{7} haːu^{5} tiŋ^{5} kou^{1} nau^{2}
天子 停 话 听 我 说
天子停话说你听。

Mwngz bae Hanqciuz fuk yaenqgim,
mɯŋ^{2} pai^{1} ha:n^{5} ɕi:u^{2} fuk^{7} jan^{5} kim^{1}
你 去 汉朝 复 金印
你去汉朝重掌印，

Hanh nguxseiz cingq dwg haeuj ging.
ha:n^{6} ŋu^{4} θei^{2} ɕiŋ^{5} tɯk^{8} hau^{3} kiŋ^{1}
限 午时 正 是 进 京城
限午时正就进京。

Ndi cingq nguxseiz cix gaej haeuj,
ʔdi^{1} ɕiŋ^{5} ŋu^{4} θei^{2} ɕi^{4} kai^{3} hau^{3}
没 正 午时 就 别 进入
午时不正别进去，

Mwngz gaeuj lazging[1] yaek gaeuj caen.
mɯŋ^{2} kau^{3} la^{2} kiŋ^{1} jak^{7} kau^{3} ɕan^{1}
你 看 罗经 要 看 真
你看罗经要看清。

Mwngz dem mehlaux damz yienzbeih,
mɯŋ^{2} te:m^{1} me^{6} la:u^{4} ta:m^{2} ji:n^{2} pei^{6}
你 与 老母 谈 完全
你与太后说完后，

Lienzseiz doiqvih dauq ciuzdingz.
li:n^{2} θei^{2} to:i^{5} wi^{6} ta:u^{5} ɕi:u^{2} tiŋ^{2}
立即 退位 回 朝廷
立即退位回朝廷。

Vwnzdi ma loh youh ci hauh,
wɯn^{2} ti^{1} ma^{1} lo^{6} jou^{6} ɕi^{1} ha:u^{6}
文帝 归 途 又 吹 号
文帝归途又吹号，

Dauqma ciuzdingz guenj lwgminz.
ta:u^{5} ma^{1} ɕi:u^{2} tiŋ^{2} ku:n^{3} lɯk^{8} min^{2}
返回 朝廷 管 子民
回到朝廷管民众。

Ma daengz rog singz soeb roengzgvih,
ma^{1} taŋ^{2} ɣok^{8} θiŋ^{2} θop^{8} ɣoŋ^{2} kwi^{6}
回 到 外 城 猝 下跪
回到城外即下跪，

Lij aeu lazging ciuq gwnzmbwn.
li^{3} au^{1} la^{2} kiŋ^{1} ɕi:u^{5} kɯn^{2} ʔbɯn^{1}
还 要 罗经 照 天上
又要罗经照天空。

Ciuq raen gyangngoenz (daengngoenz) nguxseiz gvaq,
ɕi:u^{5} ɣan^{1} kja:ŋ^{1} ŋon^{2} (taŋ^{1} ŋon^{2}) ŋu^{4} θei^{2} kwa^{5}
照 见 太阳 午时 过
照见太阳午时过，

Ae gaeuj dienyah mbouj haeuj sim.
ai^{1} kau^{3} ti:n^{1} ja^{6} ʔbou^{3} hau^{3} θim^{1}
他 看 天下 不 进 心
不把天下放心中。

[1] lazging：即罗经，是一种测定方向基准的仪器，用于确定航向和观测物标方位。

Vwnzdi haiyienz Veicinz dauh,
wɯn2 ti1 haːi1 jiːn2 wei1 ɕin2 taːu6
文帝 开言 惠臣 道
文帝开言对臣道，

Banneix mbouj seih (dwg) nguxseiz cung.
paːn1 nei4 ʔbou3 θei6 (tɯk8) ŋu4 θei2 ɕuŋ1
现在 不 是 午时 钟
现在不是午时钟。

Banneix mbouj seih nguxseiz cingq,
paːn1 nei4 ʔbou3 θei6 ŋu4 θei2 ɕiŋ5
现在 不 是 午时 正
现在不是午时正，

Cinj coenz mehlaux mbouj haeuj ging.
ɕin3 ɕon2 me6 laːu4 ʔbou3 hau3 kiŋ1
准 句 老母 不 进 京城
听老人言不进京。

Gou daengz nguxseiz dwg mbouj haeuj,
kou1 taŋ2 ŋu4 θei2 tɯk8 ʔbou3 hau3
我 到 午时 是 不 进
我到午时是不进，

Mbouj daeuj Hanqciuz guenj lwgminz.
ʔbou3 tau3 haːn5 ɕiːu2 kuːn3 lɯk8 min2
不 来 汉朝 管 子民
不来汉朝管百姓。

Sou naeuz gyangngoenz langh ndwi dauq,
θou1 nau2 kjaːŋ1 ŋon2 laːŋ6 ʔdɯːi1 taːu5
你们 说 白天 如果 不 回到
要是白天赶不到，

Bae ndij mehlaux guenj baekfan.
pai1 ʔdi3 me6 laːu4 kuːn3 pak7 faːn1
去 和 老母 管 北番
就和老妈管番民。

Veicinz ndaejnyi coenz yienghneix,
wei1 ɕin2 ʔdai3 n̥i1 ɕon2 jiːŋ6 nei4
惠臣 听见 句 这样
惠臣听见这句话，

Lienzseiz baiqgvih gouz gwnzmbwn.
liːn2 θei2 paːi5 kwi6 kou2 kɯn2 ʔbɯn1
立刻 拜跪 求 上天
立刻拜天再求情。

Langh mbwn goj seng ndaej dienceij,
laːŋ6 ʔbɯn1 ko3 θeːŋ1 ʔdai3 tiːn1 ɕei3
若 天 可 生 得 天子
若天已生有天子，

Saedgung doiqvih nguxseiz cung.
θat8 kuŋ1 toːi5 wi6 ŋu4 θei2 ɕuŋ1
日宫(太阳) 退位 午时 钟
太阳退回午时整。

Dauq hawj saedgung nguxseiz cingq,
ta:u5 hauɯ3 θat8 kuŋ1 ŋu4 θei2 ɕiŋ5
重 让 日宫 午时 正
重让日宫午时正，

Dienceij rox dingh yaek haeuj ging.
ti:n1 ɕei3 ɣo4 tiŋ6 jak7 hau3 kiŋ1
天子 知 定 将要 进 京城
天子知定进京城。

Vwnzdi mingh vuengh mbwn goj dingh,
wɯn2 ti1 miŋ6 wu:ŋ6 ʔbɯn1 ko3 tiŋ6
文帝 命 旺 天 可 注定
文帝命旺天注定，

Saedgung dauq cingq nguxseiz cung.
θat8 kuŋ1 ta:u5 ɕiŋ5 ŋu4 θei2 ɕuŋ1
日宫 重 正 午时 钟
日宫重返午时正。

Feihseiz dauq fanj nguxseiz cingq,
fei6 θei2 ta:u5 fa:n3 ŋu4 θei2 ɕiŋ5
未时 重 返回 午时 正
未时返回午时正，

Vwnzdi gaem yaenq guenj ciuzdingz.
wɯn2 ti1 kam1 jan5 ku:n3 ɕi:u2 tiŋ2
文帝 掌 印 管 朝廷
文帝掌印管朝政。

Vwnzdi gaem yaenq guenj Hanqciuz,
wɯn2 ti1 kam1 jan5 ku:n3 ha:n5 ɕi:u2
文帝 掌管 印 管 汉朝
文帝掌权管天下，

Haklaux daeuj hoh vuengz haeuj ging.
hak7 la:u4 tau3 ho6 wu:ŋ2 hau3 kiŋ1
高官 来 护 皇 进 京城
高官护皇进京城。

Vwnzdi guh vuengz guenj Cungguek,
wɯn2 ti1 ku6 wu:ŋ2 ku:n3 ɕuŋ1 ku:k7
文帝 做 皇 管 中国
文帝当皇管中国，

Cinz Bingz Couh Boz de guh caenz.
ɕin2 piŋ2 ɕou6 po2 te1 ku6 ɕan2
陈 平 周 勃 他 做 臣
陈平周勃就当臣。

Cinz Bingz Couh Boz guh caenz ciengq,
ɕin2 piŋ2 ɕou6 po2 ku6 ɕan2 θi:ŋ5
陈 平 周 勃 做 臣 将
陈平周勃当臣将，

Sou guenj Cungguek dauq bingzmingz.
θou1 ku:n3 ɕuŋ1 ku:k7 ta:u5 piŋ2 miŋ2
你们 管 中国 则 平明
管理中国很安稳。

Sou guenj Cungguek cix bingzan,
θou^{1} kuːn^{3} ɕuŋ^{1} kuːk^{7} ɕi^{4} piŋ^{2} aːn^{1}
你们 管 中国 则 平安
你们管国很平安，

Lwglan mehmaiq dauq vuenyungz.
lɯk^{8} laːn^{1} me^{6} maːi^{5} taːu^{5} wuːn^{1} juŋ^{2}
子孙 寡妇 则 幸福
子孙后代多福分。

Daihsam Bien Cwngh Canh Hengzhauq
第三篇 曾参行孝

Genjdanh Gangj Neiyungz

Cwngh Canh (gonq 505 — gonq 435 nienz), youh heuhguh Cwnghswj, vunz Lujgoz mwh Cunhciuh, caeuq boh de doengz dwg lwgsae Gungjswj. Cwngh Canh 16 bi baiq Gungjswj guh lauxsae, gaenx doegsaw, gaenxmaenx cienzboq gij swhsiengj Yuzgyah. De doiq daxmeh caenhsim hengzhauq.

Bien fwenhauq neix lwnhgangj Cwngh Canh ranz gungzhoj, gvanbaz gai liu (fwnz) ciengx meh. Meh bingh sam bi ngah gwn lwgleiz, de couh gai liu cawx lwgleiz hawj meh gwn. Cwnghswj cuengqhag ma ranz seiz, rox yah de aeu gij lwgleiz caengz cawj cug hawj meh gwn, meh de gwn mbouj roengz, lij dungx iek, Cwnghswj couh yaek boenq yah de deuz, lij cingj song goenglaux ndaw mbanj daeuj bingzbuenq. Ginggvaq song goenglaux ndaw mbanj gienq naeuz caeuq meh de doengzeiq, yah de cij ndaej louz roengzdaeuj. Gvanbaz laebdaeb gai liu ciengxmingh.

Daxmeh youh gienq Cwnghswj bae baiq lauxsae doegsaw. Cwnghswj okrog gouzhag seiz, caenh yousim mehlaux, hixnaengz couh dingzhag ma ranz, cingqngamj ganj daengz ranz hawj meh soengqdai. Daxmeh gvaqseiq le, Cwnghswj soujhauq sam bi, de baenz boux lwghauq gig mizmingz ndeu.

内容简介

曾参（前 505 — 前 435 年），又称曾子，春秋鲁国人，与其父曾点同为孔子弟子。曾参十六岁拜孔子为师，勤奋好学，积极传播儒家思想。他对母亲尽心尽力行孝。

本篇孝歌叙述曾参家贫，夫妻卖柴养母。母病三年想吃梨，他就卖柴买梨给母亲吃。曾子放学回家时，知道妻子把没煮熟的梨给母亲吃，母亲吃不下，还饿着肚子，曾子就想休妻，还请来二位村老评判。经村老劝说和母亲同意，妻子才得以留下。夫妻继续卖柴养家。

母亲又劝曾子去拜师求学。曾子外出求学时，总担心老母，就干脆停学回家，正好赶上给母亲送终。母亲去世后，曾子守孝三年，他成了著名的孝子。

Fwenlaegdin moix gawq haj cih

fɯːn^{1} lak^{8} tin^{1} moːi^{4} kaɯ^{5} ha^{3} ɕi^{6}

五言勒脚歌

Danq gojsaeh Cwngh Canh,
taːn^{5} ko^{3} θai^{6} ɕɯŋ^{6} ɕaːn^{6}
叹 故事 曾 参
讲曾参故事，

Gan mehlaux daengzgwnz;
kaːn^{1} me^{6} laːu^{4} taŋ^{2} kɯn^{2}
管 老母 至上
侍奉娘至上；

Ranz sinhoj noix gwn,
ɣaːn^{2} θin^{1} ho^{3} noːi^{4} kɯn^{1}
家 辛苦 少 吃
家贫穷辛苦，

Gai fwnz gungciengx meh.
kaːi^{1} fɯn^{2} kuŋ^{1} ɕiːŋ^{4} me^{6}
卖 柴 供养 娘
卖柴养老娘。

Meh bingh sam bi neix,
me^{6} piŋ^{6} θaːm^{1} pi^{1} nei^{4}
母亲 病 三 年 这
娘生病三年，

Cawx lwgleiz ma gan;
ɕaɯ^{4} lɯk^{8} lei^{2} ma^{1} kaːn^{1}
买 梨子 回来 供养
买梨给补养；

Danq gojsaeh Cwngh Canh,
taːn^{5} ko^{3} θai^{6} ɕɯŋ^{6} ɕaːn^{6}
叹 故事 曾 参
讲曾参故事，

Gan mehlaux daengzgwnz;
kaːn^{1} me^{6} laːu^{4} taŋ^{2} kɯn^{2}
管 老母 至上
侍奉娘至上。

Doegsaw doeng leixdauh,
tok^{8} θaɯ^{1} toŋ^{1} lei^{4} taːu^{6}
读书 通 道理
读书知礼节，

Doiq mehlaux gingqcungh;
toːi^{5} me^{6} laːu^{4} kiŋ^{5} ɕuŋ^{6}
对 老母 敬重
爱母尽奉养；

Ranz sinhoj noix gwn,
ɣaːn2 θin1 ho3 noːi4 kɯn1
家 辛苦 少 吃
家贫穷辛苦，

Gai fwnz gungciengx meh.
kaːi1 fɯn2 kuŋ1 ɕiːŋ4 me6
卖 柴 供养 娘
卖柴养老娘。

Fwen moix gawq caet cih

fɯːn1 moːi4 kaɯ5 ɕat7 ɕi6

七言歌

Heij souj youh daj yiengsoujdiuh,
hei3 θou3 jou6 ta3 jiːŋ1 θou3 tiːu6
起 首 又 打 香首调
起首又打香首调，

Ciuz neix cawqyouq Lujgoz guek,
ɕiːu2 nei4 ɕaɯ5 jou5 lu3 ko2 kuːk7
朝 这 处在 鲁国 国
本朝处在鲁国里，

Fuk souj youh daj fungh vanzsan[1].
fuk7 θou3 jou6 ta3 fuŋ6 waːn2 θaːn1
伏 首 又 打 奉 还山
伏首又打奉还山。

Dawz daeuj dieg neix hengzhauq dangz.
taɯ2 tau3 tiːk8 nei4 heːŋ2 haːu5 taːŋ2
拿 来 地 这 行孝 堂
拿来此地行孝堂。

Seng dwk gojsing diuh lingh yiengh,
θeːŋ1 tɯk7 ko3 θiŋ1 tiːu6 lŋ6 jiːŋ6
生 打 鼓声 调 另 样
生打鼓声调另样，

Dauhsinz fat saw daengz cienzciuz,
taːu6 θin2 faːt7 θaɯ1 taŋ2 ɕiːn2 ɕiːu2
道人 发 书 到 前朝
道人发书到前朝，

Cwnghswj hengzhauq gyangq sangciengz.
ɕɯŋ6 θɯ3 heːŋ2 haːu5 kjaːŋ5 θaːŋ1 ɕiːŋ2
曾子 行孝 降 丧场
曾子行孝降丧场。

Swenx byoem hengzhauq gyangq sangciengz.
θɯːn4 pjom1 heːŋ2 haːu5 kjaːŋ5 θaːŋ1 ɕiːŋ2
散 发 行孝 降 丧场
散发行孝降丧场。

---

[1] vanzsan：即“还山”，指人死后埋葬于山上。

Cwnghswj ranz hoj guh mbouj ndaej,
ɕɯŋ6 θɯ3 ɣaːn2 ho3 ku6 ʔbou3 ʔdai3
曾子 家 贫 干 不 得
曾子家贫难度日，

Gvanmaex dawz fwnz ok haw gai.
kwaːn1 mai4 taɯ2 fɯn2 oːk7 haɯ1 kaːi1
夫妻 拿 柴 出 集市 卖
夫妻上街卖柴草。

Roih (de) liux gai fwnz cawx lwgleiz,
ɣoːi6 (te1) liːu4 kaːi1 fɯn2 ɕaɯ4 lɯk8 lei2
他 了 卖 柴 买 梨子
卖完柴火买梨子，

Goj siengj fugsaeh meh daengzgwnz.
ko3 θiːŋ3 fuk8 θai6 me6 taŋ2 kɯn2
也 想 服侍 母亲 至上(全面)
服侍母亲尽心孝。

Fugsaeh mehlaux dauq yienzbeih,
fuk8 θai6 me6 laːu4 taːu5 jiːn2 pei6
服侍 老母 则 周全
服侍母亲很周全，

Siengj baiq fouceij doeg sawging.
θiːŋ3 paːi5 fou1 ɕei3 tok8 θaɯ1 kiŋ1
想 拜 夫子 读 书文
拜师求学付辛劳。

Roih bae doegsaw goj daengq maex,
ɣoːi6 pai1 tok8 θaɯ1 ko3 taŋ5 mai4
他 去 读书 也 嘱咐 妻
他去读书嘱咐妻，

Mwngz cawj lwgleiz yaek cawj ndei.
mɯŋ2 ɕaɯ3 lɯk8 lei2 jak7 ɕaɯ3 ʔdei1
你 煮 梨子 要 煮 好
你煮梨子要煮好。

Mwngz cawj lwgleiz yaek cawj cug,
mɯŋ2 ɕaɯ3 lɯk8 lei2 jak7 ɕaɯ3 ɕuk8
你 煮 梨子 要 煮 熟
你煮梨子要煮熟，

Gaej guh buenq ndip mbouj baenz gwn.
kai3 ku6 puːn5 ʔdip7 ʔbou3 pan2 kɯn1
别 做 半 生 不 成 吃
半生半熟难下喉。

Cawj haeux cawj byaek cawj cug gvaq,
ɕaɯ3 hau4 ɕaɯ3 pjak7 ɕaɯ3 ɕuk8 kwa5
煮 饭 煮 菜 要 熟 过(熟透)
煮饭煮菜要全熟，

Cawj noh cawj bya yaek cawj ndei.
ɕaɯ3 no6 ɕaɯ3 pja1 jak7 ɕaɯ3 ʔdei1
煮 肉 煮 鱼 要 煮 好
煮肉煮鱼要熟透。

Cawj noh cawj bya hix mbouj ndaej,
ɕaɯ^{3} no^{6} ɕaɯ^{3} pja^{1} hi^{4} ʔbou^{3} ʔdai^{3}
煮 肉 煮 鱼 也 不 能
煮肉煮鱼也不干，

Roih cawj lwgleiz ndwi gvaqsim.
ɣoːi^{6} ɕaɯ^{3} lɯk^{8} lei^{2} ʔdɯːi^{1} kwa^{5} θim^{1}
她 煮 梨子 不 过心(熟透)
煮梨不熟她不忧。

Dahmaex nienzgeij roih lij iq,
ta^{6} mai^{4} niːn^{2} kei^{3} ɣoːi^{6} li^{3} i^{5}
妻子 年纪 她 还 轻
其妻年纪还太轻，

Cawj ngaiz cawj byaek ndi baenz gwn.
ɕaɯ^{3} ŋaːi^{2} ɕaɯ^{3} pjak^{7} ʔdi^{1} pan^{2} kɯn^{1}
煮 饭 煮 菜 不 成 吃
煮饭煮菜难下喉。

Cwnghswj doegsaw cingqngamq dauq,
ɕɯŋ^{6} θɯ^{3} tok^{8} θaɯ^{1} ɕiŋ^{5} ŋaːm^{5} taːu^{5}
曾子 读书 正 刚回
曾子放学回到家，

Ma raen mehlaux caengz gwn haeux.
ma^{1} ɣan^{1} me^{6} laːu^{4} ɕaŋ^{2} kɯn^{1} hau^{4}
回来 看见 老母 未 吃 饭
看到母亲未吃饭。

Cwnghswj cingq raen gaiq yienghneix,
ɕɯŋ^{6} θɯ^{3} ɕiŋ^{5} ɣan^{1} kaːi^{5} jiːŋ^{6} nei^{4}
曾子 正 看见 个 这样
曾子看到这情况，

Bae cingj baeuq mbanj daeuj daengz ranz.
pai^{1} ɕin^{3} pau^{5} ʔbaːn^{3} tau^{3} taŋ^{2} ɣaːn^{2}
去 请 老人 村 来 到 家
去请村老来评判。

Guhhek gwn caz liux yienzbeih,
ku^{6} heːk^{7} kɯn^{1} ɕa^{2} liːu^{4} jiːn^{2} pei^{6}
作客 喝 茶 了 完
客人到家喝完茶，

Haigangj dauhleix coh maexniengz.
haːi^{1} kaːŋ^{3} taːu^{6} lei^{4} ɕo^{6} mai^{4} niːŋ^{2}
开讲 道理 向 妻
就向其妻把理摊。

Cwnghswj haiyienz baeuq mbanj dauh,
ɕɯŋ^{6} θɯ^{3} haːi^{1} jiːn^{2} pau^{5} ʔbaːn^{3} taːu^{6}
曾子 开言 老人 村 道
曾子开言村老道，

Song sou bouxlaux dingq gou naeuz.
θoːŋ^{1} θou^{1} pou^{4} laːu^{4} tiŋ^{5} kou^{1} nau^{2}
二 你们 老人 听 我 说
二位长者听我谈。

Gou coux dah neix nienzgeij oiq,
kou^{1} ɕou^{4} ta^{6} nei^{4} niːn^{2} kei^{3} oːi^{5}
我 娶 女子 这 年纪 轻
我娶这妻尚年轻，

Roih daih goeng'yah mbouj daengzgwnz.
ɣoːi^{6} taːi^{6} koŋ^{1} ja^{6} ʔbou^{3} taŋ^{2} kɯn^{2}
她 侍 公婆 不 至上(全面)
她侍公婆不尽心。

Raemxdin raemxnaj mbouj daengz gyawj,
ɣam^{4} tin^{1} ɣam^{4} na^{3} ʔbou^{3} taŋ^{2} kjaɯ^{3}
洗脚水 洗脸水 不 到 近
不端洗脸洗脚水，

Sawj goeng sawj yah mbouj daengz dangz.
θaɯ^{3} koŋ^{1} θaɯ^{3} ja^{6} ʔbou^{3} taŋ^{2} taːŋ^{2}
侍 家公 侍 家婆 不 到 堂
侍候公婆怕艰辛。

Cawj byaek mbouj cug ngaiz mbouj baenz,
ɕaɯ^{3} pjak^{7} ʔbou^{3} ɕuk^{8} ŋaːi^{2} ʔbou^{3} pan^{2}
煮 菜 不 熟 饭 不 成(熟)
煮菜不成饭不熟，

Lwgleiz lij ndip caenh meh gwn.
lɯk^{8} lei^{2} li^{3} ʔdip^{7} ɕan^{6} me^{6} kɯn^{1}
梨子 还 生 催 母亲 吃
梨子还生给母亲。

Sou soengq dah neix bae vaihgya,
θou^{1} θoŋ^{5} ta^{6} nei^{4} pai^{1} waːi^{6} kja^{1}
你们 送 女子 这 去 外家
你们送她回娘家，

Gou haq dah neix bae hawj vunz.
kou^{1} ha^{5} ta^{6} nei^{4} pai^{1} haɯ^{3} wun^{2}
我 嫁 女子 这 去 给 人
另嫁此女我退亲。

Dah neix ok dou soeb roengzgvih,
ta^{6} nei^{4} oːk^{7} tou^{1} θop^{8} ɣoŋ^{2} kwi^{6}
女子 这 出 门 猝 下跪
此女出门忽下跪，

Cungq vih baeuq mbanj dingq gou gangj.
ɕuŋ^{5} wi^{6} pau^{5} ʔbaːn^{3} tiŋ^{5} kou^{1} kaːŋ^{3}
众 位 老人 村 听 我 讲
各位村老听我讲。

Nienzgeij gou ndaej cibsamseiq,
niːn^{2} kei^{3} kou^{1} ʔdai^{3} ɕip^{8} θaːm^{1} θei^{5}
年纪 我 得 十三四
我年纪得十三四，

Boh haq leix (lij) iq daeuj laeng de.
po^{6} ha^{5} lei^{4} (li^{3}) i^{5} tau^{3} laŋ^{1} te^{1}
父 嫁 还 小 来 给 他
还小嫁到他府上。

Haq gou lij oiq daeuj guh bawx,
ha^{5} kou^{1} li^{3} oːi^{5} tau^{3} ku^{6} paɯ^{4}
嫁 我 还 年轻 来 当 媳妇
我年轻轻当媳妇，

Sawj goeng sawj yah mbouj daengzgwnz.
θaɯ^{3} koŋ^{1} θaɯ^{3} ja^{6} ʔbou^{3} taŋ^{2} kɯn^{2}
侍 家公 侍 家婆 不 至上(全面)
侍候公婆不像样。

Gou liux nienzgeij hix lij oiq,
kou^{1} liːu^{4} niːn^{2} kei^{3} hi^{4} li^{3} oːi^{5}
我 了 年纪 也 还 轻
我今年纪还较轻，

Lainoix daekcoih sou yeznengz.
laːi^{1} naːi^{4} tak^{7} ɕoːi^{6} θou^{1} je^{2} niːŋ^{2}
多少 得罪 你们 爷娘
得罪爹娘请原谅。

Lainoix daekcoih de bouxlaux,
laːi^{1} noːi^{4} tak^{7} ɕoːi^{6} te^{1} pou^{4} laːu^{4}
多少 得罪 他 老人
多少得罪他爹娘，

Caih sou bouxlaux bauj saek coenz.
ɕaːi^{6} θou^{1} pou^{4} laːu^{4} paːu^{3} θak^{7} ɕon^{2}
任由 你们 老人 保 一 句
望得二老多包涵。

Gou langh miz loek saek coenzhauq,
kou^{1} laːŋ^{6} mi^{2} lok^{7} θak^{7} ɕon^{2} haːu^{5}
我 若 有 错 一 话
如若我有哪句错，

Caih sou baeuq mbanj coengh gou dangj.
ɕaːi^{6} θou^{1} pau^{5} ʔbaːn^{3} ɕoŋ^{6} kou^{1} taːŋ^{3}
任由 你们 老人 村 帮 我 挡
任由村老帮我挡。

Gou vih di neix hix yaek soengq,
kou^{1} wi^{6} ti^{1} nei^{4} hi^{4} yak^{7} θoŋ^{5}
我 因 点 这 也 要 送走
我因这些被送走，

Caih sou ndaej coengh gou saek coenz.
ɕaːi^{6} θou^{1} ʔdai^{3} ɕoŋ^{6} kou^{1} θak^{7} ɕon^{2}
任由 你们 能 帮 我 一 句
任由你们两句帮。

Song laux ndaejnyi coenz yienghneix,
θoːŋ^{1} laːu^{4} ʔdai^{3} ȵi^{1} ɕon^{2} jiːŋ^{6} nei^{4}
两 老人 听见 句 这样
村老听见这些话，

Youh aeu dauhleix buenq caen fou.
jou^{6} au^{1} taːu^{6} lei^{4} puːn^{5} ɕan^{1} fou^{1}
又 要 道理 评判 真 丈夫
用理同其夫评判。

Dahnuengx hix mbouj cibfaen loek,
ta⁶ nu:ŋ⁴ hi⁴ ʔbou³ ɕip⁸ fan¹ lok⁷
阿妹 也 不 十分 错
阿妹也不十分错，

Gaej guh hozmoet mbouj baenz vunz.
kai³ ku⁶ ho² mot⁷ ʔbou³ pan² wun²
别 做 生气 不 成 人
别太生气不仁义。

Banneix lij oiq roih goj hung,
pa:n¹ nei⁴ li³ o:i⁵ ɣo:i⁶ ko³ huŋ¹
如今 还 嫩 她 也(会) 大
如今还嫩她会大，

Cog roih langh hung goj caez dingj.
ɕo:k⁸ ɣo:i⁶ la:ŋ⁶ huŋ¹ ko³ ɕai² tiŋ³
日后 她 若 大 也 全 顶(当)
日后长成就懂理。

An loek baez neix liux cix gvaq,
a:n¹ lok⁷ pai² nei⁴ li:u⁴ ɕi⁴ kwa⁵
就算 错误 次 这 了 就 过
这次错误就算了，

Baez neix baenaj lai hwnjsim.
pai² nei⁴ pai¹ na³ la:i¹ hɯn³ θim¹
次 这 以后 多 留心
从此以后多注意。

Mehlaux haiyienz baeuq mbanj dauh,
me⁶ la:u⁴ ha:i¹ ji:n² pau⁵ ʔba:n³ ta:u⁶
老母 开言 老人 村 道
家婆开言村老道，

Song sou baeuqlaux dingq gou naeuz.
θo:ŋ¹ θou¹ pau⁵ la:u⁴ tiŋ⁵ kou¹ nau²
二 你们 老人 听 我 说
二位老人听我语。

Dah neix nienzgeij de lij oiq,
ta⁶ nei⁴ ni:n² kei³ te¹ li³ o:i⁵
女子 这 年纪 她 还 轻
此女年纪还较小，

Ae vah daekcoih cix mbouj miz.
ai¹ wa⁶ tak⁷ ɕo:i⁶ ɕi⁴ ʔbou³ mi²
她 话 得罪 就 没 有
得罪话儿她没讲。

Mwngz ce dah neix gou vuenheij,
mɯŋ² ɕe¹ ta⁶ nei⁴ kou¹ wu:n¹ hei³
你 留 女 这 我 欢喜
你留此女我欢喜，

Mwngz soengq dah neix gou mbouj fanz.
mɯŋ² θoŋ⁵ ta⁶ nei⁴ kou¹ ʔbou³ fa:n²
你 送走 女 这 我 不 烦
你送她走我不烦。

Mwngz bae doegsaw langh ndwi ma,
mɯŋ^{2} pai^{1} tok^{8} θaɯ^{1} laːŋ^{6} ʔdɯːi^{1} ma^{1}
你 去 读书 若 没 回
你去读书若不回，

Langh miz hek caj bouxlawz dang.
laːŋ^{6} mi^{2} heːk^{7} ɕa^{3} pou^{4} laɯ^{2} taːŋ^{1}
若 有 客 等 哪个 当
若来客人谁担当。

Song laux ndaejnyi coenz yienghneix,
θoːŋ^{1} laːu^{4} ʔdai^{3} ȵi^{1} ɕon^{2} jiːŋ^{6} nei^{4}
二 老人 听见 句 这样
二老听到这些话，

Naeuz nuengx daeuj neix gvih yezniengz.
nau^{2} nuːŋ^{4} tau^{3} nei^{4} kwi^{6} je^{2} niːŋ^{2}
说 阿妹 来 这 跪 爷娘
叫此女来跪爷娘。

Hawj roih daeuj baiq goeng ndij yah,
haɯ^{3} ɣoːi^{6} tau^{3} paːi^{5} koŋ^{1} ʔdi^{3} ja^{6}
让 她 来 拜 家公 与 家婆
让她来拜公与婆，

Baezneix baenaj yaek caixhangz.
pai^{2} nei^{4} pai^{1} na^{3} yak^{7} ɕaːi^{4} haːŋ^{2}
今后 以后 要 在行
从今往后要知礼。

Cwngh Canh ma daengz soeb roengzgvih,
ɕɯŋ^{6} ɕaːn^{6} ma^{1} taŋ^{2} θop^{8} ɣoŋ^{2} kwi^{6}
曾 参 回 到 猝 下跪
曾参来到即下跪，

Lainoix gag lij sou dawz bingz.
laːi^{1} noːi^{4} kaːk^{8} li^{3} θou^{1} taɯ^{2} piŋ^{2}
多少 自 还 你们 掌握 公平
多少你们来评理。

Dou dwg ciuhlwg aeu gingq laux,
tou^{1} tɯk^{8} ɕiːu^{6} lɯk^{8} au^{1} kiŋ^{5} laːu^{4}
我们 是 儿辈 要 敬 老
我们儿辈要敬老，

Gaeuj sou son'gyauq goj wngdang.
kau^{3} θou^{1} θoːn^{1} kjaːu^{5} ko^{3} ɯŋ^{1} taːŋ^{1}
看 你们 教导 也 应当
长辈教诲也合适。

Sou liux dajgangj liux yienzbeih,
θou^{1} liːu^{4} ta^{3} kaːŋ^{3} liːu^{4} jiːn^{2} pei^{6}
你们 了 讲 完 全部
你们讲话完之后，

Baeuq mbanj doiqvih dauqbae ranz.
pau^{5} ʔbaːn^{3} toːi^{5} wi^{6} taːu^{5} pai^{1} ɣaːn^{2}
老人 村 退位 回去 家
村老退出回家去。

Song laux bae ranz goj gag lwnh,
θoːŋ1 laːu4 pai1 ɣaːn2 ko3 kaːk8 lɯn6
二 老人 去 家 也 自 谈论
二位村老回家论，

Cwngh Canh hauqswnh goj baenz vunz.
ɕɯŋ6 ɕaːn6 haːu5 θɯn6 ko3 pan2 wun2
曾 参 孝顺 也 成 人才
曾参孝敬好人才。

Haetlaeng hwnqninz caengz swiqnaj,
hat7 laŋ1 hɯn5 nin2 ɕaŋ2 θɯːi5 na3
早上 后 起床 未 洗脸
翌日起床未洗脸，

Gvanbaz doxci bae aeu fwnz.
kwaːn1 pa2 to4 ɕi1 pai1 au1 fɯn2
夫妻 相催 去 要 柴
夫妻相催去打柴。

Ngoenzneix ra fwnz daengz Byamauh,
ŋon2 nei4 ɣa1 fɯn2 taŋ2 pja1 maːu6
今天 找 柴 到 帽山
今天打柴到帽山，

Goj gag mehlaux mwngz youq ranz.
ko3 kaːk8 me6 laːu4 mɯŋ2 jou5 ɣaːn2
可 独自 老母 你 在 家
家中只有老母在。

Mwngz liux ra fwnz gyangngoenz cingq,
mɯŋ2 liːu4 ɣa1 fɯn2 kjaːŋ1 ŋon2 ɕiŋ5
你 了 找 柴 太阳 正
你们砍柴到正午，

Dingh miz bouxhek ndeu hwnj ranz.
tiŋ6 mi2 pou4 heːk7 ʔdeːu1 hɯn3 ɣaːn2
定 有 客人 一 到 家
定有一客到家来。

Caz liux mbouj caz laeuj mbouj laeuj,
ɕa2 liːu4 ʔbou3 ɕa2 lau3 ʔbou3 lau3
茶 了 没 茶 酒 没 酒
没有茶水没有酒，

Miz boux baengzyoux ndeu hwnj ranz.
mi2 pou4 paŋ2 jou4 ʔdeːu1 hɯn3 ɣaːn2
有 个 朋友 一 到 家
有个朋友到家堂。

Baengzyoux hwnj ranz cungj goenghoh,
paŋ2 jou4 hɯn3 ɣaːn2 ɕuŋ3 koŋ1 ho6
朋友 上 家 都 恭贺
朋友登门都恭贺，

Mehlaux lienzloh okdaeuj gaeuj.
me6 laːu4 liːn2 lo6 oːk7 tau3 kau3
老母 连忙 出来 看
老母连忙出来看。

Bouxhek haiyienz mehlaux dauh,
pou^{4} heːk^{7} haːi^{1} jiːn^{2} me^{6} laːu^{4} taːu^{6}
客人 开言 老母 道
客人开言老母道，

Ngoenzneix beixlaux gou bae lawz?
ŋon^{2} nei^{4} pei^{4} laːu^{4} kou^{1} pai^{1} lauɯ^{2}
今天 大哥 我 去 哪里
今天长兄去何方？

Mehlaux haiyienz heklaux dauh,
me^{6} laːu^{4} haːi^{1} jiːn^{2} heːk^{7} laːu^{4} taːu^{6}
老母 开言 贵客 道
老母开言贵客道，

Yaek cam beixlaux mwngz guh maz?
jak^{7} ɕaːm^{1} pei^{4} laːu^{4} mɯŋ^{2} ku^{6} ma^{2}
要 问 大哥 你 干 啥
探问大哥为哪般？

Neix mwngz guh lwg cam beixlaux,
nei^{4} mɯŋ^{2} ku^{6} lɯk^{8} ɕaːm^{1} pei^{4} laːu^{4}
这 你 做 儿辈 问 大哥
你做儿辈问长兄，

Rox mwngz coenzhauq lawz aensim?
ɣo^{4} mɯŋ^{2} ɕon^{2} haːu^{5} lauɯ^{2} an^{1} θim^{1}
知 你 话 怎样 个 心
不知心中有何想？

Lwg liux haiyienz mehlaux dauh,
lɯk^{8} liːu^{4} haːi^{1} jiːn^{2} me^{6} laːu^{4} taːu^{6}
儿辈 了 开言 老母 道
这人开言老母道，

Gou ce baengzyoux hauhneix nanz.
kou^{1} ɕe^{1} paŋ^{2} jou^{4} haːu^{6} nei^{4} naːn^{2}
我 丢下 朋友 那么 久
久别朋友来探望。

Gou ce baengzyoux nanz ndwi daeuj,
kou^{1} ɕe^{1} paŋ^{2} jou^{4} naːn^{2} ʔdɯːi^{1} tau^{3}
我 丢下 朋友 久 没 来
我别朋友久没来，

Gvaqloh cix haeuj soeb ietdin.
kwa^{5} lo^{6} ɕi^{4} hau^{3} θop^{8} iːt^{7} tin^{1}
过路 就 进入 即 歇脚
过路就登门来访。

Gvaqloh cix haeuj soeb yietnaiq,
kwa^{5} lo^{6} ɕi^{4} hau^{3} θop^{8} iːt^{7} naːi^{5}
过路 就 入 即 歇息
过路登门就来歇，

Gou laih daihgo goj youq ranz.
kou^{1} laːi^{6} taːi^{6} ko^{1} ko^{3} jou^{5} ɣaːn^{2}
我 以为 大哥 也 在 家
以为大哥在家堂。

Mehlaux lienzseiz ngeix ndaw bya,
me6 laːu4 liːn2 θei2 ŋei4 ʔdaɯ1 pja1
老母 立即 想 里 山
老母立即想山里，

Cwnghswj lwgfungh ma daengz ranz.
ɕɯŋ6 θɯ3 lɯk8 fuŋ6 ma1 taŋ2 ɣaːn2
曾子 忽然 回 到 家
曾子忽然就回来。

Cwnghswj rap fwnz cuengq gyanghongh,
ɕɯŋ6 θɯ3 ɣaːp7 fɯn2 ɕuːŋ5 kjaːŋ1 hoːŋ6
曾子 担 柴 放 院子
曾子柴放院子中，

Doengh boux baengzyoux naj ndwi hai.
toŋ6 pou4 paŋ2 jou4 na3 ʔdɯːi1 haːi1
那 个 朋友 脸 不 开心
来访朋友不愉快。

Dahbawx ma daengz soeb roengzgvih,
ta6 paɯ4 ma1 taŋ2 θop8 ɣoŋ2 kwi6
女 儿媳 回 到 猝 下跪
儿媳回到就下跪，

Yienghnix (yienghneix) mehlaux guhlawz baiz?
jiːŋ6 ni4 (jiːŋ6 nei4) me6 laːu4 ku6 laɯ2 paːi2
这样 老母 如何 安排
老母如今怎安排？

Mehlaux haiyienz dahbawx dauh,
me6 laːu4 haːi1 jiːn2 ta6 paɯ4 taːu6
老母 开言 儿媳 道
老母开言儿媳道，

Mwngz mbaet coenzhauq dingq gou naeuz.
mɯŋ2 ʔbat7 ɕon2 haːu5 tiŋ5 kou1 nau2
你 停 话 听 我 说
你不出声我说开。

Aenvih ranz hoj cix mbouj miz,
an1 wi6 ɣaːn2 ho3 ɕi4 ʔbou3 mi2
因为 家 穷 就 没 有
因为家穷如水洗，

Dauhleix mwngz baij hix mizcingz.
taːu6 lei4 mɯŋ2 paːi3 hi4 mi2 ɕiŋ2
道理 你 摆 也 有情
道理你摆也应该。

Song sou mehlwg ienq mingh hoj,
θoːŋ1 θou1 me6 lɯk8 iːn5 miŋ6 ho3
两 你们 母子 怨 命 苦
你母子俩怨命苦，

Dahbawx rox gvih dungx miz caiz.
ta6 paɯ4 ɣo4 kwi6 tuŋ4 mi2 ɕaːi2
儿媳 懂 跪下 肚 有 才
儿媳跪下肚有才。

Sam sou mehlwg caez roengzgvih，
θaːm1 θou1 me6 lɯk8 ɕai2 ɣoŋ2 kwi6
三 你们 母子 齐 下跪
你们三人齐下跪，

Hek daeuj ranz hoj ndi ndaej dang.
heːk7 tau3 ɣaːn2 ho3 ʔdi1 ʔdai3 taːŋ1
客 来 家 贫 不 得 当
家穷客来无法待。

Bouxhek bae ranz de goj rox，
pou4 heːk7 pai1 ɣaːn2 te1 ko3 ɣo4
客人 去 家 他 也 懂
客人回家他理解，

Aenvih ranz hoj de mbouj miz.
an1 wi6 ɣaːn2 ho3 te1 ʔbou3 mi2
因为 家 贫 他 没 有
因为家贫锅难开。

Goj naeuz gyadangq de ndwi cuk，
ko3 nau2 kja1 taːŋ5 te1 ʔdɯːi1 ɕuk7
也 说 家当 他 不 足
也说家底他不足，

Mbouj dwg cungj huk hek mbouj dang.
ʔbou3 tɯk8 ɕuŋ3 huk7 heːk7 ʔbou3 taːŋ1
不 是 都 笨 客 不 当
不是都笨不待宾。

Ranz de sam vunz dungx lingzleih，
ɣaːn2 te1 θaːm1 wun2 tuŋ4 liŋ2 lei6
家 他 三 人 肚 伶俐
他家三人都知礼，

Dauhleix dwg miz hix goj bingz.
taːu6 lei4 tɯk8 mi2 hi4 ko3 piŋ2
道理 是 有 也 可 评
道理都懂也可评。

Baengzyoux ok rog goj gag lwnh，
paŋ2 jou4 oːk7 ɣoːk8 ko3 kaːk8 lɯn6
朋友 出来 外面 也 自 谈论
朋友出来都论说，

Cwnghswj hauqswnh dungx coengmingz.
ɕɯŋ6 θɯ3 haːu5 θɯn6 tuŋ4 ɕoŋ1 miŋ2
曾子 孝顺 肚 聪明
曾子孝顺人聪明。

Mehlaux ndaejnyi coenz yienghneix，
me6 laːu4 ʔdai3 ȵi1 ɕon2 jiːŋ6 nei4
老母 听见 句 这样
老母听到这话语，

Hawj baiq fouceij rox mizmingz.
haɯ3 paːi5 fou1 ɕei3 ɣo4 mi2 miŋ2
给 拜 夫子 或 有名
给拜老师或成名。

Cwnghswj haiyienz mehlaux dauh,
ɕɯŋ6 θɯ3 haːi1 jiːn2 me6 laːu4 taːu6
曾子 开言 老母 道
曾子开言老母道，

Aenvih gyabauj raeuz ndwi miz.
an1 wi6 kja1 paːu3 ɣau2 ʔdɯːi1 mi2
因为 家宝 我们 没 有
因为家财咱没有。

Cojcoeng daengz neix dwg vunzndei,
ɕo3 ɕoŋ1 taŋ2 nei4 tɯk8 wun2 ʔdei1
祖宗 到 这 是 好人
祖宗至今是好人，

Baenzneix ok rog mboujyungh you.
pan2 nei4 oːk7 ɣoːk8 ʔbou3 juŋ6 jou1
这样 出 外 不用 忧
这样外出不用愁。

Mehlaux haiyienz Cwnghswj dauh,
me6 laːu4 haːi1 jiːn2 ɕɯŋ6 θɯ3 taːu6
老母 开言 曾子 道
老母开言曾子道，

Mwngz mbaet coenzhauq dingq gou naeuz.
mɯŋ2 ʔbat7 ɕon2 haːu5 tiŋ5 kou1 nau2
你 停 话 听 我 说
你听我来说缘由。

Mizsim hawj mwngz doegsaw bae,
mi2 θim1 haɯ3 mɯŋ2 tok8 θaɯ1 pai1
有心 让 你 读书 去
有心让你去读书，

Mwngz gaej dauzheiq daengz ndaw ranz.
mɯŋ2 kai3 taːu2 hei5 taŋ2 ʔdaɯ1 ɣaːn2
你 别 忧心 到 里 家
你别为家总担忧。

Cwnghswj ndaejnyi coenz yienghneix,
ɕɯŋ6 θɯ3 ʔdai3 ȵi1 ɕon2 jiːŋ6 nei4
曾子 听到 句 这样
曾子听到这句话，

Daengq meh daengq maex caez youq ranz.
taŋ5 me6 taŋ5 mai4 ɕai2 jou5 ɣaːn2
嘱 娘 嘱 妻 一起 在 家
嘱娘嘱妻等候你。

Haetlaeng hwnqninz caengz swiq naj,
hat7 laŋ1 hɯn5 nin2 ɕaŋ2 θɯːi5 na3
早上 后 起床 未 洗 脸
翌日起床脸未洗，

Mwngz gienj haiz mad coq roengz sieng.
mɯŋ2 kiːn3 haːi2 maːt8 ɕo5 ɣoŋ2 θiːŋ1
你 卷 鞋 袜 放 下 箱
你卷鞋袜放箱里。

Mwngz gienj haiz mad liux yienzbeih,
mɯŋ^{2} ki:n^{3} ha:i^{2} ma:t^{8} li:u^{4} ji:n^{2} pei^{6}
你 卷 鞋 袜 了 完毕
你自收拾完行李，

Leix (lij) gvih mehlaux ok doumonz.
lei^{4} (li^{3}) kwi^{6} me^{6} la:u^{4} o:k^{7} tou^{1} mo:n^{2}
还 跪 老母 出 大门
还跪老母出门急。

Bae daengz doumonz mwngz youh daengq,
pai^{1} taŋ^{2} tou^{1} mo:n^{2} mɯŋ^{2} jou^{6} taŋ^{5}
去 到 大门 你 又 嘱咐
走到门口你又嘱，

Naeuz maex haethaemh yaek funghswngz.
nau^{2} mai^{4} hat^{7} ham^{6} jak^{7} fuŋ^{6} θɯŋ^{2}
告诉 妻 早晚 要 侍奉
说妻侍娘要仔细。

Bae daengz siuyieng baiq fouceij,
pai^{1} taŋ^{2} θi:u^{1} ji:ŋ^{1} pa:i^{5} fou^{1} ɕei^{3}
去 到 烧香 拜 夫子
去到烧香拜老师，

Leix (lij) louz mehlaux gou youq ranz.
lei^{4} (li^{3}) lou^{2} me^{6} la:u^{4} kou^{1} jou^{5} ɣa:n^{2}
还 留 老母 我 在 家
还留老母在家堂。

Mwngz bae doegsaw ndwi roengzloh,
mɯŋ^{2} pai^{1} tok^{8} θaɯ^{1} ʔdɯ:i^{1} ɣoŋ^{2} lo^{6}
你 去 读书 不 安心
你去读书不安心，

Mwngz youq Lujgoz sim gag fanz.
mɯŋ^{2} jou^{5} lu^{3} ko^{2} θim^{1} ka:k^{8} fa:n^{2}
你 在 鲁国 心 自 烦
你在鲁国自忧烦。

Gwn ngaiz gwn haeux hoz gag ngeix,
kɯn^{1} ŋa:i^{2} kɯn^{1} hau^{4} ho^{2} ka:k^{8} ŋei^{4}
吃 午饭 吃 米饭 脖(心) 自 思
日来用餐自沉思，

Doegsaw doeg cih mbouj ndaej dawz.
tok^{8} θaɯ^{1} tok^{8} ɕi^{6} ʔbou^{3} ʔdai^{3} taɯ^{2}
读书 念 字 不 得 对路
读书说话老走板。

Cwnghswj haemh ninz hwnz gag ngeix,
ɕɯŋ^{6} θɯ^{3} ham^{6} nin^{2} hɯn^{2} ka:k^{8} ŋei^{4}
曾子 晚上 睡 夜里 独 想
曾子夜睡独自想，

Caiq heiq mehlaux youq mbouj onj.
ɕa:i^{5} hei^{5} me^{6} la:u^{4} jou^{5} ʔbou^{3} o:n^{3}
再 忧 老母 在 不 安
担心母亲体不安。

Haetlaeng hwnqninz naj caengz swiq，
hat7 laŋ1 hɯn5 nin2 na3 ɕaŋ2 θɯːi5
早上 后 起床 脸 未 洗
翌日起来没洗脸，

Gaem bit lienz yienh hoiz fouceij.
kam1 pit7 liːn2 jiːn6 hoːi2 fou1 ɕei3
拿 笔 和 砚 回话 夫子
写给老师告别话。

Mwngz siuyieng youh gvih fouceij，
mɯŋ2 θiːu1 jiːŋ1 jou6 kwi6 fou1 ɕei3
你 烧香 又 跪 夫子
你又烧香跪老师，

Bae daengq baengzyoux cix ma ranz.
pai1 taŋ5 paŋ2 jou4 ɕi4 ma1 ɣaːn2
去 嘱咐 朋友 就 回 家
嘱咐朋友就回家。

Bae daengq baengzyoux mwngz ok dou，
pai1 taŋ5 paŋ2 jou4 mɯŋ2 oːk7 tou1
去 嘱咐 朋友 你 出 门
告别朋友你出来，

Gyau hwnz gyau haemh daeuj daengz ranz.
kjaːu1 hɯn2 kjaːu1 ham6 tau3 taŋ2 ɣaːn2
交 夜 交 晚 来 到 家
日夜兼程赶到家。

Cwnghswj ma daengz soeb roengzgvih，
ɕɯŋ6 θɯ3 ma1 taŋ2 θop8 ɣoŋ2 kwi6
曾子 回 到 猝 下跪
曾子回到即下跪，

Mehlaux raemxda rih mbouj dingz.
me5 laːu4 ɣam4 da1 ɣi6 ʔbou3 tiŋ2
老母 泪水 流 不 停
老母泪水如雨下。

Mehlaux haiyienz Cwnghswj dauh，
me6 laːu4 haːi1 jiːn2 ɕɯŋ6 θɯ3 taːu6
母亲 开言 曾子 道
母亲开言曾子道，

Ngoenzcog mwngz dauq mbouj raen gou.
ŋon2 ɕoːk8 mɯŋ2 taːu5 ʔbou3 ɣan1 kou1
明天 你 回 不 见 我
明天你到我不在。

Mehlaux daihhanh roengzdaeuj dingh，
me6 laːu4 taːi6 haːn6 ɣoŋ2 tau3 tiŋ6
老母 大限 下来 定
老母大限已注定，

Lienz saet diuzmingh bae gviyaem.
liːn2 θat7 tiːu2 miŋ6 pai1 kwi1 jam1
连 失 条命 去 归阴
丧命归阴不回来。

Lienz saet diuzmingh gvi yaemfouj,
li:n^{2} θat^{7} ti:u^{2}miŋ^{6} kwi^{1} jam^{1} fou^{3}
连 失 条命 归 阴府
丧失性命归阴府，

Haisang cix an laeb baizvih,
ha:i^{1} θa:ŋ^{1} ɕi^{4} a:n^{1} lap^{8} pa:i^{2} wi^{6}
开丧 就 安 立 牌位
开丧安置好灵位，

Lwgmbwk daej hoj mbouj dingz sing.
lɯk^{8} ʔbɯk^{7} tai^{3} ho^{3} ʔbou^{3} tiŋ^{2} θiŋ^{1}
女人 哭 难 不 停 声
女人恸哭多悲哀。

Mbangj boux cix cauh hoq bae dingz.
ʔba:ŋ^{3} pou^{4} ɕi^{4} ɕa:u^{6} ho^{5} pai^{1} tiŋ^{2}
一些 个 就 造 房 去 停放
有人造“房”去停放。

Beixnuengx mbanjranz daeuj doxyaeng,
pei^{4} nu:ŋ^{4} ʔba:n^{3} ɣa:n^{2} tau^{3} to^{4} jaŋ^{1}
兄弟 家乡 来 相商
本村兄弟来相商，

Haisang sam haemh dawz bae cangq,
ha:i^{1} θa:ŋ^{1} θa:m^{1} ham^{6} tauɯ^{2} pai^{1} ɕa:ŋ^{5}
开丧 三 晚 抬 去 葬
开丧三晚抬去葬，

Bae cingj moegciengh daeuj daengz ranz.
pai^{1} ɕiŋ^{3} mok^{8} ɕi:ŋ^{6} tau^{3} taŋ^{2} ɣa:n^{2}
去 请 木匠 来 到 家
去请木匠到家来。

Dawz hoq ronghbangx gyangq gvaq gwnz.
taɯ^{2} ho^{5} ɣo:ŋ^{6} pa:ŋ^{4} kja:ŋ^{5} kwa^{5} kɯn^{2}
抬 房 亮光 架 过 上
抬亮光“房”放墓上。

Aeu seiq gip benj ma hab faex,
au^{1} θei^{5} kip^{7} pe:n^{3} ma^{1} ha:p^{8} fai^{4}
要 四 块 板 来 合 棺材
用四块板做棺材，

Aenvih gaxgonq Bungz Cuj [1] heij,
an^{1} wi^{6} ka^{4} ko:n^{5} puŋ^{2} ɕu^{3} hei^{3}
因为 从前 彭 祖 起
因为从前彭祖起，

Bae cingj saedauh daeuj haisang.
pai^{1} ɕiŋ^{3} θai^{1}ta:u^{6} tau^{3} ha:i^{1} θa:ŋ^{1}
去 请 师公道公 来 开丧
去请师公来开丧。

Saedauh sij heiq cix hawj mwngz.
θai^{1}ta:u^{6} θi^{3} hei^{5} ɕi^{4} haɯ^{3} mɯŋ^{2}
师公道公 写 契 就 给 你
师公写契给你管。

[1] Bungz Cuj：即彭祖，上古帝王颛顼的四世孙（黄帝的七世孙）。

Cang hoq hwnj dingj ronghraurau,
ɕaːŋ^1 ho^5 hɯn^3 tiŋ^3 ɣoːŋ^6 ɣaːu ɣaːu
装 房 上 顶 亮晶晶
装“房”墓上亮晶晶，

Ae liux ciem hauh mingzcoh mwngz.
ai^1 liːu^4 ɕiːm^1 haːu^6 miŋ^2 ɕo^6 mɯŋ^2
他 了 签 写 名字 你
他写娘名再敬送。

Haetlaeng ram faex okbae deih,
hat^7 laŋ^1 ɣaːm^1 fai^4 oːk^7 pai^1 tei^6
早上后 抬 棺 出去 地
翌日抬棺到山上，

Baizvih leix (lij) laeb coq ndaw ranz.
paːi^2 wi^6 lei^4 (li^3) lap^8 ɕo^5 ʔdaɯ^1 ɣaːn^2
牌位 还 立 放 里 家
灵位也立在家供。

Hoq dingh dwg aeu gyangq gwnz moh,
ho^5 tiŋ^6 tɯk^8 au^1 kjaːŋ^5 kɯn^2 mo^6
房子 定 是 要 加在 上面 墓
“房子”加在墓上面，

Meh haeuj yaemloh daeuj haeuj ranz.
me^6 hau^3 jam^1 lo^6 tau^3 hau^3 ɣaːn^2
娘 入 阴路 来 入 房
娘从阴路入“房”中。

Ndaw ranz baizvih laj cuengq haeux,
ʔdaɯ^1 ɣaːn^2 paːi^2 wi^6 la^3 ɕuːŋ^5 hau^4
里 家 牌位 下 放 饭
家里饭放灵位下，

Biengzdeih Cwnghswj souj mohfaenz.
piːŋ^2 tei^6 ɕɯŋ^6 θɯ^3 θou^3 mo^6 fan^2
世间 曾子 守 坟墓
曾子守墓尽孝终。

Couciuz Cwnghswj hengz hauqngeih,
ɕou^1 ɕiːu^2 ɕɯŋ^6 θɯ^3 heːŋ^2 haːu^5 ŋei^6
周朝 曾子 行 孝义
周朝曾子行孝人，

Dauq youq biengzdeih souj sam bi.
taːu^5 jou^5 piːŋ^2 tei^6 θou^3 θaːm^1 pi^1
却 在 世间 守 三 年
世间守孝满三年。

Mwngz souj sam bi goet ndaej vaq,
mɯŋ^2 θou^3 θaːm^1 pi^1 kot^7 ʔdai^3 wa^5
你 守 三 年 尸骨 得 化
你守三年尸体化，

Mbwn langh luenh bag ndang mbouj yungz.
ʔbɯn^1 laːŋ^6 luːn^6 paːk^8 ʔdaːŋ^1 ʔbou^3 juŋ^2
天 若 乱 劈 身 不 溶
天乱劈身不溶变。

Loizvuengz daj goj mbouj dauzheiq,
loːi^{2} wuːŋ^{2} ta^{3} ko^{3} ʔbou^{3} taːu^{2} hei^{5}
雷王 打 鼓 不 忧心
雷王打鼓不担忧，

Mwngz youq biengzdeih heij caiging.
mɯŋ^{2} jou^{5} piːŋ^{2} tei^{6} hei^{3} ɕaːi^{1} kiŋ^{1}
你 在 世间 起 斋经
你起斋经在世间。

Hoih cingj goengsae daeuj guh dauh,
hoːi^{6} ɕiŋ^{3} koŋ^{1} θai^{1} tau^{3} ku^{6} taːu^{6}
会见 请 师公 来 做 法事
请师公来做法事，

Gan hawj bazmeh dauq baenz sien.
kaːn^{1} haɯ^{3} pa^{2} me^{6} taːu^{5} pan^{2} θiːn^{1}
做 让 老母 转 成 仙
好让老母能升仙。

Gan hawj bazmeh mwngz baenz baed,
kaːn^{1} haɯ^{3} pa^{2} me^{6} mɯŋ^{2} pan^{2} pat^{8}
做 让 母亲 你 成 佛
好让母亲能成佛，

Guh caet haemh cai dap deihfaenz.
ku^{6} ɕat^{7} ham^{6} ɕaːi^{1} taːp^{7} tei^{1} fan^{2}
做 七 晚 斋 答 坟山
做斋七晚答坟山。

Neix mwngz guhcai deih dwg hingq,
nei^{4} mɯŋ^{2} ku^{6} ɕaːi^{1} tei^{6} tɯk^{8} hiŋ^{5}
这 你 做斋 地 是 兴
你做斋事大地乐，

Ngux cauj gimlungz cingq daeuj bang.
ŋu^{4} ɕaːu^{3} kim^{1} luŋ^{2} ɕiŋ^{5} tau^{3} paːŋ^{1}
五 爪 金龙 正 来 帮
五爪金龙正来帮。

Ngux cauj gimlungz hwnjdaeuj hoh,
ŋu^{4} ɕaːu^{3} kim^{1} luŋ^{2} hɯn^{3} tau^{3} ho^{6}
五 爪 金龙 上来 贺
五爪金龙上来贺，

Cwnghswj Ceijloh hengz ndaej caez.
ɕɯŋ^{6} θɯ^{3} ɕei^{3} lo^{6} heːŋ^{2} ʔdai^{3} ɕai^{2}
曾子 子路 行 得 齐
曾子尽心行孝堂。

Sam gyauq[1] dauhsaeng roek ngoenz cingq,
θaːm^{1} kjaːu^{5} taːu^{6} θaŋ^{1} ɣok^{7} ŋon^{2} ɕiŋ^{5}
三 教 道僧 六 天 正
三教道僧做六天，

Bae cingj monzsaenz daeuj baj monz.
pai^{1} ɕiŋ^{3} moːn^{2} θan^{2} tau^{3} pa^{3} moːn^{2}
去 请 门神 来 把 门
去请门神守门关。

[1]sam gyauq：即“三教”，指儒、释、道三教。

Monzsaenz baj monz baed andaiq,
moːn^{2} θan^{2} pa^{3} moːn^{2} pat^{8} aːn^{1} taːi^{5}
门神 把 门 佛 安泰
门神把门佛安泰，

Lwglan houhdaih miz goengmingz.
lɯk^{8} laːn^{1} hou^{6} taːi^{6} mi^{2} koŋ^{1} miŋ^{2}
子孙 后代 有 功名
子孙后代有功名。

De miz goengmingz daeuj baiq coj,
te^{1} mi^{2} koŋ^{1} miŋ^{2} tau^{3} paːi^{5} ɕo^{3}
他 有 功名 来 拜 祖
他有功名来拜祖，

Sam nyied hoh moh boiz aencingz.
θaːm^{1} ȵiːt^{8} ho^{6} mo^{6} poːi^{2} an^{1} ɕiŋ^{2}
三 月 护 墓 还 恩情
三月扫墓还恩情。

Lwglan cingmingz baiq diendeih,
lɯk^{8} laːn^{1} ɕiŋ^{1} miŋ^{2} paːi^{5} tiːn^{1} tei^{6}
子孙 清明 拜 天地
子孙清明拜天地，

Ndaej boiz cingzngeih meh daengzgwnz.
ʔdai^{3} poːi^{2} ɕiŋ^{2} ŋei^{6} me^{6} taŋ^{2} kɯn^{2}
得 还 情义 母亲 至上
可还情义慰母亲。

Ngoenzhoengq ngoenzndwi mbouj gamj ciengq,
ŋon^{2} hoŋ^{5} ŋon^{2} ʔdɯːi^{1} ʔbou^{3} kaːm^{3} ɕiːŋ^{5}
空日 闲日 不 敢 唱
空日闲日不敢唱，

Cien ngeix fanh muengh mbouj gamj dwen.
ɕiːn^{1} ŋei^{4} faːn^{6} muːŋ^{6} ʔbou^{3} kaːm^{3} tɯːn^{1}
千 思念 万 盼望 不 敢 提
千万渴望不敢谈。

Ngoenzhoengq ngoenzndwi mbouj gamj lwnh,
ŋon^{2} hoŋ^{5} ŋon^{2} ʔdɯːi^{1} ʔbou^{3} kaːm^{3} lɯn^{6}
空日 闲日 不 敢 论
空日闲日不敢论，

Ngoenzneix hauqswnh hingq sangciengz.
ŋon^{2} nei^{4} haːu^{5} θɯn^{6} hiŋ^{5} θaːŋ^{1} ɕiːŋ^{2}
今日 孝顺 兴 丧场
今日办丧尽孝心。

Daihseiq Bien Swjcenh Hengzhauq
第四篇 子骞行孝

Genjdanh Gangj Neiyungz

Minj Sunj (gonq 536 — gonq 487 nienz), sw (aen biedmingz ciuq mingzcoh hamzeiq lingh an) dwg Swjcenh, vunz Lujgoz mwh Cunhciuh, boux lwgsae ak Gungjswj. Gij hauq-hengz de ndaej vunzbiengz haenh ndei.

Bien fwenhauq neix, lwnhgangj meh Swjcenh dai caeux, boh aeu mehlaeng, youh seng song daeg nuengx. Mehlaeng haemz Swjcenh, ciengzseiz yakdaih de. Bi ndeu seizdoeng, meh-laeng nyib buhboemz hawj song daeg nuengx de, baihndaw cungj dwg faiq. Hoeng nyib geu buhboemz hawj Swjcenh haenx, baihndaw oet rim va'em. Va'em guh buhboemz gig mboeng, hoeng ndeiyawj daenj mbouj raeuj.

Boh Swjcenh daj lauxsae gizhaenx dingqnyi gienh saeh neix le, hujdengdeng, couh yaek boenq mehlaeng Swjcenh deuz. Hoeng Swjcenh bingq mbouj haemz mehlaeng, dauqfanj doengzcingz de. Swjcenh roxdaengz mbouj ndaej vih gienh saeh iq neix, couh gyaep mehlaeng bae, yienghneix de couh gvih roengzdaeuj doiq daxboh naeuz: "Boh ha, cingj gaej gyaep meh-laeng bae, aenvih dauqdaej lij miz song daeg nuengx iq ha! Miz meh youq, dan dwg gou boux dog nit; meh bae lo, gou caeuq song daeg nuengx cungj deng iek deng nit lo." Seizneix, Swj-cenh gij caensim hauqgingq de mbouj gemj saek di, vanzlij vih beixnuengx caeuq ndaw ranz huzndei vuenheij bae naemj.

Gij caensim lauxsaed Swjcenh sawj daxboh mbouj hozndat lo, sawj mehlaeng rox naj-mong, caemh cienjvaq le gij goekhux ndaw ranz, sawj ndaw ranz daj seizneix vuenyungz huzn-dei lo.

内容简介

闵损(前 536 — 前 487 年),字子骞,春秋时期鲁国人,孔子高徒。他的孝行为世人所称道。

本篇孝歌叙述子骞母早逝，父娶后妻，又生两个弟弟。后母厌恶子骞，常虐待他。一年冬天，后母给他两个弟弟做御寒衣，里面都是棉花。而给子骞做的御寒衣，里面塞满芦花。芦花做御寒衣很蓬松，但中看不保暖。

子骞父亲从老师那里听到此事后，十分恼火，就要把子骞的后母休掉。可子骞并不记恨后母，反而同情她。小子骞觉得不能因为这件小事就休掉后母，于是他跪下对父亲说："父亲，请你不要赶走后母，因为毕竟还有两个小弟弟呀！有母亲在，只是我一人寒冷；母亲走了，我和两个弟弟都会挨饿受冻了。"此刻，子骞至诚的孝心丝毫不减，而且还为兄弟和家庭的和谐欢乐着想。

子骞的真诚让父亲息怒，让后母惭愧，也转化了家庭的恶缘，致使家庭从此幸福和乐。

Fwenlaegdin moix gawq haj cih

fuːn^{1} lak^{8} tin^{1} moːi^{4} kaɯ^{5} ha^{3} ɕi^{6}

五言勒脚歌

Danq Swjcenh hengzhauq,
taːn^{5} θɯ^{3} ɕeːn^{6} heːŋ^{2} haːu^{5}
叹 子骞 行孝
叹子骞行孝，

Gvih bohlaux gouz dien;
kwi^{6} po^{6} laːu^{4} kou^{2} tiːn^{1}
跪 老父 求 天
跪父求上苍；

Boh yaek soengq mehniengz,
po^{6} jak^{7} θoŋ^{5} me^{6} niːŋ^{2}
父 要 送 后母
父要休后母，

Gyo duzsien daeuj gouq.
kjo^{1} tu^{2}θiːn^{1} tau^{3} kou^{5}
幸好 个仙 来 救
幸好仙来帮。

Doegsaw dungx coengmingz,
tok^{8} θaɯ^{1} tuŋ^{4} ɕoŋ^{1} miŋ^{2}
读书 肚 聪明
读书脑聪明，

Cungsim yiuz mehlaux;
ɕuŋ^{1} θim^{1} jiːu^{2} me^{6} laːu^{4}
忠心 恕 老母
恕母心宽广；

Danq Swjcenh hengzhauq,
taːn^{5} θɯ^{3} ɕeːn^{6} heːŋ^{2} haːu^{5}
叹 子骞 行孝
叹子骞行孝，

Gvih bohlaux gouz dien;
kwi^{6} po^{6} laːu^{4} kou^{2} tiːn^{1}
跪 老父 求 天
跪父求上苍。

Meh youq gag gou nit,
me^{6} jou^{5} kak^{8} kou^{1} nit^{7}
娘 在 独 我 冷
娘在独我冷，

Saet meh sam boux liengz;
θat^{7} me^{6} θaːm^{1} pou^{4} liːŋ^{2}
失 娘 三 个 凉
没娘三人凉；

Boh yaek soengq mehniengz,
po^{6} jak^{7} θoŋ^{5} me^{6} niːŋ^{2}
父 要 送 后母
父要休后母，

Gyo duzsien daeuj gouq.
kjo^{1} tu^{2}θiːn^{1} tau^{3} kou^{5}
幸好 个 仙 来 救
幸好仙来帮。

Fwen moix gawq caet cih

fɯːn^{1} moːi^{4} kaɯ^{5} ɕat^{7} ɕi^{6}

七言歌

Heij souj youh daj yiengsoujdiuh,
hei^{3} θou^{3} jou^{6} ta^{3} jiːŋ^{1} θou^{3} tiːu^{6}
起 首 又 打 香首调
起首又打香首调，

Ciuz neix cawqyouq Couciuz guek,
ɕiːu^{2} nei^{4} ɕaɯ^{5} jou^{5} ɕou^{1} ɕiːu^{2} kuːk^{7}
朝 这 处在 周朝 国
本朝处在周朝国，

Fuk souj youh daj fungh vanzsan.
fuk^{7} θou^{3} jou^{6} ta^{3} fuŋ^{6} waːn^{2} θaːn^{1}
伏 首 又 打 奉 还山
伏首又打奉还山。

Dawz daeuj dieg neix hengzhauq dangz.
taɯ^{2} tau^{3} tiːk^{8} nei^{4} heːŋ^{2} haːu^{5} taːŋ^{2}
拿 来 地 此 行孝 堂
拿来此地行孝堂。

Seng dwk gojsing diuh lingh yiengh,
θeːŋ^{1} tɯk^{7} ko^{3} θiŋ^{1} tiːu^{6} liŋ^{6} jiːŋ^{6}
生 打 鼓声 调 另 样
生打鼓声调另样，

Dauhsinz fat saw daengz cienzciuz,
taːu^{6} θin^{2} faːt^{7} θaɯ^{1} taŋ^{2} ɕiːn^{2} ɕiːu^{2}
道人 发 书 到 前朝
道人发书到前朝，

Swjcenh hengzhauq gyangq sangciengz.
θɯ^{3} ɕeːn^{6} heːŋ^{2} haːu^{5} kjaːŋ^{5} θaːŋ^{1} ɕiːŋ^{2}
子骞 行孝 降 丧场
子骞行孝降丧场。

Swenx byoem hengzhauq gyangq sangciengz.
θɯːn^{4} pjom^{1} heːŋ^{2} haːu^{5} kjaːŋ^{5} θaːŋ^{1} ɕiːŋ^{2}
散 头发 行孝 降 丧场
散发行孝降丧场。

Ma daengz sangdangz neix hengzhauq,
ma^{1} taŋ^{2} θaːŋ^{1} taːŋ^{2} nei^{4} heːŋ^{2} haːu^{5}
回 到 丧堂 此 行孝
回到丧堂此行孝，

Dingqnaeuz sae dauh lwnh aencingz.
tiŋ^{5} nau^{2} θai^{1} taːu^{6} lɯn^{6} an^{1} ɕiŋ^{2}
听说 师公 道公 论 恩情
听闻师公论恩情。

Bonj ciengq cienzvuengz bingq haujhanq,
poːn^{3} ɕiːŋ^{5} ɕiːn^{2} wuːŋ^{2} piŋ^{5} haːu^{3} haːn^{5}
本 唱 前王 并 好汉
本唱前王和好汉，

Lwnhciengq bohmeh dang hauqgingq.
lɯn^{6} ɕiːŋ^{5} po^{6} me^{6} taːŋ^{1} haːu^{5} kiŋ^{5}
论唱 父母 应当 孝敬
论唱父母当孝敬。

Bohmeh cingq seng mwngz lij nding,
po^{6} me^{6} ɕiŋ^{5} θeːŋ^{1} mɯŋ^{2} li^{3} niŋ^{1}
父母 正 生 你 还 幼小
父母生你还幼小，

Meh mwngz saet mingh bae gviyaem.
me^{6} mɯŋ^{2} θat^{7} miŋ^{6} pai^{1} kwi^{1} jam^{1}
娘 你 失 命 去 归阴
你娘失命去归阴。

Meh mwngz singqmingh gviyaem dai,
me^{6} mɯŋ^{2} θiŋ^{5} miŋ^{6} kwi^{1} jam^{1} taːi^{1}
娘 你 性命 归阴 死
你娘性命归阴府，

Boh mwngz guh maiq goj lij coz.
po^{6} mɯŋ^{2} ku^{6} maːi^{5} ko^{3} li^{3} ɕo^{2}
父 你 做 鳏 也 还 年轻
你父鳏寡还年轻。

Hoih aeu meh neix ndang daiqfuk,
hoːi^{6} au^{1} me^{6} nei^{4} ʔdaːŋ^{1} taːi^{5} fuk^{7}
再 娶 母 这 身 带孕
父娶后母身带孕，

Miz song roih lwg dwg vanamz.
mi^{2} θoːŋ^{1} ɣoːi^{6} lɯk^{8} tɯk^{8} wa^{1} naːm^{2}
有 两 个 儿 是 花孩
生有两个是男孩。

Meh neix vunz rwix cix dungxbwn,
me^{6} nei^{4} wun^{2} ɣɯːi^{4} ɕi^{4} tuŋ^{4} pɯn^{1}
母 这 人 坏 则 歹心
这个后母心肠黑，

Gijciengx gijgwn mbouj doengzdangq.
ki^{3} ɕiːŋ^{4} ki^{3} kɯn^{1} ʔbou^{3} toŋ^{2} taːŋ^{5}
养的 吃的 不 相同
吃穿皆有不同待。

Gijgwn gijciengx mbouj haeuj soq,
ki^{3}kɯn^{1} ki^{3} ɕiːŋ^{4} ʔbou^{3} hau^{3} θo^{5}
吃的 养的 不 入 数
吃的用的不入数，

Boux laep boux caen goj luenh guh.
pou^{4} lap^{7} pou^{4} ɕan^{1} ko^{3} luːn^{6} ku^{6}
个 黑（亏）个 亲 也 乱 做
亏个亲个全乱来。

Lwg baz daenj buh ndaw miz faiq,
lɯk^{8} pa^{2} tan^{2} pu^{6} ʔdaɯ^{1} mi^{2} faːi^{5}
儿子 妇 穿 衣 内 有 棉花
弟弟衣内有棉花，

De byaij gyang roen ndwi raen nit.
te^{1} pjaːi^{3} kjaːŋ^{1} ɣon^{1} ʔdɯːi^{1} ɣan^{1} nit^{7}
他 走 中 路 不 见 冷
他们路上冷不挨。

Rumz siuq daeuj daengz Swjcenh nit,
ɣum^{2} θiːu^{5} tau^{3} taŋ^{2} θɯ^{3} ɕeːn^{6} nit^{7}
风 吹 来 到 子骞 冷
风吹过来子骞冷，

Fwngz gaem gonjbit hix mbouj bienh.
fɯŋ^{2} kam^{1} koːn^{3}pit^{7} hi^{4} ʔbou^{3} piːn^{6}
手 拿 支笔 也 不 便
拿起笔来手不灵。

Swjcenh daenj buh ndaw va'em,
θɯ^{3} ɕeːn^{6} tan^{3} pu^{3} ʔdaɯ^{1} wa^{1} eːm^{1}
子骞 穿 衣 内 芦花
子骞衣内是芦花，

Rumz siuq daeuj daengz hemq nit lai.
rum^{2} θiːu^{5} tau^{3} taŋ^{2} heːm^{5} nit^{7} laːi^{1}
风 刮 来 到 喊 冷 多
风刮来到喊太冷。

Ngoenz roih doegsaw ndaw ranzhag,
ŋon^{2} ɣoːi^{6} tok^{8} θaɯ^{1} ʔdaɯ^{1} ɣaːn^{2} haːk^{8}
日 他 读书 里 学堂
日来学校里读书，

Gag diuz buhmienz ndwi ha vunz.
kaːk^{8} tiːu^{2} pu^{6} miːn^{2} ʔdɯːi^{1} ha^{1} wun^{2}
自己 件 棉衣 不 比 人
他那棉衣不如人。

Roih bae doegsaw ndang youh saenz,
ɣoːi^{6} pai^{1} tok^{8} θaɯ^{1} ʔdaːŋ^{1} jou^{6} θan^{2}
他 去 读书 身 又 发抖
他去上学身发抖，

Sienseng gaeujraen mbouj doxdoengz.
θiːn^{1} θeːŋ^{1} kau^{3} ɣan^{1} ʔbou^{3} to^{4} toŋ^{2}
先生 看见 不 相同
老师见衣有区分。

Meh guh buh neix lumj doxdoengz,
me6 ku6 pu6 nei4 lum3 to4 toŋ2
娘 做 衣服 这 似 相同
娘做衣服似同样，

Fwngz rongh gvaq ndaw gaeuj roih liengz.
Fɯŋ2 ɣo:ŋ6 kwa5 ʔdaɯ1 kau3 ɣo:i6 li:ŋ2
手 插 过 里面 见 他 凉
手插里面是冷冻。

Fwngz con gvaq ndaw duzroih gyoet,
fɯŋ2 ɕo:n1 kwa5 ʔdaɯ1 tu2 ɣo:i6 kjot7
手 伸 过 里面 他 冷
手伸里面他很冷，

Couh mbaet geubuh raen va'em.
ɕou6 ʔbat7 ke:u1 pu6 ɣan1 wa1 e:m1
就 挑开 件 衣服 见 芦花
挑开衣服芦花充。

Sienseng haiyienz Swjcenh dauh,
θi:n1 θe:ŋ1 ha:i1 ji:n2 θɯ3 ɕe:n6 ta:u6
先生 开言 子骞 道
先生开言子骞道，

Aeu meh neix dauq mbouj caixhangz.
au1 me6 nei4 ta:u5 ʔbou3 ɕa:i4 ha:ŋ2
娶 妇女 这 回来 不 在行
娶这后母不适用。

Gijgwn gijyiengh gou mbouj rox,
ki3 kɯn1 ki3 ji:ŋ6 kou1 ʔbou3 ɣo4
吃的 东西 我 不 知
吃的穿的我不知，

Aen laep aen moq mbouj doengz cang.
an1 lap7 an1 mo5 ʔbou3 toŋ2 ɕa:ŋ1
个 黑 个 新 不 同 装
旧的新的不相同。

Sam roih aen baengz goj doengzyiengh,
θa:m1 ɣo:i6 an1 paŋ2 ko3 toŋ2 ji:ŋ6
三 人 个 布料 也 同样
三人衣面可一样，

Song nuengx doegsaw yienghnaj yungz.
θo:ŋ1 nu:ŋ4 tok8 θaɯ1 ji:ŋ6 na3 juŋ2
两 弟 读书 面容 欢乐
两弟读书尽笑容。

Ngoenznaengz youq ndwi gou gag siengj,
ŋon2 naŋ2 jou5 ʔdɯ:i1 kou1 ka:k8 θi:ŋ3
每天 在 闲 我 自 想
日来闲暇我自想，

Gaeuj yiengh roih beix ndwi doxdoengz.
kau3 ji:ŋ6 ɣo:i6 pei4 ʔdɯ:i1 to4 toŋ2
看 样子 个 哥哥 不 相同
看兄样子不相同。

Roih beix roengz naengh gag caenh nit,
ɣoːi6 pei4 ɣoŋ2 naŋ6 kaːk8 ɕan6 nit7
个 哥哥 下 坐 自 尽 冷
长兄坐下老发冷，

Fwngz gaem gonjbit hix mbouj baenz.
fɯŋ2 kam1 koːn3pit7 hi4 ʔbou3 pan2
手 握 支笔 也 不 成
手拿支笔也抖动。

Diuzbuh ndaw ndang goj doxdoengz,
tiːu2pu6 ʔdaɯ1 ʔdaːŋ1 ko3 to4 toŋ2
件衣服 里 身体 也 相同
身上衣服可同样，

Fwngz rongh gvaq ndaw duzroih liengz.
fɯŋ2 ɣoːŋ6 kwa5 ʔdaɯ1 tu2 ɣoːi6 liːŋ2
手 伸 过 里面 他 凉(冷)
伸手里面他冷冻。

Maex cauh roih nuengx cix raeuj ndei,
mai4 ɕaːu6 ɣoːi6 nuːŋ4 ɕi4 ɣau3 ʔdei1
妻 制作 个 弟弟 则 暖 好
妻做衣服弟弟暖，

Cauh geu roih beix ndaej cix liengz.
ɕaːu6 keːu1 ɣoːi6 pei4 ʔdai3 ɕi4 liːŋ2
制作 件 个 哥哥 得 则 凉(冷)
哥衣寒冷他难言。

Fwngz rongh gvaq ndaw duzroih nit,
fɯŋ2 ɣoːŋ6 kwa5 ʔdaɯ1 tu2 ɣoːi6 nit7
手 伸 过 里面 他 冷
手插衣里他冷坏，

Fwngz mbit geubuh ndaej va'em.
fɯŋ2 ʔbit7 keːu1pu6 ʔdai3 wa1 eːm1
手 挑开 件衣服 得 芦花
挑开衣服芦花现。

Swjcenh geubuh ndaw va'em,
θɯ3 ɕeːn6 keːu1pu6 ʔdaɯ1 wa1 eːm1
子骞 件衣服 里面 芦花
子骞衣里是芦花，

Rumz siuq daeuj daengz hemq nit lai.
ɣum2 θiːu5 tau3 taŋ2 heːm5 nit7 laːi1
风 刮 来 到 喊 冷 多
风刮寒冷苦连天。

Rumz siuq daeuj daengz ndang caiq nit,
ɣum2 θiːu5 tau3 taŋ2 ʔdaːŋ1 ɕaːi5 nit7
风 刮 来 到 身 又 冷
风吹过来身太冷，

Fwngz gaem gonjbit hix mbouj bienh.
fɯŋ2 kam1 koːn3pit7 hi4 ʔbou3 piːn6
手 握 支笔 也 不 便
手握支笔不灵便。

Boh roih ndaejnyi coenz yienghneix,
po6 ɣoːi6 ʔdai3 ȵi1 ɕon2 jiːŋ6 nei4
父 他 听到 句 这样
其父听到这言语，

Bae cingj baeuq mbanj daeuj daengz ranz.
pai1 ɕiŋ3 pau5 ʔbaːn3 tau3 taŋ2 ɣaːn2
去 请 老汉 村 来 到 家
去请村老到家里。

Cingj song baeuq mbanj hwnj ranz naengh,
ɕiŋ3 θoːŋ1 pau5 ʔbaːn3 hɯn3 ɣaːn2 naŋ6
请 两 老汉 村 上(到) 家 坐
请两老汉到家坐，

Ae liux baij daengq lienz cingj caz.
ai1 liːu4 paːi3 taŋ5 liːn2 ɕiŋ3 ɕa2
他 了 摆 凳子 连 请 茶
他又请坐茶又递。

Gwn laeuj gwn caz liux yienzbeih,
kɯn1 lau3 kɯn1 ɕa2 liːu4 jiːn2 pei6
喝 酒 喝 茶 了 完备
吃酒喝茶完以后，

Haivah dauhleix soengq maexniengz.
haːi1 wa6 taːu6 lei4 θoŋ5 mai4 niːŋ2
发话 道理 送 母亲
就向妻子摆道理。

Swjcenh nienzgeij goj lij saeq,
θɯ3 ɕeːn6 niːn2 kei3 ko3 li3 θai5
子骞 年纪 也 还 小
子骞年纪尚幼小，

Maex roih gvaqseiq bae vanzsan.
mai4 ɣoːi6 kwa5 θei5 pai1 waːn2 θaːn1
母 他 过世 去 还山
其母早逝阴府去。

Caiq meh saetmingh dai baenaj,
ɕaːi5 me6 θat7 miŋ6 taːi1 pai1 na3
再 母亲 失命 死 往后
其母丧命远离去，

Langh roih guh hoiq souj gohanz.
laːŋ6 ɣoːi6 ku6 hoːi5 θou3 ko1 haːn2
留 他 为 仆人 守 孤寒
丢他做奴守孤寒。

Langh roih lwggyax gou mbouj ndaej,
laːŋ6 ɣoːi6 lɯk8 kja4 kou1 ʔbou3 ʔdai3
留 他 孤儿 我 不 得
丢他孤儿我不忍，

Haet aeu maex neix ma gan ranz.
hat7 au1 mai4 nei4 ma1 kaːn1 ɣaːn2
才 娶 妻 这 回来 管 家
才娶这妻管家当。

Sien sou bouxlaux ndaej gaem fuk,
θiːn1 θou1 pou4 laːu4 ʔdai3 kam1 fuk7
先 你们 老人 得 抓到 福
比两长者先纳福，

Miz song roih lwg caez vanamz.
mi2 θoːŋ1 ɣoːi6 luɯk8 ɕai2 wa1 naːm2
有 两 个 儿 齐(都) 花男(男孩)
生两小儿是好男。

Maex neix vunzngawz de simnaeuh,
mai4 nei4 wun2 ŋauɯ2 te1 θim1 nau6
妇女 这 笨人 她 心烂
此女人笨心肠坏，

Gijgwn gijyiengh mbouj doengzdangq.
ki3 kuɯn1 ki3 jiːŋ6 ʔbou3 toŋ2 taːŋ5
吃的 东西 不 相同
兄弟吃用不一样。

Haethaemh gijgwn gou mbouj rox,
hat7 ham6 ki3 kuɯn1 kou1 ʔbou3 ɣo4
早晚 吃的 我 不 知
早晚吃的我不知，

Aen laep aen moq mbouj doengzdangq.
an1 lap7 an1 mo5 ʔbou3 toŋ2 taːŋ5
个 黑 个 新 不 相同
新的旧的不相同。

Nyib sam cangz buh goj doengz moq,
jip8 θaːm1 ɕaːŋ2 pu6 ko3 toŋ2 mo5
缝 三 件 衣 也 相同 新
缝三件衣一样新，

Baz aeu va'em coq cangz beix.
pa2 au1 wa1 eːm1 ɕo5 ɕaːŋ2 pei4
她 要 芦花 放 件 哥
她塞芦花哥衣中。

Doengzcaez doegsaw ndaw ranzhag,
toŋ2 ɕai2 tok8 θauɯ1 ʔdauɯ1 ɣaːn2 haːk8
一同 读书 里面 学堂
一起学校里读书，

Sienseng gaeuj yiengh gag mbouj doengz.
θiːn1 θeːŋ1 kau3 jiːŋ6 kaːk8 ʔbou3 toŋ2
先生 看见 样子 各 不 同
老师看见各不同。

Sienseng gaeuj buh caez doengzyiengh,
θiːn1 θeːŋ1 kau3 pu6 ɕai2 toŋ2 jiːŋ6
先生 看见 衣服 齐 同样
老师看衣似一样，

Fwngz rongh gvaq ndaw dog roih liengz.
fuɯŋ2 ɣoːŋ6 kwa5 ʔdauɯ1 toːk8 ɣoːi6 liːŋ2
手 伸 过 里面 独 他 凉(冷)
手伸里面他冷冻。

Caez rongh gvaq ndaw duzroih gyoet,
ɕai^{2} ɣo:ŋ^{6} kwa^{5} ʔdaɯ^{1} tu^{2} ɣo:i^{6} kjot^{7}
一起 插 过 里面 他 冷
伸手衣中他身冷，

Couh mbaet geubuh raen va'em.
ɕou^{6} ʔbat^{7} ke:u^{1} pu^{6} ɣan^{1} wa^{1} e:m^{1}
就 挑开 件 衣服 见 芦花
挑衣看到芦花藏。

Ae yaek geubuh ndaej va'em,
ai^{1} jak^{7} ke:u^{1} pu^{6} ʔdai^{3} wa^{1} e:m^{1}
他 挑开 件 衣服 得 芦花
他挑衣服得芦花，

Ae daeuj dem gou naeuz gijneix.
ai^{1} tau^{3} te:m^{1} kou^{1} nau^{2} ki^{3} nei^{4}
他 来 跟 我 说 这些
他来和我说这样。

Gou liux naeuz ndwi sou mbouj saenq,
kou^{1} li:u^{4} nau^{2} ʔdɯ:i^{1} θou^{1} ʔbou^{3} θan^{5}
我 了 说 空话 你们 不 信
我说空话若不信，

Duet sam cangz buh caenh rox caez.
tu:t^{7} θa:m^{1} ɕa:ŋ^{2} pu^{6} ɕan^{6} ɣo^{4} cai^{2}
脱 三 件 衣服 尽 知 完
脱下三衣知真相。

Duet sam cangz buh hawj sou banh,
tu:t^{7} θa:m^{1} ɕa:ŋ^{2} pu^{6} haɯ^{3} θou^{1} pa:n^{6}
脱 三 件 衣服 给 你们 处理
脱三件衣你们办，

Bazlaux gan lwg baenz mbouj baenz.
pa^{2} la:u^{4} ka:n^{1} lɯk^{8} pan^{2} ʔbou^{3} pan^{2}
老妻 管 儿 成 不 成
妻管儿子是否当。

Gan lwg bazlaux mbouj doengzyiengh,
ka:n^{1} lɯk^{8} pa^{2} la:u^{4} ʔbou^{3} toŋ^{2} ji:ŋ^{6}
管 儿子 前妻 不 同样
管前妻儿不一样，

Gou ok buengjsaw cuengq bae gai.
kou^{1} o:k^{7} pu:ŋ^{3} θaɯ^{1} ɕu:ŋ^{5} pai^{1} ka:i^{1}
我 出 榜文 放 去 卖
我出书文要另嫁。

Swjcenh ndaejnyi coenz yienghneix,
θɯ^{3} ɕe:n^{6} ʔdai^{3} ȵi^{1} ɕon^{2} ji:ŋ^{6} nei^{4}
子骞 听见 句 这样
子骞听见这句话，

Raemxda de lae lumjbaenz fwn.
ɣam^{4} ta^{1} te^{1} lai^{1} lum^{3} pan^{2} fɯn^{1}
眼泪 他 流 好像 雨
眼泪如雨纷纷下。

Swjcenh dangdangz soeb roengzgvih,
θɯ^{3} ɕeːn^{6} taːŋ^{1} taːŋ^{2} θop^{8} ɣoŋ^{2} kwi^{6}
子骞 当堂 猝 下跪
子骞当场即下跪，

Cungq vih bouxlaux dingq gou naeuz.
ɕuŋ^{5} wi^{6} pou^{4} laːu^{4} tiŋ^{5} kou^{1} nau^{2}
众 位 老人 听 我 说
各位长者听我话。

Sou raen meh neix gag gou cengx (nit),
θou^{1} ɣan^{1} me^{6} nei^{4} kaːk^{8} kou^{1} ɕeːŋ^{4} (nit^{7})
你们 看见 娘 这 独自 我 冷
有娘只我一个冷，

Saet meh cix deng sam boux liengz.
θat^{7} me^{6} ɕi^{4} teːŋ^{1} θaːm^{1} pou^{4} liːŋ^{2}
失 娘 则 挨 三 个 凉(冷)
没娘三人都冷垮。

Boh soengq meh neix sam boux nanh,
po^{6} θoŋ^{5} me^{6} nei^{4} θaːm^{1} pou^{4} naːn^{6}
父亲 送(休) 娘 这 三 个 灾难
父休后娘三人难，

Bouxlawz cix gan ndaej daengzgwnz.
pou^{4} laɯ^{2} ɕi^{4} kaːn^{1} ʔdai^{3} taŋ^{2} kɯn^{2}
哪个 就 管 得 至上(全面)
有谁能做样样成。

Meh gou dai seiz gou lij nyaeq,
me^{6} kou^{1} taːi^{1} θei^{2} kou^{1} li^{3} ɲai^{5}
娘 我 死 时 我 还 幼小
我娘死时我还小，

Goj lij meh neix dangq caenseng.
ko^{3} li^{3} me^{6} nei^{4} taːŋ^{5} ɕan^{1} θeːŋ^{1}
可 还 母 这 如同 亲生
我视后母如亲生。

Goj ngeix meh neix dangq mehgoek,
ko^{3} ŋei^{4} me^{6} nei^{4} taːŋ^{5} me^{6} kok^{7}
可 想 母 这 当 亲娘
可把后母当亲娘，

Coenz loek coenz ngeiz dwg gou dang.
ɕon^{2} lok^{7} ɕon^{2} ŋei^{2} tɯk^{8} kou^{1} taːŋ^{1}
句 错 句 疑 是 我 承当
错话疑言我当承。

Langh soengq meh neix vunz goj ngeiz,
laːŋ^{6} θoŋ^{5} me^{6} nei^{4} wun^{2} ko^{3} ŋei^{2}
若 送(休) 母 这 人 可 怀疑
若休后娘被人疑，

Naeuz lwg bazlaux mbouj caixhangz.
Nau^{2} lɯk^{8} pa^{2} laːu^{4} ʔbou^{3} ɕaːi^{4} haːŋ^{2}
说 儿子 前妻 不 在行(懂事)
说前妻儿未长成。

Haemz gou lwgnyez mbouj roxsoq,
ham^{2} kou^{1} lɯk^{8} ȵe^{2} ʔbou^{3} ɣo^{4} θo^{5}
恨 我 小孩 不 懂礼
怨我年幼不知礼，

Caenh naeuz aeboh soengq mehlaeng.
ɕan^{6} nau^{2} ai^{1} po^{6} θoŋ^{5} me^{6} laŋ^{1}
总是 说 个 父亲 送(休) 后娘
总说父赶后娘去。

Baezlaeng vah gou caengz ok bak,
pai^{2} laŋ^{1} wa^{6} kou^{1} ɕaŋ^{2} oːk^{7} paːk^{7}
以后 话 我 尚未 出 口
日后我话未出口，

Soengq meh vahyak gyonj gou dawz.
θoŋ^{5} me^{6} wa^{6} jaːk^{7} kjoːn^{3} kou^{1} taɯ^{2}
送(休) 娘 恶语 归 我 承担
休娘归我受恶语。

Song laux ndaejnyi coenz yienghneix,
θoːŋ^{1} laːu^{4} ʔdai^{3} ȵi^{1} ɕon^{2} jiːŋ^{6} nei^{4}
两 老人 听见 句 这样
两老听见这言语，

Youh aeu dauhleix naeuz boh mwngz.
jou^{6} au^{1} taːu^{6} lei^{4} nau^{2} po^{6} mɯŋ^{2}
又 以 道理 说 父亲 你
说服你父摆道理。

Swjcenh guh saeh nienz lij oiq,
θɯ^{3} ɕeːn^{6} ku^{6} θai^{6} niːn^{2} li^{3} oːi^{5}
子骞 做 事 年纪 还 幼小
子骞做事虽年幼，

Cingzngeih bohmeh roih ndwi lumz.
ɕiŋ^{2} ŋei^{6} po^{6} me^{6} ɣoːi^{6} ʔdɯːi^{1} lum^{2}
情义 父母 他 不 忘
父母情义他牢记。

Roih gangj coenzcoenz caenh goj dwg,
ɣoːi^{6} kaːŋ^{3} ɕon^{2} ɕon^{2} ɕan^{6} ko^{3} tɯk^{8}
他 讲 句句 尽 可 是
他讲句句都是对，

Roih neix langh mbwk seih goengmingz.
ɣoːi^{6} nei^{4} laːŋ^{6} ʔbɯk^{7} θei^{6} koŋ^{1} miŋ^{2}
个 这 若 大 是 功名
长大成名响当当。

Roih neix doegsaw soengq haeujhag,
ɣoːi^{6} nei^{4} tok^{8} θaɯ^{1} θoŋ^{5} hau^{3} haːk^{8}
个 这 读书 送 入学
送他这人上学堂，

Roih neix baenz hak hix mbouj nanz.
ɣoːi^{6} nei^{4} pan^{2} haːk^{7} hi^{4} ʔbou^{3} naːn^{2}
个 这 成 官 也 不 难
他当大官也不难。

Roih aeu vahndei gangj ok bak,
ɣoːi^{6} au^{1} wa^{6} ʔdei^{1} kaːŋ^{3} oːk^{7} paːk^{7}
他 用 好话 讲 出 口
他把好话讲出口，

Coenz rwix coenz yak dungx roih cangz.
ɕon^{2} ɣɯːi^{4} ɕon^{2} jaːk^{7} tuŋ^{4} ɣoːi^{6} ɕaːŋ^{2}
句 坏 句 恶 肚 他 藏
坏话他全肚里藏。

Boh mwngz ndaejnyi coenz yienghneix,
po^{6} mɯŋ^{2} ʔdai^{3} ɲi^{1} ɕon^{2} jiːŋ^{6} nei^{4}
父 你 听见 句 这样
你父听到这样说，

Dauq ce mehngeih gan gyadangz.
taːu^{5} ɕe^{1} me^{6} ŋei^{6} kaːn^{1} kja^{1} taːŋ^{2}
又 留 后娘 管 家当
又留后母管家当。

Ngoenzhoengq ngoenzndwi mbouj gamj dwen,
ŋon^{2} hoŋ^{5} ŋon^{2} ʔdɯːi^{1} ʔbou^{3} kaːm^{3} tɯːn^{1}
空日 闲日 不 敢 提
空日闲日不敢提，

Cien ngeix fanh muengh mbouj gamj ciengq.
ɕiːn^{1} ŋei^{4} faːn^{6} muːŋ^{6} ʔbou^{3} kaːm^{3} ɕiːŋ^{5}
千 思念 万 渴望 不 敢 唱
千万渴望不敢唱。

Ngoenzhoengq ngoenzndwi mbouj gamj lwnh,
ŋon^{2} hoŋ^{5} ŋon^{2} ʔdɯːi^{1} ʔbou^{3} kaːm^{3} lɯn^{6}
空日 闲日 不 敢 论
空日闲日不敢论，

Ngoenzneix hauqswnh hingq sangciengz.
ŋon^{2} nei^{4} haːu^{5} θɯn^{6} hiŋ^{5} θaːŋ^{1} ɕiːŋ^{2}
今日 孝顺 办 丧场
今日孝顺办丧场。

Cingj goeng ndei sae ma swngdoh,
ɕiŋ^{3} koŋ^{1} ʔdei^{1} θai^{1} ma^{1} θɯŋ^{1} to^{6}
请 个 好 师公 来 升度
请好师公来升度，

Ciumuengz loh siengh (gwnz) hwnj diendangz.
ɕiːu^{1} muːŋ^{2} lo^{6} θiːŋ^{6} (kɯn^{2}) hɯn^{3} tiːn^{1} taːŋ^{2}
超亡 路 上 升上 天堂
超亡路上上天堂。

Saedauh swngdoh bae yienzbeih,
θai^{1} taːu^{6} θɯŋ^{1} to^{6} pai^{1} jiːn^{2} pei^{6}
师道 升度 去 完备
师道升度做完毕，

Fuk haeuh louz seiq dwg hauqnamz.
fuk^{7} hau^{6} lou^{2} θei^{5} tɯk^{8} haːu^{5} naːm^{2}
福 后 留 世 是 孝男
福后留世是孝男。

Daihhaj Bien Swjlu Hengzhauq
第五篇 子路行孝

Genjdanh Gangj Neiyungz

Cung Youz (gonq 542 — gonq 480 nienz), sw (aen biedmingz ciuq mingzcoh hamzeiq lingh an) dwg Swjlu、Gilu, vunz Lujgoz mwh Cunhciuh, boux lwgsae daekeiq Gungjswj, cibfaen hauqswnh.

Bien fwenhauq neix, lwnhgangj Swjlu mwh oiq ranz gungzhoj, hoeng goenggingq fugsaeh bohmeh, daj gyae aemq haeux ma hawj meh gwn. De coengmingz mizcaiz, gauj ndaej gijyinz, vuengzdaeq hawj de guh hakhung.

De bae guenj Veigoz, banhsaeh goengcingq, cungj ndaej daengz beksingq haeujhoh, beksingq gag rox bae nabliengz.

De dang hakhung le, byongh hwnz sam geng siengjniemh mehlaux, couh lienz hwnz ganj ma ranz yawj mehlaux. De mbouj louzlienh dang hak, dang hak sam bi couh swz nyaemh mbouj dang, ma ranz fugsaeh mehlaux, ciengx meh soengqdai, soujhauq caetcaet seiqcibgouj ngoenz.

内容简介

仲由(前542—前480年),字子路、季路,春秋末鲁国人,孔子得意门生,十分孝顺。

本篇孝歌叙述子路早年家贫,但恭敬侍奉双亲,从老远地方背米回来给母亲吃。他聪明有才,考中举人,皇帝给他做大官。

他去管魏国,办事公正,深得百姓拥护,百姓自觉纳粮。

他当大官后,半夜三更怀念母亲,就连夜赶回家看望老母。他不恋官场,为官三年就卸任,回家侍奉老母,给她养老送终,守孝七七四十九天。

Fwenlaegdin moix gawq haj cih

fuːn¹ lak⁸ tin¹ moːi⁴ kauɯ⁵ ha³ ɕi⁶

五言勒脚歌

Danq Swjlu hengzhauq,
taːn⁵ θɯ³ lu¹ heːŋ² haːu⁵
叹 子路 行孝
叹子路孝心，

Dawz ma bauq gwnzbiengz;
tauɯ² ma¹ paːu⁵ kɯn² piːŋ²
拿 回来 报 世上
拿来报世民；

Bae guh hak guenj biengz,
pai¹ ku⁶ haːk⁷ kuːn³ piːŋ²
去 做 官 管 社会
做官管社会，

Aemq liengz ciengx mehlaux.
am⁵ liːŋ² ɕiːŋ⁴ me⁶ laːu⁴
背 粮 养 母亲
背粮养母亲。

Haemh ninz daengz samgeng,
ham⁶ nin² taŋ² θaːm¹ keːŋ¹
夜晚 睡 到 三更
夜睡到三更，

Gven doufuengz cix dauq;
kweːn¹ tou¹ fuːŋ² ɕi⁴ taːu⁵
关 房门 就 回来
关门回省亲；

Danq Swjlu hengzhauq,
taːn⁵ θɯ³ lu¹ heːŋ² haːu⁵
叹 子路 行孝
叹子路孝心，

Dawz ma bauq gwnzbiengz.
tauɯ² ma¹ paːu⁵ kɯn² piːŋ²
拿 回来 报 世上
拿来报世民。

Ngoenzbonz gou okdaeuj,
ŋon² poːn² kou¹ oːk⁷ tau³
前天 我 出来
前天我出门，

Gyaeuj mehlaux vaenzvuengz[1];
kjau³ me⁶ laːu⁴ wan² wuːŋ²
头 母亲 (生)虱
母头虱揪心。

[1] vaenzvuengz：方言，指虱子。

Bae guh hak guenj biengz,
pai1 ku6 ha:k7 ku:n3 pi:ŋ2
去 做 官 管 社会
做官管社会，

Aemq liengz ciengx mehlaux.
am5 li:ŋ2 ɕi:ŋ4 me6 la:u4
背 粮 养 母亲
背粮养母亲。

Fwen moix gawq caet cih

fuːn1 mo:i4 kaɯ5 ɕat7 ɕi6

七言歌

Heij souj youh daj yiengsoujdiuh,
hei3 θou3 jou6 ta3 ji:ŋ1 θou3 ti:u6
起 首 又 打 香首调
起首又打香首调，

Ciuz neix coqyouq Lujgoz guek,
ɕi:u2 nei4 ɕo5 jou5 lu3 ko2 ku:k7
朝 这 处在 鲁国 国
本朝就处在鲁国，

Fuk souj youh daj fungh siuyieng.
fuk7 θou3 jou6 ta3 fuŋ6 θi:u1 ji:ŋ1
伏 首 又 打 奉 烧香
伏首又打奉烧香。

Ndaejnyi gyong'yag nauh mbouj dingz.
ʔdai3 ȵi1 kjo:ŋ1 ja:k8 na:u6 ʔbou3 tiŋ2
听见 锣鼓 闹 不 停
听见锣鼓不停响。

Seng dwk gojsing diuh lingh yiengh,
θeŋ1 tɯk7 ko3 θiŋ1 ti:u6 liŋ6 ji:ŋ6
生 打 鼓声 调 另 样
生打鼓声调另样，

Ndaejnyi gyong'yag sing mbouj duenh,
ʔdai3 ȵi1 kjo:ŋ1 ja:k8 θiŋ1 ʔbou3 tu:n6
听见 锣鼓 声 不 断
听见锣鼓声不断，

Swjlu hengzhauq gyangq sangciengz.
θɯ3 lu1 he:ŋ2 ha:u5 kja:ŋ5 θa:ŋ1 ɕi:ŋ2
子路 行孝 降 丧场
子路行孝降丧场。

Swenx byoem hengzhauq gyangq sangciengz.
θɯ:n4 pjom1 he:ŋ2 ha:u5 kja:ŋ5 θa:ŋ1 ɕi:ŋ2
散 发 行孝 降 丧场
散发行孝降丧场。

Ma daengz sangciengz mwngz hengzhauq,
ma^{1} taŋ^{2} θa:ŋ^{1} ɕi:ŋ^{2} mɯŋ^{2} he:ŋ^{2} ha:u^{5}
回 到 丧场 你 行孝
回到丧场你行孝，

Dingqnyi saedauh lwnh gaenyienz.
tiŋ^{5} ȵi^{1} θai^{1} ta:u^{6} lɯn^{6} kan^{1} ji:n^{2}
听见 师公 道公 论 根源
听见师道根由讲。

Bonj ciengq cienzvuengz bingq haujhanq,
po:n^{3} ɕi:ŋ^{5} ɕi:n^{2} wu:ŋ^{2} piŋ^{5} ha:u^{3} ha:n^{5}
本 唱 前王 并 好汉
本唱前王和好汉，

Danqciengq dangco bohmeh seng.
ta:n^{5} ɕi:ŋ^{5} ta:ŋ^{1} ɕo^{1} po^{6} me^{6} θe:ŋ^{1}
叹唱 当初 父母 生
叹唱父母恩如山。

Bohmeh cingq seng mwngz lingzleih,
po^{6} me^{6} ɕiŋ^{5} θe:ŋ^{1} mɯŋ^{2} liŋ^{2} lei^{6}
父母 正 生 你 伶俐
父母生你伶俐人，

Bae coengz fouceij doeg faenzcieng.
pai^{1} ɕoŋ^{2} fou^{1} ɕei^{3} tok^{8} fan^{2} ɕi:ŋ^{1}
去 跟从 夫子 读 文章
去从老师读文章。

Swjlu bae gauj cungq hakdauh,
θɯ^{3} lu^{1} pai^{1} ka:u^{3} ɕuŋ^{5} ha:k^{7} ta:u^{6}
子路 去 考 中 官道
子路去考中官道，

Mwngz liux bae gauj cungq gawjsinz.
mɯŋ^{2} liu^{4} pai^{1} ka:u^{3} ɕuŋ^{5} kaɯ^{3} θin^{2}
你 了 去 考 中 举人
你考举人已上榜。

Vuengzdaeq raen mwngz miz dungxcaiz,
wu:ŋ^{2} tai^{5} ɣan^{1} mɯŋ^{2} mi^{2} tuŋ^{4} ɕa:i^{2}
皇帝 见 你 有 才华
皇帝见你有才华，

Ram giuh seizlawz caiq hoiz yieng.
ɣa:m^{1} ki:u^{6} θei^{2} laɯ^{2} ɕa:i^{5} ho:i^{2} ji:ŋ^{1}
抬 轿 何时 再 回 乡
抬轿何时再回乡。

Mwngz liux doegsaw dungx cingq yiuj,
mɯŋ^{2} li:u^{4} tok^{8} θaɯ^{1} tuŋ^{4} ɕiŋ^{5} ji:u^{3}
你 了 读书 肚子 正 明白
你去读书脑聪明，

Hwnj liux gwnz buengj daeuj guh guen.
hɯn^{3} li:u^{4} kɯn^{2} pu:ŋ^{3} tau^{3} ku^{6} ku:n^{1}
上 了 上面 榜 来 做 官
提名做官在榜上。

Aenbiengz Veigoz ndwi miz hak，
an^{1} pi:ŋ^{2} wei^{1} ko^{2} ʔdɯ:i^{1} mi^{2} ha:k^{7}
个社会 魏国 没 有 官
魏国社会缺大官，

Hawj mwngz gag bae guenj deihfueng.
haɯ^{3} mɯŋ^{2} ka:k^{8} pai^{1} ku:n^{3} tei^{6} fu:ŋ^{1}
让 你 自 去 管 地方
派你管理那地方。

Swjlu ndaejnyi coenz yienghneix，
θɯ^{3} lu^{1} ʔdai^{3} ȵi^{1} ɕo:n^{2} ji:ŋ^{6} nei^{4}
子路 听见 句 这样
子路得到任命后，

Lienz ciu bingmax bae guenj biengz.
li:n^{2} ɕi:u^{1} piŋ^{1} ma^{4} pai^{1} ku:n^{3} pi:ŋ^{2}
连忙 招 兵马 去 管 社会
招兵买马去管掌。

Bae daengz Veigoz guenj ndaej cingq，
pai^{1} taŋ^{2} wei^{1} ko^{2} ku:n^{3} ʔdai^{3} ɕiŋ^{5}
去 到 魏国 管 得 公正
去到魏国管得好，

Vunzlai beksingq dingq de gangj.
wun^{2} la:i^{1} pe:k^{7} θiŋ^{5} tiŋ^{5} te^{1} ka:ŋ^{3}
众人 百姓 听 他 讲
百姓众人听他讲。

Bae daengz yaxmonz banh goeng'anq，
pai^{1} taŋ^{2} ja^{4} mo:n^{2} pa:n^{6} koŋ^{1} a:n^{5}
去 到 衙门 办 公案
去到衙门办公案，

Seiqcawq gak mbanj daeuj nabliengz.
θei^{5} ɕaɯ^{5} ka:k^{7} ʔba:n^{3} tau^{3} na:p^{8} li:ŋ^{2}
四处 各 村 来 纳粮
四方各村来交粮。

Swjlu naenghdangz roengz saemj saeh，
θɯ^{3} lu^{1} naŋ^{6} ta:ŋ^{2} ɣoŋ^{2} θam^{3} θai^{6}
子路 坐堂 下来 审判 事
子路坐堂审案件，

Song mbiengj ciuzlaex souj song hangz.
θo:ŋ^{1} ʔbi:ŋ^{3} ɕi:u^{2} lai^{4} θou^{3} θo:ŋ^{1} ha:ŋ^{2}
两 边 朝礼 守 两 行
两边朝礼守两行。

Song mbiengj saemjleix liux dwg langh，
θo:ŋ^{1} ʔbi:ŋ^{3} θam^{3} lei^{4} liu^{4} tɯk^{8} la:ŋ^{6}
两 边 审理 完毕 是 放下
两边审理完毕后，

Cienzroix ngaenz fanh ndaej rim sieng.
ɕi:n^{2} ɣo:i^{4} ŋan^{2} fa:n^{6} ʔdai^{3} ɣim^{1} θi:ŋ^{1}
贯钱 白银 万 得 满 箱
贯钱白银放满箱。

Cienzroix ngaenzliengx ndaej rim hoq,
ɕiːn2 ɣoːi4 ŋan2 liːŋ4 ʔdai3 ɣim1 ho5
贯钱 银两 得 满 房屋
贯钱银两堆满屋，

Siengj fat liengz loh ciengx mehniengz.
θiːŋ3 faːt7 liːŋ2 lo6 ɕiːŋ4 me6 niːŋ2
想 开 粮 路 养 老母
想开粮路养老娘。

Swjlu haemh ninz hwnz gag ngeix,
θɯ3 lu1 ham6 nin2 hɯn2 kaːk8 ŋei4
子路 晚上 睡 夜里 自 思忖
子路夜睡自思忖，

Siengj feiq ngaenzliengx dauqhoiz yieng.
θiːŋ3 fei5 ŋan2 liːŋ4 taːu5 hoːi2 jiːŋ1
想 耗费 银两 返回 故乡
想费银两回故乡。

Swjlu haiyienz ngeihyez dauh,
θɯ3 lu1 haːi1 jiːn2 ŋei6 je2 taːu6
子路 开言 二爷 道
子路开言二爷道，

Sou mbaet coenzhauq dingq gou naeuz.
θou1 ʔbat7 ɕon2 haːu5 tiŋ5 kou1 nau2
你们 停 话 听 我 讲
你们停话听我讲。

Ngoenzde liz ranz gou okdaeuj,
ŋon2 te1 li2 ɣaːn2 kou1 oːk7 tau3
那天 离 家 我 出来
那天离家我出来，

Gwnz gyaeuj mehlaux baenz aencang (baez).
kɯn2 kjau3 me6 laːu4 pan2 an1 ɕaːŋ1 (pai2)
上面 头 老母 生 个 疮
母亲头上生个疮。

Gou bae gaeuj baz yienghlawz bingh,
kou1 pai1 kau3 pa2 jiːŋ6 lawɯ2 piŋ6
我 去 看 娘 哪样 病
我去看娘患何病，

Gou yaek rox dingh hai danfueng.
kou1 jak7 ɣo4 tiŋ6 haːi1 taːn1 fuːŋ1
我 要 懂 定 开 单方
我要弄清开药方。

Gou liux bae ranz sou cix gan (guenj),
kou1 liːu4 pai1 ɣaːn2 θou1 ɕi4 kaːn1 (kuːn3)
我 了 去 家 你们 就 管
我去你们就掌管，

Sou cix yaek gan gaeuj monzfuengz.
θou1 ɕi4 jak7 kaːn1 kau3 moːn2 fuːŋ2
你们 就 要 管 看 门房
你们看管好门房。

Monzfuengz cix gaeuj souh cingzciengh，
moːn^{2} fuːŋ^{2} ɕi^{4} kau^{3} θou^{6} ɕiŋ^{2} ɕiːŋ^{6}
门房 则 看管 接受 呈状
门房要管受呈状，

Ngeihyez cix gan fat liengzhaeux.
ŋei^{6} je^{2} ɕi^{4} kaːn^{1} faːt^{7} liːŋ^{2} hau^{4}
二爷 就 管 发放 粮食
二爷专管发放粮。

Gou bae sam ngoenz gou goj dauq，
kou^{1} pai^{1} θaːm^{1} ŋon^{2} kou^{1} ko^{3} taːu^{5}
我 去 三 天 我 可 回来
我去三天就回来，

Sou gaej cauznauh ndaw yaxmonz.
θou^{1} kai^{3} ɕaːu^{2} naːu^{6} ʔdaɯ^{1} ja^{4} moːn^{2}
你们 莫 吵闹 里面 衙门
衙门你们别吵嚷。

Mwngz bae samgeng vunz ninz dingh，
mɯŋ^{2} pai^{1} θaːm^{1} keːŋ^{1} wun^{2} nin^{2} tiŋ^{6}
你 去 三更 别人 睡 定
三更人睡你才去，

Swjlu buekmingh dauqhoiz yieng.
θɯ^{3} lu^{1} puːk^{7} miŋ^{6} taːu^{5} hoːi^{2} jiːŋ^{1}
子路 拼命 返回 乡
子路拼命赶回乡。

Hix mbouj ram giuh mbouj gwih max，
hi^{4} ʔbou^{3} ɣam^{1} kiːu^{6} ʔbou^{3} kɯi^{6} ma^{4}
也 不 抬 轿 不 骑 马
不用抬轿不骑马，

Mwngz goq baihlaj aemq haeuxliengz.
mɯŋ^{2} ko^{5} paːi^{6} la^{3} am^{5} haːu^{4} liːŋ^{2}
你 雇 部下 背 粮食
你派部下背食粮。

Swjlu ma daengz ronghndwen cingq，
θɯ^{3} lu^{1} ma^{1} taŋ^{2} ɣoːŋ^{6} ʔdɯːn^{1} ɕiŋ^{5}
子路 回 到 月亮 正中
子路回到月正中，

Bae dingq mehlaux ninz ndaw fuengz.
pai^{1} tiŋ^{5} me^{6} laːu^{4} nin^{2} ʔdaɯ^{1} fuːŋ^{2}
去 听 老母 睡 里面 房间
去看老母睡在房。

Bae laj daengqeij heuh mehlaux，
pai^{1} la^{3} taŋ^{5} ei^{3} heːu^{6} me^{6} laːu^{4}
去 下面 椅子 叫 老母
在椅子旁叫母亲，

Mwngz hwnq diemj daeng rongh ndaw fuengz.
mɯŋ^{2} hɯn^{5} tiːm^{3} taŋ^{1} ɣoːŋ^{6} ʔdaɯ^{1} fuːŋ^{2}
你 起来 点 灯 亮 里 房间
你起点灯房间亮。

Mehlaux ndaejnyi coenz yienghneix,
me^{6} laːu^{4} ʔdai^{3} ȵi^{1} ɕon^{2} jiːŋ^{6} nei^{4}
老母 听见 句 这样
老母听见这样说，

Baz hwnq diemj daeng rongh ndaw fuengz.
pa^{2} hɯn^{5} tiːm^{3} taŋ^{1} ɣoːŋ^{6} ʔdaɯ^{1} fuːŋ^{2}
母亲 起来 点 灯 亮 里 房间
起来点灯亮房间。

Mehlaux haidou hwnq caengz ok,
me^{6} laːu^{4} haːi^{1} tou^{1} hɯn^{5} ɕaŋ^{2} oːk^{7}
老母 开门 起来 未 出来
老母开门未出来，

Youh lau baihrog rox miz vunz.
jou^{6} laːu^{1} paːi^{6} ɣoːk^{8} ɣo^{4} mi^{2} wun^{2}
又 怕 外面 或许 有 人
又恐有人在外面。

Mehlaux haiyienz Swjlu dauh,
me^{6} laːu^{4} haːi^{1} jiːn^{2} θɯ^{3} lu^{1} taːu^{6}
老母 开言 子路 道
老母开言子路道，

Goj gag mwngz dauq rox vunz lai.
ko^{3} kaːk^{8} mɯŋ^{2} taːu^{5} ɣo^{4} wun^{2} laːi^{1}
可 独 你 回 或 人 多
独回或人随身边。

Haemh daeng ndaw fuengz caenh ndwi ndaep,
ham^{6} taŋ^{1} ʔdaɯ^{1} fuːŋ^{2} ɕan^{6} ʔdɯːi^{1} ʔdap^{7}
夜晚 灯 里 房间 总是 不 灭
夜里房灯都不灭，

Caiq lau hwnzlaep caeg vet ciengz.
ɕaːi^{5} laːu^{1} hɯn^{2} lap^{7} ɕak^{8} weːt^{7} ɕiːŋ^{2}
又 怕 黑夜 贼 挖 墙
担心盗贼挖房间。

Swjlu haiyienz mehlaux dauh,
θɯ^{3} lu^{1} haːi^{1} jiːn^{2} me^{6} laːu^{4} taːu^{6}
子路 开言 老母 道
子路开言老母道，

Goj gag gou dauq ndwi vunz riengz.
ko^{3} kaːk^{8} kou^{1} taːu^{5} ʔdɯːi^{1} wun^{2} ɣiːŋ^{2}
可 独自 我 回来 无 人 随
我自回来无随员。

Gou ndwi naengh giuh ndwi gwih max,
kou^{1} ʔdɯːi^{1} naŋ^{6} kiːu^{6} ʔdɯːi^{1} kɯːi^{6} ma^{4}
我 不 坐 轿 不 骑 马
我不坐轿不骑马，

Gou goj baij laj aemq haeuxliengz.
kou^{1} ko^{3} paːi^{3} la^{3} am^{5} hau^{4} liːŋ^{2}
我 可 派 部下 背 粮食
我派部下背粮点。

Habseiz ma daengz coq ngaenzleij,
haːb^{8} θei^{2} ma^{1} taŋ^{2} ɕo^{5} ŋan^{2} lei^{3}
适时 回 到 放 铜元
适时回来放银子，

Aeu daeh coux ma guh ngaenzliengz.
au^{1} tai^{6} ɕou^{4} ma^{1} ku^{6} ŋan^{2} liːŋ^{2}
要 袋 装 回 做 粮钱
要袋装回做粮钱。

Gou bae Veigoz mboujcaengz dauq,
kou^{1} pai^{1} wei^{1} ko^{2} ʔbou^{3} ɕaŋ^{2} taːu^{5}
我 去 魏国 尚未 回
我去魏国不在家，

Daengq sou bouxlaux sim gaej vueng.
taŋ^{5} θou^{1} pou^{4} laːu^{4} θim^{1} kai^{3} wuːŋ^{1}
嘱 你们 老人 心 莫 慌
嘱您莫慌别挂念。

Daengz cieng cibngux gou goj dauq,
taŋ^{2} ɕiːŋ^{1} ɕip^{8} ŋu^{4} kou^{1} ko^{3} taːu^{5}
到 正月 十五 我 可 回
正月十五我就回，

Mbouj langh mehlaux souj ranzhoengq.
ʔbou^{3} laːŋ^{6} me^{6} laːu^{4} θou^{3} ɣaːn^{2} hoŋ^{5}
不 放 老娘 守 空房
不让老娘独守堂。

Mehlaux youh daengq Swjlu lwg,
me^{6} laːu^{4} jou^{6} taŋ^{5} θɯ^{3} lu^{1} lɯk^{8}
老母 又 嘱 子路 儿
老母又嘱子路儿，

Gou vunz mehmbwk goj guenj dawz.
kou^{1} wun^{2} me^{6} ʔbɯk^{7} ko^{3} kuːn^{3} taɯ^{2}
我 人 妇女 可 管 到
我是女人自管当。

Daengz cieng cibngux mwngz goj dauq,
taŋ^{2} ɕiːŋ^{1} ɕip^{8} ŋu^{4} mɯŋ^{2} ko^{3} taːu^{5}
到 正月 十五 你 可 回
正月十五你要回，

Mehlaux youq laeng sim mbouj vueng.
me^{6} laːu^{4} jou^{5} laŋ^{1} θim^{1} ʔbou^{3} wuːŋ^{1}
老母 在 后面 心 不 慌
母亲在家心不慌。

Guh hak guh guen yaek goengcingq,
ku^{6} haːk^{7} ku^{6} kuːn^{1} jak^{7} koŋ^{1} ɕiŋ^{5}
做 官吏 做 官 要 公正
做官办事要公正，

Gaej hawj beksingq dawz bae cienz.
kai^{3} haɯ^{3} peːk^{7} θiŋ^{5} taɯ^{2} pai^{1} ɕiːn^{2}
别 让 百姓 拿 去 传
别让百姓去乱讲。

Mwngz dem mehlaux gangj yienzbeih,
mɯŋ2 teːm1 me6 laːu4 kaːŋ3 jiːn2 pei6
你 同 老母 讲 完毕
你同老母讲完后，

Guh hwnz doiq ma bae yaxmonz.
ku6 hɯn2 toːi5 ma1 pai1 ja4 moːn2
做 夜晚 退 回 去 衙门
连夜离家去衙门。

Swjlu guh hak hix goj cingq,
θɯ3 lu1 ku6 haːk7 hi4 ko3 ɕiŋ5
子路 当 官 也 可 公正
子路当官很公正，

Beksingq bouxboux caenh nabliengz.
peːk7 θiŋ5 pou4 pou4 ɕan6 naːp8 liːŋ2
百姓 个个 尽 纳粮
百姓纳粮都本分。

Mwngz guenj sam bi cix doiq nyaemh,
mɯŋ2 kuːn3 θaːm1 pi1 ɕi4 toːi5 ȵam6
你 管 三 年 则 退 任
你管三年就卸任，

Sienhminz beksingq soengq daengz ranz.
θiːn6 min2 peːk7 θiŋ5 θoŋ5 taŋ2 ɣaːn2
善民 百姓 送 到 家
贤民百姓送家门。

Dauq miz ngaenz cien dem ngaenz fanh,
taːu5 mi2 ŋan2 ɕiːn1 teːm1 ŋan2 faːn6
重新 有 银 千 和 银 万
重有钱财上千万，

Fatcaiz gyadangq ndei gvaq vunz.
faːt7 ɕaːi2 kja1 taːŋ5 ʔdei1 kva5 wun2
发财 家当 好 过 人
发财家产胜过人。

Gvaqlaeng bohlaux doengz gvaqseiq,
kva5 laŋ1 po6 laːu4 toŋ2 kva5 θei5
过后 老父 同 过世
后来老父过世时，

Caetcaet seiqgouj muenx sangdingz
ɕat7 cat7 θei5 kou3 muːn4 θaːŋ1 tiŋ2
七 七 四九 满 丧庭
七七四九满丧庭。

Daihroek Bien Dungj Yungj Hengzhauq
第六篇 董永行孝

Genjdanh Gangj Neiyungz

Dungj Yungj, vunz Hancauz, dwg boux hengzhauq okmingz ndeu.

Bien neix lwnhgangj Dungj Yungj ndaw ranz gungz lai, de cibseiqhaj bi seiz, meh couh dai, gag ciengx boh. Cingqngamj roeb mbwnrengx, boh de bingh lo. De bae laeng bohgoux ciq ngaenz, bohgoux doengzeiq ciq, hoeng mehgimx mbouj nyienh ciq. Dungj Yungj ma ranz lwnh saehcingz ginggvaq hawj boh dingq seiz, boh siliengz youh hozndat dai lo. De mbouj ndaej mbouj gaindang hawj boux heuhguh Lauxfouq ndeu, ndaej ngaenz ma cangq boh. Banh liux sangsaeh le, Dungj Yungj couh bae ranz Lauxfouq dajgoeng boiz cienz.

Buenqroen roeb dah Caetsiennawx, de yaek haq hawj Dungj Yungj. Dungj Yungj naemj daengz ranz hoj yiemqcaiq, couh mbouj dapwngq. Hoeng Caetsiennawx baenzbaenz yaek haq, Dungj Yungj sohsoh daiq de bae ranz Lauxfouq guhhong. Lauxfouq daegdaengq diunanz Caetsiennawx, caengh ok 10 gaen sei, hanh de sam haemh daemj baenz baengz liux. Caetsiennawx ndaej daengz roek dah cejsien bangcoengh, ciuqgeiz daemj baenz baengz liux. De caeuq Dungj Yungj youq rim bak ngoenz le, naeuz Nyawhdaeq ciu de ma gwnzmbwn, swzbied Dungj Yungj seiz, daengq Dungj Yungj aeu couzduenh caizbauj bae gunghawj vuengzdaeq, gangj sat couh daiqnyinh mbin ma vuengzgung lo.

Vuengzdaeq ndaej daengz gij caizbauj Dungj Yungj gunghawj le, gamjdoengh raixcaix, couh dawz bit sij saw fung hawj de guh canghyienz. Dungj Yungj naengh giuh ma ranzmbanj, daengz aen Miuhdojdeih seiz, cingqngamj roeb Caetsiennawx. De soengq daeg iq ndeu hawj Dungj Yungj le, youh mbin hawj mbwn bae. Dungj Yungj caeuq Caetsiennawx youh gwnzmbwn lajdeih doxliz gyae'gyanggyang lo.

内容简介

董永，汉朝人，是个闻名的孝子。

本篇叙述董永家里非常贫困，他十四五岁时，母亲去世，独自养父。恰逢天旱，父亲病倒。他向舅父借钱，舅父同意借，但舅母不愿借。董永回家把事情经过告诉父亲时，父亲悲愤死去。他不得不卖身给一个叫老富的人，得钱来葬父。办完丧事后，董永便去老富家做工还钱。

半路遇到七仙女，她要嫁给董永。董永想到家贫欠钱，便不答应。但七仙女死活要嫁。董永只好带她到老富家做工。老富有意刁难七仙女，称出十斤丝，限她三晚全部织成布。七仙女得到六仙姐帮忙，如期完成织布任务。她和董永住满一百天后，说玉帝召她回天上，辞别董永时，嘱咐董永拿绸缎财宝进贡皇帝，说完便带孕飞回皇宫。

皇帝得到董永进贡的财宝后，十分感动，便提笔赐予董永当状元。董永坐轿回乡，到达土地庙时，正遇七仙女。她送一男孩给董永后，便又飞回天上。董永和七仙女又天上人间遥遥相隔了。

Fwenlaegdin moix gawq haj cih

fɯːn^{1} lak^{8} tin^{1} moːi^{4} kaɯ^{5} ha^{3} ɕi^{6}

五言勒脚歌

Danq Dungj Yungj hauq dangz，
taːn^{5} tuŋ^{3} juŋ^{3} haːu^{5} taːŋ^{2}
叹唱 董 永 孝 堂上(父母)
叹董永孝堂，

Gaindang cangq fouxmoux (bohmeh)；
kaːi^{1} ʔdaːŋ^{1} ɕaːŋ^{5} fou^{4} mou^{4} (po^{6} me^{6})
卖身 葬 父母
卖身葬父母；

Bae danggoeng Lauxfouq，
pai^{1} taːŋ^{1} koŋ^{1} laːu^{4} fou^{5}
去 当工 老富
给老富打工，

Roeb sien youq gyangloh.
ɣop^{8} θiːn^{1} jou^{5} kjaːŋ^{1} lo^{6}
逢 仙女 在 半路
逢仙女中途。

Siuyieng youh roengzgvih，
θiːu^{1} jiːŋ^{1} jou^{6} ɣoŋ^{2} kwi^{6}
烧香 又 下跪
烧香又跪下，

Raemxda rihbyanbyan；
ɣam^{4} ta^{1} ɣi^{6} pjaːn pjaːn
眼泪 掉扑扑
眼泪掉扑扑；

Danq Dungj Yungj hauq dangz，
taːn^{5} tuŋ^{3} juŋ^{3} haːu^{5} taːŋ^{2}
叹唱 董 永 孝 堂上(父母)
叹董永孝堂，

Gaindang cangq fouxmoux；
kaːi^{1} ʔdaːŋ^{1} ɕaːŋ^{5} fou^{4} mou^{4}
卖身 葬 父母
卖身葬父母。

Bae guh hoiq cien nienz，
pai^{1} ku^{6} hoːi^{5} ɕiːn^{1} niːn^{2}
去 为 奴 千 年
为奴上千年，

Gyo duzsien daeuj gouq；
kjo^{1} tu^{2} θiːn^{1} tau^{3} kou^{5}
幸亏 仙人 来 救
幸得仙救助；

Bae danggoeng Lauxfouq,
pai1 ta:ŋ1 koŋ1 la:u4 fou5
去 当工 老富
给老富打工，

Roeb sien youq gyangloh.
ɣop8 θi:n1 jou5 kja:ŋ1 lo6
逢 仙女 在 半路
逢仙女中途。

Fwen moix gawq caet cih

fɯ:n1 mo:i4 kaɯ5 ɕat7 ɕi6

七言歌

Heij souj youh daj yiengsoujdiuh,
hei3 θou3 jou6 ta3 ji:ŋ1 θou3 ti:u6
起 首 又 打 香首调
起首又打香首调，

Fuk souj youh daj fungh siuyieng.
fuk7 θou3 jou6 ta3 fuŋ6 θi:u1 ji:ŋ1
伏 首 又 打 奉 烧香
伏首又打奉烧香。

Seng dwk gojsing diuh lingh yiengh,
θe:ŋ1 tɯk7 ko3 θiŋ1 ti:u6 liŋ6 ji:ŋ6
生 打 鼓声 调 另 样
生打鼓声调另样，

Dungj Yungj hengzhauq gyangq sangciengz.
tuŋ3 juŋ3 he:ŋ2 ha:u5 kja:ŋ5 θa:ŋ1 ɕi:ŋ2
董 永 行孝 降 丧场
董永行孝降丧场。

Ciuz neix coqyouq Hanqciuz guek,
ɕi:u2 nei4 ɕo5 jou5 ha:n5 ɕi:u2 ku:k7
朝 这 处在 汉朝 国
本朝处在汉朝国，

Ndaejnyi gyong'yag nauhyixyienx.
ʔdai3 ȵi1 kjo:ŋ1 ja:k8 na:u6 ji4 ji:n4
听见 锣鼓 闹嚷嚷
听见锣鼓闹嚷嚷。

Ndaejnyi gyong'yag sing mbouj duenh,
ʔdai3 ȵi1 kjo:ŋ1 ja:k8 θiŋ1 ʔbou3 tu:n6
听见 锣鼓 声 不 断
听见锣鼓声不断，

Swenx byoem hengzhauq gyangq sangciengz.
θɯ:n4 pjom1 he:ŋ2 ha:u5 kja:ŋ5 θa:ŋ1 ɕi:ŋ2
散 发 行孝 降 丧场
散发行孝降丧场。

Ma daengz sangciengz mwngz hengzhauq,
ma1 taŋ2 θaːŋ1 ɕiːŋ2 mɯŋ2 heːŋ2 haːu5
回 到 丧场 你 行孝
回到丧场你行孝，

Dingqnyi sae dauh lwnh gaenyienz.
tiŋ5 ȵi1 θai1 taːu6 lɯn6 kan1 jiːn2
听见 师公 道公 论 根源
听我师道论缘故。

Bonj ciengq cienzvuengz bingq haujhanq,
poːn3 ɕiːŋ5 ɕin2 wuːŋ2 piŋ5 haːu3 haːn5
本 唱 前王 并 好汉
本唱前王和好汉，

Danqciengq bohmeh seng mwngz hoj.
taːn5 ɕiːŋ5 po6 me6 θeːŋ1 mɯŋ2 ho3
叹唱 父母 生 你 苦
叹唱父母生你苦。

Bohmeh cingq seng cibseiqhaj,
po6 me6 ɕiŋ5 θeŋ1 ɕip8 θei5 ha3
父母 正 生 十四五
父母生你十四五，

Soengq mwngz baenaj doeg sawging.
θoŋ5 mɯŋ2 pai1 na3 tok8 θaɯ1 kiŋ1
送 你 前去 读 经书
送你上学读经书。

Doeg bouh sawging caenh caengz rox,
tok8 pou6 θaɯ1 kiŋ1 ɕan6 ɕaŋ2 ɣo4
读 部 经书 尽 尚未 懂
经书尚未能读懂，

Meh mwngz youq laeng doq bingh dai.
me6 mɯŋ2 jou5 laŋ1 to5 piŋ6 taːi1
娘 你 在 后 就 病 死
你娘在家就病故。

Mehlaux lienzseiz fat daihbingh,
me6 laːu4 liːn2 θei2 faːt7 taːi6 piŋ6
老母 忽然 发 大病
老母忽然发大病，

Lienz saet diuzmingh bae gviyaem.
liːn2 θat7 tiːu2 miŋ6 pai1 kwi1 jam1
连 失 条命 去 归阴
丧失性命去归阴。

Mehlaux saet mingh bae gviguq,
me6 laːu4 θat7 miŋ6 pai1 kwi1 ku5
老母 失 命 去 归故
老母失命去归故，

Langh mwngz guh gyax ciengx bohlaux.
laːŋ6 mɯŋ2 ku6 kja4 ɕiːŋ4 po6 laːu4
丢 你 当 孤儿 养 老父
丢你独自养父亲。

Mwngz liux baenz gungz youh baenz gyax,
mɯŋ2 liːu4 pan2 kuŋ2 jou6 pan2 kja4
你 了 变 贫穷 又 变成 孤儿
你又贫穷又成孤，

Sam bi rumzrengx youh daeujlimz.
θaːm1 pi1 ɣum2 ɣeːŋ4 jou6 tau3 lim2
三 年 旱风 又 来临
三年旱风又来临。

Sam bi rumzrengx fwn mbouj doek,
θaːm1 pi1 ɣum2 ɣeːŋ4 fɯn1 ʔbou3 tok7
三 年 旱风 雨 不 落
三年旱风雨不下，

Leixyawh duet goet dah haij ndangj.
lei4 jaɯ6 tuːt7 kot7 ta6 haːi3 ʔdaːŋ3
鲤鱼 脱 骨 河 海 干硬
鲤鱼脱骨河干硬。

Gohaeux ndaw naz hix mbouj ndei,
ko1 hau4 ʔdaɯ1 na2 hi4 ʔbou3 ʔdei1
禾苗 里 田 也 不 好
田里禾苗无收成，

Go'byaek ndaw reih hix mbouj baenz.
ko1 pjak7 ʔdaɯ1 ɣei6 hi4 ʔbou3 pan2
菜苗 里 地 也 不 成
地里菜苗也不好。

Bat nyied daeujdaengz roengzbae gvej,
paːt7 ɲiːt8 tau3 taŋ2 ɣoŋ2 pai1 kwe3
八 月 来到 下去 割
八月来到下田割，

Mbouj ndaej nyez haeux ndeu hwnj ranz.
ʔbou3 ʔdai3 ɲe2 hau4 ʔdeːu1 hɯn3 ɣaːn2
没 得 串 稻谷 一 上 家
一串谷穗没得到。

Mwngz liux baenz gungz youh baenz hoj,
mɯŋ2 liːu4 pan2 kuŋ2 jou6 pan2 ho3
你 了 变成 穷 又 变成 苦
你又贫穷又痛苦，

Mboujngeix bingh boh youh limz ndang.
ʔbou3 ŋei4 piŋ6 po6 jou6 lim2 ʔdaːŋ1
不料 疾病 父亲 又 临 身体
不料父亲又病倒。

Ndaw sieng mbouj miz saek faen ngaenz,
ʔdaɯ1 θiːŋ1 ʔbou3 mi2 θak7 fan1 ŋan2
里 箱 没 有 一 分 钱
箱里没有一分钱，

Aencang mbouj miz naed haeuxsan.
an1 ɕaːŋ1 ʔbou3 mi2 nat8 hau4 θaːn1
仓库 没 有 粒 大米
仓中无米苦难熬。

Cienz liux mbouj cienz haeux mbouj haeux,
ɕiːn2 liːu4 ʔbou3 ɕiːn2 hau4 ʔbou3 hau4
钱 了 没 钱 米 没 米
没有钱来没有米，

Mbouj rox guhlawz gan boh ndei.
ʔbou3 ɣo4 ku6 law2 kaːn1 po6 ʔdei1
不 知 如何 医 父亲 好
不知如何医父亲。

Dungj Yungj haemh ninz hwnz naih ngeix,
tuŋ3 juŋ3 ham6 nin2 hɯn2 naːi6 ŋei4
董 永 晚上 睡 夜里 久 思考
董永夜睡仔细想，

Bae ciq bohnax aeu di ngaenz.
pai1 ɕi5 po6 na4 au1 ti1 ŋan2
去 借 舅父 要 些 银
去向舅父借些银。

Bae ciq bohnax aeu cienzyw,
pai1 ɕi5 po6 na4 au1 ɕiːn2 jɯ1
去 借 舅父 要 药费
去向舅父借药费，

Ma yw bingh boh rox cix ndei.
ma1 jɯ1 piŋ6 po6 ɣo4 ɕi4 ʔdei1
来 医治 疾病 父 或许 就 好
也许治好父亲病。

Vunzlaux haiyienz Daegyungj dauh,
wun2 laːu4 haːi1 jiːn2 tak8 juŋ3 taːu6
老人 开言 特永[1] 道
老人开言特永道，

Mwngz mbaet coenzhauq dingq gou naeuz.
mɯŋ2 ʔbat7 ɕon2 haːu5 tiŋ5 kou1 nau2
你 停止 话 听 我 说
你停言语说你听。

Mwngz liux gaenj bae yaek gaenj dauq,
mɯŋ2 liːu4 kan3 pai1 jak7 kan3 taːu5
你 了 赶紧 去 要 赶紧 回
你要快去又快回，

Dan lau bohlaux bingh rox fanj.
taːn1 laːu1 po6 laːu4 piŋ6 ɣo4 faːn3
只 担心 老父 病 会 复发
只怕老父病加重。

Daegyungj ndaejnyi coenz yienghneix,
tak8 juŋ3 ʔdai3 ȵi1 ɕon2 jiːŋ6 nei4
特永 听到 句 这样
特永听到这言语，

Lienzseiz byaij gip bae bixbanx.
liːn2 θei2 pjaːi3 kip7 pai1 pi4 paːn4
立刻 走 急 去 匆匆
立刻赶紧走匆匆。

[1]特永：指董永。“特永”是壮语 Daegyungj 的音译词，相当于汉语的“阿永”。

Bae daengz haenzdaemz couh naj muengh,
pai^{1} taŋ^{2} han^{2} tam^{2} ɕou^{6} na^{3} muːŋ^{6}
去 到 塘边 就 前 望
去到塘边就望去，

Muenghraen bohnax goj youq ranz.
muːŋ^{6} ɣan^{1} po^{6} na^{4} ko^{3} jou^{5} ɣaːn^{2}
望见 舅父 也 在 家
看到舅父在家中。

Daegyungj bae daengz soeb roengzgvih,
tak^{8} juŋ^{3} pai^{1} taŋ^{2} θap^{8} ɣoŋ^{2} kwi^{6}
特永 去 到 立即 下跪
特永去到就下跪，

Raemxda cix doek rim gwnz ndang.
ɣam^{4} ta^{1} ɕi^{4} tok^{7} ɣim^{1} kɯn^{2} ʔdaːŋ^{1}
眼泪 就 掉 满 上面 身
眼泪湿身够悲恸。

Bohnax haiyienz Daegyungj dauh,
po^{6} na^{4} haːi^{1} jiːn^{2} tak^{8} juŋ^{3} taːu^{6}
舅父 开言 特永 道
舅父开言特永道，

Miz maz gaujcauj ndei simnyap?
mi^{2} ma^{2} kaːu^{3} ɕaːu^{3} ʔdei^{1} θim^{1} ȵaːp^{7}
有 什么 打扰 好 心烦
有何困扰好烦恼？

Daegyungj haiyienz bohnax dauh,
tak^{8} juŋ^{3} haːi^{1} jiːn^{2} po^{6} na^{4} taːu^{6}
特永 开言 舅父 道
特永开言舅父道，

Aenvih bohlaux gou simfanz.
an^{1} wi^{6} po^{6} laːu^{4} kou^{1} θim^{1} faːn^{2}
因为 老父 我 心烦
因我老父而烦躁。

Gou vih bohlaux gou simheiq,
kou^{1} wi^{6} po^{6} laːu^{4} kou^{1} sim^{1} hei^{5}
我 为 老父 我 忧心
我为老父而忧心，

Raemxda feixfeix doek rim ndang.
ɣam^{4} ta^{1} fei^{4} fei^{4} tok^{7} ɣim^{1} ʔdaːŋ^{1}
眼泪 扑扑 掉 满 身
眼泪扑扑身上掉。

Gou liux baenz gungz youh baenz hoj,
kou^{1} liːu^{4} pan^{2} kuŋ^{2} jou^{6} pan^{2} ho^{3}
我 了 变成 穷 又 变成 苦
我又贫穷又痛苦，

Mboujngeix bingh boh daeuj limz ndang.
ʔbou^{3} ŋei^{4} piŋ^{6} po^{6} tau^{3} lim^{2} ʔdaːŋ^{1}
不料 疾病 父亲 来 临 身
不料父亲却病倒。

Daeuj ciq bohnax aeu cienzyw,
tau3 ɕi5 po6 na4 au1 ɕiːn2 jɯ1
来 借 舅父 要 药费
来向舅父借药费，

Bae yw bingh boh rox cix ndei.
pai1 jɯ1 piŋ6 po6 ɣo4 ɕi4 ʔdei1
去 医治 疾病 父 或许 就 好
医治病父也许好。

Sou liux gangj linx caengz haeuj bak,
θou1 liːu4 kaːŋ3 lin4 ɕaŋ2 hau3 paːk7
你们 了 讲 舌 尚未 进入 嘴
你们说话舌未干，

Mehnax haeujninz gag daeuj naeuz.
me6 na4 hau3 nin2 kaːk8 tau3 nau2
舅母 入睡 自 来 说
睡中舅母来说道。

Ngoenzcog ngoenzrawz nab cienzgvaeh,
ŋon2 ɕoːk8 ŋon2 ɣaɯ2 naːp8 ɕiːn2 kwai6
明天 后天 交纳 税费
明后天要交税费，

Ngoenzneix ciq cienz bae lawz aeu?
ŋon2 nei4 ɕi5 ɕiːn2 pai1 laɯ2 au1
今天 借 钱 去 哪 要
今天借钱去哪要？

Ngoenzcog ngoenzrawz nab cienz hak,
ŋon2 ɕoːk8 ŋon2 ɣaɯ2 naːp8 ɕiːn2 haːk7
明天 后天 交纳 钱 官吏
明后天交官吏钱，

Ngoenzneix cienz bak bae lawz aeu?
ŋon2 nei4 ɕiːn2 paːk7 pai1 laɯ2 au1
今天 钱 百 去 哪 要
今天大钱去哪要？

Bohnax haiyienz mehnax dauh,
po6 na4 haːi1 jiːn2 me6 na4 taːu6
舅父 开言 舅母 道
舅父开言舅母道，

Mwngz mbaet coenzhauq dingq gou naeuz.
mɯŋ2 ʔbat7 ɕon2 haːu5 tiŋ5 kou1 nau2
你 停止 话 听 我 说
你听我说不出声。

Ngoenzcog gai mou cienz goj miz,
ŋon2 ɕoːk8 kaːi1 mou1 ɕiːn2 ko3 mi2
明天 卖 猪 钱 也 有
明天卖猪就有钱，

Aeu song guenq cienz ciq hawj lwg.
au1 θoːŋ1 kuːn5 ɕiːn2 ɕi5 haɯ3 lɯk8
要 两 贯 钱 借 给 儿
借两贯钱给外甥。

Mehnax lienzseiz ceij naj ndaq,
me^{6} na^{4} liːn^{2} θei^{2} ɕei^{3} na^{3} ʔda^{5}
舅母 立即 指 脸 骂
舅母立即指脸骂，

Ndaq cien vuengzbat fanh mabamz.
ʔda^{5} ɕiːn^{1} wuːŋ^{2} paːt^{7} faːn^{6} ma^{1} paːm^{2}
骂 千 王八 万 笨狗
王八笨狗骂得疯。

Cienz mou dwg gou hix gou ciengx,
ɕiːn^{2} mou^{1} tɯk^{8} kou^{1} hi^{4} kou^{1} ɕiːŋ^{4}
钱 猪 是 我 也 我 养
猪钱归我是我养，

Vihmaz aeu cienz hawj lwglan?
wi^{6} ma^{2} au^{1} ɕiːn^{2} haɯ^{3} lɯk^{8} laːn^{1}
为何 要 钱 给 子孙
为何拿钱给外甥？

Bohnax dauq gangj coenz daihngeih,
po^{6} na^{4} taːu^{5} kaːŋ^{3} ɕon^{2} taːi^{6} ŋei^{6}
舅父 再 说 句 第二
舅父又说第二句，

Bae aeu daeh haeux hawj lwglan.
pai^{1} au^{1} tai^{6} hau^{4} haɯ^{3} lɯk^{8} laːn^{1}
去 要 袋 米 给 儿孙
去要袋米给外甥。

Roih daeuj ciq cienz hix mbouj ndaej,
ɣoːi^{6} tau^{3} ɕi^{5} ɕiːn^{2} hi^{4} ʔbou^{3} ʔdai^{3}
他 来 借 钱 也 没 得到
他来借钱没得到，

Cix faen daeh haeux hawj lwglan.
ɕi^{4} fan^{1} tai^{6} hau^{4} haɯ^{3} lɯk^{8} laːn^{1}
就 分 袋 米 给 外甥
就分袋米给外甥。

Mehnax lienzseiz youh dauq ndaq,
me^{6} na^{4} liːn^{2} θei^{2} jou^{6} taːu^{5} ʔda^{5}
舅母 立刻 又 再 骂
舅母立刻又谩骂，

Duz maz vuengzbat caiq luenh ngab.
tu^{2} ma^{2} wuːŋ^{2} paːt^{7} ɕaːi^{5} luːn^{6} ŋaːp^{8}
个 什么 王八 再 胡乱 说
哪个王八再胡云！

Naedhaeux hix dwg rengz gou cauh,
nat^{8} hau^{4} hi^{4} tɯk^{8} ɣeːŋ^{2} kou^{1} ɕaːu^{6}
粒 稻谷 也 是 力气 我 造
每粒稻米是我种，

Vihmaz rau haeux hawj lwglan.
wi^{6} ma^{2} ɣaːu^{1} hau^{4} haɯ^{3} lɯk^{8} laːn^{1}
为何 量 米 给 儿孙
为何拿米给外甥。

Mwngz langh mbouj louz sij saw haq,
mɯŋ2 laːŋ6 ʔbou3 lou2 θi3 θaɯ1 ha5
你 若 不 留 写 文书 嫁
你若不留写休书，

Caih gou baenaj mbouj dauqlaeng.
ɕaːi6 kou1 pai1 na3 ʔbou3 taːu5 laŋ1
任 我 前去 不 返回
任我出去不回家。

Mwngz langh mbouj aeu cuengq sawmingh,
mɯŋ2 laːŋ6 ʔbou3 au1 ɕuːŋ5 θaɯ1 miŋ6
你 若 不 要 放 生辰八字
你若不要放八字，

Gou yaek roxdingh bae laeng gvan.
kou1 jak7 ɣo4 tiŋ6 pai1 laŋ1 kwaːn1
我 要 知道 去 到 丈夫
我要弄清另出嫁。

Daegyungj ndaejnyi coenz yienghneix,
tak8 juŋ3 ʔdai3 ȵi1 ɕon2 jiːŋ6 nei4
特永 听见 句 这样
特永听见这些话，

Lienzseiz hozndat dauqma ranz.
liːn2 θei2 ho2 ʔdaːt7 taːu5 ma1 ɣaːn2
立即 恼火 返回 家
当即恼火回到家。

Daegyungj madaengz soeb roengzgvih,
tak8 juŋ3 ma1 taŋ2 θop8 ɣoŋ2 kwi6
特永 回到 立即 下跪
特永到家即下跪，

Raemxda lumj fwn rihbyoegbyoeg.
ɣam4 ta1 lum3 fɯn1 ɣi6 pjok8 pjok8
眼泪 如 雨 流扑扑
眼泪如雨扑扑下。

Bohlaux haiyienz Daegyungj nyi,
po6 laːu4 haːi1 jiːn2 tak8 juŋ3 ȵi1
老父 开言 特永 听
老父开言特永道，

Mwngz miz gaiqmaz ndei simfanz.
mɯŋ2 mi2 kaːi5 ma2 ʔdei1 θim1 faːn2
你 有 什么 好 心烦
你有何事好心烦？

Ranz Louz bohnax nyienh ciq cienz,
ɣaːn2 lou2 po6 na4 ȵiːn6 ɕi5 ɕiːn2
家 刘 舅父 愿 借 钱
刘家舅父愿借钱，

Mehnax cienfanh mbouj hawj ciq.
me6 na4 ɕiːn1 faːn6 ʔbou3 haɯ3 ɕi5
舅母 千万 不 让 借
舅母不借理千万。

Daegyungj haiyienz bohlaux dauh,
tak8 juŋ3 ha:i1 ji:n2 po6 la:u4 ta:u6
特永 开言 老父 道
特永开言父亲道，

Mwngz mbaet coenzhauq dingq gou naeuz.
mɯŋ2 ʔbat7 ɕon2 ha:u5 tiŋ5 kou1 nau2
你 停止 话 听 我 说
你不言语听我谈。

Gou liux ndwi lwnh dauq lij ndei,
kou1 li:u4 ʔdɯ:i1 lɯn6 ta:u5 li3 ʔdei1
我 了 不 告诉 却 还 好
我不说出却还好，

Gou lwnh coenz neix sim mwngz fanz.
kou1 lɯn6 ɕon2 nei4 θim1 mɯŋ2 fa:n2
我 告诉 句 这 心 你 烦
我讲出来你心烦。

Doengh ae bohnax goj hawj ciq,
toŋ6 ai1 po6 na4 ko3 haɯ3 ɕi5
那 个 舅父 可 让 借
我那舅父可愿借，

Aenvih mehnax sim mbouj gam.
an1 wi6 me6 na4 θim1 ʔbou3 ka:m1
因为 舅母 心 不 甘
只因舅母心不甘。

Mehnax mbouj hawj hix couh gvaq,
me6 na4 ʔbou3 haɯ3 hi4 ɕou6 kwa5
舅母 不 给 也 就 过
舅母不借也就罢，

Dauq swenj bohnax dwg mabamz.
ta:u5 θɯ:n3 po6 na4 tɯk8 ma1 pa:m2
却 骂 舅父 是 笨狗
反骂舅父狗笨蛋。

Naeuz ae mbouj aeu sij mingh baz,
nau2 ai1 ʔbou3 au1 θi3 miŋ6 pa2
说 他 不 要 写 八字 妇
舅不要她退八字，

Caiq haq baenaj lingh ae gvan.
ɕa:i5 ha5 pai1 na3 liŋ6 ai1 kwa:n1
再 嫁 前去 另 个 丈夫
她再寻夫家另安。

Bohlaux ndaejnyi coenz yienghneix,
po6 la:u4 ʔdai3 ȵi1 ɕon2 jiːŋ6 nei4
老父 听到 句 这样
老父听到这些话，

Lienzseiz saetmingh dai gyang ranz.
li:n2 θei2 θat7 miŋ6 ta:i1 kja:ŋ1 ɣa:n2
立即 丧命 死 中 家
当场丧命在家堂。

Daegyungj lienzseiz cuengqsing daej,
tak^{8} juŋ^{3} liːn^{2} θei^{2} ɕuːŋ^{5} θiŋ^{1} tai^{3}
特永 当即 放声 哭
特永当即放声哭，

Ndwimiz gouh faex cangq bohlangz.
ʔdɯːi^{1} mi^{2} kou^{6} fai^{4} ɕaːŋ^{5} po^{6} laːŋ^{2}
没有 副 棺材 葬 老父
没有棺材葬老父。

Mbanjranz dangseiz de mbouj rox,
ʔbaːn^{3} ɣaːn^{2} taːŋ^{1}θei^{2} te^{1} ʔbou^{3} ɣo^{4}
家乡 当时 他 不 知
当时他不知老家，

Gyahoh goj miz de youq gyae.
kja^{1} ho^{6} ko^{3} mi^{2} te^{1} jou^{5} kjai^{1}
家族 可 有 它 在 远方
房族可有在远处。

Caencik youq gyae fouz vunz daeuj,
ɕan^{1} ɕik^{7} jou^{5} kjai^{1} fou^{2} wun^{2} tau^{3}
亲戚 在 远方 无 人 来
亲戚远居无人来，

Beixnuengx youq gyae fouz vunz nyi.
pei^{4} nuːŋ^{4} jou^{5} kjai^{1} fou^{2} wun^{2} ȵi^{1}
兄弟 在 远处 无 人 告诉
兄弟远居没告诉。

Bak roih hix daej hoz hix ngeix,
paːk^{7} ɣoːi^{6} hi^{4} tai^{3} ho^{2} hi^{4} ŋei^{4}
嘴 他 也 哭 脖(心) 也 想
他嘴边哭心边想，

Ndei haw ndei seih bae doeng naeuz.
ʔdei^{1} haɯ^{1} ʔdei^{1} θei^{6} pai^{1} toŋ^{1} nau^{2}
好 圩 好 市 去 通 说
选好集市去哭诉。

Bae daengz gai gyang cuengqsing daej,
pai^{1} taŋ^{2} kaːi^{1} kjaːŋ^{1} ɕuːŋ^{5} θiŋ^{1} tai^{3}
去 到 街 中 放声 哭
去到街中放声哭，

Gai gwnz gai laj caez simfanz.
kaːi^{1} kɯn^{2} kaːi^{1} la^{3} ɕai^{2} θim^{1} faːn^{2}
街 上 街 下 齐 心烦
街头街尾人很烦。

Yah hek haiyienz Daegyungj nyi,
ja^{6} heːk^{7} haːi^{1} jiːn^{2} tak^{8} juŋ^{3} ȵi^{1}
妇人 客 开言 特永 听
老妇开言特永道，

Mwngz miz yienghlawz ndei simfanz?
mɯŋ^{2} mi^{2} jiːŋ^{6} laɯ^{2} ʔdei^{1} θim^{1} faːn^{2}
你 有 哪样 好 心烦
你有何事好心烦？

Mwngz miz yienghlawz ndei simheiq,
muɯŋ^{2} mi^{2} jiːŋ^{6} lauɯ^{2} ʔdei^{1} sim^{1} hei^{5}
你 有 哪样 好 忧心
你有哪样好忧心，

Raemxda feixfeix doek rim ndang?
ɣam^{4} ta^{1} fei^{4} fei^{4} tok^{7} ɣim^{1} ʔdaːŋ^{1}
眼泪 扑扑 落 满 身
眼泪扑扑落身上？

Daegyungj haiyienz yah hek dauh,
tak^{8} juŋ^{3} haːi^{1} jiːn^{2} ja^{6} heːk^{7} taːu^{6}
特永 开言 妇人 客 道
特永开言老妇道，

Vihliux bohlaux gou simfanz.
wi^{6} liːu^{4} po^{6} laːu^{4} kou^{1} θim^{1} faːn^{2}
为了 老父 我 心烦
因为老父我忧烦。

Gou liux ranz gungz youh sinhoj,
kou^{1} liːu^{4} ɣaːn^{2} kuŋ^{2} jou^{6} θin^{1} ho^{3}
我 了 家 穷 又 辛苦
我家贫穷又辛苦，

Mboujngeix bohlaux mingh gviyaem.
ʔbou^{3} ŋei^{4} po^{6} laːu^{4} miŋ^{6} kwi^{1} jam^{1}
不料 老父 命 归阴
不料老父命归阴。

Neix ae bohlaux gaenq gvaqseiq,
nei^{4} ai^{1} po^{6} laːu^{4} kan^{5} kwa^{5} θei^{5}
这 个 老父 已 过世
我这老父已过世，

Ndwimiz gouh faex cangq bohlangz.
ʔduɯːi^{1} mi^{2} kou^{6} fai^{4} ɕaːŋ^{5} po^{6} laːŋ^{2}
没有 副 棺材 葬 老父
老父无棺未出殡。

Bak gou hix daej gou hix ngeix,
paːk^{7} kou^{1} hi^{4} tai^{3} kou^{1} hi^{4} ŋei^{4}
嘴 我 也 哭 我 也 想
我嘴也哭心也想，

Ndei haw ndei seih daeuj gaindang.
ʔdei^{1} hauɯ^{1} ʔdei^{1} θei^{6} tau^{3} kaːi^{1} ʔdaːŋ^{1}
好 圩 好 市 来 卖身
好市卖身来换银。

Yah hek haiyienz Daegyungj dauh,
ja^{6} heːk^{7} haːi^{1} jiːn^{2} tak^{8} juŋ^{3} taːu^{6}
妇人 客 开言 特永 道
老妇开言特永道，

Mwngz mbaet coenzhauq dingq gou naeuz.
muɯŋ^{2} ʔbat^{7} ɕon^{2} haːu^{5} tiŋ^{5} kou^{1} nau^{2}
你 停止 话 听 我 说
我来细说你慢听。

Doenggai goj miz ae Lauxfouq,
toŋ1 kaːi1 ko3 mi2 ai1 laːu4 fou5
东街 可 有 个 老富
东街有个叫老富，

Doengh ae bouxlaux gouq ndaej mwngz.
toŋ6 ai1 pou4 laːu4 kou5 ʔdai3 mɯŋ2
那 个 老人 救 得 你
那个老人能救你。

Daegyungj ndaejnyi coenz yienghneix,
tak8 juŋ3 ʔdai3 ȵi1 ɕon2 jiːŋ6 nei4
特永 听到 句 这样
特永听到这句话，

Lienzseiz byaij gip haeuj Doenggai.
liːn2 θei2 pjaːi3 kip7 hau3 toŋ1 kaːi1
立即 走 急 进入 东街
立即急赶东街去。

Bae daengz Doenggai couh naj muengh,
pai1 taŋ2 toŋ1 kaːi1 ɕou6 na3 muːŋ6
去 到 东街 就 前面 望
去到东街往前望，

Muenghraen Lauxfouq goj youq ranz.
muːŋ6 ɣan1 laːu4 fou5 ko3 jou5 ɣaːn2
望见 老富 可 在 家
看见老富在家里。

Daegyungj bae daengz soeb roengzgvih,
tak8 juŋ3 pai1 taŋ2 θop8 ɣoŋ2 kwi6
特永 去 到 立即 下跪
特永去到就下跪，

Raemxda hix rih daeuj bixbanx.
ɣam4 ta1 hi4 ɣi6 tau3 pi4 paːn4
眼泪 也 流 来 扑扑
眼泪扑扑滴连滴。

Lauxfouq haiyienz Daegyungj nyi,
laːu4 fou5 haːi1 jiːn2 tak8 juŋ3 ȵi1
老富 开言 特永 听
老富开言特永听，

Mwngz miz yienghlawz ndei simfanz?
mɯŋ2 mi2 jiːŋ6 laɯ2 ʔdei1 θim1 faːn2
你 有 哪样 好 心烦
你有哪样好心烦？

Mwngz miz yienghlawz ndei simheiq,
mɯŋ2 mi2 jiːŋ6 laɯ2 ʔdei1 sim1 hei5
你 有 哪样 好 忧心
你有哪样好忧心，

Raemxda baenzneix daeuj bixbanx?
ɣam4 ta1 pan2 nei4 tau3 pi4 paːn4
眼泪 如此 来 扑扑
如此眼泪来不完？

Mwngz miz yienghlawz ndei simheiq,
mɯŋ2 mi2 jiːŋ6 laɯ2 ʔdei1 sim1 hei5
你 有 哪样 好 忧心
你有哪样好忧心，

Raemxda deihdeih daeuj bixbanx?
ɣam4 ta1 tei6 tei6 tau3 pi4 paːn4
眼泪 密密 来 涟涟
眼泪密密来潺潺？

Daegyungj haiyienz Lauxfouq dauh,
tak8 juŋ3 haːi1 jiːn2 laːu4 fou5 taːu6
特永 开言 老富 道
特永开言老富道，

Gou vih bohlaux gou simfanz.
kou1 wi6 po6 laːu4 kou1 θim1 faːn2
我 为 老父 我 心烦
我为老父而心烦。

Gou liux ranz gungz gya sinhoj,
kou1 liːu4 ɣaːn2 kuŋ2 kja1 θin1 ho3
我 了 家 穷 家 辛苦
我家贫困又辛苦，

Mboujngeix bohlaux mingh gviyaem.
ʔbou3 ŋei4 po6 laːu4 miŋ6 kwi1 jam1
不料 老父 命 归阴
不料老父命归阴。

Mboujngeix bohlaux mingh gvaqseiq,
ʔbou3 ŋei4 po6 laːu4 miŋ6 kwa5 θei5
不料 老父 命 过世
不料老父已过世，

Mboujmiz gouh faex coq bohlangz.
ʔbou3 mi2 kou6 fai4 ɕo5 po6 laːŋ2
没有 副 棺材 装 父亲
没有棺材装父亲。

Gou liux hix daej hoz hix ngeix,
kou1 liːu4 hi4 tai3 ho2 hi4 ŋei4
我 了 也 哭 脖(心) 也 想
我自痛哭心自想，

Ndei haw ndei seih bae gaindang.
ʔdei1 haɯ1 ʔdei1 θei6 pai1 kaːi1 ʔdaːŋ1
好 圩 好 市 去 卖身
好市卖身换葬银。

Daeuj doeng gaindang sam guenq ngeih,
tau3 toŋ1 kaːi1 ʔdaːŋ1 θaːm1 kuːn5 ŋei6
来 告诉 卖身 三 贯 二
三贯二钱卖我身，

Dawz bae cawx faex cangq daxboh.
taɯ2 pai1 ɕaɯ4 fai4 ɕaːŋ5 ta4 po6
拿 去 买 棺材 葬 父亲
换钱买棺葬父亲。

Cix danq Lauxfouq vunz rox ngeix,
ɕi^{4} taːn^{5} laːu^{4} fou^{5} wun^{2} ɣo^{4} ŋei^{4}
就 叹 老富 人 懂 思考
可叹老富人知理，

Lienzseiz hai loengx aeu cienzngaenz.
liːn^{2} θei^{2} haːi^{1} loŋ^{4} au^{1} ɕiːn^{2} ŋan^{2}
立即 开 箱 取 银子
立即开箱取银递。

Daegyungj lienzseiz soeb roengzgvih,
tak^{8} juŋ^{3} liːn^{2} θei^{2} θop^{8} ɣoŋ^{2} kwi^{6}
特永 立刻 就 下跪
特永立刻就下跪，

Gouz aeu bit ceij sij gaindang.
kou^{2} au^{1} pit^{7} ɕei^{3} θi^{3} kaːi^{1} ʔdaːŋ^{1}
求 要 笔 纸 写 卖身
求要笔写卖身契。

Lauxfouq haiyienz Daegyungj dauh,
laːu^{4} fou^{5} haːi^{1} jiːn^{2} tak^{8} juŋ^{3} taːu^{6}
老富 开言 特永 道
老富开言特永道，

Mwngz mbaet coenzhauq dingq gou naeuz.
mɯŋ^{2} ʔbat^{7} ɕon^{2} haːu^{5} tiŋ^{5} kou^{1} nau^{2}
你 停止 话儿 听 我 说
你不说话听我语。

Danh mwngz mizsim hengz hauqngeih,
taːn^{6} mɯŋ^{2} mi^{2} θim^{1} heːŋ^{2} haːu^{5} ŋei^{6}
但 你 有心 行 孝义
若你有心行孝义，

Cog raeuz sij heiq hix mbouj nanz.
ɕoːk^{8} ɣau^{2} θi^{3} hei^{5} hi^{4} ʔbou^{3} naːn^{2}
来日 我们 写 契 也 不 难
他日写契也可以。

Daegyungj haiyienz Lauxfouq dauh,
tak^{8} juŋ^{3} haːi^{1} jiːn^{2} laːu^{4} fou^{5} taːu^{6}
特永 开言 老富 道
特永开言老富道，

Mwngz mbaet coenzhauq dingq gou naeuz.
mɯŋ^{2} ʔbat^{7} ɕon^{2} haːu^{5} tiŋ^{5} kou^{1} nau^{2}
你 停止 话 听 我 讲
你不说话听我语。

Gou daeuj gaindang hengz hauqngeih,
kou^{1} tau^{3} kaːi^{1} ʔdaːŋ^{1} heːŋ^{2} haːu^{5} ŋei^{6}
我 来 卖身 行 孝义
我来卖身行孝义，

Mbouj ndaej sij heiq sim mbouj onj.
ʔbou^{3} ʔdai^{3} θi^{3} hei^{5} θim^{1} ʔbou^{3} oːn^{3}
不 能 写 契 心 不 安
不写字契心不依。

Cix danq Lauxfouq vunz rox ngeix,
ɕi4 taːn5 laːu4 fou5 wun2 ɣo4 ŋei4
就 叹 老富 人 懂 思考
可叹老富会思虑，

Youh bit ceij sij gai hawj ndang.
jou6 pit7 ɕei3 θi3 kaːi1 haɯ3 ʔdaːŋ1
又 笔 纸 写 卖 给 身
就用笔写卖身契。

Sij saw gaindang liux yienzbeih,
θi3 θaɯ1 kaːi1 ʔdaːŋ1 liːu4 jiːn2 pei6
写 字 卖身 了 完毕
立契卖身办完后，

Aemq sam guenq cienz dawz ma ranz.
am5 θaːm1 kuːn5 ɕiːn2 taɯ2 ma1 ɣaːn2
背 三 贯 钱 要 回 家
背三贯钱到家里。

Seiq gep faexraeu bae guenq ngeih,
θei5 keːp7 fai4 ɣau1 pai1 kuːn5 ŋei6
四 块 枫木 用去 贯 二
四块枫木贯二钱，

Cawx yieng cawx ceij song cien rim.
ɕaɯ4 jiːŋ1 ɕaɯ4 ɕei3 θoːŋ1 ɕiːn1 ɣim1
买 香 买 纸 两 千 满
买香买纸两千钱。

Mwngz dawz bohlaux okbae cangq,
mɯŋ2 taɯ2 po6 laːu4 oːk7 pai1 ɕaːŋ5
你 把 老父 出去 葬
你送老父出去葬，

Gaem faex[1] roengz riengh[2] danghong gwn.
kam1 fai4 ɣoŋ2 ɣiːŋ6 taːŋ1 hoːŋ1 kɯn1
拿 木棍 下 栏 打工 吃
扶杖打工还欠钱。

Daegyungj yunghsim hengz hauqngeih,
tak8 juŋ3 juŋ6 θim1 heːŋ2 haːu5 ŋei6
特永 用心 行 孝义
特永用心行孝义，

Doengh daengz daihdeih gwnzmbwn sang.
toŋ6 taŋ2 taːi6 tei6 kɯn2 ʔbɯn1 θaːŋ1
感动 到 大地 上天 高。
感动大地和上天。

[1] gaem faex：gaem，原意是“拿”，此指“拄”；faex，原意是“木棍”，此指“哭丧棒”（行孝杖），它缠着白纸。按壮族的习俗，出殡时和之后几天，孝子拄着哭丧棒走路，以示孝敬。

[2] roengz riengh：roengz 是“走下”之意；riengh 原意是牲畜栏，此指房子的下层。过去壮族人的住房分上下两层，上层住人，下层放牲畜。Roengzriengh，意即“走下房子”。

Nyawhdaeq gwnzmbwn cingq swnhleix,
ȵaɯ^{6} tai^{5} kɯn^{2} ʔbɯn^{1} ɕŋi^{5} θɯn^{6} lei^{4}
玉帝 天上 正 顺理
上天玉帝会办理，

Youh hawj Caetnawx bae yiengzgan.
jou^{6} haɯ^{3} ɕat^{7} naɯ^{4} pai^{1} yiːŋ^{2} kaːn^{1}
又 让 七仙女 去 阳间
派七仙女到阳间。

Daegyungj ganj bae ranz Lauxfouq,
tak^{8} juŋ^{3} kaːn^{3} pai^{1} ɣaːn^{2} laːu^{4} fou^{5}
特永 赶 去 家 老富
特永赶去老富家，

Roeb dah siennawx daeuj loh vang.
ɣop^{8} ta^{6} θiːn^{1} naɯ^{4} tau^{3} lo^{6} waːŋ^{1}
遇 女 仙女 来 路 横
遇到仙女拦路上。

Siennawx haiyienz Daegyungj dauh,
θiːn^{1} naɯ^{4} haːi^{1} jiːn^{2} tak^{8} juŋ^{3} taːu^{6}
仙女 开言 特永 道
仙女开言特永道，

Mwngz mbaet coenzhauq dingq gou naeuz.
mɯŋ^{2} ʔbat^{7} ɕon^{2} haːu^{5} tiŋ^{5} kou^{1} nau^{2}
你 停止 话儿 听 我 说
你不出声听我讲。

Coh vih mwngz guh gijmaz singq,
ɕo^{6} wi^{6} mɯŋ^{2} ku^{6} ki^{3} ma^{2} θiŋ^{5}
名字 位 你 叫做 什么 姓
尊姓大名叫什么，

Cohning mwngz guh gijmaz langz?
ɕo^{6} niŋ^{1} mɯŋ^{2} ku^{6} ki^{3} ma^{2} laːŋ^{2}
小名 你 叫做 什么 郎
你那小名是哪样？

Daegyungj haiyienz siennawx dauh,
tak^{8} juŋ^{3} haːi^{1} jiːn^{2} θiːn^{1} naɯ^{4} taːu^{6}
特永 开言 仙女 道
特永开言仙女道，

Mwngz mbaet coenzhauq dingq gou naeuz.
mɯŋ^{2} ʔbat^{7} ɕon^{2} haːu^{5} tiŋ^{5} kou^{1} nau^{2}
你 停止 话 听 我 讲
你停说话听我讲。

Coh vih gou guh ranz Dungj singq,
ɕo^{6} wi^{6} kou^{1} ku^{6} ɣaːn^{2} tuŋ^{3} θiŋ^{5}
名字 位 我 叫做 家 董 姓
本人家族是董姓，

Cohning gou guh Daegyungj langz.
ɕo^{6} niŋ^{1} kou^{1} ku^{6} tak^{8} juŋ^{3} laːŋ^{2}
小名 我 叫做 特永 郎
本人小名特永郎。

Gou liux gaindang cangq bohlaux,
kou^{1} liːu^{4} kaːi^{1} ʔdaːŋ^{1} ɕaːŋ^{5} po^{6} laːu^{4}
我 了 卖身 葬 老父
我为葬父而卖身，

Beixnuengx bohmeh gou dai gvaq,
pei^{4} nuːŋ^{4} po^{6} me^{6} kou^{1} taːi^{1} kwa^{5}
兄弟 父母 我 死 过
父母兄弟都过世，

Bae laeng Lauxfouq danghong gwn.
pai^{1} laŋ^{1} laːu^{4} fou^{5} taːŋ^{1} hoːŋ^{1} kɯn^{1}
去 到 老富 打工 吃
去为老富打工忙。

Langh gou guh gyax souj gohanz.
laːŋ^{6} kou^{1} ku^{6} kja^{4} θou^{3} ko^{1} haːn^{2}
留下 我 做 孤儿 守 孤寒
丢我一人守孤寒。

Gou liux fungz mwngz gyang daihloh,
kou^{1} liːu^{4} fuŋ^{2} mɯŋ^{2} kjaːŋ^{1} taːi^{6} lo^{6}
我 了 遇 你 中间 大路
我遇你在大路上，

Raen mwngz Daegyungj hengz hauqngeih,
ɣan^{1} mɯŋ^{2} tak^{8} juŋ^{3} heːŋ^{2} haːu^{5} ŋei^{6}
见 你 特永 行 孝义
见你特永行孝义，

Mwngz liux daengz neix rox bae lawz?
mɯŋ^{2} liːu^{4} taŋ^{2} nei^{4} ɣo^{4} pai^{1} laɯ^{2}
你 了 到 这里 不知 去 哪
你今到此去何方？

Aeu mwngz daegbeix guh gvan niengz.
au^{1} mɯŋ^{2} tak^{8} pei^{4} ku^{6} kwaːn^{1} niːŋ^{2}
要 你 阿哥 做 丈夫 娘子
要阿哥你做我郎。

Siennawx haiyienz Daegyungj dauh,
θiːn^{1} naɯ^{4} haːi^{1} jiːn^{2} tak^{8} juŋ^{3} taːu^{6}
仙女 开言 特永 道
仙女开言特永道，

Daegyungj haiyienz siennawx nyi,
tak^{8} juŋ^{3} haːi^{1} jiːn^{2} θiːn^{1} naɯ^{4} ɲi^{1}
特永 开言 仙女 听
特永开言仙女道，

Mwngz mbaet coenzhauq dingq gou naeuz.
mɯŋ^{2} ʔbat^{7} ɕon^{2} haːu^{5} tiŋ^{5} kou^{1} nau^{2}
你 停止 话 听 我 讲
你不出声听我讲。

Gangj daengz gizneix mbouj gamj dang.
kaːŋ^{3} taŋ^{2} ki^{2} nei^{4} ʔbou^{3} kaːm^{3} taːŋ^{1}
讲 到 这里 不 敢 当
讲到这句不敢当。

It daeuj goet gou souh mbouj ndaej,
it^{7} tau^{3} kot^{7} kou^{1} θou^{6} ʔbou^{3} ʔdai^{3}
一 来 骨 我 受 不 得
一来我没这福分，

Ngeih daeuj miz saeh ae lawz dang?
ŋei^{6} tau^{3} mi^{2} θai^{6} ai^{1} laɯ^{2} taːŋ^{1}
二 来 有 事 她 怎么 担当
二来有事她咋办？

Gou ndwimiz ranz mbouj saek yiengh,
kou^{1} ʔdɯːi^{1} mi^{2} ɣaːn^{2} ʔbou^{3} θak^{7} jiːŋ^{6}
我 没有 家 没 一 样
我没有家没一样，

Aeu mwngz guh niengz leix mbouj hab.
au^{1} mɯŋ^{2} ku^{6} niːŋ^{2} lei^{4} ʔbou^{3} haːp^{8}
娶 你 为 娘子 理 不 合适
娶你为妻理不当。

Gou liux gaindang bae guh hoiq,
kou^{1} liːu^{4} kaːi^{1} ʔdaːŋ^{1} pai^{1} ku^{6} hoːi^{5}
我 了 卖身 去 做 奴
我今卖身去当奴，

Aeu mwngz fouz gwn doiqmboujhwnj.
au^{1} mɯŋ^{2} fou^{2} kɯn^{1} toːi^{5} ʔbou^{3} hɯn^{3}
娶 你 没 吃 对不起
娶你缺吃心不安。

It liux mbouj souh ngeih mbouj souh,
it^{7} liːu^{4} ʔbou^{3} θou^{6} ŋei^{6} ʔbou^{3} θou^{6}
一 了 不 受 二 不 受
一来不受二不受，

Song mbiengj cuksouj youq cazbyangz.
θoːŋ^{1} ʔbiːŋ^{3} ɕuk^{7} θou^{3} jou^{5} ɕa^{2} pjaːŋ^{2}
两 方 坚持 住 样子
双方坚持不退让。

Gwnzmbwn cingq raen roih mbouj souh,
kɯn^{2} ʔbɯn^{1} ɕiŋ^{5} ɣan^{1} ɣoːi^{6} ʔbou^{3} θou^{6}
上天 正 见 他 不 接受
上天见他不接受，

Youh cai Daiqbwz daeuj cazcam.
jou^{6} ɕaːi^{1} taːi^{5} pɯ^{2} tau^{3} ɕa^{2} ɕaːm^{1}
又 差（派）太白 来 查访
又派太白来查访。

Daiqbwz daeujdaengz doiqnaj muengh,
taːi^{5} pɯ^{2} tau^{3} taŋ^{2} toːi^{5} na^{3} muːŋ^{6}
太白 来到 对面 望
太白来到对面望，

Yawjraen beix nuengx gyang loh vang.
jaɯ^{3} ɣan^{1} pei^{4} nuːŋ^{4} kjaːŋ^{1} lo^{6} waːŋ^{1}
看见 哥 妹 中间 路 横
看见哥妹呆路上。

Daegyungj dapvah Daiqbwz dauh,
tak^{8} juŋ^{3} taːp^{7} wa^{6} taːi^{5} pɯ^{2} taːu^{6}
特永 答话 太白 道
特永答话太白道，

Diensiengh baedlaux dingq gou naeuz.
tiːn^{1} θiːŋ^{6} pat^{8} laːu^{4} tiŋ^{5} kou^{1} nau^{2}
天上 佛老 听 我 说
天上佛老听我讲。

Gou liux gaindang cangq bohlaux,
kou^{1} liːu^{4} kaːi^{1} ʔdaːŋ^{1} ɕaːŋ^{5} po^{6} laːu^{4}
我 了 卖身 葬 老父
我为葬父而卖身，

Bae laeng Lauxfouq danghong gwn.
pai^{1} laŋ^{1} laːu^{4} fou^{5} taːŋ^{1} hoːŋ^{1} kɯn^{1}
去 到 老富 打工 吃
去老富家打工忙。

Gou liux gaemh dwngx daengz daihloh,
kou^{1} liːu^{4} kam^{6} tɯŋ^{4} taŋ^{2} taːi^{6} lo^{6}
我 了 扶 哭丧棒 到 大路
我扶哭丧棒上路，

Cingq fungz siennawx daihloh vang.
ɕiŋ^{5} fuŋ^{2} θiːn^{1} naɯ^{4} taːi^{6} lo^{6} waːŋ^{1}
正 逢 仙女 大路 横
恰逢仙女把路挡。

Roih liux raen gou hengz hauqngeih,
ɣoːi^{6} liːu^{4} ɣan^{1} kou^{1} heːŋ^{2} haːu^{5} ŋei^{6}
她 了 见 我 行 孝义
她看见我行孝义，

Aeu gou Daegyungj guh gvan niengz.
au^{1} kou^{1} tak^{8} juŋ^{3} ku^{6} kwaːn^{1} niːŋ^{2}
要 我 特永 做 丈夫 娘子
要我特永做她郎。

Gou dwg euq naeuz aeu mbouj ndaej,
kou^{1} tɯk^{8} eːu^{5} nau^{2} au^{1} ʔbou^{3} ʔdai^{3}
我 是 争辩 说 要 不 得
我就辩说行不得，

Cog gou mizsaeh ae lawz dang?
ɕoːk^{8} kou^{1} mi^{2} θai^{6} ai^{1} laɯ^{2} taːŋ^{1}
日后 我 出事 她 怎么 承当
我一有事她咋办？

Youq gyang daihloh aeu dahraix,
jou^{5} kjaːŋ^{1} taːi^{6} lo^{6} au^{1} ta^{6} ɣaːi^{4}
在 中间 大路 要 真正
大路中间非这样，

Ndwi rox da daiq youq gizlawz.
ʔdɯːi^{1} ɣo^{4} ta^{1} taːi^{5} jou^{5} ki^{2} laɯ^{2}
不知 岳父 岳母 在 哪里
不知娘家在何方。

Gou youh mbouj cienz youh mbouj haeux,
kou1 jou6 ʔbou3 ɕiːn2 jou6 ʔbou3 hau4
我 又 没 钱 又 没 粮
我又没钱又没粮，

Caeuq vunz danghong ae lawz dang?
ɕau5 wun2 taːŋ1 hoːŋ1 ai1 law2 taːŋ1
为 人 打工 她 怎么 承当
为人打工她咋办？

Gou bae danggoeng ae Lauxfouq,
kou1 pai1 taːŋ1 koŋ1 ai1 laːu4 fou5
我 去 打工 个 老富
我去老富家打工，

Aeu roih siennawx bae lawz gwn?
au1 ɣoːi6 θiːn1 naw4 pai1 law2 kwn1
娶 她 仙女 去 哪 吃
娶她仙女哪吃饭？

Daiqbwz haiyienz Daegyungj dauh,
taːi5 pw2 haːi1 jiːn2 tak8 juŋ3 taːu6
太白 开言 特永 道
太白开言特永道，

Mwngz mbaet coenzhauq dingq gou naeuz.
mwŋ2 ʔbat7 ɕon2 haːu5 tiŋ5 kou1 nau2
你 停 话儿 听 我 说
你不出声听我讲。

Mwngz danh mizsim aeu siennawx,
mwŋ2 taːn6 mi2 θim1 au1 θiːn1 naw4
你 但 有心 娶 仙女
你若有心娶仙女，

Bae lawz ra gwn gyonj gou dang.
pai1 law2 ɣa1 kwn1 kjoːn3 kou1 taːŋ1
去 哪 找 吃 由 我 担当
到哪找吃我担当。

Daegyungj ndaejnyi coenz yienghneix,
tak8 juŋ3 ʔdai3 ȵi1 ɕon2 jiːŋ6 nei4
特永 听见 句 这样
特永听到这样说，

Lienzseiz roengzgvih cih Gimsing.
liːn2 θei2 ɣoŋ2 kwi6 ɕi6 kim1 θiŋ1
立即 下跪 谢 金星
即跪金星谢帮忙。

Ngoenzneix Gimsing roengzdaeuj gouq,
ŋon2 nei4 kim1 θiŋ1 ɣoŋ2 tau3 kou5
今天 金星 下来 救
今天金星下来救，

Gou ndaej siennawx hix baengh mwngz.
kou1 ʔdai3 θiːn1 naw4 hi4 paŋ6 mwŋ2
我 得 仙女 也 靠 你
我得仙女全靠你。

Daiqbwz dauq naeuz coenz daihngeih,
taːi5 pɯ2 taːu5 nau2 ɕon2 taːi6 ŋei6
太白 再 说 句 第二
太白又说第二句，

Siennawx doengzcaez bae danggoeng.
θiːn1 nauɯ4 toŋ2 ɕai2 pai1 taːŋ1 koŋ1
仙女 一同 去 打工
仙女一起打工去。

Mwngz bang Lauxfouq bae dajgoeng,
mɯŋ2 paːŋ1 laːu4 fou5 pai1 ta3 koŋ1
你 帮 老富 去 打工
你为老富去打工，

Siennawx hix goj coengh daemjrok.
θiːn1 nauɯ4 hi4 ko3 ɕoŋ6 tam3 ɣoːk7
仙女 也 可 帮 织布
仙女织布也可以。

Siennawx dangciengz soeb roengzgvih,
θiːn1 nauɯ4 taːŋ1 ciːŋ2 θop8 ɣoŋ2 kwi6
仙女 当场 就 下跪
仙女当场就下跪，

Vih mwngz guh beix mbouj dwg vunz.
wi6 mɯŋ2 ku6 pei4 ʔbou3 tɯk8 wun2
因 你 做 阿哥 不 是 人
因你当哥不争气。

Sou liux dajgangj liux yienzbeih,
θou1 liːu4 ta3 kaːŋ3 liːu4 jiːn2 pei6
你们 了 商谈 了 完毕
你们商谈完以后，

Song vunz itheij haeuj Doenggai.
θoːŋ1 wun2 it7 hei3 hau3 toŋ1 kaːi1
两 人 一起 进入 东街
两人一起东街去。

Lauxfouq haiyienz Daegyungj nyi,
laːu4 fou5 haːi1 jiːn2 tak8 juŋ3 ȵi1
老富 开言 特永 听
老富开言特永道，

Vihmaz ngoenzneix daiq baz daeuj?
wi6 ma2 ŋon2 nei4 taːi5 pa2 tau3
为何 今天 带 妻 来
为何今天要带妻？

Vihmaz ngoenzneix daz mbwk daeuj,
wi6 ma2 ŋon2 nei4 ta2 ʔbɯk7 tau3
为何 今天 携 女人 来
为何今带女人来，

Dah neix cawx aeu rox giengz gvan?
ta6 nei4 ɕaɯ4 au1 ɣo4 kiːŋ2 kwaːn1
女人 这 买 要 或 克 丈夫
买她或是克夫婿？

Daegyungj dapvah doiq Lauxfouq,
tak^8 juŋ^3 taːp^7 wa^6 toːi^5 laːu^4 fou^5
特永 答话 对 老富
特永答话老富道，

Lij oiq couh aeu ndwi giengz gvan.
li^3 oːi^5 ɕou^6 au^1 ʔdɯːi^1 kiːŋ^2 kwaːn^1
还 小 就 娶 不是 克 丈夫
不是夫克幼年娶。

Siennawx dapvah doiq Lauxfouq,
θiːn^1 nauɯ^4 taːp^7 wa^6 toːi^5 laːu^4 fou^5
仙女 答话 对 老富
仙女答话老富道，

Gou daeuj daemjrok ro gwn ngaiz.
kou^1 tau^3 tam^3 ɣoːk^7 ɣo^1 kɯn^1 ŋaːi^2
我 来 织布 讨 吃 饭
我来织布讨点饭。

Daemj couz daemj duenh gou daemj ndaej,
tam^3 ɕou^2 tam^3 tuːn^6 kou^1 tam^3 ʔdai^3
织 绸 织 缎 我 织 得
织绸织缎我都行，

Lungz fungh gijneix gou bouj gya.
luŋ^2 fuŋ^6 ki^3 nei^4 kou^1 pou^3 kja^1
龙 凤 这些 我 补 加
龙凤这些我添上。

Lauxfouq lienzseiz ceij naj ndaq,
laːu^4 fou^5 liːn^2 θei^2 ɕei^3 na^3 ʔda^5
老富 立即 指 脸 骂
老富立即指脸骂，

Gaej gangj daihvah gvaqnaj gou.
kai^3 kaːŋ^3 taːi^6 wa^6 kwa^5 na^3 kou^1
莫 说 大话 过分 我
过分大话莫乱喊。

Siennawx cix doiq Lauxfouq vah,
θiːn^1 nauɯ^4 ɕi^4 toːi^5 laːu^4 fou^5 wa^6
仙女 就 对 老富 话
仙女答话老富道，

Cingqyienz dahraix mbouj gangjriu.
ɕiŋ^5 jiːn^2 ta^6 ɣaːi^4 ʔbou^3 kaːŋ^3 ɣiːu^1
正经 实在 不 讲笑
确是真话非笑谈。

Lauxfouq dangco mbouj fugheiq,
laːu^4 fou^5 taːŋ^1 ɕo^1 ʔbou^3 fuk^8 hei^5
老富 当初 不 气服
老富起初心不服，

Caengh cib gaen sei hawj mwngz niengz.
ɕaŋ^6 ɕip^8 kan^1 θei^1 haɯ^3 mɯŋ^2 niːŋ^2
称 十 斤 丝 给 你 娘子
称十斤丝给她纺。

Caengh cib gaen sei hawj mwngz daemj,
ɕaŋ^{6} ɕip^{8} kan^{1} θei^{1} haɯ^{3} mɯŋ^{2} tam^{3}
称 十 斤 丝 让 你 织
称十斤丝让她织，

Hanh aeu sam haemh mbouj hanh nanz.
haːn^{6} au^{1} θaːm^{1} ham^{6} ʔbou^{3} haːn^{6} naːn^{2}
限 要 三 晚 不 限 久
限定三晚要织完。

Daegyungj ndaejnyi coenz yienghneix,
tak^{8} juŋ^{3} ʔdai^{3} ȵi^{1} ɕon^{2} jiːŋ^{6} nei^{4}
特永 听到 句 这样
特永听到这句话，

Roih liux aeuqheiq mbouj gwn ngaiz.
ɣoːi^{6} liːu^{4} au^{5} hei^{5} ʔbou^{3} kɯn^{1} ŋaːi^{2}
他 了 怄气 不 吃 饭
他就怄气不吃饭。

Siennawx haiyienz Daegyungj nyi,
θiːn^{1} naɯ^{4} haːi^{1} jiːn^{2} tak^{8} juŋ^{3} ȵi^{1}
仙女 开言 特永 听
仙女开言特永道，

Mwngz miz yienghlawz ndei simfanz?
mɯŋ^{2} mi^{2} jiːŋ^{6} laɯ^{2} ʔdei^{1} θim^{1} faːn^{2}
你 有 哪样 好 心烦
你有何事好心烦？

Daegyungj haiyienz siennawx dauh,
tak^{8} juŋ^{3} haːi^{1} jiːn^{2} θiːn^{1} naɯ^{4} taːu^{6}
特永 开言 仙女 道
特永开言仙女道，

Mwngz mbaet coenzhauq dingq gou naeuz.
mɯŋ^{2} ʔbat^{7} ɕon^{2} haːu^{5} tiŋ^{5} kou^{1} nau^{2}
你 停 话 听 我 说
你不出声听我侃。

Dauzheiq lau mwngz daemj mbouj ndaej,
taːu^{2} hei^{5} laːu^{1} mɯŋ^{2} tam^{3} ʔbou^{3} ʔdai^{3}
怄气 担心 你 织 不 得
怄气怕你织不完，

Lau mwngz saetlaex youq mbouj onj.
laːu^{1} mɯŋ^{2} θat^{7} lai^{4} jou^{5} ʔbou^{3} oːn^{3}
怕 你 失礼 居 不 安
怕你失礼心不安。

Siennawx haiyienz Daegyungj nyi,
θiːn^{1} naɯ^{4} haːi^{1} jiːn^{2} tak^{8} juŋ^{3} ȵi^{1}
仙女 开言 特永 听
仙女开言特永道，

Guh beix gaej miz fanzsim lai.
ku^{6} pei^{4} kai^{3} mi^{2} faːn^{2} θim^{1} laːi^{1}
作为 哥 别 有 烦心 多
阿哥你别太心烦。

Mwngz danh yunghsim bae ninz ndaek,
mɯŋ2 ta:n6 juŋ6 θim1 pai1 nin2 ʔdak7
你 但 用心 去 睡 着
你尽放心睡大觉，

Gou liux haemhlaep siuyieng fangz.
kou1 li:u4 ham6 lap7 θi:u1ji:ŋ1 fa:ŋ2
我 了 夜晚 烧香 鬼
给鬼烧香在夜晚。

Roih liux siuyieng youh baiqgvih,
ɣo:i6 li:u4 θi:u1 ji:ŋ1 jou6 pa:i5 kwi6
她 了 烧香 又 拜跪
她又烧香又拜跪，

Roek dah sienbeix cix youfanz.
ɣok7 ta6 θi:n1 pei4 ɕi4 jou1 fa:n2
六 位 仙姐 就 忧烦
六位仙姐心忧烦。

Roek dah sienbeix gag doxyaeng,
ɣok7 ta6 θi:n1 pei4 ka:k8 to4 jaŋ1
六 个 仙姐 自 商量
六个仙姐相商量，

Siennuengx daengz laj cingq roeb nanh.
θi:n1 nu:ŋ4 taŋ2 la3 ɕiŋ5 ɣop8 na:n6
仙妹 到 下面 正 遇 难
仙妹下去正遇难。

Siennuengx bae laj miz gwnheiq,
θi:n1 nu:ŋ4 pai1 la3 mi2 kɯn1 hei5
仙妹 去 下面 有 受气
仙妹下去被受气，

Roek dah sienbeix roengz lajfamz.
ɣok7 ta6 θi:n1 pei4 ɣoŋ2 la3 fa:m2
六 个 仙姐 下 凡间
六个仙姐就下凡。

Roek dah sienbeix roengzdaeuj muengh,
ɣok7 ta6 θi:n1 pei4 ɣoŋ2 tau3 mu:ŋ6
六 个 仙姐 下来 望
六个仙姐下来望，

Yawjraen siennuengx daej bixbanx.
jaɯ3 ɣan1 θi:n1 nu:ŋ4 tai3 pi4 pa:n4
看见 仙妹 哭 哀哀
看见仙妹在哭喊。

Sienbeix haiyienz siennuengx nyi,
θi:n1 pei4 ha:i1 ji:n2 θi:n1 nu:ŋ4 ȵi1
仙姐 开言 仙妹 听
仙姐开言仙妹道，

Mwngz miz yienghlawz ndei simfanz?
mɯŋ2 mi2 ji:ŋ6 laɯ2 ʔdei1 θim1 fa:n2
你 有 哪样 好 心烦
你有哪样好心烦？

Siennuengx haiyienz sienbeix dauh,
θiːn1 nuːŋ4 haːi1 jiːn2 θiːn1 pei4 taːu6
仙妹 开言 仙姐 道
仙妹开言仙姐道，

Gou miz coenzhauq ndeu causim.
kou1 mi2 ɕon2 haːu5 ʔdeːu1 ɕaːu1 θim1
我 有 话 一 操心
我有件事太难办。

Lauxfouq hawj gou aen hanhseiz,
laːu4 fou5 haɯ3 kou1 an1 haːn6 θei2
老富 给 我 个 时限
老富给我个时限，

Caengh cib gaen sei hawj gou guh.
ɕaŋ6 ɕip8 kan1 θei1 haɯ3 kou1 ku6
称 十 斤 丝 让 我 干(纺)
称十斤丝让我纺。

Caengh cib gaen sei hawj gou daemj,
ɕaŋ6 ɕip8 kan1 θei1 haɯ3 kou1 tam3
称 十 斤 丝 给 我 织
称十斤丝给我织，

Hanh aeu sam haemh mbouj hanh nanz.
haːn6 au1 θaːm1 ham6 ʔbou3 haːn6 naːn2
限 要 三 晚 不 限 久
限定三晚要织完。

Sienbeix haiyienz siennuengx nyi,
θiːn1 pei4 haːi1 jiːn2 θiːn1 nuːŋ4 ȵi1
仙姐 开言 仙妹 听
仙姐开言仙妹道，

Miz dou daengz neix mwngz gaej fanz.
mi2 tou1 taŋ2 nei4 mɯŋ2 kai3 faːn2
有 我们 到 这 你 莫 烦
我们到此你莫烦。

Dou daeuj daengz neix mwngz gaej heiq,
tou1 tau3 taŋ2 nei4 mɯŋ2 kai3 hei5
我们 来 到 这 你 莫 忧
我们到此你莫忧，

Git lungz git fungh neix mbouj nanz.
kit7 luŋ2 kit7 fuŋ6 nei4 ʔbou3 naːn2
吉 龙 吉 凤 这 不 难
吉龙吉凤这不难。

Gaeq haen geng it youh geng ngeih,
kai5 han1 keːŋ1 it7 jou6 keːŋ1 ŋei6
鸡 啼 更 一 又 更 二
鸡啼一更又二更，

Roek dah sienbeix dawz ma cang.
ɣok7 ta6 θiːn1 pei4 taɯ2 ma1 ɕaːŋ1
六 位 仙姐 拿 来 安装
六位仙姐拿线安。

Roek dah sienbeix dawz ma daemj,
ɣok^{7} ta^{6} θiːn^{1} pei^{4} taɯ^{2} ma^{1} tam^{3}
六 位 仙姐 拿 来 纺织
六位仙姐拿来织，

Doengzcaez daemjrok bae bixbanx.
toŋ^{2} ɕai^{2} tam^{3} ɣoːk^{7} pai^{1} pi^{4} paːn^{4}
一起 织布 去 长长
一起织布长又长。

Gaeq haen geng sam geng daihseiq,
kai^{5} han^{1} keːŋ^{1} θaːm^{1} keːŋ^{1} taːi^{6} θei^{5}
鸡 啼 更 三 更 第四
鸡啼三更第四更，

Roek dah sienbeix hwnj mbwnsang.
ɣok^{7} ta^{6} θiːn^{1} pei^{4} hɯn^{3} ʔbɯn^{1} θaːŋ^{1}
六 位 仙姐 上 高天
六位仙姐上高天。

Ngeix youq ranzrongh cix goj ndaej,
ŋei^{4} jou^{5} ɣaːn^{2} ɣoːŋ^{6} ɕi^{4} ko^{3} ʔdai^{3}
考虑 在 天亮 也 可 得
要等天亮也可以，

Caiq lau Nyawhdaeq okdaeuj ra.
ɕaːi^{5} laːu^{1} ȵaɯ^{6} tai^{5} oːk^{7} tau^{3} ɣa^{1}
再 担心 玉帝 出来 找
又恐玉帝找不见。

Haetlaeng hwnqninz caengz swiqnaj,
hat^{7} laŋ^{1} hɯn^{5} nin^{2} ɕaŋ^{2} θɯːi^{5} na^{3}
早上 后 起床 尚未 洗脸
翌日起来脸未洗，

Dahsien couzduenh gyangdangz baij.
ta^{6} θiːn^{1} ɕou^{2} tuːn^{6} kjaːŋ^{1} taːŋ^{2} paːi^{3}
仙女 绸缎 中间厅堂 摆
绸缎仙女摆厅间。

Siennawx couzduenh gyangdangz cuengq,
θiːn^{1} naɯ^{4} ɕou^{2} tuːn^{6} kjaːŋ^{1} taːŋ^{2} ɕuːŋ^{5}
仙女 绸缎 中间厅堂 放
仙女绸缎堂中放，

Hauzgueng goj rongh hix dangq ngoenz.
haːu^{2} kuːŋ^{1} ko^{3} ɣoːŋ^{6} hi^{4} taːŋ^{5} ŋon^{2}
豪光 可 亮 也 如 白天
豪光映亮似白天。

Lauxfouq diemdin okbae gaeuj,
laːu^{4} fou^{5} tiːm^{1} tin^{1} oːk^{7} pai^{1} kau^{3}
老富 迈步 出去 看
老富迈步出来看，

Ae gag ngauz gyaeuj sim gag haenh.
ai^{1} kaːk^{8} ŋaːu^{2} kjau^{3} θim^{1} kaːk^{8} han^{6}
他 自 摇 头 心 自 赞叹
他自摇头心赞叹。

Lau vunz gwnzmbwn gip haet ndaej,
laːu1 wun2 kɯn2 ʔbɯn1 kip7 hat7 ʔdai3
恐怕 人 天上 捡 才 得
恐怕天人捡得来，

Vunzraeuz lajdeih gaeuj hix nanz.
wun2ɣau2 la3 tei6 kau3 hi4 naːn2
人 我们 天下 看 也 难
世间凡人看也难。

Siennawx haiyienz Lauxfouq dauh,
θiːn1 naɯ4 haːi1 jiːn2 laːu4 fou5 taːu6
仙女 开言 老富 道
仙女开言老富道，

Mwngz mbaet coenzhauq dingq gou naeuz.
mɯŋ2 ʔbat7 ɕon2 haːu5 tiŋ5 kou1 nau2
你 停 话 听 我 说
你不出声听我谈。

Gou ndij Daegyungj doengz gietfat,
kou1 ʔdi3 tak8 juŋ3 toŋ2 kiːt7 faːt7
我 和 特永 同 结发
我和特永结夫妻，

Hanh aeu bak ngoenz hwnjbae mbwn.
haːn6 au1 paːk7 ŋon2 hɯn3 pai1 ʔbɯn1
限定 要 百 日 上去 天
限定百日回天上。

Gou bae mbwnsang ndang daiqfuk,
kou1 pai1 ʔbɯn1 θaːŋ1 ʔdaːŋ1 taːi5 fuk7
我 去 天高 身 带孕
我带身孕去高天，

Cog gou miz lwg dingh vanamz.
ɕoːk8 kou1 mi2 lɯk8 tiŋ6 wa1 naːm2
日后 我 生 儿 一定 花男(男儿)
日后我定产男生。

Cog gou miz lwg dingh gviqceij,
ɕoːk8 kou1 mi2 lɯk8 tiŋ6 kwi5 ɕei3
日后 我 生 儿 一定 贵子
日后我可生贵子，

Daeuj Miuhdojdeih goj doxnyangz.
tau3 miːu6 to3 tei6 ko3 to4 jaːŋ2
来 土地庙 可 相逢
来土地庙可相逢。

Gou bae mbwnsang ndwi roxnyinh,
kou1 pai1 ʔbɯn1 θaːŋ1 ʔdɯːi1 ɣo4 ȵin6
我 去 高天 不 知道
我在天上不知时，

Hawj dahsimj daeuj bangcoh mwngz.
haɯ3 ta6 θim3 tau3 paːŋ1 ɕo6 mɯŋ2
让 阿婶 来 帮助 你
就让阿婶帮打整。

Daengq mwngz Daegyungj liux hixhouh,
taŋ^{5} mɯŋ^{2} tak^{8} juŋ^{3} liːu^{4} hi^{4} hou^{6}
嘱咐 你 特永 完 以后
嘱咐特永完毕后，

Song sou doxbiek hwnj mbwnsang.
θoːŋ^{1} θou^{1} to^{4} piːk^{7} hɯn^{3} ʔbɯn^{1} θaːŋ^{1}
两 你们 相别 升上 高天
你们相别高天升。

Daegyungj lienzseiz cuengqsing daej,
tak^{8} juŋ^{3} liːn^{2} θei^{2} ɕuːŋ^{5} θiŋ^{1} tai^{3}
特永 立刻 放声 哭
特永立刻放声哭，

Moih ndei moih git hwnj mbwnsang.
moːi^{6} ʔdei^{1} moːi^{6} kit^{7} hɯn^{3} ʔbɯn^{1} θaːŋ^{1}
妹 好 妹 吉 升上 高天
好妹吉妹上高天。

Daegyungj daej lai dauq roxnyinh,
tak^{8} juŋ^{3} tai^{3} laːi^{1} taːu^{5} ɣo^{4} ɲin^{6}
特永 哭 多 却 察觉
特永哭多却想到，

Ma cimh Lauxfouq faen cienzngaenz.
ma^{1} ɕim^{6} laːu^{4} fou^{5} fan^{1} ɕiːn^{2} ŋan^{2}
回来 找 老富 分 钱银
去找老富分银钱。

Daegyungj haiyienz siennawx dauh,
tak^{8} juŋ^{3} haːi^{1} jiːn^{2} θiːn^{1} naɯ^{4} taːu^{6}
特永 开言 仙女 道
特永开言仙女道，

Mwngz mbaet coenzhauq dingq gou naeuz.
mɯŋ^{2} ʔbat^{7} ɕon^{2} haːu^{5} tiŋ^{5} kou^{1} nau^{2}
你 停 话 听 我 说
你不出声听我言。

Siennawx daengq bae youh daengq dauq,
θiːn^{1} naɯ^{4} taŋ^{5} pai^{1} jou^{6} taŋ^{5} taːu^{5}
仙女 嘱 去 又 嘱 来
仙女嘱来又嘱去，

Hawj gou caenhbauj soengq vuengzdangz.
haɯ^{3} kou^{1} ɕan^{6} paːu^{3} θoŋ^{5} wuːŋ^{2} taːŋ^{2}
让 我 进宝 送 皇堂(皇宫)
让我进宝皇宫殿。

Hawj mwngz Lauxfouq aeu gouj ciengh,
haɯ^{3} mɯŋ^{2} laːu^{4} fou^{5} au^{1} kou^{3} ɕiːŋ^{6}
让 你 老富 要 九 丈
让你老富要九丈，

Aeu ciengh daihcib soengq vuengzgung.
au^{1} ɕiːŋ^{6} taːi^{6} ɕip^{8} θoŋ^{5} wuːŋ^{2} kuŋ^{1}
要 丈 第十 送 皇宫
拿第十丈送皇宫。

Lauxfouq ndaejnyi coenz yienghneix,
laːu4 fou5 ʔdai3 ȵi1 ɕon2 jiːŋ6 nei4
老富 听到 句 这样
老富听到这句话，

Youh hawj ciengh duenh soengq vuengzdangz.
jou6 haɯ3 ɕiːŋ6 tuːn6 θoŋ5 wuːŋ2 taːŋ2
又 让 丈 缎 送 皇堂(皇宫)
拿一丈缎送皇宫。

Daegyungj couzduenh gyangdangz cuengq,
tak8 juŋ3 ɕou2 tuːn6 kjaːŋ1 taːŋ2 ɕuːŋ5
特永 绸缎 中间厅堂 放
特永绸缎放厅堂，

Seiqcawq hauzgueng ingj doxdoeng.
θei5 ɕaɯ5 haːu2 kuːŋ1 iŋ3 to4 toŋ2
四处 豪光 映 相通
四处豪光映相通。

Goenghak haiyienz Daegyungj dauh,
koŋ1 haːk7 haːi1 jiːn2 tak8 juŋ3 taːu6
大官 开言 特永 道
大官开言特永道，

Bouxlawz caenhbauj soengq vuengzgung?
pou4 laɯ2 ɕan6 paːu3 θoŋ5 wuːŋ2 kuŋ1
哪个 进宝 送 皇宫
哪个进宝到皇宫？

Daegyungj haiyienz hoiz vuengzdaeq,
tak8 juŋ3 haːi1 jiːn2 hoːi2 wuːŋ2 tai5
特永 开言 回答 皇帝
特永开言回皇帝，

Dungjyungj caenhbauj soengq vuengzdangz.
tuŋ3 juŋ3 ɕan6 paːu3 θoŋ5 wuːŋ2 taːŋ2
董永 进宝 送 皇堂(皇宫)
董永进宝送皇宫。

Goenghak haiyienz hoiz vuengzdaeq,
koŋ1 haːk7 haːi1 jiːn2 hoːi2 wuːŋ2 tai5
大官 开言 回话 皇帝
大官开言回皇帝，

Dungjyungj soengq bae hawj vuengzgung.
tuŋ3 juŋ3 θoŋ5 pai1 haɯ3 wuːŋ2 kuŋ1
董永 进 去 给 皇宫
董永进宝送皇宫。

Vuengzdaeq ndaejnyi coenz yienghneix,
wuːŋ2 tai5 ʔdai3 ȵi1 ɕon2 jiːŋ6 nei4
皇帝 听见 句 这样
皇帝听见这句话，

Youh heuh Dungjyungj haeujbae cam.
jou6 heːu6 tuŋ3 juŋ3 hau3 pai1 ɕaːm1
又 叫 董永 进去 问
叫来董永问一通。

Dungjyungj haiyienz vuengzdaeq dauh,
tuŋ^{3} juŋ^{3} haːi^{1} jiːn^{2} wuːŋ^{2} tai^{5} taːu^{6}
董永 开言 皇帝 道
董永开言皇帝道，

Gou cawj coenzhauq dingq hoiq naeuz.
kou^{1} ɕaɯ^{3} ɕon^{2} haːu^{5} tiŋ^{5} hoːi^{5} nau^{2}
我 主人 话儿 听 奴 说
我主听奴好言送。

Gou liux gaindang cangq fouxmoux,
kou^{1} liːu^{4} kaːi^{1} ʔdaːŋ ɕaːŋ^{5} fou^{4} mou^{4}
我 了 卖身 葬 父母
我因卖身葬父母，

Siennawx daeuj gouq gou baenzvunz.
θiːn^{1} nauɯ^{4} tau^{3} kou^{5} kou^{1} pan^{2} wun^{2}
仙女 来 救助 我 成人
仙女救助帮我忙。

Siennawx ndij gou doengz gietfat,
θiːn^{1} nauɯ^{4} ʔdi^{3} kou^{1} toŋ^{2} kiːt^{7} faːt^{7}
仙女 与 我 同 结发
仙女与我结夫妻，

Youq ndaej bak ngoenz hwnj mbwnsang.
jou^{5} ʔdai^{3} paːk^{7} ŋon^{2} hɯn^{3} ʔbɯn^{1} θaːŋ^{1}
住 得 百 天 升上 高天
共住百天飞天上。

Siennawx daengq bae youh daengq dauq,
θiːn^{1} nauɯ^{4} taŋ^{5} pai^{1} jou^{6} taŋ^{5} taːu^{5}
仙女 嘱 去 又 嘱 回
仙女嘱来又嘱去，

Hawj gou caenhbauj soengq vuengzdaeq.
haɯ^{3} kou^{1} ɕan^{6} paːu^{3} θoŋ^{5} wuːŋ^{2} tai^{5}
让 我 进宝 送 皇帝
让我进宝送皇上。

Vuengzdaeq ndaejnyi coenz yienghneix,
wuːŋ^{2} tai^{5} ʔdai^{3} ȵi^{1} ɕon^{2} jiːŋ^{6} nei^{4}
皇帝 听到 句 这样
皇帝听到这一句，

Gaem bit biuceih canghyienz langz.
kam^{1} pit^{7} piːu^{1} ɕei^{6} ɕaːŋ^{6} jiːn^{2} laːŋ^{2}
拿 笔 写字(下诏书) 状元 郎
提笔赐予状元郎。

Gaem bit biuceih canghyienz laux,
kam^{1} pit^{7} piːu^{1} ɕei^{6} ɕaːŋ^{6} jiːn^{2} laːu^{4}
拿 笔 写字(下诏书) 状元 大
下书赐予大状元，

Dwk laz ci hauh gvaq daihgai.
tɯk^{7} la^{2} ɕi^{1} haːu^{6} kwa^{5} taːi^{6} kaːi^{1}
敲 锣 吹 号 过 大街
敲锣吹号过街上。

Gungswngh caenhsaeh youh canghyienz,
kuŋ^{1} ɕɯŋ^{6} ɕan^{6} θai^{6} jou^{6} ɕaːŋ^{6} jiːn^{2}
贡生 进士 又 状元
贡生进士又状元，

Ram giuh lixlienx dauqma ranz.
ɣaːm^{1} kiːu^{6} li^{4} liːn^{4} taːu^{5} ma^{1} ɣaːn^{2}
抬 轿 悠悠 返回 家
抬轿悠悠回家乡。

Ma daengz gizneix Miuhdojdeih,
ma^{1} taŋ^{2} ki^{2} nei^{4} miːu^{6} to^{3} tei^{6}
回 到 这里 土地庙
回到此处土地庙，

Siennawx daengz neix soengq daeuznamz.
θiːn^{1} nauɯ^{4} taŋ^{2} nei^{4} θoŋ^{5} tau^{2} naːm^{2}
仙女 到 这里 送 头男(长子)
仙女到此送头男。

Siennawx soengq ndaej geizlaenz ceij,
θiːn^{1} nauɯ^{4} θoŋ^{5} ʔdai^{3} kei^{2} lan^{2} ɕei^{3}
仙女 送 得 麒麟 子
仙女送来麒麟子，

Daengz Miuhdojdeih soengq mwngz langz.
taŋ^{2} miːu^{6} to^{3} tei^{6} θoŋ^{5} mɯŋ^{2} laːŋ^{2}
到 土地庙 送 你 郎
到土地庙送儿郎。

Mwngz dem siennawx youh doxbaiq,
mɯŋ^{2} teːm^{1} θiːn^{1} nauɯ^{4} jou^{6} to^{4} paːi^{5}
你 和 仙女 又 相拜
你和仙女又相拜，

Daklaih sienmoih ndaej canghyienz.
taːk^{7} laːi^{6} θiːn^{1} moːi^{6} ʔdai^{3} ɕaːŋ^{6} jiːn^{2}
凭靠 仙妹 得 状元
全靠仙妹状元当。

Siennawx dauq naeuz coenz daihngeih,
θiːn^{1} nauɯ^{4} taːu^{5} nau^{2} ɕon^{2} taːi^{6} ŋei^{6}
仙女 再 说 句 第二
仙女再说第二句，

Gou dauq hoizvih bae mbwnsang.
kou^{1} taːu^{5} hoːi^{2} wi^{6} pai^{1} ʔbɯn^{1} θaːŋ^{1}
我 重 回位 去 高天
我重回到高天上。

Gou caiq hawj mwngz lungz gviqceij,
kou^{1} ɕaːi^{5} hauɯ^{3} mɯŋ^{2} luŋ^{2} kwi^{5} ɕei^{3}
我 再 给 你 龙 贵子
我再给你龙贵子，

Roih neix hix dwg canghyienz langz.
ɣoːi^{6} nei^{4} hi^{4} tɯk^{8} ɕaːŋ^{6} jiːn^{2} laːŋ^{2}
个 这 也 是 状元 郎
这个也是状元郎。

Dungjyungj sij saw hoiz vuengzdaeq,
tuŋ3 juŋ3 θi3 θaɯ1 hoːi2 wuːŋ2 tai5
董永 写 字 回话 皇帝
董永写字回皇帝，

Daengz Miuhdojdeih ndaej vanamz.
taŋ2 miːu6 to3 tei6 ʔdai3 wa1 naːm2
到 土地庙 得 花男(男儿)
到土地庙得男郎。

Vuengzdaeq ndaejnyi coenz yienghneix,
wuːŋ2 tai5 ʔdai3 ȵi1 ɕon2 jiːŋ6 nei4
皇帝 听到 句 这样
皇帝听到这句话，

Biucih lwg neix vunz ciuzdingz.
piːu1 ɕi6 lɯk8 nei4 wun2 ɕiːu2 tiŋ2
写字 儿 这 人 朝廷
下书召人朝廷上。

Ngoenzhoengq ngoenzndwi mbouj gamj daez,
ŋon2 hoŋ5 ŋon2 ʔdɯːi1 ʔbou3 kaːm3 tai2
空日 闲日 不 敢 提
空日闲日不敢提，

Cien ngeix fanh muengh mbouj gamj ciengq.
ɕiːn1 ŋei4 faːn6 muːŋ6 ʔbou3 kaːm3 ɕiːŋ5
千 思念 万 渴望 不 敢 唱
千万渴望不敢唱。

Ngoenzhoengq ngoenzndwi mbouj gamj lwnh,
ŋon2 hoŋ5 ŋon2 ʔdɯːi1 ʔbou3 kaːm3 lɯn6
空日 闲日 不 敢 论
空日闲日不敢论，

Ngoenzneix hauqswnh caeq duzmuengz.
ŋon2 nei4 haːu5 θɯn6 ɕai5 tu2 muːŋ2
今日 孝顺 祭 个 丧亡
今日孝顺祭丧亡。

Saedauh swngdoh bae yienzbeih,
θai1 taːu6 θɯŋ1 to6 pai1 jiːn2 pei6
师公 道公 升度 去 完毕
师道升度做完毕，

Fuk haeuh louz seiq cix hauqnamz.
fuk7 hau6 lou2 θei5 ɕi4 haːu5 naːm2
福 后 留 世 即 孝男
后福留世是孝男。

Daihcaet Bien Yenjswj Hengzhauq
第七篇 剡子行孝

Genjdanh Gangj Neiyungz

Yenjswj, dwg boux gozginh aen guek Yenjgoz Dunghcouh seizgeiz guek raeuz, gij hauqhengz de riuzcienz gig gvangq.

Hoeng gij neiyungz bien neix lwnhgangj haenx, caeuq《Ndeihcibseiq Hauq》banj Sawgun miz haujlai mbouj doengz. Yenjswj dwg dah lwgdog sim sienhsoh ndeu, bohmeh caeuq goengbuz de cungj geq lo, vihliux fugsaeh seiq boux vunzlaux, de baenzciuh mbouj haq.

Yenjswj danggya seiz, ndaw ranz fouqmiz. Hoeng gig boihseiz, deng caeggeq daeuj ciengjgiep cix bienqbaenz gungzhoj, mehlaux vihneix aeuqheiq baenz bingh. Yenjswj bae cingj canghyw daeuj, canghyw gaemmeg le, danqheiq naeuz meh de bingh naek, gwn cij maxloeg cij ndei. Hojsik, gojsaeh mbouj ciep sij Yenjswj baenzlawz bae ra cij maxloeg daeuj yw bingh, cix dwg sij meh de dangseiz couh bingh dai. Yenjswj gvihbaiq caet ngoenz caet hwnz, cij soengq meh bae cangq, caiqlij laebdaeb soujhauq sam bi. Doeklaeng Yenjswj baenz le dah sien ndeu.

内容简介

郯子，是我国东周时期剡国的国君，他的孝行广为传播。

但本篇叙述的内容，与汉语《二十四孝》有很大不同。剡子是个心地善良的独生女，其父母和祖父母都已年老，为了侍奉四位老人，她终身不嫁。

剡子当家时，家庭富裕。但不幸被贼人洗劫而沦落贫穷，母亲因此懊恼生病。剡子请来医生，医生把脉后，叹气说其母病重，须食用鹿乳病才好。可惜的是，故事没有接着写剡子去取鹿乳来治病的经过，而是写她母亲当即病死。剡子跪拜七天七夜，才送母去葬，并坚持守孝三年。后来剡子成了仙女。

Fwenlaegdin moix gawq haj cih

fuːn¹ lak⁸ tin¹ moːi⁴ kaɯ⁵ ha³ ɕi⁶

五言勒脚歌

Danq Yenjswj hengzhauq,
taːn⁵ jeːn³ θɯ³ heːŋ² haːu⁵
叹唱 刿子 行孝
叹刿子行孝,

Gyaez mehlaux youq ranz;
kjai² me⁶ laːu⁴ jou⁵ ɣaːn²
爱 老母 留在 家
爱母而留家;

Soujseiq mbouj bae gvan,
θou³ θei⁵ ʔbou³ pai¹ kwaːn¹
守世 不 去(嫁) 丈夫
守家不婚配,

Youq ranz ciengx bohmeh.
jou⁵ ɣaːn² ɕiːŋ⁴ po⁶ me⁶
留在 家 养 爹妈
在家养爹妈。

Ranz sinhoj ranz gungz,
ɣaːn² θin¹ ho³ ɣaːn² kuŋ²
家 辛苦 家 贫穷
家辛苦贫穷,

Funghswngz song bouxlaux;
fuŋ⁶ θɯŋ² θoːŋ¹ pou⁴ laːu⁴
奉承 两 老人
侍双亲是她;

Danq Yenjswj hengzhauq,
taːn⁵ jeːn³ θɯ³ heːŋ² haːu⁵
叹唱 刿子 行孝
叹刿子行孝,

Gyaez mehlaux youq ranz.
kjai² me⁶ laːu⁴ jou⁵ ɣaːn²
爱 老母 留在 家
爱老母留家。

Langh bohmeh goeng'yah,
laːŋ⁶ po⁶ me⁶ koŋ¹ ja⁶
丢下 父母 爷奶
丢父母爷奶,

Baehaq mbouj sim'an;
pai¹ ha⁵ ʔbou³ θim¹ aːn¹
出嫁 不 安心
不忍心出嫁;

Soujseiq mbouj bae gvan,
θou^{3} θei^{5} ʔbou^{3} pai^{1} kwaːn^{1}
守世 不 去(嫁) 丈夫
守家不婚配，

Youq ranz ciengx bohmeh.
jou^{5} ɣaːn^{2} ɕiːŋ^{4} po^{6} me^{6}
留在 家 养 爹妈
在家养爹妈。

Fwen moix gawq caet cih

fɯːn^{1} moːi^{4} kaɯ^{5} ɕat^{7} ɕi^{6}
七言歌

Heij souj youh daj yiengsoujdiuh,
hei^{3} θou^{3} jou^{6} ta^{3} jiːŋ^{1} θou^{3} tiːu^{6}
起 首 又 打 香首调
起首又打香首调，

Ciuz neix coqyouq Yenjgoz guek,
ɕiːu^{2} nei^{4} ɕo^{5} jou^{5} jeːn^{3} ko^{2} kuːk^{7}
朝 这 处在 剡国 国
本朝正处在剡国，

Fuk souj youh daj fungh siuyieng.
fuk^{7} θou^{3} jou^{6} ta^{3} fuŋ^{6} θiːu^{1} jiːŋ^{1}
伏 首 又 打 奉 烧香
伏首又打奉烧香。

Ndaejnyi gyong'yag nauh yixyienx.
ʔdai^{3} ȵi^{1} kjoːŋ^{1} jaːk^{8} naːu^{6} ji^{4} jiːn^{4}
听见 锣鼓 闹 嚷嚷
听见锣鼓闹嚷嚷。

Seng dwk gojsing diuh lingh yiengh,
θeːŋ^{1} tɯk^{7} ko^{3} θiŋ^{1} tiːu^{6} liŋ^{6} jiːŋ^{6}
生 打 鼓声 调 另 样
生打鼓声调另样，

Ndaejnyi gyong'yag sing mbouj duenh,
ʔdai^{3} ȵi^{1} kjoːŋ^{1} jaːk^{8} θiŋ^{1} ʔbou^{3} tuːn^{6}
听见 锣鼓 声 不 断
听见锣鼓声不断，

Yenjswj hengzhauq gyangq sangciengz.
jeːn^{3} θɯ^{3} heːŋ^{2} haːu^{5} kjaːŋ^{5} θaːŋ^{1} ɕiːŋ^{2}
剡子 行孝 降 丧场
剡子行孝降丧场。

Swenx byoem hengzhauq gyangq sangciengz.
θɯːn^{4} pjom^{1} heːŋ^{2} haːu^{5} kjaːŋ^{5} θaːŋ^{1} ɕiːŋ^{2}
散 发 行孝 降 丧场
散发行孝降丧场。

Ma daengz sangciengz mwngz hengzhauq,
ma^{1} taŋ^{2} θaːŋ^{1} ɕiːŋ^{2} mɯŋ^{2} heːŋ^{2} haːu^{5}
回 到 丧场 你 行孝
回到丧场你行孝，

Dingq sae dingq dauh lwnh sawging.
tiŋ^{5} θai^{1} tiŋ^{5} taːu^{6} lɯn^{6} θaɯ^{1} kiŋ^{1}
听 师公 听 道公 论 经书
听师听道论经文。

Bonj ciengq cienzvuengz bingq haujhanq,
poːn^{3} ɕiːŋ^{5} ɕiːn^{2} wuːŋ^{2} piŋ^{5} haːu^{3} haːn^{5}
本 唱 前王 并 好汉
本唱前王和好汉，

Danqciengq dangco bohmeh seng.
taːn^{5} ɕiːŋ^{5} taːŋ^{1} ɕo^{1} po^{6} me^{6} θeːŋ^{1}
叹唱 当初 父母 生
叹唱当初父母恩。

Bohmeh cingq seng mwngz lij nyaeq,
po^{6} me^{6} ɕiŋ^{5} θeːŋ^{1} mɯŋ^{2} li^{3} ɲai^{5}
父母 正 生 你 还 小
父母生下你还小，

Itseiq gangjvah mbouj biu (famh) vunz.
it^{7} θei^{5} kaːŋ^{3} wa^{6} ʔbou^{3} piːu^{1} (faːm^{6}) wun^{2}
一世 讲话 不 犯 人
一生讲话不犯人。

Bonj daej Yenjswj vunz mehmbwk,
poːn^{3} tai^{3} jeːn^{3} θɯ^{3} wun^{2} me^{6} ʔbɯk^{7}
本 哭 剡子 人 妇女
本哭剡子女人家，

Mbouj gangj vahyauq dwk bouxwnq.
ʔbou^{3} kaːŋ^{3} wa^{6} jaːu^{5} tɯk^{7} pou^{4} ɯn^{5}
不 讲 恶语 伤 别人
不讲恶语去伤人。

Bohmeh fatcaiz miz ngaenzliengx,
po^{6} me^{6} faːt^{7} ɕaːi^{2} mi^{2} ŋan^{2} liːŋ^{4}
父母 发财 有 银两
父母发财有银两，

Gag seng Yenjswj dah lwglunz.
kaːk^{8} θeːŋ^{1} jeːn^{3} θɯ^{3} ta^{6} lɯk^{8} lun^{2}
只 生 剡子 女 孩儿
只有剡子独生女。

Gag seng Yenjswj boux lwg moih,
kaːk^{8} θeːŋ^{1} jeːn^{3} θɯ^{3} pou^{4} lɯk^{8} moːi^{6}
只 生 剡子 个 孩儿 妹
只生剡子个女孩，

Roih mbouj baehaq youq soujsaen.
ɣoːi^{6} ʔbou^{3} pai^{1} ha^{5} jou^{5} θou^{3} θan^{1}
她 不 出嫁 留住 守身
她不出嫁留家里。

Fugsaeh goeng'yah dem bohmeh,
fuk8 θai6 koŋ1 ja6 teːm1 po6 me6
服侍 爷奶 和 父母
服侍爹娘祖父母，

De daih bouxlaux dangq duzsien.
te1 taːi6 pou4 laːu4 taːŋ5 tu2 θiːn1
她 待 老人 如 神仙
她待老人如神祇。

Ndwimiz ae lawz swngz gyadangq,
ʔdɯːi1 mi2 ai1 laɯ2 θɯŋ2 kja1 taːŋ5
没有 个 哪 承 家产
没有哪个承家业，

Youq gan bohmeh lienz soujsim.
jou5 kaːn1 po6 me6 liːn2 θou3 θim1
留下 赡养 父母 及 守心
要养父母守身体。

Mwngz liux danggya ranz fouqgviq,
mɯŋ2 liːu4 taːŋ1 kja1 ɣaːn2 fou5 kwi5
你 了 当家 家 富贵
你来当家家富贵，

Miz caeg daeuj neix dauq fatcaiz.
mi2 ɕak8 tau3 nei4 taːu5 faːt7 ɕaːi2
有 贼 来 这 却 发财
小贼到这却发财。

Di caeg daeuj neix ranz dauq yoq,
ti1 ɕak8 tau3 nei4 ɣaːn2 taːu5 jo5
一些 盗贼 到 此 家 又 衰落
盗贼到此家又衰，

Lij cawj bya noh ma daihcingz.
li3 ɕaɯ3 pja1 no6 ma1 taːi6 ɕiŋ2
还 煮 鱼 肉 来 招待
还煮鱼肉来招待。

Bohmeh goeng'yah gag doeknaiq,
po6 me6 koŋ1 ja6 kaːk8 tok7 naːi5
父母 爷奶 各 丧气
父母爷奶各丧气，

Deng caeg daeuj haih ndwimiz gwn.
teːŋ1 ɕak8 tau3 haːi6 ʔdɯːi1 mi2 kɯn1
被 贼 来 害 没有 吃
家没吃穿盗贼害。

Mehlaux baiq dien youh baiq deih,
me6 laːu4 paːi5 tiːn1 jou6 paːi5 tei6
老母 拜 天 又 拜 地
老母拜天又拜地，

Aeuqheiq baenzbingh daeuj limz ndang.
au5 hei5 pan2 piŋ6 tau3 lim2 ʔdaːŋ1
忧心 生病 来 临 身
忧心身体疾病来。

Yenjswj cingq raen mehlaux bingh,
jeːn^{3} θɯ^{3} ɕiŋ^{5} ɣan^{1} me^{6} laːu^{4} piŋ^{6}
刿子 正 见 老母 病
刿子看到老母病，

Bae cingj canghyw daeuj daengz ranz.
pai^{1} ɕiŋ^{3} ɕaːŋ^{6} jɯ^{1} tau^{3} taŋ^{2} ɣaːn^{2}
去 请 医生 来 到 家
去请医生到家来。

Bae cingj sienseng daeuj hauhmaeg (meg),
pai^{1} ɕiŋ^{3} θiːn^{1} θeːŋ^{1} tau^{3} haːu^{6} mak^{8} (meːk^{8})
去 请 先生 来 把脉
去请医生来把脉，

Sienseng gyangznaek yw mbouj ndei.
θiːn^{1} θeːŋ^{1} kjaːŋ^{2} nak^{7} jɯ^{1} ʔbou^{3} ʔdei^{1}
先生 叹气 医治 不 好
医生治病也无奈。

Sienseng haiyienz Yenjswj dauh,
θiːn^{1} θeːŋ^{1} haːi^{1} jiːn^{2} jeːn^{3} θɯ^{3} taːu^{6}
先生 开言 刿子 道
医生开言刿子道，

Mwngz mbaet coenzhauq dingq gou naeuz.
mɯŋ^{2} ʔbat^{7} ɕon^{2} haːu^{5} tiŋ^{5} kou^{1} nau^{2}
你 停 话 听 我 说
你不言语我说开。

Hauhmeg yiengh bingh neix lai doeg,
haːu^{6} meːk^{8} jiːŋ^{6} piŋ^{6} nei^{4} laːi^{1} tok^{8}
把脉 样 病 这 多 毒
把脉这病很严重，

Ndaej cij maxloeg yw haet ndei.
ʔdai^{3} ɕi^{3} ma^{4} lok^{8} jɯ^{1} hat^{7} ʔdei^{1}
得 乳水 鹿 医 才 好
得吃鹿乳病除快。

Yenjswj yunghsim hengz hauqngeih,
jeːn^{3} θɯ^{3} juŋ^{6} θim^{1} heːŋ^{2} haːu^{5} ŋei^{6}
刿子 用心 行 孝义
刿子用心行孝义，

Cienqnaj haeuj faex daej gvaq hwnz.
ɕiːn^{5} na^{3} hau^{3} fai^{4} tai^{3} kwa^{5} hɯn^{2}
转脸 向 棺材 哭 过 夜
朝棺连夜哭不停。

Mwngz cienq ma daengz naj baizvih,
mɯŋ^{2} ɕiːn^{5} ma^{1} taŋ^{2} na^{3} paːi^{2} wi^{6}
你 转 回 到 前面 牌位
你又转脸向牌位，

Siuyieng baiqgvih boiz aencingz.
θiːu^{1} jiːŋ^{1} paːi^{5} kwi^{6} poːi^{2} an^{1} ɕiŋ^{2}
烧香 拜跪 赔 恩情
烧香拜跪还恩情。

Caet hwnz caet haemh dawz bae cangq,
ɕat^{7} hɯn^{2} ɕat^{7} ham^{6} taɯ^{2} pai^{1} ɕaːŋ^{5}
七 晚 七 夜 拿 去 葬
七昼夜后送去葬，

Mwngz youq gyangdangz cuengq haeuxcaeq.
mɯŋ^{2} jou^{5} kjaːŋ^{1} taːŋ^{2} ɕuːŋ^{5} hau^{4} ɕai^{5}
你 放 中间厅堂 放 祭饭
你放祭物在堂厅。

Gvaqlaeng Yenjswj dauq hoizbouh,
kwa^{5} laŋ^{1} jeːn^{3} θɯ^{3} taːu^{5} hoːi^{2} pou^{6}
过后 剡子 再 回报
过后剡子再回报，

Baed daengz yaemfouj swng diendingz.
pat^{8} taŋ^{2} jam^{1} fou^{3} θɯŋ^{1} tiːn^{1} tiŋ^{2}
佛 到 阴府 升 天庭
佛到阴府升天庭。

Cuengq ngaiz sam bi dwg duethauq,
ɕuːŋ^{5} ŋaːi^{2} θaːm^{1} pi^{1} tɯk^{8} tuːt^{7} haːu^{5}
放 饭 三 年 是 脱孝
放饭三年才脱孝，

Dauq bae bangx dieg guh caiging.
taːu^{5} pai^{1} paːŋ^{4} tiːk^{8} ku^{6} ɕaːi^{1} kiŋ^{1}
再 去 旁 地 做 斋经
再办斋经在地旁。

Swng mwngz Yenjswj guh siennawx,
θɯŋ^{1} mɯŋ^{2} jeːn^{3} θɯ^{3} ku^{6} θiːn^{1} naɯ^{4}
升度 你 剡子 做 仙女
剡子升名成仙女，

Funghswngz bohmeh sawj daengzgwnz.
fuŋ^{6} θɯŋ^{2} po^{6} me^{6} θaɯ^{3} taŋ^{2} kɯn^{2}
侍奉 父母 使 至上
侍奉父母达至上。

Funghswngz bohmeh dem goeng'yah,
fuŋ^{6} θɯŋ^{2} po^{6} me^{6} teːm^{1} koŋ^{1} ja^{6}
侍奉 爹娘 和 爷奶
侍奉爹娘祖父母，

Nyienh mbouj baehaq youq soujsim.
ȵiːn^{6} ʔbou^{3} pai^{1} ha^{5} jou^{5} θou^{3} θim^{1}
愿 不 出嫁 留下 守心
愿不出嫁守家堂。

Ngoenzhoengq ngoenzndwi mbouj gamj lwnh,
ŋon^{2} hoŋ^{5} ŋon^{2} ʔdɯːi^{1} ʔbou^{3} kaːm^{3} lɯn^{6}
空日 闲日 不 敢 论
空日闲日不敢论，

Ngoenzneix hauqswnh hingq sangciengz.
ŋon^{2} nei^{4} haːu^{5} θɯn^{6} hiŋ^{5} θaːŋ^{1} ɕiːŋ^{2}
今日 孝顺 兴办 丧场
今日孝顺兴丧场。

Daihbet Bien Gyangh Gwz Hengzhauq
第八篇 江革行孝

Genjdanh Gangj Neiyungz

Gyangh Gwz, sw (aen biedmingz ciuq mingzcoh hamzeiq lingh an) dwg Youhyingj, vunz Cizgoz Linzswh mwh Dunghhan.

Bien fwenhauq neix lwnhgangj Gyangh Gwz nyezcauq seiz boh dai, de doiq daxmeh gig hauqswnh. Youq ndaw hoenxciengq biengz luenh, de aemq meh deuznanh, cix boihseiz deng roeb caeggeq. Caeggeq cam de aemq bouxlawz, de naeuz cingq aemq meh bae rumh gwn, meh geq lo, mbouj miz vunz ciengx. Gij hauqsim de gamjdoengh caeggeq lo, caeggeq nyok de 400 maenz ngaenz.

De aeu ngaenz ma ranz cauxnieb, ndaej fatcaiz, miz baenz cienfanh gyacaiz. De lij caenhsim fugsaeh mehlaux, meh dai seiz, de soujhauq caetcaet seiqcibgouj ngoenz.

内容简介

江革，字休映，东汉时齐国临淄人。

本篇叙述江革少年丧父，他对母亲极为孝顺。战乱中，他背母亲逃难，不幸遇到贼人。贼人问他背谁，他说正背母亲去讨饭，老母年迈，无人奉养。贼人被他的孝心所感动，赠他四百元钱。

他拿钱回家创业，获得成功，有上千万家财。他仍尽心侍奉母亲，母死后，守孝七七四十九天。

Fwenlaegdin moix gawq haj cih

fɯːn^{1} lak^{8} tin^{1} moːi^{4} kaɯ^{5} ha^{3} ɕi^{6}

五言勒脚歌

Danq Gyangh Gwz hengzhauq,
taːn^{5} kjaːŋ^{6} kɯ^{2} heːŋ^{2} haːu^{5}
叹 江 革 行孝
叹江革行孝，

Aemq mehlaux boiz aen;
am^{5} me^{6} laːu^{4} poːi^{2} an^{1}
背 老母 还 恩情
背母还恩情；

Biengz fanj luenh daeuj daengz,
piːŋ^{2} faːn^{3} luːn^{6} tau^{3} taŋ^{2}
社会 反叛 乱 来 到
当乱世来到，

Ce cienzngaenz mbouj gan.
ɕe^{1} ɕiːn^{2} ŋan^{2} ʔbou^{3} kaːn^{1}
舍弃 钱财 不 管
弃钱财顾亲。

Youq cienzciuz gij vunz,
jou^{5} ɕiːn^{2} ɕiːu^{2} ki^{3} wun^{2}
在 前朝 那些 人
在前朝古人，

hauqswnh bohmeh laux;
haːu^{5} θɯn^{6} po^{6} me^{6} laːu^{4}
孝顺 父母 老
对父母孝敬；

Danq Gyangh Gwz hengzhauq,
taːn^{5} kjaːŋ^{6} kɯ^{2} heːŋ^{2} haːu^{5}
叹 江 革 行孝
叹江革行孝，

Aemq mehlaux boiz aen;
am^{5} me^{6} laːu^{4} poːi^{2} an^{1}
背 老母 还 恩情
背母还恩情。

Daej ra beix ra nuengx,
tai^{3} ɣa^{1} pei^{4} ɣa^{1} nuːŋ^{4}
哭 找 哥 找 妹
哭找哥找妹，

Mbouj luenh bae lawz raen;
ʔbou^{3} luːn^{6} pai^{1} laɯ^{2} ɣan^{1}
不 乱 去 哪儿 见
上哪见踪影；

Biengz fanj luenh daeuj daengz,
piːŋ^{2} faːn^{3} luːn^{6} tau^{3} taŋ^{2}
社会 反叛 乱 来 到
当乱世来到，

Ce cienzngaenz mbouj gan.
ɕe^{1} ɕiːn^{2} ŋan^{2} ʔbou^{3} kaːn^{1}
舍弃 钱财 不 管
弃钱财顾亲。

Fwen moix gawq caet cih

fuːn^{1} moːi^{4} kaɯ^{5} ɕat^{7} ɕi^{6}

七言歌

Heij souj youh daj yiengsoujdiuh,
hei^{3} θou^{3} jou^{6} ta^{3} jiːŋ^{1} θou^{3} tiːu^{6}
起 首 又 打 香首调
起首又打香首调，

Ciuz neix coqyouq Haeuhciuz guek,
ɕiːu^{2} nei^{4} ɕo^{5} jou^{5} hau^{6} ɕiːu^{2} kuːk^{7}
朝 这 处在 后朝 国
本朝处在后朝国，

Fuk souj youh daj fungh siuyieng.
fuk^{7} θou^{3} jou^{6} ta^{3} fuŋ^{6} θiːu^{1} jiːŋ^{1}
伏 首 又 打 奉 烧香
伏首又打奉烧香。

Ndaejnyi gojyag nauh mbouj dingz.
ʔdai^{3} ȵi^{1} ko^{3} jaːk^{8} naːu^{6} ʔbou^{3} tiŋ^{2}
听见 锣鼓 闹 不 停
听见锣鼓闹嚷嚷。

Seng dwk gojsing diuh lingh yiengh,
θeːŋ^{1} tɯk^{7} ko^{3} θiŋ^{1} tiːu^{6} liŋ^{6} jiːŋ^{6}
生 打 鼓声 调 另 样
生打鼓声调另样，

Ndaejnyi gojyag nauh mbouj duenh,
ʔdai^{3} ȵi^{1} ko^{3} jaːk^{8} naːu^{6} ʔbou^{3} tuːn^{6}
听见 锣鼓 闹 不 断
听见锣鼓闹不断，

Gyangh Gwz hengzhauq gyangq sangciengz.
kjaːŋ^{6} kɯ^{2} heːŋ^{2} haːu^{5} kjaːŋ^{5} θaːŋ^{1} ɕiːŋ^{2}
江 革 行孝 降 丧场
江革行孝降丧场。

Swenx byoem hengzhauq gyangq sangciengz.
θɯːn^{4} pjom^{1} heːŋ^{2} haːu^{5} kjaːŋ^{5} θaːŋ^{1} ɕiːŋ^{2}
散 发 行孝 降 丧场
散发行孝降丧场。

Ma daengz sangciengz neix hengzhauq,
ma^{1} taŋ^{2} θaːŋ^{1} ɕiːŋ^{2} nei^{4} heːŋ^{2} haːu^{5}
回 到 丧场 这里 行孝
回到丧场此行孝，

Dingq sae dingq dauh lwnh gaenyienz.
tiŋ^{5} θai^{1} tiŋ^{5} taːu^{6} lɯn^{6} kan^{1} jiːn^{2}
听 师公 听 道公 论 根源
听师听道论根因。

Bonj ciengq cienzvuengz bingq haujhanq,
poːn^{3} ɕiːŋ^{5} ɕiːn^{2} wuːŋ^{2} piŋ^{5} haːu^{3} haːn^{5}
本 唱 前王 并 好汉
本唱前王和好汉，

Lwnhciengq dangco bohmeh seng.
lɯn^{6} ɕiːŋ^{5} taːŋ^{1} ɕo^{1} po^{6} me^{6} θeːŋ^{1}
论唱 当初 父母 生
论唱父母大恩情。

Bohmeh cingq seng gya sinhoj,
po^{6} me^{6} ɕiŋ^{5} θeːŋ^{1} kja^{1} θin^{1} ho^{3}
父母 正 生 家 辛苦
父母生儿家辛苦，

Goqgan bazmeh swh lwgnding.
ko^{5} kaːn^{1} pa^{2} me^{6} θɯ^{6} lɯk^{8} ʔdiŋ^{1}
顾管 父母 似 婴儿
照顾父母似幼婴。

Ngoenz liux faenz fwnz dawz ma gai,
ŋon^{2} liːu^{4} fan^{2} fɯn^{2} taɯ^{2} ma^{1} kaːi^{1}
日 了 砍 柴 拿 回 卖
日来砍柴拿去卖，

Mboujngeix biengz vaih caeg daeujlimz.
ʔbou^{3} ŋei^{4} piːŋ^{2} waːi^{6} ɕak^{8} tau^{3} lim^{2}
不料 世 坏 贼 来临
不料世乱贼来临。

Mwngz aemq mehlaux riuz gvaq dah,
mɯŋ^{2} am^{5} me^{6} laːu^{4} ɣiːu^{2} kwa^{5} ta^{6}
你 背 老母 游 过 河
你背老母游过河，

Bae guh gaeujvaq ciengx mehniengz.
pai^{1} ku^{6} kau^{3} wa^{5} ɕiːŋ^{4} me^{6} niːŋ^{2}
去 做 乞丐 养 亲娘
去当乞丐把母养。

Mwngz aemq mehlaux bae deuznanh,
mɯŋ^{2} am^{5} me^{6} laːu^{4} pai^{1} teːu^{2} naːn^{6}
你 背 老母 去 逃难
你背老母去逃难，

Goj cunz ndaw mbanj bae ra gwn.
ko^{3} ɕun^{2} ʔdaɯ^{1} ʔbaːn^{3} pai^{1} ɣa^{1} kɯn^{1}
可 巡 里 村庄 去 讨 吃
巡遍村庄去讨饭。

Siengj aemq mehlaux mwngz deuz caeg,
θiːŋ3 am5 me6 laːu4 mɯŋ2 teːu2 ɕak8
想 背 老母 你 逃 盗贼
要背老母逃盗贼，

Mwngz hix deuz bae caeg hix daengz.
mɯŋ2 hi4 teːu2 pai1 ɕak8 hi4 taŋ2
你 也 逃 去 贼 也 到
你逃走时贼追上。

Gyoengq caeg haiyienz Gyangh Gwz dauh,
kjoŋ5 ɕak8 haːi1 jiːn2 kjaːŋ6 kɯ2 taːu6
众 贼 开言 江 革 道
众贼开言江革道，

Mwngz aemq mehlaux mwngz bae lawz?
mɯŋ2 am5 me6 laːu4 mɯŋ2 pai1 laɯ2
你 背 老母 你 去 哪里
你背你娘去何方？

Gyangh Gwz haiyienz gyoengq caeg dauh,
kjaːŋ6 kɯ2 haːi1 jiːn2 kjoŋ5 ɕak8 taːu6
江 革 开言 众 贼 道
江革开言众贼道，

Gou aemq mehlaux bae ra gwn.
kou1 am5 me6 laːu4 pai1 ɣa1 kɯn1
我 背 老母 去 找 吃
背母讨饭来填肚。

Gou aemq mehlaux guh gaeujvaq,
kou1 am5 me6 laːu4 ku6 kau3 wa5
我 背 老母 做 乞丐
我背老母当乞丐，

Cienj gwnz daengz laj caengz ndaej gwn.
ɕiːn3 kɯn2 taŋ2 la3 ɕaŋ2 ʔdai3 kɯn1
转 上 到 下 没 得 吃
上下奔波尽吃苦。

Gyangh Gwz bae daengz soeb roengzgvih,
kjaːŋ6 kɯ2 pai1 taŋ2 θop8 ɣoŋ2 kwi6
江 革 去 到 即 下跪
江革去到即下跪，

Caih sou guh beix cix nyiengh cingz.
ɕaːi6 θou1 ku6 pei4 ɕi4 ȵiːŋ6 ɕiŋ2
听凭 你们 作为 长兄 就 让 情
你们长兄让条路。

Cix danq gyoengq caeg hix rox ngeix,
ɕi4 taːn5 kjoŋ5 ɕak8 hi4 ɣo4 ŋei4
就 叹 众 贼 也 会 想
可叹众贼也达理，

Hawj seiq bak ngaenz ciengx mehlaux.
haɯ3 θei5 paːk7 ŋan2 ɕiːŋ4 me6 laːu4
给 四 百 元 养 老母
给四百元养老母。

Gyangh Gwz ma ranz cauh gyadangq,
kjaːŋ^{6} kɯ^{2} ma^{1} ɣaːn^{2} ɕaːu^{6} kja^{1} taːŋ^{5}
江 革 回 家 创 家业
江革回家来创业，

Dauq miz ngaenz fanh dem ngaenz cien.
taːu^{5} mi^{2} ŋan^{2} faːn^{6} teːm^{1} ŋan^{2} ɕiːn^{1}
重新 有 银 万 和 银 千
又有成千上万钱。

Mwngz dauq miz gwn fungh bouxlaux,
mɯŋ^{2} taːu^{5} mi^{2} kɯn^{1} fuŋ^{6} pou^{4} laːu^{4}
你 重新 有 吃 奉 老人
你又有吃奉老人，

Goj ngeix hengzhauq youq ndaw sim.
ko^{3} ŋei^{4} heːŋ^{2} haːu^{5} jou^{5} ʔdaɯ^{1} θim^{1}
可 思虑 行孝 在 里 心
牢记行孝在心间。

Gyangh Gwz dangco guh gaeujvaq,
kjaːŋ^{6} kɯ^{2} taːŋ^{1} ɕo^{1} ku^{6} kau^{3} wa^{5}
江 革 当初 做 乞丐
江革当初做乞丐，

Gyoengq caeg baujgyaq ae daengzgwnz.
kjoŋ^{5} ɕak^{8} paːu^{3} kja^{5} ai^{1} taŋ^{2} kɯn^{2}
众 贼 保驾 他 至上(全面)
众贼保驾得周全。

Doeklaeng mehlaux ae gvaqseiq,
tok^{7} laŋ^{1} me^{6} laːu^{4} ai^{1} kwa^{5} θei^{5}
后来 老母 他 过世
后来其母过世时，

Caetcaet seiqgouj guh sangdangz.
ɕat^{7} ɕat^{7} θei^{5} kou^{3} ku^{6} θaːŋ^{1} taːŋ^{2}
七七 四九 办 丧堂
办丧七七四九天。

Ngoenzhoengq ngoenzndwi mbouj gamj daez,
ŋon^{2} hoŋ^{5} ŋon^{2} ʔdɯːi^{1} ʔbou^{3} kaːm^{3} tai^{2}
空日 闲日 不 敢 提
空日闲日不敢提，

Cien ngeix fanh muengh mbouj gamj ciengq.
ɕiːn^{1} ŋei^{4} faːn^{6} muːŋ^{6} ʔbou^{3} kaːm^{3} ɕiːŋ^{5}
千 思念 万 渴望 不 敢 唱
千万渴望不敢唱。

Bae cingj ae sae daeuj diuqhauq,
pai^{1} ɕiŋ^{3} ai^{1} θai^{1} tau^{3} tiːu^{5} haːu^{5}
去 请 个 师公 来 吊孝
去请师公来吊孝，

Bae cingj ae dauh daeuj ciumuengz.
pai^{1} ɕiŋ^{3} ai^{1} taːu^{6} tau^{3} ɕiːu^{1} muːŋ^{2}
去 请 个 道公 来 超亡
去请道公来超亡。

Dauh ndaej swngmuengz gvaq cib dienh,
taːu^{6} ʔdai^{3} θɯŋ^{1} muːŋ^{2} kwa^{5} ɕip^{8} tiːn^{6}
道公 能 升亡 过 十 殿
道能升亡过十殿，

Dauh liux ndi sae caez swngdoh,
taːu^{6} liːu^{4} ʔdi^{1} θai^{1} ɕai^{2} θɯŋ^{1} to^{6}
道公 了 和 师公 齐 升度
道公师公共升度，

Sae daeuj loeglienh muengh haet soeng.
θai^{1} tau^{3} lok^{8} liːn^{6} muːŋ^{6} hat^{7} θoŋ^{1}
师公 来 辗转 盼 就 轻松
师公辗转盼休场。

Ciumuengz gvaq loh hwnj diendangz.
ɕiːu^{1} muːŋ^{2} kwa^{5} lo^{6} hɯn^{3} tiːn^{1} taːŋ^{2}
超亡 过 路 上 天堂
超亡过路上天堂。

Daihgouj Bien　Luz Ciz Hengzhauq
第九篇　陆绩行孝

Genjdanh Gangj Neiyungz

Luz Ciz (187 — 218 nienz), sw (aen biedmingz ciuq mingzcoh hamzeiq lingh an) dwg Gunghgij, Samguek seizgeiz vunz Vuzgoz. De doiq bohmeh gig hauqswnh, mingzcoh riuzcienz dienyah. De gvansim ciuqgoq daxmeh engqgya saeqnaeh, nyinhnaeuz daxmeh dwg boux ceiq cigndaej saenqlaih caeuq gingqgyaez, vihneix de youq mwh lwgnyez couh ndaej vih daxmeh bae naemj, dingq daxmeh son'gyauq, bang daxmeh guh saeh.

Bien fwenhauq neix, lwnhgangj Luz Ciz dwg boux lwgnyez coengmingz lingzleih ndeu, de 6 bi seiz, bae baiqraen boux Yenz Suz gig mizmingz neix. De bae daengz ranz Yenz Suz, couh cam aeu lwggam, naeuz meh de bakhaemz, yaek gwn lwgmak. Yenz Suz raen de nienzgeij lij iq couh rox hauqgingq daxmeh, couh engqgya haenh de, soengq makgam hawj de. Luz Ciz baez ndaej mak, couh sikhaek buet ma ranz soengq hawj daxmeh gwn.

Mehlaux gvaqseiq seiz, de soujhauq caetcaet seiqcibgouj ngoenz.

内容简介

陆绩(187 — 218 年)，字公纪，三国时期的吴国人。他对父母非常孝顺，名传遍天下。他对母亲更是体贴入微，认为母亲是最值得信赖和敬爱的人，因此他儿时就能替母亲着想，听母亲教诲，帮母亲做事。

本篇孝歌叙述陆绩是个聪明伶俐的孩子，他 6 岁时去拜见大名鼎鼎的袁术。他去到袁术家，就问要橘子，说母病口苦，要吃果子。袁术见他小小年纪就懂得孝敬母亲，更加赏识，送给他果子。陆绩拿到果子，立即赶回送给母亲。

母亲去世时，他守丧七七四十九天。

Fwenlaegdin moix gawq haj cih

fɯːn1 lak8 tin1 moːi4 kauɯ5 ha3 ɕi6

五言勒脚歌

Danq gojsaeh Luz Ciz,
taːn5 ko3 θai6 lu2 ɕi2
叹唱 故事 陆 绩
叹陆绩故事,

Mizsim ciengx mehniengz;
mi2 θim1 ɕiːŋ4 me6 niːŋ2
有心 养 亲娘
尽孝养母亲;

Yenz Suz heuh gwn ien,
jeːn2 θu2 heːu6 kɯn1 iːn1
袁 术 叫 吸 烟
袁术请吸烟,

Hojlienz daengz mehlaux.
ho3 liːn2 taŋ2 me6 laːu4
可怜 到 老母
怜爱母揪心。

Miz lwggam daeuj baij,
mi2 lɯk8 kaːm1 tau3 paːi3
有 橘子 来 摆
有橘子来摆,

Mbouj aeu lai aeu di;
ʔbou3 au1 laːi1 au1 ti1
不 要 多 要 些
要些放衣襟;

Danq gojsaeh Luz Ciz,
taːn5 ko3 θai6 lu2 ɕi2
叹唱 故事 陆 绩
叹陆绩故事,

Mizsim ciengx mehniengz;
mi2 θim1 ɕiːŋ4 me6 niːŋ2
有心 养 亲娘
尽孝养母亲。

Vunz lwgnyez lij nyaeq,
wun2 lɯk8 ȵe2 li3 ȵai5
人 孩儿 还 幼小
小孩尚幼小,

Nienzgeij ndaej roek nienz;
niːn2 kei3 ʔdai3 ɣok7 niːn2
年纪 得 六 岁
得六岁年龄;

Yenz Suz heuh gwn ien,
jeːn2 θu2 heːu6 kɯn1 iːn1
袁 术 叫 吸 烟
袁术请吸烟，

Hojlienz daengz mehlaux.
ho3 liːn2 taŋ2 me6 laːu4
可怜 到 老母
怜爱母揪心。

Fwen moix gawq caet cih

fɯːn1 moːi4 kaɯ5 ɕat7 ɕi6

七言歌

Heij souj youh daj yiengsoujdiuh,
hei3 θou3 jou6 ta3 jiːŋ1 θou3 tiːu6
起 首 又 打 香首调
起首又打香首调，

Ciuz neix coqyouq mwh Samguek,
ɕiːu2 nei4 ɕo5 jou5 mɯ6 θaːm1 kuːk7
朝 这 处在 时候 三国
本朝处在三国时，

Fuk souj youh daj fungh lienzlienz.
fuk7 θou3 jou6 ta3 fuŋ6 liːn2 liːn2
伏 首 又 打 奉 连连
伏首又打奉连连。

Dingqnyi gyong'yag saenq daengz mbwn.
tiŋ5 ȵi1 kjoːŋ1 jaːk8 θan5 taŋ2 ʔbɯn1
听到 锣鼓 震动 到 天空
听到锣鼓闹震天。

Seng dwk gojsing diuh lingh yiengh,
θeːŋ1 tɯk7 ko3 θiŋ1 tiːu6 liŋ6 jiːŋ6
生 打 鼓声 调 另 样
生打鼓声调另样，

Ndaejnyi gyong'yag sing mbouj duenh,
ʔdai3 ȵi1 kjoːŋ1 jaːk8 θiŋ1 ʔbou3 tuːn6
听见 锣鼓 声 不 断
听见锣鼓声不断，

Luz Ciz hengzhauq gyangq lingz cienz.
lu2 ɕi2 heːŋ2 haːu5 kjaːŋ5 liŋ2 ɕiːn2
陆 绩 行孝 降 灵 前
陆绩行孝降灵前。

Swenx byoem hengzhauq gyangq sanglingz.
θɯːn4 pjom1 heːŋ2 haːu5 kjaːŋ5 θaːŋ1 liŋ2
散 发 行孝 降 丧灵
散发行孝丧灵边。

Ma daengz sanglingz neix vih coq,
ma1 taŋ2 θaːŋ1 liŋ2 nei4 wi6 ɕo5
回 到 丧灵 这 位置 坐
回到丧灵此位坐，

Dingq gou bohsae ciengqdanq sien.
tiŋ5 kou1 po6 θai1 ɕiːŋ5 taːn5 θiːn1
听 我 师父 唱叹 仙
听我师父唱叹仙。

Bohmeh seng mwngz mwh lij nyaeq,
po6 me6 θeːŋ1 mɯŋ2 mɯ6 li3 ȵai5
父母 生 你 时候 还 幼小
父母生你还幼小，

Rox hengz hauqngeih gingq mehniengz.
ɣo4 heːŋ2 haːu5 ŋei6 kiŋ5 me6 niːŋ2
会 行 孝义 敬 亲娘
行孝敬母放在前。

Mwngz liux coengmingz dungx lingzleih,
mɯŋ2 liːu4 ɕoŋ1 miŋ2 tuŋ4 liŋ2 lei6
你 了 聪明 肚（脑） 伶俐
你人聪明又伶俐，

Nienzgeij lij iq ndaej roek bi.
niːn2 kei3 li3 i5 ʔdai3 ɣok7 pi1
年纪 还 小 得 六 岁
年纪六岁小不点。

Roek bi lwgnyez rox hengzlaex,
ɣok7 pi1 lɯk8 ȵe2 ɣo4 heːŋ2 lai4
六 岁 儿童 会 行礼
六岁儿童会行礼，

Fugsaeh bohmeh dangq duzsien.
fuk8 θai6 po6 me6 taːŋ5 tu2 θiːn1
服侍 父母 似 神仙
服侍父母似神仙。

Mehlaux seizneix ngah gwn mak,
me6 laːu4 θei2 nei4 ŋa6 kɯn1 maːk7
老母 现在 馋 吃 果
母亲如今口也馋，

Ndaej gwn saek aen bak cix gam.
ʔdai3 kɯn1 θak7 an1 paːk7 ɕi4 kaːm1
得 吃 一 个 口 就 甘甜
得吃个把口甘甜。

Caet nyied laebcou daengz lwgnganx,
ɕat7 ȵiːt8 lap8 ɕou1 taŋ2 lɯk8 ŋaːn4
七 月 立秋 到 龙眼
七月立秋龙眼熟，

Luz Ciz daengx mbanj bae ra aeu.
lu2 ɕi2 taŋ4 ʔbaːn3 pai1 ɣa1 au1
陆 绩 全 村 去 找 要
陆绩满村去挑选。

Caet nyied gan aeu lwgnganxnoh,
ɕat7 ȵiːt8 kaːn1 au1 lɯk8 ŋaːn4 no6
七 月 选 要 龙眼肉
七月选要龙眼肉，

Cin doeng maknoh fungh mehniengz.
ɕin1 toŋ1 maːk7 no6 fuŋ6 me6 niːŋ2
春 冬 果肉 奉 亲娘
春冬果肉奉母前。

Ciengzseiz maknoh ra daeuj gingq,
ɕiːŋ2 θei2 maːk7 no6 ɣa1 tau3 kiŋ5
常常 果肉 找 来 敬
常常果肉敬老母，

Mehlaux baenzbingh dwg lai soengq.
me6 laːu4 pan2 piŋ6 tɯk8 laːi1 θoŋ5
老母 生病 是 多 送
老母生病多送点。

Ndaw ranz lwgmak langh gwn liux,
ʔdaɯ1 ɣaːn2 lɯk8 maːk7 laːŋ6 kɯn1 liːu4
里 家 水果 若 吃 完
家里水果已吃完，

Mak liux meh bingh mbouj ndaej cimz.
maːk7 liːu4 me6 piŋ6 ʔbou3 ʔdai3 ɕim2
果 完 母 病 不 能 尝
果完母亲没能尝。

Luz Ciz cungsim vunz hengzhauq,
lu2 ɕi2 ɕuŋ1 θim1 wun2 heːŋ2 haːu5
陆 绩 忠心 人 行孝
陆绩忠心来行孝，

Funghswngz mehlaux raen hojlienz.
fuŋ6 θɯŋ2 me6 laːu4 ɣan1 ho3 liːn2
奉承 老母 见 可怜
侍奉老母可怜样。

Roek bi lwgnyez vunz lij iq,
ɣok7 pi1 lɯk8 ȵe2 wun2 li3 i5
六 岁 孩儿 人 还 小
六岁孩儿人还小，

Rox aeu di mak ciengx mehniengz.
ɣo4 au1 ti1 maːk7 ɕiːŋ4 me6 niːŋ2
会 要 些 果 养 亲娘
会要些果给母尝。

Youh miz ae ndeu guh Yenz Suz,
jou6 mi2 ai1 ʔdeːu1 ku6 jeːn2 θu2
又 有 个 一 叫做 袁 术
又有个人叫袁术，

Daeuj heuh Luz Ciz bae guhhek.
tau3 heːu6 lu2 ɕi2 pai1 ku6 heːk7
来 叫 陆 绩 去 做客
请客陆绩到家堂。

Luz Ciz caengz bae cix sien siengj，
lu^{2} ɕi^{2} ɕaŋ^{2} pai^{1} ɕi^{4} θi:n^{1} θi:ŋ^{3}
陆 绩 未 去 则 先 想
陆绩未去先思考，

Cam aeu lwgmak ciengx mehniengz.
ɕa:m^{1} au^{1} lɯk^{8} ma:k^{7} ɕi:ŋ^{4} me^{6} ni:ŋ^{2}
问 要 果子 养 亲娘
问要果给母尝鲜。

Cam aeu lwgmak soengq mehlaux，
ɕa:m^{1} au^{1} lɯk^{8} ma:k^{7} θoŋ^{5} me^{6} la:u^{4}
问 要 果子 送 老母
问要果子送亲娘，

Lienzseiz doxdauq mbouj gwn ien.
li:n^{2} θei^{2} to^{4} ta:u^{5} ʔbou^{3} kɯn^{1} i:n^{1}
立即 返回 不 吸 烟
立即赶回不吸烟。

Luz Ciz hwnjranz caenh caengz naengh，
lu^{2} ɕi^{2} hɯn^{3} ɣa:n^{2} ɕan^{6} ɕaŋ^{2} naŋ^{6}
陆 绩 登门 尽 未 坐
陆绩去到未坐下，

Yenz Suz baij daengq lienz cingj ien.
je:n^{2} θu^{2} pa:i^{3} taŋ^{5} li:n^{2} ɕiŋ^{3} i:n^{1}
袁 术 摆 凳 连 请 烟
袁术摆凳请吸烟。

Couh mboujcaengz gwn cam lwgmak，
ɕou^{6} ʔbou^{3} ɕaŋ^{2} kɯn^{1} ɕa:m^{1} lɯk^{8} ma:k^{7}
就 尚未 吃 问 水果
还没吸烟问果子，

Mehlaux gou bingh bak baz haemz.
me^{6} la:u^{4} kou^{1} piŋ^{6} pa:k^{7} pa^{2} ham^{2}
老母 我 病 口 她 苦
母病口苦饭难咽。

Yenz Suz haiyienz Luz Ciz dauh，
je:n^{2} θu^{2} ha:i^{1} ji:n^{2} lu^{2} ɕi^{2} ta:u^{6}
袁 术 开言 陆 绩 道
袁术开言陆绩道，

Lwgmak caengz bauh mwngz gaej dwen.
lɯk^{8} ma:k^{7} ɕaŋ^{2} pa:u^{6} mɯŋ^{2} kai^{3} tɯ:n^{1}
果子 未 削(皮) 你 别 提
果未削皮你慢点。

Luz Ciz dauq cam coenz daihngeih，
lu^{2} ɕi^{2} ta:u^{5} ɕa:m^{1} ɕon^{2} ta:i^{6} ŋei^{6}
陆 绩 再 问 句 第二
陆绩再问第二句，

Meh ngeix lwgmak raemxda roengz.
me^{6} ŋei^{4} lɯk^{8} ma:k^{7} ɣam^{4} ta^{1} ɣoŋ^{2}
娘 思 果子 眼泪 落
娘思果子泪涟涟。

Aeu bae gouq mingh baz mehlaux,
au^{1} pai^{1} kou^{5} miŋ^{6} pa^{2} me^{6} la:u^{4}
拿 去 救 命 她 老母
拿去救我母亲命，

Mak mboujcaengz bauh hix goj gwn.
ma:k^{7} ʔbou^{3} ɕaŋ^{2} pa:u^{6} hi^{4} ko^{3} kɯn^{1}
果 未曾 削 也 可 吃
果皮未削也情愿。

Yenz Suz ndaejnyi coenz yienghneix,
je:n^{2} θu^{2} ʔdai^{3} ȵi^{1} ɕon^{2} ji:ŋ^{6} nei^{4}
袁 术 听到 句 这样
袁术听到这一句，

Roih cam coenz neix raen hojlienz.
ɣo:i^{6} ɕa:m^{1} ɕon^{2} nei^{4} ɣan^{1} ho^{3} li:n^{2}
他 问 句 这 见 可怜
他问这句怪可怜。

Yenz Suz cingqcaen hawj lwgmak,
je:n^{2} θu^{2} ɕiŋ^{5} ɕan^{1} haɯ^{3} lɯk^{8} ma:k^{7}
袁 术 真正 给 果子
袁术果真给果子，

Roih liux lienzlak hwnjbae aeu.
ɣo:i^{6} li:u^{4} li:n^{2} la:k^{7} hɯn^{3} pai^{1} au^{1}
他 了 立即 上去 要
他即拿果到手中。

Aeu ndaej lwgmak liux yienzbeih,
au^{1} ʔdai^{3} lɯk^{8} ma:k^{7} li:u^{4} ji:n^{2} pei^{6}
要 得 果子 了 完毕
拿到果子了以后，

Lienzseiz doiqvih ma laeblinz.
li:n^{2} θei^{2} to:i^{5} wi^{6} ma^{1} lap^{8} lin^{2}
立即 退位 回 匆匆
立即退位往家冲。

Luz Ciz ma daengz soeb roengzgvih,
lu^{2} ɕi^{2} ma^{1} taŋ^{2} θop^{8} ɣoŋ^{2} kwi^{6}
陆 绩 回 到 即 下跪
陆绩到家即下跪，

Gou ndaej mak nix (neix) soengq meh gwn.
kou^{1} ʔdai^{3} ma:k^{7} ni^{4} (nei^{4}) θoŋ^{5} me^{6} kɯn^{1}
我 得 果 这 送 娘 吃
我得这果给娘送。

Mehlaux ndaej gwn lwgmak neix,
me^{6} la:u^{4} ʔdai^{3} kɯn^{1} lɯk^{8} ma:k^{7} nei^{4}
老母 得 吃 果子 这
母亲吃了这果子，

Baz liux cuengqheiq youh dauq soeng.
pa^{2} li:u^{4} ɕu:ŋ^{5} hei^{5} jou^{6} ta:u^{5} θoŋ^{1}
她 了 呼吸 又 重新 轻松
她又呼吸得轻松。

Mehlaux haiyienz Luz Ciz dauh,
me6 la:u4 ha:i1 ji:n2 lu2 ɕi2 ta:u6
老母 开言 陆 绩 道
老母开言陆绩道，

Mwngz mbaet coenzhauq dingq gou naeuz.
mɯŋ2 ʔbat7 ɕon2 ha:u5 tiŋ5 kou1 nau2
你 停 话 听 我 说
你不讲话听我言。

Gou ndaej gwn daengz lwgmak neix,
kou1 ʔdai3 kɯn1 taŋ2 lɯk8 ma:k7 nei4
我 得 吃 到 果子 这
我得吃到这果子，

Dai mbaej[1] ciudoh goj baenz sien.
ta:i1 ʔbai3 ɕi:u1 to6 ko3 pan2 θi:n1
死 没得 超度 也 成 仙
死不超度也成仙。

Luz Ciz ndaejnyi coenz yienghneix,
lu2 ɕi2 ʔdai3 ȵi1 ɕon2 ji:ŋ6 nei4
陆 绩 听到 句 这样
陆绩听到这句话，

Raemxda de lae lumjbaenz fwn.
ɣam4 ta1 te1 lai1 lum3 pan2 fɯn1
眼泪 他 流 好像 雨
他就激动泪涟涟。

Yenz Suz ndaejnyi gag dauzheiq,
je:n2 θu2 ʔdai3 ȵi1 ka:k8 ta:u2 hei5
袁 术 听到 自 忧心
袁术听到自忧心，

Dauq raen lwg neix miz hojlienz.
ta:u5 ɣan1 lɯk8 nei4 mi2 ho3 li:n2
反而 见 孩子 这 有 可怜
反觉此子也可怜。

Roek bi lwgnyez gag rox hauq,
ɣok7 pi1 lɯk8 ȵe2 ka:k8 ɣo4 ha:u5
六 岁 小孩 自 懂 孝
六岁小孩就懂孝，

Funghswngz mehlaux dangq duzsien.
fuŋ6 θɯŋ2 me6 la:u4 ta:ŋ5 tu2 θi:n1
奉承 老母 似 神仙
侍奉老母似神仙。

Gou raen roih neix hengz hauqngeih,
kou1 ɣan1 ɣo:i6 nei4 he:ŋ2 ha:u5 ŋei6
我 见 他 这 行 孝义
我见此子行孝义，

Doegsaw gaujceih cungq canghyienz.
tok8 θaɯ1 ka:u3 ɕei6 ɕuŋ5 ɕa:ŋ6 ji:n2
读书 考试 中 状元
读书考试中状元。

[1] mbaej：武鸣壮语方言词，是由“mbouj ndaej”简缩而成，意即“不能”或“不得”。

Gvaqlaeng mehlaux ae gvaqseiq,
kwa^5 laŋ^1 me^6 laːu^4 ai^1 kwa^5 θei^5
过后 老母 他 过世
过后其母去世时，

Caetcaet seiqgouj haisang vanz.
ɕat^7 ɕat^7 θei^5 kou^3 haːi^1 θaːŋ^1 waːn^2
七七 四九 开丧 还
开丧七七四九天。

Caetcaet seiqgouj haisang hoih,
ɕat^7 ɕat^7 θei^5 kou^3 haːi^1 θaːŋ^1 hoːi^6
七七 四九 开丧 会
七七四九开丧会，

Gimngaenz baujboiq dap dienaen.
kim^1 ŋan^2 paːu^3 poːi^5 taːp^7 tiːn^1 an^1
金银 宝贝 答 天恩
金银宝贝报恩天。

Daihcib Bien Dangz Fuhyinz Hengzhauq
第十篇 唐夫人行孝

Genjdanh Gangj Neiyungz

Dangz fuhyinz, dwg daxbuz Cuih Sanhnanz. Cuih Sanhnanz, mingz heuh Gvanj, sw (aen biedmingz ciuq mingzcoh hamzeiq lingh an) dwg Cungzliz, vunz Dangzdai Bozlingz (seizneix gvihaeuj Hozbwz), guen dang daengz sanhnanz sihdau cezdusij, vunz cwng de guh "Sanhnanz".

Bien fwenhauq neix, lwnhgangj dangnienz Dangz Fuhyinz saeqsim fugsaeh gyagoeng gyabuz, mbouj miz saek coenz vah'ienq. Bonjfaenh hix gaenq dang daxbuz lo, hoeng vanzlij caenhsim caenhrengz fugsaeh gyabuz. Mboujdan bang gyabuz swiq naj roi gyaeuj, lij aenvih gyabuz nienz laux ndang nyieg, heuj hix loenq liux, fouzfap nyaij gijgwn, couh yungh gij raemxcij swhgeij bae guengciengx gyabuz, baenzneix guh ndaej geij bi le, gyabuz de dauq ndangcangq lo.

内容简介

唐夫人，是崔山南的祖母。崔山南，名琯，字从律，唐代博陵(今属河北)人，官至山南西道节度使，人称"山南"。

本篇孝歌叙述当年唐夫人细心侍奉公婆，毫无怨言。自己也已经当祖母了，可对家婆依然尽心竭诚地服侍。不仅帮家婆梳洗，还因为家婆年老体衰，牙齿落尽，没有办法咀嚼食物，就用自己的乳汁喂养婆婆，这样数年后，她的婆婆康复了。

Fwenlaegdin moix gawq haj cih

fuːn1 lak8 tin1 moːi4 kaɯ5 ha3 ɕi6

五言勒脚歌

Dangz Fuhyinz hengzhauq,
taːŋ2 fu6 jin2 heːŋ2 haːu5
唐 夫人 行孝
唐夫人行孝，

Cungsim gan bouxlaux;
ɕuŋ1 θim1 kaːn1 pou4 laːu4
忠心 照管 老人
对老人孝敬；

Cij mehlaux boiz cingz;
ɕi3 me6 laːu4 poːi2 ɕiŋ2
喂奶 老母(家婆) 赔 恩情
奶家婆还情；

Dangz Fuhyinz hengzhauq,
taːŋ2 fu6 jin2 heːŋ2 haːu5
唐 夫人 行孝
唐夫人行孝，

Gvaqlaeng seng lwgnding,
kwa5 laŋ1 θeːŋ1 lɯk8 ʔdiŋ1
后来 生 儿子
后来生儿子，

Cij mehlaux boiz cingz;
ɕi3 me6 laːu4 poːi2 ɕiŋ2
喂奶 老母 赔 恩情
奶家婆还情。

Gauj mingz cungq caenhsaeh.
kaːu3 miŋ2 ɕuŋ5 ɕan6 θai6
考试 名字 中 进士
进士榜题名。

Dawz sawcienh ma gauj,
taɯ2 θaɯ1 ɕiːn6 ma1 kaːu3
拿 传书 来 稽考
拿传书稽考，

Cingq caiznawx bouxvunz,
ɕiŋ5 ɕaːi2 naɯ4 pou4 wun2
真正 才女 个人
是个真才女，

Youq cienzciuz okmingz;
jou5 ɕiːn2 ɕiːu2 oːk7 miŋ2
在 前朝 出名
在古代出名；

Gvaqlaeng seng lwgnding,
kwa^{5} laŋ^{1} θeːŋ^{1} lɯk^{8} ʔdiŋ^{1}
后来 生 儿子
后来生儿子，

Gauj mingz cungq caenhsaeh.
kaːu^{3} miŋ^{2} ɕuŋ^{5} ɕan^{6} θai^{6}
考试 名字 中 进士
进士榜题名。

Fwen moix gawq caet cih

fɯːn^{1} moːi^{4} kaɯ^{5} ɕat^{7} ɕi^{6}

七言歌

Heij souj youh daj yiengsoujdiuh,
hei^{3} θou^{3} jou^{6} ta^{3} jiːŋ^{1} θou^{3} tiːu^{6}
起 首 又 打 香首调
起首又打香首调，

Ciuz neix coqyouq Dangzciuz guek,
ɕiːu^{2} nei^{4} ɕo^{5} jou^{5} taːŋ^{2}ɕiːu^{2} kuːk^{7}
朝 这 处在 唐朝 国
本朝处在唐朝国，

Fuk souj youh daj fungh siuyieng.
fuk^{7} θou^{3} jou^{6} ta^{3} fuŋ^{6} θiːu^{1} jiːŋ^{1}
伏 首 又 打 奉 烧香
伏首又打奉烧香。

Ndaejnyi gyong'yag ndwet yixyienx.
ʔdai^{3} ȵi^{1} kjoːŋ^{1} jaːk^{8} ʔdɯːt^{7} ji^{4} jiːn^{4}
听见 锣鼓 喧哗 嚷嚷
听见锣鼓闹嚷嚷。

Seng dwk gojsing diuh lingh yiengh,
θeːŋ^{1} tɯk^{7} ko^{3} θiŋ^{1} tiːu^{6} liŋ^{6} jiːŋ^{6}
生 打 鼓声 调 另 样
生打鼓声调另样，

Ndaejnyi gyong'yag sing mbouj duenh,
ʔdai^{3} ȵi^{1} kjoːŋ^{1} jaːk^{8} θiŋ^{1} ʔbou^{3} tuːn^{6}
听见 锣鼓 声 不 断
听见锣鼓声不断，

Lwnhciengq fuhyinz gyangq sangciengz.
lɯn^{6} ɕiːŋ^{5} fu^{6} jin^{2} kjaːŋ^{5} θaːŋ^{1} ɕiːŋ^{2}
论唱 夫人 降 丧场
论唱夫人降丧场。

Swenx byoem hengzhauq gyangq sangciengz.
θɯːn^{4} pjom^{1} heːŋ^{2} haːu^{5} kjaːŋ^{5} θaːŋ^{1} ɕiːŋ^{2}
散 发 行孝 降 丧场
散发行孝降丧场。

Ma daengz sangciengz soeb roengzgvih,
ma1 taŋ2 θaːŋ1 ɕiːŋ2 θop8 ɣoŋ2 kwi6
回 到 丧场 即 下跪
回到丧场即下跪，

Dingqnyi saefouh ciengqdanq yieng.
tiŋ5 ȵi1 θai1 fou6 ɕiːŋ5 taːn5 jiːŋ1
听见 师父 唱叹 香
听见师父烧香唱。

Bonj ciengq cienzvuengz bingq haujhanq,
poːn3 ɕiːŋ5 ɕiːn2 wuŋ2 piŋ5 haːu3 haːn5
本 唱 前王 并 好汉
本唱前王和好汉，

Lwnhciengq dangco bohmeh seng.
lɯn6 ɕiːŋ5 taːŋ1 ɕo1 po6 me6 θeːŋ1
论唱 当初 父母 生
论唱父母恩如山。

Bohmeh cingq seng mwngz Dangz si,
po6 me6 ɕiŋ5 θeːŋ1 mɯŋ2 taːŋ2 θi1
父母 正 生 你 唐 氏
父母生下你唐氏，

Vunz lingzleih hix dungx miz caiz.
wun2 liŋ2 lei6 hi4 tuŋ4 mi2 ɕaːi2
人 伶俐 也 肚 有 才华
伶俐人又有才干。

Nienzgeij mwngz ndaej cibseiqhaj,
niːn2 kei3 mɯŋ2 ʔdai3 ɕip8 θei5 ha3
年纪 你 得 十四五
你年纪到十四五，

Bohmeh mwngz haq hawj singq Cuih.
po6 me6 mɯŋ2 ha5 haɯ3 θiŋ5 ɕuːi6
父母 你 嫁 给 姓 崔
父母嫁你崔家男。

Haq hawj singq Cuih bae guh bawx,
ha5 haɯ3 θiŋ5 ɕuːi6 pai1 ku6 paɯ4
嫁 给 姓 崔 去 做 儿媳
嫁到崔家做儿媳，

Sawj goeng sawj yah daih cungsim.
θaɯ3 koŋ1 θaɯ3 ja6 taːi6 ɕuŋ1 θim1
使 家公 使 家婆 大 忠心
对待公婆尽大孝。

Haethaemh funghswngz goeng dem yah,
hat7 ham6 fuŋ6 θɯŋ2 koŋ1 teːm1 ja6
早晚 奉承 家公 与 家婆
早晚侍奉家公婆，

Mboujmiz coenz vah bae ienqhoij.
ʔbou3 mi2 ɕon2 wa6 pai1 iːn5 hoːi3
没有 句 话 去 怨悔
没有一句怨言道。

Goeng'yah haemh ninz mwngz gan ndei，
koŋ^{1} ja^{6} ham^{6} nin^{2} mɯŋ^{2} kaːn^{1} ʔdei^{1}
家公家婆 晚上 睡 你 管 好
公婆晚睡你帮忙，

Goeng'yah baez hwnq guenj dohdaengz.
koŋ^{1} ja^{6} pai^{2} hɯn^{5} kuːn^{3} to^{6} taŋ^{2}
家公家婆 每次 起来 管 周到
公婆起来管周到。

Goeng hwnq swiqnaj youh riengxbak，
koŋ^{1} hɯn^{5} θɯːi^{5} na^{3} jou^{6} ɣiːŋ^{4} paːk^{7}
家公 起来 洗脸 又 漱口
公起洗脸又漱口，

Feiz ien cazndat bae daengz limz.
fei^{2} iːn^{5} ɕa^{2}ʔdaːt^{7} pai^{1} taŋ^{2} lim^{2}
火 烟 热茶 去 到 临
烟火热茶都备好。

Bazyah haet hwnq mwngz roi gyaeuj，
pa^{2} ja^{6} hat^{7} hɯn^{5} mɯŋ^{2} ɣoːi^{1} kjau^{3}
家婆 早上 起来 你 梳 头
家婆早起你梳头，

Daek bat raemxnaj daeuj daengz dangz.
tak^{7} paːt^{7} ɣam^{4} na^{3} tau^{3} taŋ^{2} taːŋ^{2}
端 盆 洗脸水 来 到 厅堂
端水洗脸到身边。

Ciengznienz seiqgeiq goj gingqfungh，
ciːŋ^{2} niːn^{2} θei^{5} kei^{5} ko^{3} kiŋ^{5} fuŋ^{6}
常年 四季 也 敬奉
一年四季都敬奉，

Cawx bya cawx noh ma funghswngz.
ɕaɯ^{4} pja^{1} ɕaɯ^{4} no^{6} ma^{1} fuŋ^{6} θɯŋ^{2}
买 鱼 买 肉 来 奉承
买鱼买肉来奉献。

Baz liux nienzlaux faenz loenq ndoq，
pa^{2} liːu^{4} niːn^{2} laːu^{4} fan^{2} lon^{5} ʔdo^{5}
家婆 了 年老 牙齿 落 光
家婆年老牙全落，

Gwn bya gwn noh mbouj ngeix gam.
kɯn^{1} pja^{1} kɯn^{1} no^{6} ʔbou^{3} ŋei^{4} kaːm^{1}
吃 鱼 吃 肉 不 觉 甘美
吃鱼吃肉觉难咽。

Gwn byaek gwn rangz mbouj ngeix feih，
kɯn^{1} pjak^{7} kɯn^{1} ɣaːŋ^{2} ʔbou^{3} ŋei^{4} fei^{6}
吃 菜 吃 笋 不 觉 美味
吃菜吃笋觉无味，

Mbouj ndei souh youq geijlai nanz.
ʔbou^{3} ʔdei^{1} θou^{6} jou^{5} kei^{3} laːi^{1} naːn^{2}
不 好 寿 居住 多少 久
看来存活不几年。

Dangz si ndaejnyi coenz yienghneix,
taːŋ^{2} θi^{1} ʔdai^{3} ȵi^{1} ɕon^{2} jiːŋ^{6} nei^{4}
唐 氏 听见 句 这样
唐氏听见这些话，

De cix raemxda lae mbouj dingz.
te^{1} ɕi^{4} ɣam^{4} ta^{1} lai^{1} ʔbou^{3} tiŋ^{2}
她 就 眼泪 流 不 停
自己眼泪落纷纷。

Dangz si haemh ninz de gag ngeix,
taːŋ^{2} θi^{1} ham^{6} nin^{2} te^{1} kaːk^{8} ŋei^{4}
唐 氏 夜 睡 她 自己 思考
唐氏夜睡自己想，

Aeu cij lajeiq hawj yah gamz.
au^{1} ɕi^{3} la^{3} ei^{5} haɯ^{3} ja^{6} kaːm^{2}
要 奶头 腋下 给 家婆 吮
奶头让给家婆吮。

Aeu cij lajeiq hawj yah sup,
au^{1} ɕi^{3} la^{3} ei^{5} haɯ^{3} ja^{6} θup^{7}
要 奶水 腋下 给 家婆 吸
奶水递给家婆吃，

Yahlaux dauqfuk naj dauq hoengz.
ja^{6} laːu^{4} taːu^{5} fuk^{7} na^{3} taːu^{5} hoŋ^{2}
家婆 康复 脸 又 红润
家婆康复脸红润。

Bazyah haiyienz Dangz si dauh,
pa^{2} ja^{6} haːi^{1} jiːn^{2} taːŋ^{2} θi^{1} taːu^{6}
家婆 开言 唐 氏 道
家婆开言唐氏道，

Mwngz mbaet coenzhauq dingq gou naeuz.
mɯŋ^{2} ʔbat^{7} ɕon^{2} haːu^{5} tiŋ^{5} kou^{1} nau^{2}
你 停 话 听 我 论
你停说话听我论。

Bazyah dauqfuk naj hoengzyanz,
pa^{2} ja^{6} taːu^{5} fuk^{7} na^{3} hoŋ^{2} jaːn^{2}
家婆 恢复 脸 红润
家婆康复脸红润，

Dauq bang dawz lan lienz guenj gya.
taːu^{5} paːŋ^{1} taɯ^{2} laːn^{1} liːn^{2} kuːn^{3} kja^{1}
又 帮 带 孙 和 管 家
帮带曾孙和管家。

Dangz si cungsim vunz hengzhauq,
taːŋ^{2} θi^{1} ɕuŋ^{1} θim^{1} wun^{2} heːŋ^{2} haːu^{5}
唐 氏 忠心 人 行孝
唐氏忠心行孝人，

Ndaej cij mehlaux boiz aencingz.
ʔdai^{3} ɕi^{3} me^{6} laːu^{4} poːi^{2} an^{1} ɕiŋ^{2}
能 喂奶 家婆 还 恩情
喂奶家婆报答她。

Yah liux raen bawx hengz hauqngeih,
ja^{6} liːu^{4} ɣan^{1} paɯ^{4} heːŋ^{2} haːu^{5} ŋei^{6}
家婆 了 见 媳妇 行 孝义
家婆见媳行孝义，

Yah dauq vuenheij gangj song sing.
ja^{6} taːu^{5} wuːn^{1} hei^{3} kaːŋ^{3} θoːŋ^{1} θiŋ^{1}
她 又 欢喜 说 两 声
她又高兴开话匣。

Yahlaux haiyienz Dangz si dauh,
ja^{6} laːu^{4} haːi^{1} jiːn^{2} taːŋ^{2} θi^{1} taːu^{6}
家婆 开言 唐 氏 道
家婆开言唐氏道，

Mwngz mbaet coenzhauq dingq gou naeuz.
mɯŋ^{2} ʔbat^{7} ɕon^{2} haːu^{5} tiŋ^{5} kou^{1} nau^{2}
你 停 话 听 我 说
你不言语听我话。

Gou liux nienzgeij gaenq doek laux,
kou^{1} liːu^{4} niːn^{2} kei^{3} kan^{5} tok^{7} laːu^{4}
我 了 年纪 已 到 老
我今年纪已经老，

Laeng mwngz gwn cij dauq baenzvunz.
laŋ^{1} mɯŋ^{2} kɯn^{1} ɕi^{3} taːu^{5} pan^{2} wun^{2}
向 你 吃 奶水 又 成人
吃你奶水又健在。

Gou liux bazyah gwn cij lwg,
kou^{1} liːu^{4} pa^{2} ja^{6} kɯn^{1} ɕi^{3} lɯk^{8}
我 了 家婆 吃 奶水 儿媳
我是家婆吃媳奶，

Saed daih mbouj dwg doiq ndaej vunz.
θat^{8} taːi^{6} ʔbou^{3} tɯk^{8} toːi^{5} ʔdai^{3} wun^{2}
实 太 不 是 对 得 人
对不起人真不该。

Goj raen roih lwg gwn cij meh,
ko^{3} ɣan^{1} ɣoːi^{6} lɯk^{8} kɯn^{1} ɕi^{3} me^{6}
可 见 个 儿子 吃 乳水 母亲
只见儿子吃母乳，

Ndwi raen mehlaux gwn cij bawx.
ʔdɯːi^{1} ɣan^{1} me^{6} laːu^{4} kɯn^{1} ɕi^{3} paɯ^{4}
不 见 家婆 吃 奶水 儿媳
不见家婆吃媳奶。

Neix mwngz funghswngz gou bouxlaux,
nei^{4} mɯŋ^{2} fuŋ^{6} θɯŋ^{2} kou^{1} pou^{4} laːu^{4}
这 你 奉承 我 老人
你能侍奉老人我，

Yaemgoeng goj bauj daengz lwglan.
jam^{1} koŋ^{1} ko^{3} paːu^{3} taŋ^{2} lɯk^{8} laːn^{1}
阴功 可 保 到 子孙
阴功保到子孙代。

Dangz si haiyienz bazyah dauh,
taːŋ^{2} θi^{1} haːi^{1} jiːn^{2} pa^{2} ja^{6} taːu^{6}
唐 氏 开言 家婆 道
唐氏开言家婆道，

Neix mwngz mbaet hauq dingq gou naeuz.
nei^{4} mɯŋ^{2} ʔbat^{7} haːu^{5} tiŋ^{5} kou^{1} nau^{2}
这 你 停止 话 听 我 说
你今不说听我论。

Gonq dou lij iq sou cix gan,
koːn^{5} tou^{1} li^{3} i^{5} θou^{1} ɕi^{4} kaːn^{1}
以前 我们 还 小 你们 就 料理
我们儿时你们养，

Sou dauq miz nanz aeu boizcingz.
θou^{1} taːu^{5} mi^{2} naːn^{2} au^{1} poːi^{2} ɕiŋ^{2}
你们 又 有 难 要 还情
你今有难要报恩。

Raeuz youq yiengzgan yaek soujseiq,
ɣau^{2} jou^{5} yiːŋ^{2} kaːn^{1} jak^{7} θou^{3} θei^{5}
我们 在 阳间 要 守世
我们阳间要守世，

Cingzngeih bohmeh mbouj ndaej lumz.
ɕiŋ^{2} ŋei^{6} po^{6} me^{6} ʔbou^{3} ʔdai^{3} lum^{2}
情义 父母 不 能 忘
父母情义莫忘本。

Yahlaux haiyienz Dangz si dauh,
ja^{6} laːu^{4} haːi^{1} jiːn^{2} taːŋ^{2} θi^{1} taːu^{6}
家婆 开言 唐 氏 道
家婆开言唐氏道，

Cog mwngz dauq miz fuk caeuq loeg.
ɕoːk^{8} mɯŋ^{2} taːu^{5} mi^{2} fuk^{7} ɕau^{5} lok^{8}
以后 你 再 有 福 和 禄
以后福禄你有份。

Mwngz souj goengdaek ndei dahraix,
mɯŋ^{2} θou^{3} koŋ^{1} tak^{7} ʔdei^{1} ta^{6} ɣaːi^{4}
你 守 功德 好 果然
你守功德果然好，

Lwglan houhdaih miz coengmingz.
lɯk^{8} laːn^{1} hou^{6} taːi^{6} mi^{2} ɕoŋ^{1} miŋ^{2}
子孙 后代 有 聪明
子孙后代都聪明。

Gvaqlaeng Dangz si ndang daiqfuk,
kwa^{5} laŋ^{1} taːŋ^{2} θi^{1} ʔdaːŋ^{1} taːi^{5} fuk^{7}
过后 唐 氏 身 带孕
过后唐氏有身孕，

Seng ndaej roih lwg dungx coengmingz.
θeːŋ^{1} ʔdai^{3} ɣoːi^{6} lɯk^{8} tuŋ^{4} ɕoŋ^{1} miŋ^{2}
生 得 个 儿子 肚(脑) 聪明
生得男孩很聪明。

Seng ndaej roih lwg dungx lingzleih,
θeːŋ^{1} ʔdai^{3} ɣoːi^{6} lɯk^{8} tuŋ^{4} liŋ^{2} lei^{6}
生 得 个 儿子 肚(脑) 伶俐
生得儿子人伶俐，

Doegsaw gaujceih cungq goengmingz.
tok^{8} θaɯ^{1} kaːu^{3} ɕei^{6} ɕuŋ^{5} koŋ^{1} miŋ^{2}
读书 考试 中 功名
读书考试得功名。

Doegsaw bae gauj hix lienz ndaej,
tok^{8} θaɯ^{1} pai^{1} kaːu^{3} hi^{4} liːn^{2} ʔdai^{3}
读书 去 考试 也 连连 得
读书考试连连中，

Cungq dawz caenhsaeh daih'it mingz.
ɕuŋ^{5} taɯ^{2} ɕan^{6} θai^{6} taːi^{6} it^{7} miŋ^{2}
中 得 进士 第一 名
考中进士第一名。

Fouqgviq songcienz yienghyiengh cuk,
fou^{5} kwi^{5} θoːŋ^{1} ɕiːn^{2} jiːŋ^{6} jiːŋ^{6} ɕuk^{7}
富贵 双全 样样 足
富贵双全样样足，

Seng seiq roih lwg cungq hanqlinz.
θeːŋ^{1} θei^{5} ɣoːi^{6} lɯk^{8} ɕuŋ^{5} haːn^{5} lin^{2}
生 四 个 儿子 中 翰林
生四个儿中翰林。

Dangz si cungsim vunz hengzhauq,
taːŋ^{2} θi^{1} ɕuŋ^{1} θim^{1} wun^{2} heːŋ^{2} haːu^{5}
唐 氏 忠心 人 行孝
唐氏忠心人行孝，

Lwglan hengzdauh haeuj gingsingz.
lɯk^{8} laːn^{1} heːŋ^{2} taːu^{6} hau^{3} kiŋ^{1} θiŋ^{2}
儿孙 行道 进 京城
儿孙行道都进京。

Mehlaux siujhanh yw ndaej gvaq,
me^{6} laːu^{4} θiːu^{3} haːn^{6} jɯ^{1} ʔdai^{3} kwa^{5}
老母 小限 医 能 过
老母小限能医好，

Daihhanh ma daengz bingh limz ndang.
taːi^{6} haːn^{6} ma^{1} taŋ^{2} piŋ^{6} lim^{2} ʔdaːŋ^{1}
大限 来 到 病 临 身
大限来到身患病。

Mehlaux daihhanh roengzdaeuj dingh,
me^{6} laːu^{4} taːi^{6} haːn^{6} ɣoŋ^{2} tau^{3} tiŋ^{6}
老母 大限 下来 定
老母大限已注定，

Lienzseiz saetmingh bae gviyaem.
liːn^{2} θei^{2} θat^{7} miŋ^{6} pai^{1} kwi^{1} jam^{1}
立即 丧命 去 归阴
立即丧命去归阴。

Lienzseiz saetmingh bae yaemfouj,
liːn2 θei2 θat7 miŋ6 pai1 jam1 fou3
立即 丧命 去 阴府
当即丧命去阴府，

Yaek boiz fouxmoux gij aencingz.
jak7 poːi2 fou4 mou4 ki3 an1 ɕiŋ2
要 还 父母 那些 恩情
要还父母深恩情。

Dangz si naih ninz hwnz naih ngeix,
taːŋ2 θi1 naːi6 nin2 hɯn2 naːi6 ŋei4
唐 氏 越 睡 夜 越 思虑
唐氏夜睡自思虑，

Hai ging bu ceij caeq muengzlingz.
haːi1 kiŋ1 pu1 ɕei3 ɕai5 muːŋ2 liŋ2
开 经书 铺 纸 祭 亡灵
开经铺纸祭亡灵。

Bae cingj ae sae daeuj diuqhauq,
pai1 ɕiŋ3 ai1 θai1 tau3 tiːu5 haːu5
去 请 个 师公 来 吊孝
去请师公来吊孝，

Bae cingj ae dauh daeuj coengz ging.
pai1 ɕiŋ3 ai1 taːu6 tau3 ɕoŋ2 kiŋ1
去 请 个 道公 来 诵 经书
去请道公来念经。

Diemj daeng siuyieng baij ginggyauq,
tiːm3 taŋ1 θiːu1 jiːŋ1 paːi3 kiŋ1 kjaːu5
点 灯 烧香 摆 经教
点灯烧香摆经教，

Sam haemh diuqhauq haeuj sangdingz.
θaːm1 ham6 tiːu5 haːu5 hau3 θaːŋ1 tiŋ2
三 晚 吊孝 入 丧亭
吊孝三晚入丧亭。

Caetcaet seiqgouj dawz ma cangq,
ɕat7 ɕat7 θei5 kou3 taɯ2 ma1 ɕaːŋ5
七七 四九 拿 来 葬
七七四九送去葬，

Lij youq gyangdangz cuengq haeuxngaiz.
li3 jou5 kjaːŋ1 taːŋ2 ɕuːŋ5 hau4 ŋaːi2
还 在 中间厅堂 放 祭饭
还在厅堂放祭饭。

Haisang ancangq liux yienzbeih,
haːi1 θaːŋ1 aːn1 ɕaːŋ5 liːu4 jiːn2 pei6
开丧 安葬 了 完毕
开丧埋葬完毕后，

Siuyieng baizvih ndaej sam bi.
θiːu1 jiːŋ1 paːi2 wi6 ʔdai3 θaːm1 pi1
烧香 牌位 得 三 年
烧香灵位三年满。

Ngoenzhoengq ngoenzndwi mbouj gamj daez, Cien ngeix fanh muengh mbouj gamj ciengq.
ŋon^{2} hoŋ^{5} ŋon^{2} ʔdɯːi^{1} ʔbou^{3} kaːm^{3} tai^{2} ɕiːn^{1} ŋei^{4} faːn^{6} muːŋ^{6} ʔbou^{3} kaːm^{3} ɕiːŋ^{5}
空日 闲日 不 敢 提 千 思念 万 渴望 不 敢 唱
空日闲日不敢提， 千万渴望不敢唱。

Daih Cib'it Bien　Vuz Mungj Hengzhauq
第十一篇　吴猛行孝

Genjdanh Gangj Neiyungz

Vuz Mungj, sw (aen biedmingz ciuq mingzcoh hamzeiq lingh an) dwg Siyinz, vunz Dunghcin Yicangh (seizneix Gyanghsih Nanzcangh), de aenvih hengzhauq cix okmingz.

Bien fwenhauq neix lwnhgangj gij neiyungz haenx, caeuq《Ngeihcibseiq Hauq》banj Sawgun miz di mbouj doengz. Vuz Mungj bet bi seiz couh gig rox hauqgingq bohmeh, cingq lumj ndaw fwen soj gangj "Bet bi lwgnyez rox hengzhauq, Funghswngz bouxlaux ndaej cibcingz". Aenvih ranz gungzhoj mbouj cawx ndaej riep, baez daengz seizhah gyanghaemh, bohmeh ciengzseiz deng nyungz ding cix nanz ndaej ninz ndaek. Vuz Mungj laeq lwgnyez iq neix gig miz hauqsim, vihliux hawj bohmeh ninz ndei, swhgeij cix loh aenndang, hawj duznyungz ding gwn lwed bonjfaenh, maqmuengh duznyungz gwn lwed imq le, couh mbouj caiq bae ding bohmeh. Bohmeh doengzseiz gvaqseiq le, Vuz Mungj vih bohmeh soujsang caetcaet seiqcibgouj ngoenz.

内容简介

吴猛，字世云，东晋豫章(今江西南昌)人，以孝行闻名。

本篇孝歌叙述的内容与汉语《二十四孝》有所不同。吴猛八岁时就很会孝敬双亲，正如歌词所云“八岁小孩会行孝，侍奉父母达十情”。因家贫买不起蚊帐，每到夏夜，父母常被蚊子叮咬而难以入睡。幼小的吴猛很有孝心，为了让父母睡好，自己竟赤裸上身，让蚊子叮吸自己的血，希望蚊子喝饱了血，就不再叮咬父母。父母同时去世后，吴猛为双亲守丧七七四十九天。

Fwenlaegdin moix gawq haj cih

fɯːn1 lak8 tin1 moːi4 kaɯ5 ha3 ɕi6

五言勒脚歌

Danq Vuz Mungj hengzhauq,
taːn5 wu2 muŋ3 heːŋ2 haːu5
叹唱 吴 猛 行孝
叹吴猛行孝，

Co bauq daengz ciuzdingz;
ɕo1 paːu5 taŋ2 ɕiːu2 tiŋ2
初 报 到 朝廷
初报到朝廷；

Ranz sinhoj ndoqndingq,
ɣaːn2 θin1 ho3 ʔdo5 ʔdiŋ5
家 辛苦 贫困
家辛苦贫困，

Mwngz cingq you bouxlaux.
mɯŋ2 ɕiŋ5 jou1 pou4 laːu4
你 正 担忧 老人
为老人忧心。

Ciengx nyungz gag loengzlingh (lohgengz),
ɕiːŋ4 ɲuŋ2 kaːk8 loŋ2 liŋ6 (lo6 keːŋ2)
养 蚊子 自己 赤膊
赤膊养蚊子，

Mbouj hawj ding bouxlaux;
ʔbou3 haɯ3 tiŋ1 pou4 laːu4
不 让 叮 老人
老人不让叮；

Danq Vuz Mungj hengzhauq,
taːn5 wu2 muŋ3 heːŋ2 haːu5
叹唱 吴 猛 行孝
叹吴猛行孝，

Co bauq daengz ciuzdingz;
ɕo1 paːu5 taŋ2 ɕiːu2 tiŋ2
初 报 到 朝廷
初报到朝廷。

Loeg nyied daengz seizhwngq,
lok8 ɲiːt8 taŋ2 θei2 hɯŋ5
六 月 到 热天
六月热天到，

Mwngz lohgengz nyungz ding;
mɯŋ2 lo6 keːŋ2 ɲuŋ2 tiŋ1
你 赤膊 蚊 叮
你赤膊蚊叮；

Ranz sinhoj ndoqndingq,
ɣaːn^{2} θin^{1} ho^{3} ʔdo^{5}ʔdiŋ^{5}
家 辛苦 贫困
家辛苦贫困，

Mwngz cingq you bouxlaux.
mɯŋ^{2} ɕiŋ^{5} jou^{1} pou^{4} laːu^{4}
你 正 担忧 老人
为老人忧心。

Fwen moix gawq caet cih

fɯːn^{1} moːi^{4} kaɯ^{5} ɕat^{7} ɕi^{6}

七言歌

Heij souj youh daj yiengsoujdiuh,
hei^{3} θou^{3} jou^{6} ta^{3} jiːŋ^{1} θou^{3} tiːu^{6}
起 首 又 打 香首调
起首又打香首调，

Ciuz neix coqyouq Cinqciuz guek,
ɕiːu^{2} nei^{4} ɕo^{5} jou^{5} ɕin^{5} ɕiːu^{2} kuːk^{7}
朝 这 处在 晋朝 国
本朝处在晋朝国，

Fuk souj youh diuz gojsouj dingz.
fuk^{7} θou^{3} jou^{6} tiːu^{2} ko^{3} θou^{3} tiŋ^{2}
伏 首 又 调 鼓手 停
伏首又调鼓手停。

Ndaejnyi gyong'yag nauh mbouj dingz.
ʔdai^{3} ȵi^{1} kjoːŋ^{1} jaːk^{8} naːu^{6} ʔbou^{3} tiŋ^{2}
听见 锣鼓 闹 不 停
听见锣鼓闹不停。

Seng dwk gojsing diuh lingh yiengh,
θeːŋ^{1} tɯk^{7} ko^{3} θiŋ^{1} tiːu^{6} liŋ^{6} jiːŋ^{6}
生 打 鼓声 调 另 样
生打鼓声调另样，

Ndaejnyi gyong'yag nauh mbouj duenh,
ʔdai^{3} ȵi^{1} kjoːŋ^{1} jaːk^{8} naːu^{6} ʔbou^{3} tuːn^{6}
听见 锣鼓 闹 不 断
听见锣鼓闹不断，

Lwnhciengq Vuz Mungj gyangq sangdingz.
lɯn^{6} ɕiːŋ^{5} wu^{2} muŋ^{3} kjaːŋ^{5} θaːŋ^{1} tiŋ^{2}
论唱 吴 猛 降 丧庭
论唱吴猛降丧庭。

Swenx byoem hengzhauq gyangq sangdingz.
θɯːn^{4} pjom^{1} heːŋ^{2} haːu^{5} kjaːŋ^{5} θaːŋ^{1} tiŋ^{2}
散 发 行孝 降 丧庭
散发行孝降丧庭。

Ma daengz sangciengz soeb vih coq,
ma^{1} taŋ^{2} θaːŋ^{1} ɕiːŋ^{2} θop^{8} wi^{6} ɕo^{5}
回 到 丧场 立即 位置 坐
回到丧场坐位置，

Dingq gou bohsae ciengq aencingz.
tiŋ^{5} kou^{1} po^{6} θai^{1} ɕiːŋ^{5} an^{1} ɕiŋ^{2}
听 我 师父 唱 恩情
听我师父唱恩情。

Bonj ciengq cienzvuengz bingq haujhanq,
poːn^{3} ɕiːŋ^{5} ɕiːn^{2} wuːŋ^{2} piŋ^{5} haːu^{3} haːn^{5}
本 唱 前王 并 好汉
本唱前王和好汉，

Danqciengq dangco bohmeh seng.
taːn^{5} ɕiːŋ^{5} taːŋ^{1} ɕo^{1} po^{6} me^{6} θeːŋ^{1}
叹唱 当初 父母 生
叹唱父母大恩情。

Bohmeh cingq seng bet bi nyaeq,
po^{6} me^{6} ɕiŋ^{5} θeːŋ^{1} peːt^{7} pi^{1} ȵai^{5}
父母 正 生 八 岁 幼儿
父母生有八岁儿，

Fugsaeh bohmeh ndaej cibcingz.
fuk^{8} θai^{6} po^{6} me^{6} ʔdai^{3} ɕip^{8} ɕiŋ^{2}
服侍 父母 得 十成
服侍父母好到顶。

Bet bi lwgnyez rox hengzhauq,
peːt^{7} pi^{1} lɯk^{8} ȵe^{2} ɣo^{4} heːŋ^{2} haːu^{5}
八 岁 小孩 会 行孝
八岁小孩会行孝，

Funghswngz bouxlaux ndaej cibcingz.
fuŋ^{6} θɯŋ^{2} pou^{4} laːu^{4} ʔdai^{3} ɕip^{8} ɕiŋ^{2}
奉承 老人 得 十情
侍奉父母达十情。

Vuz Mungj ranz gungz ndwimiz riep,
wu^{2} muŋ^{3} ɣaːn^{2} kuŋ^{2} ʔdɯːi^{1} mi^{2} ɣiːp^{7}
吴 猛 家 穷 没有 蚊帐
吴猛家贫无蚊帐，

Laebhah gyauciep gag yousim.
lap^{8} ha^{6} kjaːu^{1} ɕiːp^{7} kaːk^{8} jou^{1} θim^{1}
立夏 交接 自 忧心
立夏来到自忧心。

Sam nyied cingmingz nyungz dwg ding,
θaːm^{1} ȵiːt^{8} ɕiŋ^{1} miŋ^{2} ȵuŋ^{2} tɯk^{8} tiŋ^{1}
三 月 清明 蚊 被 叮
三月清明蚊来咬，

Cingq you bouxlaux mbouj baenz ninz.
ɕiŋ^{5} jou^{1} pou^{4} laːu^{4} ʔbou^{3} pan^{2} nin^{2}
正 担忧 老人 不 成 睡
两老睡觉他担心。

Duetndang loengzlingh hawj nyungz haeb,
tuːt^{7} ʔdaːŋ^{1} loŋ^{2} liŋ^{6} haɯ^{3} ȵuŋ^{2} hap^{8}
光身 赤膊 让 蚊 叮
光身赤膊让蚊咬，

Ae hix mbouj gaeb hix mbouj ning (doengh).
ai^{1} hi^{4} ʔbou^{3} kap^{8} hi^{4} ʔbou^{3} niŋ^{1} (toŋ^{6})
他 也 不 抓 也 不 动
不拍不动他镇定。

Fwngz hix mbouj bi hix mbouj doengh,
fɯŋ^{2} hi^{4} ʔbou^{3} pi^{1} hi^{4} ʔbou^{3} toŋ^{6}
手 也 不 摆 也 不 动
手也不摆也不动，

Duznyungz daengxcungq roengzdaeuj gwn.
tu^{2} ȵuŋ^{2} taŋ^{4} ɕuŋ^{5} ɣoŋ^{2} tau^{3} kɯn^{1}
蚊子 成群 下来 吃
成群蚊子下来叮。

Duznyungz gwn imq ae haemz de,
tu^{2} ȵuŋ^{2} kɯn^{1} im^{5} ai^{1} ham^{2} te^{1}
蚊子 吃 饱 他 恨 它
蚊子吃饱他恨它，

Haet hawj bohmeh ae bae ninz.
hat^{7} haɯ^{3} po^{6} me^{6} ai^{1} pai^{1} nin^{2}
才 给 父母 他 去 睡
才给父母上床躺。

Vuz Mungj cungsim hengz hauqngeih,
wu^{2} muŋ^{3} ɕuŋ^{1} θim^{1} heːŋ^{2} haːu^{5} ŋei^{6}
吴 猛 忠心 行 孝义
吴猛忠心行孝义，

Bauqhauq bouxlaux ndaej daengzgwnz.
paːu^{5} haːu^{5} pou^{4} laːu^{4} ʔdai^{3} taŋ^{2} kɯn^{2}
报孝 老人 得 至上(全面)
报孝父母达至上。

Song de bouxlaux baenz binghnaek,
θoːŋ^{1} te^{1} pou^{4} laːu^{4} pan^{2} piŋ^{6} nak^{7}
两 他 老人 患 重病
两位老人患重病，

Vuz Mungj daekdaeuq (ciuqgoq) lumj lwgcing.
wu^{2} muŋ^{3} tak^{7} tau^{5} (ɕiːu^{5} ko^{5}) lum^{3} lɯk^{8} ɕiŋ^{1}
吴 猛 照料 似 婴儿
吴猛照料婴儿般。

Song de bouxlaux doengz gvaqseiq,
θoːŋ^{1} te^{1} pou^{4} laːu^{4} toŋ^{2} kwa^{5} θei^{5}
两 他 老人 同时 过世
他们二老同过世，

Caetcaet seiqgouj guh sangciengz.
ɕat^{7} ɕat^{7} θei^{5} kou^{3} ku^{6} θaːŋ^{1} ɕiːŋ^{2}
七七 四九 办 丧场
七七四九办丧场。

Daih Cibngeih Bien　Soucangh Hengzhauq
第十二篇　寿昌行孝

Genjdanh Gangj Neiyungz

Cuh Soucangh, sw (aen biedmingz ciuq mingzcoh hamzeiq lingh an) dwg Ganghsuz, vunz Sungcauz Denhcangz. Boh Cuh Soucangh heuhguh Cuh Cin, aeu miz yahlaux. Meh de Liuz si, dwg boux yahnoix boh de. Gij saeh Cuh Soucangh hauqgingq daxmeh haenx, ndaw saw lizsij sij miz.

Bien fwenhauq neix, lwnhgangj Cuh Soucangh dwg boux hauqceij gig mizmingz ndeu. De caet bi seiz, meh de deng yahlaux luenh haih, deng boh de boenq deuz, daj seizneix hwnj, meh lwg goetyiet faenliz geij cib bi.

Doeklaeng, Soucangh gauj ndaej guenvih, hoeng de fouzsim dang guen, doiq boh gangj yaek bae ra meh, hix daej daengz daxboh doengzeiq lo.

De ganj haw cunz mbanj bae ra meh, souh gaeuq cien haemz fanh hoj. Ngoenz ndeu, de youq Dungzcouh roeb fwnhung, haeuj conghgamj bae ndoj fwn seiz, yawjraen meh vunzlaux gai liu (fwnz) ndeu, ginggvaq song boux doxgangj, ndaej rox meh vunzlaux neix cingq dwg meh caenseng bonjfaenh, mehlwg cungjsuenq ndaej doxraen lo.

内容简介

朱寿昌，字康叔，宋朝天长人。朱寿昌的父亲叫朱巽，娶有正妻。其母刘氏是他父亲的小妾。朱寿昌孝敬母亲的事迹，史书有载。

本篇孝歌叙述朱寿昌是个很有名的孝子。他七岁时，母亲受到嫡母所害，被父亲抛弃，从此，母子骨肉分离几十年。

后来，寿昌考得官位，但他无心做官，对父亲说要去寻找母亲，得到了父亲同意。

他赶圩串乡寻找母亲，历尽千辛万苦。一天，他在同州遇到大雨，到岩洞躲雨时，看见一位卖柴的老妇，经双方沟通，知道她正是自己要找的亲生母亲，母子终于团圆。

Fwenlaegdin moix gawq haj cih

fuːn^{1} lak^{8} tin^{1} moːi^{4} kaɯ^{5} ha^{3} ɕi^{6}

五言勒脚歌

Danq gojsaeh Soucangh，
taːn^{5} ko^{3} θai^{6} θou^{1} ɕaːŋ^{6}
叹唱 故事 寿昌
叹寿昌故事，

Meh langh lwg lij nyaeq；
me^{6} laːŋ^{6} lɯk^{8} li^{3} ȵai^{5}
母亲 丢下 儿子 还 幼小
幼小娘分离；

Meh haq doek vunz gyae，
me^{6} ha^{5} tok^{7} wun^{2} kjai^{1}
娘 改嫁 落 人 远方
娘改嫁远方，

Gvaqlaeng ndaej mwngz gouq.
kwa^{5} laŋ^{1} ʔdai^{3} mɯŋ^{2} kou^{5}
后来 得到 你 救
后获救靠你。

Mehlaux sim doeg lai，
me^{6} laːu^{4} θim^{1} tok^{8} laːi^{1}
嫡母 心 毒 多
嫡母心太毒，

Caet bi ngaiz meh langh；
ɕat^{7} pi^{1} ŋaːi^{2} me^{6} laːŋ^{6}
七 岁 被 娘 丢下
七岁被娘弃；

Danq gojsaeh Soucangh，
taːn^{5} ko^{3} θai^{6} θou^{1} ɕaːŋ^{6}
叹唱 故事 寿昌
叹寿昌故事，

Meh langh lwg lij nyaeq；
me^{6} laːŋ^{6} lɯk^{8} li^{3} ȵai^{5}
母亲 丢下 儿子 还 幼小
从小娘分离。

Mehlaux ma suenqsoq，
me^{6} laːu^{4} ma^{1} θuːn^{5} θo^{5}
嫡母 来 算数
嫡母来算计，

Hawj boh soengq meh bae；
haɯ^{3} po^{6} θoŋ^{5} me^{6} pai^{1}
让 父 送 娘 去
让父赶娘去；

Meh haq　doek vunz　gyae，
me6　ha5　tok7　wun2　kjai1
娘　改嫁　落　人　远方
娘改嫁远方，

Gvaqlaeng ndaej mwngz gouq.
kwa5 laŋ1　ʔdai3　mɯŋ2　kou5
后来　得到　你　救
后获救靠你。

Fwen moix gawq caet cih

fɯːn1 moːi4 kaɯ5 ɕat7 ɕi6

七言歌

Heij souj youh daj yiengsoujdiuh，
hei3　θou3　jou6　ta3　jiːŋ1 θou3 tiːu6
起　首　又　打　香首调
起首又打香首调，

Ciuz neix coqyouq Sungqciuz guek，
ɕiːu2　nei4　ɕo5 jou5　θuŋ5 ɕiːu2　kuːk7
朝　这　处在　宋朝　国
本朝处在宋朝国，

Fuk souj youh daj fungh vanzsan.
fuk7　θou3　jou6　ta3　fuŋ6　waːn2 θaːn1
伏　首　又　打　奉　还山
伏首又打奉还山。

Ndaejnyi gyong'yag nauh mbouj dingz.
ʔdai3 ȵi1　kjoːŋ1 jaːk8　naːu6　ʔbou3　tiŋ2
听见　锣鼓　闹　不　停
听见锣鼓不停嚷。

Seng dwk gojsing diuh lingh yiengh，
θeːŋ1　tɯk7　ko3 θiŋ1　tiːu6　liŋ6　jiːŋ6
生　打　鼓声　调　另　样
生打鼓声调另样，

Ndaejnyi gyong'yag sing mbouj duenh，
ʔdai3 ȵi1　kjoːŋ1 jaːk8　θiŋ1　ʔbou3　tuːn6
听见　锣鼓　声　不　断
听见锣鼓声不断，

Soucangh hengzhauq gyangq sangdangz.
θou1 ɕaːŋ6　heːŋ2 haːu5　kjaːŋ5　θaːŋ1 taːŋ2
寿昌　行孝　降　丧堂
寿昌行孝降丧堂。

Swenx byoem hengzhauq gyangq sangciengz.
θɯːn4　pjom1　heːŋ2 haːu5　kjaːŋ5　θaːŋ1 ɕiːŋ2
散　发　行孝　降　丧场
散发行孝降丧场。

Ma daengz sangciengz hengz hauqngeih,
ma1 taŋ2 θa:ŋ1 ɕi:ŋ2 he:ŋ2 ha:u5 ŋei6
回 到 丧场 行 孝义
回到丧场行孝义，

Lingh hawj mehlaux ma danggya,
liŋ6 haɯ3 me6 la:u4 ma1 ta:ŋ1 kja1
另 让 嫡母 来 当家
另让嫡母来当家，

Dingq sae dingq dauh ciengq hangzcingz.
tiŋ5 θai1 tiŋ5 ta:u6 ɕi:ŋ5 ha:ŋ2 ɕiŋ2
听 师公 听 道公 唱 行情
听师听道唱情状。

Ndaq mwngz Soucangh mbouj caixhangz.
ʔda5 mɯŋ2 θou1 ɕa:ŋ6 ʔbou3 ɕa:i4 ha:ŋ2
骂 你 寿昌 不 在行
骂你寿昌不在行。

Bonj ciengq cienzvuengz bingq haujhanq,
po:n3 ɕi:ŋ5 ɕi:n2 wu:ŋ2 piŋ5 ha:u3 ha:n5
本 唱 前王 并 好汉
本唱前王和好汉，

Boh mwngz gaemyaenq bae guh hak,
po6 mɯŋ2 kam1 jan5 pai1 ku6 ha:k7
父 你 掌印 去 做 官
你父当官去掌印，

Danqciengq dangco bohmeh seng.
ta:n5 ɕi:ŋ5 ta:ŋ1 ɕo1 po6 me6 θe:ŋ1
叹唱 当初 父母 生
叹唱父母恩情长。

Langh song mehlwg gag youq ranz.
la:ŋ6 θo:ŋ1 me6 lɯk8 ka:k8 jou5 ɣa:n2
留下 两 母子 独自 在 家
留下母子在家里。

Bohmeh cingq seng mwngz lij iq,
po6 me6 ɕiŋ5 θe:ŋ1 mɯŋ2 li3 i5
父母 正 生下 你 还 小
父母生下你还小，

Cix danq mehlaux dungx baz yauq,
ɕi4 ta:n5 me6 la:u4 tuŋ4 pa2 ja:u5
就 叹唱 嫡母 肚(心肠) 她 坏
叹说嫡母心肠坏，

Boh aeu mih (meh) mwngz ma gan ranz.
po6 au1 mi6 (me6) mɯŋ2 ma1 ka:n1 ɣa:n2
父 娶 娘 你 来 管理 家庭
父娶你娘管日常。

Haethaemh saenqsouj bae daengz dangz.
hat7 ham6 θan5 θou3 pai1 taŋ2 ta:ŋ2
早晚 信守 去 到 堂
早晚信守到堂去。

Boh mwngz guh hak ae ndwi rox,
po^{6} mɯŋ^{2} ku^{6} haːk^{7} ai^{1} ʔdɯːi^{1} ɣo^{4}
父 你 做 官 他 不 知
你父当官他不知，

Goj caih mehlaux baenzlawz gangj.
ko^{3} ɕaːi^{6} me^{6} laːu^{4} pan^{2} laɯ^{2} kaːŋ^{3}
也 任由 嫡母 怎么 说
任由嫡母来话语。

Boh mwngz haemh ninz ae gag ngeix,
po^{6} mɯŋ^{2} ham^{6} nin^{2} ai^{1} kaːk^{8} ŋei^{4}
父 你 夜 睡 他 自 思量
你父夜睡自思量，

Couh hai sawceih soengq meh mwngz.
ɕou^{6} haːi^{1} θaɯ^{1} ɕei^{6} θoŋ^{5} me^{6} mɯŋ^{2}
就 开(写) 书文 送 娘 你
就下休书把娘弃。

Gai hawj bouxminz ranz sinhoj,
kaːi^{1} haɯ^{3} pou^{4} min^{2} ɣaːn^{2} θin^{1} ho^{3}
卖 给 贫民 家 辛苦
卖给贫民家穷苦，

Ngoenzngoenz gwn hoj bae ra fwnz.
ŋon^{2} ŋon^{2} kɯn^{1} ho^{3} pai^{1} ɣa^{1} fɯn^{2}
天天 吃 苦 去 找 柴
天天吃苦打柴去。

Boh mwngz guh guen dauq doiqvih,
po^{6} mɯŋ^{2} ku^{6} kuːn^{1} taːu^{5} toːi^{5} wi^{6}
父 你 做 官 回来 退位
你父当官退位时，

Lij ce yaenqgim hawj mwngz gaem.
li^{3} ɕe^{1} jan^{5} kim^{1} haɯ^{3} mɯŋ^{2} kam^{1}
还 留 金印 给 你 掌管
就把金印交给你。

Soucangh haiyienz bohlaux dauh,
θou^{1} ɕaːŋ^{6} haːi^{1} jiːn^{2} po^{6} laːu^{4} taːu^{6}
寿昌 开言 老父 道
寿昌开言老父道，

Mwngz mbaet coenzhauq dingq gou naeuz.
mɯŋ^{2} ʔbat^{7} ɕon^{2} haːu^{5} tiŋ^{5} kou^{1} nau^{2}
你 停 话 听 我 说
你不说话听我语。

Gou ndaej caet bi meh cix langh,
kou^{1} ʔdai^{3} ɕat^{7} pi^{1} me^{6} ɕi^{4} laːŋ^{6}
我 得 七 岁 母 就 丢下
我刚七岁母离去，

Mbouj rox cienqvangj daengz gizlawz.
ʔbou^{3} ɣo^{4} ɕiːn^{5} waːŋ^{3} taŋ^{2} ki^{2} laɯ^{2}
不 知 辗转 到 哪里
不知辗转到哪里。

Cingq meh caenseng gou ndwi leix,
ɕiŋ5 me6 ɕan1 θeːŋ1 kou1 ʔduːi1 lei4
真正 母亲 亲生 我 不 理
亲生母亲我不理，

Dauq bae gaem yaenq hix fouzcingz.
taːu5 pai1 kam1 jan5 hi4 fou2 ɕiŋ2
却 去 掌管 印 也 无情
却去掌印无情义。

Gou bae guh hak dauq yungzheih,
kou1 pai1 ku6 haːk7 taːu5 juŋ2 hei6
我 去 当 官 却 容易
我去当官可容易，

Cingzngeih mehlwg youq gizlawz?
ɕiŋ2 ŋei6 me6 lɯk8 jou5 ki2 laɯ2
情义 母子 在 哪里
母子情义在哪里？

Bohlaux haiyienz Soucangh dauh,
po6 laːu4 haːi1 jiːn2 θou1 ɕaːŋ6 taːu6
老父 开言 寿昌 道
老父开言寿昌道，

Mwngz mbaet coenzhauq dingq gou naeuz.
mɯŋ2 ʔbat7 ɕon2 haːu5 tiŋ5 kou1 nau2
你 停止 话儿 听 我 说
你不说话听我语。

Mwngz naeuz yunghsim swz guh hak,
mɯŋ2 nau2 juŋ6 θim1 θɯ2 ku6 haːk7
你 说 用心 辞 做 官
你说真心辞官位，

Caih mwngz cunzcaz ra meh mwngz.
ɕaːi6 mɯŋ2 ɕun2 ɕa2 ɣa1 me6 mɯŋ2
任由 你 巡查 寻找 母亲 你
任你寻找母亲去。

Soucangh ndaejnyi coenz yienghneix,
θou1 ɕaːŋ6 ʔdai3 ȵi1 ɕon2 jiːŋ6 nei4
寿昌 听到 句 这样
寿昌听到这一句，

Bae haw bae mbanj ra meh mwngz.
pai1 haɯ1 pai1 ʔbaːn3 ɣa1 me6 mɯŋ2
去 圩 去 村 寻 母 你
赶圩走乡寻母去。

Bae daengz gyang gai cuengqsing daej,
pai1 taŋ2 kjaːŋ1 kaːi1 ɕuːŋ5 θiŋ1 tai3
去 到 中间 街道 放声 哭
去到街上放声哭，

Mbouj rox maex lawz guh meh gou.
ʔbou3 ɣo4 mai4 laɯ2 ku6 me6 kou1
不 知 妇人 哪 做 母亲 我
不知谁是母亲你。

Baenzhwnz baenzhaemh okdaeuj daengj,
pan^{2} hɯn^{2} pan^{2} ham^{6} oːk^{7} tau^{3} taŋ^{3}
整晚 整夜 出来 等
夜以继日出来等，

Bae daengz Dungzcouh fwn cix roengz.
pai^{1} taŋ^{2} tuŋ^{4} ɕou^{6} fɯn^{1} ɕi^{4} ɣoŋ^{2}
去 到 同州 雨 就 落下
去到同州碰下雨。

Bae daengz Dungzcouh fwn dauq roengz,
pai^{1} taŋ^{2} tuŋ^{4} ɕou^{6} fɯn^{1} taːu^{5} ɣoŋ^{2}
去 到 同州 雨 又 落下
去到同州雨又大，

Mwngz haeuj conghngamz bae ndoj fwn.
mɯŋ^{2} hau^{3} ɕoːŋ^{6} ŋaːm^{2} pai^{1} ʔdo^{3} fɯn^{1}
你 进 岩洞 去 躲 雨
你到岩洞去躲避。

Mwngz haeuj laj ngamz bae yietnaiq,
mɯŋ^{2} hau^{3} la^{3} ŋaːm^{2} pai^{1} jiːt^{7} naːi^{5}
你 进 下面 岩洞 去 歇息
你到岩下去歇息，

Mehlaux gai fwnz mwngz muenghraen.
me^{6} laːu^{4} kaːi^{1} fɯn^{2} mɯŋ^{2} muːŋ^{6} ɣan^{1}
老妇 卖 柴 你 望见
望见老妇卖柴去。

Mehlaux rap fwnz ndang youh mbaeq,
me^{6} laːu^{4} ɣaːp^{7} fɯn^{2} ʔdaːŋ^{1} jou^{6} ʔbai^{5}
老妇 挑 柴 身 又 湿
卖柴老妇衣服湿，

Baz liux daej hoj youh daej mbwn.
pa^{2} liːu^{4} tai^{3} ho^{3} jou^{6} tai^{3} ʔbɯn^{1}
老妇 了 哭 苦 又 哭 天
老妇诉苦哭天地。

Baz liux daej hoj ienq mbwnndaen,
pa^{2} liːu^{4} tai^{3} ho^{3} iːn^{5} ʔbɯn^{1}ʔdan^{1}
老妇 了 哭 苦 怨 天地
老妇哭苦怨天地，

Gonq guh yahyaenq neix gai fwnz.
koːn^{5} ku^{6} ja^{6} jan^{5} nei^{4} kaːi^{1} fɯn^{2}
以前 做 官妻 现在 卖 柴
以前官妻今柴女。

Cingq louz diuzmingh gou langhsang,
ɕiŋ^{5} lou^{2} tiːu^{2}miŋ^{6} kou^{1} laːŋ^{6} θaːŋ^{1}
正好 留下 条命 我 高大
正好留下我命大，

Seng ndaej Soucangh bae guhguen.
θeːŋ^{1} ʔdai^{3} θou^{1} ɕaːŋ^{6} pai^{1} ku^{6} kuːn^{1}
生 得 寿昌 去 当官
生下寿昌当官吏。

Soucangh bae daengz saeb roengzgvih,
θou1 ɕaːŋ6 pai1 taŋ2 θap8 ɣoŋ2 kwi6
寿昌 去 到 立即 下跪
寿昌去到即下跪，

Raemxda fifi doek lumj fwn.
ɣam4 ta1 fi1 fi1 tok7 lum3 fɯn1
眼泪 纷纷 落 似 雨
眼泪纷纷似雨来。

Mehlaux haiyienz sienggoeng dauh,
me6 laːu4 haːi1 jiːn2 θiːŋ1 koŋ1 taːu6
老妇 开言 相公 道
老妇开言相公道，

Neix mwngz daeuj gvih vihmaz aen?
nei4 mɯŋ2 tau3 kwi6 wi6 ma2 an1
这 你 来 跪 为何 原因
你今跪我因何在？

Sienggoeng haiyienz mehlaux dauh,
θiːŋ1 koŋ1 haːi1 jiːn2 me6 laːu4 taːu6
相公 开言 老妇 道
相公开言老妇道，

Neix mwngz mbaet hauq dingq gou naeuz.
nei4 mɯŋ2 ʔbat7 haːu5 tiŋ5 kou1 nau2
这 你 停下 话儿 听 我 说
你就不讲我说开。

Gonq mwngz yienghlawz dwg yahyaenq,
koːn5 mɯŋ2 jiːŋ6 law2 tɯk8 ja6 jan5
以前 你 如何 是 官妻
以前如何是官妻，

Neix mwngz nyaenmaz dwg gai fwnz?
nei4 mɯŋ2 ȵan1 ma2 tɯk8 kaːi1 fɯn2
如今 你 因何 是 卖 柴
如今为何去卖柴？

Yahlaux haiyienz sienggoeng dauh,
ja6 laːu4 haːi1 jiːn2 θiːŋ1 koŋ1 taːu6
老妇 开言 相公 道
老妇开言相公道，

Mwngz mbaet coenzhauq dingq gou naeuz.
mɯŋ2 ʔbat7 ɕon2 haːu5 tiŋ5 kou1 nau2
你 停止 话儿 听 我 说
你不说话听我谈。

Gonq gou mingh ndei doek haklaux,
koːn5 kou1 miŋ6 ʔdei1 tok7 haːk7 laːu4
以前 我 命 好 嫁入 大官
前我命好嫁大官，

Neix daengz yinhyauq doek bouxminz.
nei4 taŋ2 jin6 jaːu5 tok7 pou4 min2
如今 到 运孬 入 贫民
如今命孬贫民伴。

Neix doek bouxminz ranz hoj lai,
nei^{4} tok^{7} pou^{4} min^{2} ɣaːn^{2} ho^{3} laːi^{1}
如今 嫁给 贫民 家 穷苦 多
嫁给贫民太穷困，

Ngoenzngoenz gai fwnz ma ciengx mingh.
ŋon^{2} ŋon^{2} kaːi^{1} fɯn^{2} ma^{1} ɕiːŋ^{4} miŋ^{6}
天天 卖 柴 来 养 命
天天卖柴换口饭。

Cingq louz diuzmingh gou langhsang,
ɕiŋ^{5} lou^{2} tiːu^{2}miŋ^{6} kou^{1} laːŋ^{6} θaːŋ^{1}
正好 留 条命 我 高大
正好我命还算大，

Seng ndaej Soucangh caet bi buenq.
θeːŋ^{1} ʔdai^{3} θou^{1} ɕaːŋ^{6} ɕat^{7} pi^{1} puːn^{5}
生 得 寿昌 七 岁 半
生下寿昌七岁半。

Caet bi lwgnyez gou cix langh,
ɕat^{7} pi^{1} lɯk^{8} ȵe^{2} kou^{1} ɕi^{4} laːŋ^{6}
七 岁 小孩 我 就 丢下
七岁小孩我丢下，

Mbouj rox Soucangh youq gizlawz.
ʔbou^{3} ɣo^{4} θou^{1} ɕaːŋ^{6} jou^{5} ki^{2} laɯ^{2}
不 知 寿昌 在 哪里
不知寿昌在哪里。

Aenvih yahlaux guh gveijgvaiq,
an^{1} wi^{6} ja^{6} laːu^{4} ku^{6} kwei^{3} kwaːi^{5}
因为 正妻 弄 诡怪
因为正妻弄诡怪，

Meh lwg fanh daih mbouj doxraen.
me^{6} lɯk^{8} faːn^{6} taːi^{6} ʔbou^{3} to^{4} ɣan^{1}
母 子 万 代 不 相见
母子万代难相聚。

Soucangh gvih daej meh ha meh,
θou^{1} ɕaːŋ^{6} kwi^{6} tai^{3} me^{6} ha^{1} me^{6}
寿昌 跪 哭 娘 啊 娘
寿昌跪哭娘啊娘，

Meh lwg cienzseiq miz aenyienz.
me^{6} lɯk^{8} ɕiːn^{2} θei^{5} mi^{2} an^{1} jiːn^{2}
母 子 前世 有 因缘
母子前世有缘系。

Neix gou cingq hix guh Soucangh,
nei^{4} kou^{1} ɕiŋ^{5} hi^{4} ku^{6} θou^{1} ɕaːŋ^{6}
这 我 正 也 叫做 寿昌
我名正是叫寿昌，

Gou liux cienqvangj daeuj ra mwngz.
kou^{1} liːu^{4} ɕiːn^{5} waːŋ^{3} tau^{3} ɣa^{1} mɯŋ^{2}
我 了 奔波 来 找 你
我在奔波寻找你。

Ae vunz bae gauj ndaej guenvih,
ai1 wun2 pai1 ka:u3 ʔdai3 ku:n1 wi6
他 人 去 考 得 官位
他去应考得官位，

Maranz baiqgvih meh caenseng.
ma1 ɣa:n2 pa:i5 kwi6 me6 ɕan1 θe:ŋ1
回家 拜跪 母 亲生
回家拜跪生母你。

Neix boh hawj gou guh guenhak,
nei4 po6 haɯ3 kou1 ku6 ku:n1 ha:k7
这 父亲 让 我 当 大官
父亲让我去当官，

Gou gag aj bak raemxda roengz.
kou1 ka:k8 a3 pa:k7 ɣam4 ta1 ɣoŋ2
我 自 开 口 眼泪 下
我自开口泪依依。

Gou liux guenvih caenh mbouj ngeix,
kou1 li:u4 ku:n1 wi6 ɕan6 ʔbou3 ŋei4
我 了 官位 总 不 思
我对官位都不想，

Bae haw bae seih daeuj ra mwngz.
pai1 haɯ1 pai1 θei6 tau3 ɣa1 mɯŋ2
去 圩 去 市 来 找 你
走圩串乡来找你。

Lwg liux raen meh got de daej,
lɯk8 li:u4 ɣan1 me6 ko:t7 te1 tai3
儿 了 见 母亲 抱 她 哭
儿见母亲抱她哭，

Meh baez raen lwg sim yaek mih.
me6 pai2 ɣan1 lɯk8 θim1 jak7 mi6
母 一 见 儿子 心 要 烂
母见儿子欲昏去。

Ndaej meh ma daengz cix gaemyaenq,
ʔdai3 me6 ma1 taŋ2 ɕi4 kam1 jan5
得 娘 回来 到 就 掌印
带娘回来就掌印，

Beksingq bouxboux gaenx nabliengz.
pe:k7 θiŋ5 pou4 pou4 kan4 na:p8 li:ŋ2
百姓 个个 勤 纳粮
百姓个个勤纳粮。

Ngoenzhoengq ngoenzndwi mbouj gamj daez,
ŋon2 hoŋ5 ŋon2 ʔdɯ:i1 ʔbou3 ka:m3 tai2
空日 闲日 不 敢 提
空日闲日不敢提，

Cien ngeix fanh muengh mbouj gamj ciengq.
ɕi:n1 ŋei4 fa:n6 mu:ŋ6 ʔbou3 ka:m3 ɕi:ŋ5
千 思念 万 渴望 不 敢 唱
千万渴望不敢唱。

Daih Cibsam Bien Vangz Siengz Hengzhauq
第十三篇 王祥行孝

Genjdanh Gangj Neiyungz

Vangz Siengz (185 — 269 nienz), sw (aen biedmingz ciuq mingzcoh hamzeiq lingh an) Youhcwngh, vunz Sihcin Langzyaz (seizneix Sanhdungh Linzyiz), ginglig gvaq Han、Vei、Sihcin sam daih. Aenvih hengzhauq cix okmingz.

Bien fwenhauq neix, lwnhgangj Vangz Siengz hauqgingq mehlaeng gij saeh gamjdoengh vunz neix. Vangz Siengz lij iq mehseng couh dai, boh de caiq aeu yah. Mehlaeng daiqndang haq daeuj, seng Vangz Lanj, hix couh dwg daegnuengx Vangz Siengz. Mehlaeng mbouj gyaez Vangz Siengz, hoeng Vangz Siengz gig dingqcoengz gij vah mehlaeng, mehlaeng heuh de guh gijmaz saeh, de cungj caenhrengz guh ndei.

Hoeng mehlaeng cix lai baez bikhaih Vangz Siengz: It dwg, hawj Vangz Siengz hen gomaenj. Vangz Siengz ndaej 12 bi ngoenz ndeu, mehlaeng hawj de bae hen gomaenj mak gaenq baenz haenx, mbouj hawj saek aen mak loenq roengz gwnz namh, danghnaeuz miz mak loenq, couh deng hoenx. Vangz Siengz gvih laj gomaenj daej, gamjdoengh le Nyawhdaeq, Nyawhdaeq baij Gveijsaeh daeuj caz rox yienzaen le, couh bang de baujmaenh mbouj hawj mak loenq. Ngeih dwg, Vangz Siengz ninz gwnz daemz gouz byaleix. Youq seizdoeng labnyied, mehlaeng yaek gwn byaleix. Vangz Siengz sohsoh bae ninz youq ndaw daemz caj bya, hauqhengz gamjdoengh diendeih, byaleix gag diuq hwnj henz daemz, de couh gaeb dawz song duz byaleix, soengq hawj mehlaeng gwn. Sam dwg, Vangz Siengz gaeb roegleih (coh duzroeg). Mehlaeng caiq diunanz Vangz Siengz, naeuz yaek gwn noh roegleih. Daengz gizlawz bae aeu roegleih ne? Vangz Siengz daej gig siliengz, gamjdoengh gwnzmbwn, gwnzmbwn vaq guh roegleih mbin daeuj. Vangz Siengz gaeb roegleih baema, cawj hawj mehlaeng gwn, mehlaeng cix dauq naeuz Vangz Siengz hawj de gwn nohgaeq dai. Seiq dwg, mehlaeng boenq Vangz Siengz bae riengz caeg gvaq saedceij. Vangz Siengz roeb daengz caeg seiz, caegdaeuz rox Vangz Siengz caenhsim hengzhauq le, couh faen ngaenz faen haeux hawj de, dawz ma ciengx mehlaeng. Haj dwg, mehlaeng doeghaih Vangz Siengz. Mehlaeng cuengq ywdoeg roengz ndaw laeuj bae, yaek doeg dai Vangz Siengz, caeklaiq miz Vangz Lanj daegnuengx neix daeuj bang, cij ndaej bauj mingh.

内容简介

王祥(185 — 269 年),字休征,西晋琅琊(今山东临沂)人,历经汉、魏、西晋三代。以孝著称。本篇孝歌叙述王祥孝敬继母的感人事件。王祥幼年生母去世,父亲再娶。后母带孕嫁来,生下王览,即王祥的弟弟。后母不喜欢王祥,可是王祥很听从后母的话,后母叫他做的事,他都尽力办好。

但后母却多次迫害王祥:其一,让王祥守李树。王祥十二岁的一天,后母要他看守一棵果子成熟的李树,不能让一个李果掉到地上,如有果掉,就要挨打。王祥在果树下跪哭,感动了玉帝,玉帝派鬼士来探知缘由后,帮他保住李果不落。其二,王祥卧塘求鲤。在寒冬腊月,后母要吃鲤鱼。王祥只好赤膊睡在塘里等鱼,孝行感动天地,鲤鱼自跳到塘边,他就抓两条鲤鱼送给后母吃。其三,王祥抓利鸟(鸟名)。后母再刁难王祥,说要吃利鸟肉。到哪去要利鸟呢?王祥悲哭,感动苍天,苍天化作利鸟飞来。王祥抓利鸟回去,煮给后母吃,后母却说王祥给他吃死鸡肉。其四,后母赶王祥去跟贼人过活。王祥遇到贼人时,贼头知道王祥尽心行孝,就分钱分粮给他,让他拿去供养后母。其五,后母毒害王祥。后母放毒药到酒里,要毒死王祥,幸好得到弟弟王览帮他解围。

Fwenlaegdin moix gawq haj cih

fɯːn¹ lak⁸ tin¹ moːi⁴ kauɯ⁵ ha³ ɕi⁶

五言勒脚歌

Vangz Siengz dungx coengmingz,
waːŋ² θiːŋ² tuŋ⁴ ɕoŋ¹ miŋ²
王 祥 肚(脑) 聪明
王祥脑聪明,

Cungsim hengz hauqngeih;
ɕuŋ¹ θim¹ heːŋ² haːu⁵ ŋei⁶
忠心 行 孝义
诚心行孝义;

Meh yaek gwn byaleix,
me⁶ jak⁷ kɯn¹ pja¹ lei⁴
娘 要 吃 鲤鱼
娘要吃鲤鱼,

Roengzgvih daej gouz mbwn.
ɣoŋ² kwi⁶ tai³ kou² ʔbɯn¹
下跪 哭 求 天
跪哭求天地。

Labnyied gouz byaleix,
laːp⁸ ȵiːt⁸ kou² pja¹ lei⁴
腊月 求 鲤鱼
腊月求鲤鱼,

Aeu gijneix boizcingz;
au¹ ki³ nei⁴ poːi² ɕiŋ²
要 这些 还情
以此还情意;

Vangz Siengz dungx coengmingz,
waːŋ² θiːŋ² tuŋ⁴ ɕoŋ¹ miŋ²
王 祥 肚(脑) 聪明
王祥脑聪明,

Cungsim hengz hauqngeih;
ɕuŋ¹ θim¹ heːŋ² haːu⁵ ŋei⁶
忠心 行 孝义
诚心行孝义。

Gyaez mehlaux cibfaen,
kjai² me⁶ laːu⁴ ɕip⁸ fan¹
爱 老母 十分
十分爱母亲,

Dwen daengz raemxda lae;
tɯːn¹ taŋ² ɣam⁴ ta¹ lai¹
提 到 眼泪 流
提到泪淋漓;

Meh yaek gwn byaleix,
me^{6} jak^{7} kɯn^{1} pja^{1} lei^{4}
娘 要 吃 鲤鱼
娘要吃鲤鱼，

Roengzgvih daej gouz mbwn.
ɣoŋ^{2} kwi^{6} tai^{3} kou^{2} ʔbɯn^{1}
下跪 哭 求 天
跪哭求天地。

Fwen moix gawq caet cih

fɯːn^{1} moːi^{4} kaɯ^{5} ɕat^{7} ɕi^{6}

七言歌

Heij souj youh daj yiengsoujdiuh,
hei^{3} θou^{3} jou^{6} ta^{3} jiːŋ^{1} θou^{3} tiːu^{6}
起 首 又 打 香首调
起首又打香首调，

Ciuz neix coqyouq Cinqciuz guek,
ɕiːu^{2} nei^{4} ɕo^{5} jou^{5} ɕin^{5} ɕiːu^{2} kuːk^{7}
朝 这 处在 晋朝 国
本朝处在晋朝国，

Fuk souj youh daj fungh siuyieng.
fuk^{7} θou^{3} jou^{6} ta^{3} fuŋ^{6} θiːu^{1} jiːŋ^{1}
伏 首 又 打 奉 烧香
伏首又打奉烧香。

Ndaejnyi gyong'yag nauh mbouj dingz.
ʔdai^{3} ɲi^{1} kjoːŋ^{1} jaːk^{8} naːu^{6} ʔbou^{3} tiŋ^{2}
听见 锣鼓 闹 不 停
听见锣鼓闹嚷嚷。

Seng dwk gojsing diuh lingh yiengh,
θeːŋ^{1} tɯk^{7} ko^{3} θiŋ^{1} tiːu^{6} liŋ^{6} jiːŋ^{6}
生 打 鼓声 调 另 样
生打鼓声调另样，

Ndaejnyi gyong'yag sing mbouj duenh,
ʔdai^{3} ɲi^{1} kjoːŋ^{1} jaːk^{8} θiŋ^{1} ʔbou^{3} tuːn^{6}
听见 锣鼓 声 不 断
听见锣鼓声不断，

Vangz Siengz hengzhauq lwnh gaenyienz.
waːŋ^{2} θiːŋ^{2} heːŋ^{2} haːu^{5} lɯn^{6} kan^{1} jiːn^{2}
王 祥 行孝 论 根源
王祥行孝论根源。

Swenx byoem hengzhauq gyangq sangciengz.
θɯːn^{4} pjom^{1} heːŋ^{2} haːu^{5} kjaːŋ^{5} θaːŋ^{1} ɕiːŋ^{2}
散 发 行孝 降 丧场
散发行孝降丧场。

Bonj ciengq cienzvuengz bingq haujhanq,
poːn^{3} ɕiːŋ^{5} ɕiːn^{2} wuːŋ^{2} piŋ^{5} haːu^{3} haːn^{5}
本 唱 前王 并 好汉
本唱前王和好汉，

Danqciengq dangco bohmeh seng.
taːn^{5} ɕiːŋ^{5} taːŋ^{1} ɕo^{1} po^{6} me^{6} θeːŋ^{1}
叹唱 当初 父母 生
叹唱感恩亲父母。

Bohmeh cingq seng mwngz lij ning,
po^{6} me^{6} ɕiŋ^{5} θeːŋ^{1} mɯŋ^{2} li^{3} niŋ^{1}
父母 正 生 你 还 幼小
父母生下你还小，

Mehlaux saetmingh bae gviyaem.
me^{6} laːu^{4} θat^{7} miŋ^{6} pai^{1} kwi^{1} jam^{1}
老母 丧命 去 归阴
老母丧命去阴府。

Mehlaux saetmingh bae gviguq,
me^{6} laːu^{4} θat^{7} miŋ^{6} pai^{1} kwi^{1} ku^{5}
老母 失命 去 归故
老母失命去归故，

Ce mwngz guh gyax ciengx boh mwngz.
ɕe^{1} mɯŋ^{2} ku^{6} kja^{4} ɕiːŋ^{4} po^{6} mɯŋ^{2}
留 你 做 孤儿 养 父 你
留你一人养老父。

Boh mwngz guh maiq mwngz lij oiq,
po^{6} mɯŋ^{2} ku^{6} maːi^{5} mɯŋ^{2} li^{3} oːi^{5}
父 你 做 孤寡 你 还 幼小
你父孤寡你还小，

Roih aeu maex neix ma gan ranz.
ɣoːi^{6} au^{1} mai^{4} nei^{4} ma^{1} kaːn^{1} ɣaːn^{2}
他 娶 妻子 这 来 管 家
他娶后妻来管顾。

3

Aeu ndaej maex neix ndang daiqfuk,
au^{1} ʔdai^{3} mai^{4} nei^{4} ʔdaːŋ^{1} taːi^{5} fuk^{7}
娶 得 妻子 这 身 带孕
娶来后妻身带孕，

Seng ndaej roih lwg guh Vangz Lanj.
θeːŋ^{1} ʔdai^{3} ɣoːi^{6} lɯk^{8} ku^{6} waːŋ^{2} laːn^{3}
生 得 个 儿子 叫做 王 览
生下儿子叫王览。

Seng ndaej roih nuengx cib'itngeih,
θeːŋ^{1} ʔdai^{3} ɣoːi^{6} nuːŋ^{4} ɕip^{8} it^{7} ŋei^{6}
生 得 个 弟 十一二
生个弟弟十一二，

Goj ndaq roih beix mbouj caixhangz.
ko^{3} ʔda^{5} ɣoːi^{6} pei^{4} ʔbou^{3} ɕaːi^{4} haːŋ^{2}
也 骂 个 哥 不 在行
也骂大哥不在行。

Goj naeuz Vangz Siengz mbouj roxleix，
ko^{3} nau^{2} waːŋ^{2} θiːŋ^{2} ʔbou^{3} ɣo^{4}lei^{4}
也 说 王 祥 不 懂理
也说王祥不懂理，

Fugsaeh bohmeh mbouj daengz dangz.
fuk^{8} θai^{6} po^{6} me^{6} ʔbou^{3} taŋ^{2} taːŋ^{2}
服侍 父母 不 到 堂
服侍父母不到堂。

Cix danq meh neix dungxsaej haeu，
ɕi^{4} taːn^{5} me^{6} nei^{4} tuŋ^{4} θai^{3} hau^{1}
只 叹 娘 这 肚肠 臭
只叹这娘心肠孬，

Hawj mwngz bae souj gomakmaenj.
haɯ^{3} mɯŋ^{2} pai^{1} θou^{3} ko^{1}maːk^{7} man^{3}
让 你 去 守 棵李树
让你李树下照看。

Hawj mwngz got goek mbouj hawj doengh，
haɯ^{3} mɯŋ^{2} koːt^{7} kok^{7} ʔbou^{3} haɯ^{3} toŋ^{6}
让 你 抱 树干 不 让 动
让你抱树不许动，

Gaej hawj mak loenq meh yaek gwn.
kai^{3} haɯ^{3} maːk^{7} lon^{5} me^{6} jak^{7} kɯn^{1}
不 让 果 掉 娘 要 吃
不让果掉娘要啖。

Lwgmak langh doek daeuj daengz laj，
lɯk^{8}maːk^{7} laːŋ^{6} tok^{7} tau^{3} taŋ^{2} la^{3}
果子 若 掉 来 到 下面
要是李果掉下来，

Dubdaj Vangz Siengz mbouj louzcingz.
tup^{8} ta^{3} waːŋ^{2} θiːŋ^{2} ʔbou^{3} lou^{2} ɕiŋ^{2}
殴打 王 祥 不 留情
毫不留情打王祥。

Vangz Siengz ndaejnyi coenz yienghneix，
waːŋ^{2} θiːŋ^{2} ʔdai^{3} ȵi^{1} ɕon^{2} jiːŋ^{6} nei^{4}
王 祥 听到 句 这样
王祥听到这句话，

Lienzseiz bae gvih gomakmaenj.
liːn^{2} θei^{2} pai^{1} kwi^{6} ko^{1}maːk^{7} man^{3}
连忙 去 跪 棵李树
连忙跪树多心伤。

Hoq mwngz hix gvih bak hix daej，
ho^{5} mɯŋ^{2} hi^{4} kwi^{6} paːk^{7} hi^{4} tai^{3}
膝盖 你 也 跪 嘴 也 哭
你边跪下边悲哭，

Doengh daengz Nyawhdaeq gwnzmbwn sang.
toŋ^{6} taŋ^{2} ȵaɯ^{6} tai^{5} kɯn^{2} ʔbɯn^{1} θaːŋ^{1}
感动 到 玉帝 天上 高
感动玉帝高天上。

Nyawhdaeq gwnzmbwn cingq roxleix,
ȵaɯ^{6} tai^{5} kɯn^{2} ʔbɯn^{1} ɕiŋ^{5} ɣo^{4} lei^{4}
玉帝 天上 正 知理
天上玉帝很知理，

Youh cai Gveijsaeh roengzdaeuj cam.
jou^{6} ɕaːi^{1} kwei^{3} θai^{6} ɣoŋ^{2} tau^{3} ɕaːm^{1}
又 差(派) 鬼士 下来 问
派来鬼士问底细。

Gveijsaeh roengzdaeuj couh naj muengh,
kwei^{3} θai^{6} ɣoŋ^{2} tau^{3} ɕou^{6} na^{3} muːŋ^{6}
鬼士 下来 就 脸 望
鬼士下来就望去，

Goj raen Vangz Siengz gvih gomaenj.
ko^{3} ɣan^{1} waːŋ^{2} θiːŋ^{2} kwi^{6} ko^{1} man^{3}
可 见 王 祥 跪 李树
看见王祥跪树底。

Gveijsaeh haiyienz Vangz Siengz nyi,
kwei^{3} θai^{6} haːi^{1} jiːn^{2} waːŋ^{2} θiːŋ^{2} ȵi^{1}
鬼士 开言 王 祥 听见
鬼士开言王祥道，

Nyaenmaz daeuj gvih gomakmaenj?
ȵan^{1} ma^{2} tau^{3} kwi^{6} ko^{1} maːk^{7} man^{3}
因何 来 跪 李树
为何跪树在这里？

Vangz Siengz haiyienz Gveijsaeh dauh,
waːŋ^{2} θiːŋ^{2} haːi^{1} jiːn^{2} kwei^{3} θai^{6} taːu^{6}
王 祥 开言 鬼士 道
王祥开言鬼士道，

Diensiengh baedlaux dingq gou naeuz.
tiːn^{1} θiːŋ^{6} pat^{8} laːu^{4} tiŋ^{5} kou^{1} nau^{2}
天上 佛老 听 我 说
天上佛老听我叙。

Nyaenmaz meh gou baenz hengzvang,
ȵan^{1} ma^{2} me^{6} kou^{1} pan^{2} heːŋ^{2} waːŋ^{1}
因何 娘 我 这么 横行
为何我娘心恁狠，

Hawj gou Vangz Siengz souj makmaenj?
haɯ^{3} kou^{1} waːŋ^{2} θiːŋ^{2} θou^{3} maːk^{7} man^{3}
让 我 王 祥 守 李果
让我王祥守李树？

Hawj gou got goek gaej hawj doengh,
haɯ^{3} kou^{1} koːt^{7} kok^{7} kai^{3} haɯ^{3} toŋ^{6}
让 我 抱 树干 别 给 动
让我抱树不许动，

Mbouj hawj mak loenq meh yaek gwn.
ʔbou^{3} haɯ^{3} maːk^{7} lon^{5} me^{6} jak^{7} kɯn^{1}
不 让 果 掉 娘 要 吃
娘要吃果别掉土。

Lwgmak loenq daengz baihlaj daeuj,
lɯk8 maːk7 lon5 taŋ2 paːi6 la3 tau3
果子 掉 到 下面 来
李果掉下到地面，

Dubdaj Vangz Siengz mbouj louzcingz.
tup8 ta3 waːŋ2 θiːŋ2 ʔbou3 lou2 ɕiŋ2
抽打 王 祥 不 留情
打我王祥不饶恕。

Gveijsaeh ndaejnyi coenz yienghneix,
kwei3 θai6 ʔdai3 ȵi1 ɕon2 jiːŋ6 nei4
鬼士 听到 句 这样
鬼士听到这样说，

Lajdeih Vangz Siengz miz raen nanh.
la3 tei6 waːŋ2 θiːŋ2 mi2 ɣan1 naːn6
世间 王 祥 有 见 难
世间王祥有难处。

Meh neix vunz rwix sim mbouj ndei,
me6 nei4 wun2 ɣɯːi4 θim1 ʔbou3 ʔdei1
母亲 这 人 怀 心 不 好
这个母亲心肠毒，

Hawj lwg bae souj gomakmaenj.
haɯ3 lɯk8 pai1 θou3 ko1 maːk7 man3
让 儿 去 守 李树
让儿去守李果树。

Souj gomakmaenj mbouj hawj doengh,
θou3 ko1 maːk7 man3 ʔbou3 haɯ3 toŋ6
守 李树果 不 让 动
守李树果不让动，

Gaej hawj mak loenq meh yaek gwn.
kai3 haɯ3 maːk7 lon5 me6 jak7 kɯn1
别 让 果 掉 娘 要 吃
娘要吃果别落土。

Langh miz lwgmak loenq daengz laj,
laːŋ6 mi2 lɯk8 maːk7 lon5 taŋ2 la3
若 有 果子 掉 到 下面
若有李果掉地面，

Daj roih Vangz Siengz mbouj louzcingz.
ta3 ɣoːi6 waːŋ2 θiːŋ2 ʔbou3 lou2 ɕiŋ2
打 他 王 祥 不 留情
打他王祥全不顾。

Vangz Siengz ndaejnyi coenz yienghnix (yienghneix),
waːŋ2 θiːŋ2 ʔdai3 ȵi1 ɕon2 jiːŋ6 ni4 (jiːŋ6 nei4)
王 祥 听见 句 这样
王祥听见这些话，

Gwnz cix doiq fwj laj doiq rum.
kɯn2 ɕi4 toːi5 fɯ3 la3 toːi5 ɣum1
上 就 对 云 下 对 草
上对云下对草木。

Mbouj hawj fanjrumz doek dauqlaj,
ʔbou^{3} haɯ^{3} fa:n^{3} ɣum^{2} tok^{7} ta:u^{5} la^{3}
不 让 反风 掉 下面
不让反风掉下来，

Mbouj hawj mak loenq maj (meh) yaek gwn.
ʔbou^{3} haɯ^{3} ma:k^{7} lon^{5} ma^{3} (me^{6}) jak^{7} kɯn^{1}
不 让 果子 掉 娘 要 吃
不让果掉娘尝鲜。

Souj ndaej it caet mak ndwi loenq,
θou^{3} ʔdai^{3} it^{7} ɕat^{7} ma:k^{7} ʔdɯ:i^{1} lon^{5}
守 得 一 七 果 没 掉
守了七天果没掉，

Baz doenq gyangdangz youh fanjsim.
pa^{2} ton^{5} kja:ŋ^{1} ta:ŋ^{2} jou^{6} fa:n^{3} θim^{1}
娘 退到 中间厅堂 又 变心
娘到厅中心就变。

Baz liux lienzseiz haenq dieneiq,
pa^{2} li:u^{4} li:n^{2} θei^{2} han^{5} ti:n^{1} ei^{5}
她 了 立即 恨 天意
她就立即恨天意，

Naeuz aeu byaleix soengq baz gwn.
nau^{2} au^{1} pja^{1} lei^{4} θoŋ^{5} pa^{2} kɯn^{1}
说 要 鲤鱼 送 她 吃
要吃鲤鱼送快点。

Vangz Siengz lienzseiz cuengqsing daej,
wa:ŋ^{2} θi:ŋ^{2} li:n^{2} θei^{2} ɕu:ŋ^{5} θiŋ^{1} tai^{3}
王 祥 当即 放声 哭
王祥当即放声哭，

Aeu ndaej yienghneix lij yienghde.
au^{1} ʔdai^{3} ji:ŋ^{6} nei^{4} li^{3} ji:ŋ^{6} te^{1}
要 得 这样 还 那样
办完这件又那件。

Saeng liux mbouj saeng mbaek mbouj mbaek,
θaŋ^{1} li:u^{4} ʔbou^{3} θaŋ^{1} ʔbak^{7} ʔbou^{3} ʔbak^{7}
罾 了 没有 罾 捞网 没有 捞网
罾也没罾网没网，

Yienghlawz bae daek aeu byaleix?
ji:ŋ^{6} laɯ^{2} pai^{1} tak^{7} au^{1} pja^{1} lei^{4}
怎样 去 捕 要 鲤鱼
怎样捕到那鲤鱼？

Labnyied daihhanz raemx cix gvangq,
la:p^{8} ȵi:t^{8} ta:i^{6} ha:n^{2} ɣam^{4} ɕi^{4} kwa:ŋ^{5}
腊月 大寒 水 又 宽
腊月大寒水面宽，

Duet ndang loengzlingh ninz gyang daemz.
tu:t^{7} ʔda:ŋ^{1} loŋ^{2} liŋ^{6} nin^{2} kja:ŋ^{1} tam^{2}
脱 衣 赤膊 睡 中间 塘
脱衣赤膊睡塘里。

Lajdeih gwnzmbwn cingq rox ngeix,
la^{3} tei^{6} kɯn^{2} ʔbɯn^{1} ɕiŋ^{5} ɣo^{4} ŋei^{4}
地下 天上 正 会 想
天上地下正作美，

Vaqguh byaleix diuq hwnj haenz.
wa^{5} ku^{6} pja^{1} lei^{4} tiːu^{5} hɯn^{3} han^{2}
化作 鲤鱼 跳 上 岸
化作鲤鱼跳岸急。

Vangz Siengz gaeujraen dauq vuenheij,
waːŋ^{2} θiːŋ^{2} kau^{3} ɣan^{1} taːu^{5} wuːn^{1} hei^{3}
王 祥 看见 又 欢喜
王祥看见可欢喜，

Aeu doiq byaleix soengq meh gwn.
au^{1} toːi^{5} pja^{1} lei^{4} θoŋ^{5} me^{6} kɯn^{1}
要 一对 鲤鱼 送 娘 吃
要对鲤鱼送娘去。

Meh gwn byaleix ndaej yienzbeih,
me^{6} kɯn^{1} pja^{1} lei^{4} ʔdai^{3} jiːn^{2} pei^{6}
娘 吃 鲤鱼 得 完毕
娘吃鲤鱼完之后，

Naeuz aeu roegleih soengq meh gwn.
nau^{2} au^{1} ɣok^{8} lei^{6} θoŋ^{5} me^{6} kɯn^{1}
说 要 利鸟 送 娘 吃
要吃利鸟娘又说。

Vangz Siengz lienzseiz cuengqsing daej,
waːŋ^{2} θiːŋ^{2} liːn^{2} θei^{2} ɕuːŋ^{5} θiŋ^{1} tai^{3}
王 祥 立即 放声 哭
王祥当场放声哭，

Naeuz aeu roegleih gouq ha mbwn.
nau^{2} au^{1} ɣok^{8} lei^{6} kou^{5} ha^{1} ʔbɯn^{1}
说 要 利鸟 救 呀 天
说要利鸟天救我。

Boenq gaeq roengz riengh caenh ndwi ndaej,
pon^{5} kai^{5} ɣoŋ^{2} ɣiːŋ^{6} ɕan^{6} ʔdɯːi^{1} ʔdai^{3}
赶 鸡 进 笼 尽 不 得(行)
赶鸡进笼还很难，

Naeuz aeu roegleih gouq ha mbwn.
nau^{2} au^{1} ɣok^{8} lei^{6} kou^{5} ha ʔbɯn^{1}
说 要 利鸟 救 呀 天
说要利鸟天救我。

Gwnzmbwn youq sang cingq rox ngeix,
kɯn^{2} ʔbɯn^{1} jou^{5} θaːŋ^{1} ɕiŋ^{5} ɣo^{4} ŋei^{4}
苍天 居 高 正 会 想
苍天居高正会想，

Vaqguh roegleih bae bixbanx.
wa^{5} ku^{6} ɣok^{8} lei^{6} pai^{1} pi^{4} paːn^{4}
化作 利鸟 去 匆匆
化作利鸟飞来落。

Vangz Siengz vih raen gag vuenheij,
waːŋ^{2} θiːŋ^{2} wi^{6} ɣan^{1} kaːk^{8} wuːn^{1} hei^{3}
王 祥 位(他) 见 自 欢喜
王祥见鸟自欢喜，

Youh aeu roegleih soengq meh gwn.
jou^{6} au^{1} ɣok^{8} lei^{6} θoŋ^{5} me^{6} kɯn^{1}
又 要 利鸟 送 娘 吃
又抓利鸟送给娘。

Ndaej gwn roegleih youh hwnjeiq,
ʔdai^{3} kɯn^{1} ɣok^{8} lei^{6} jou^{6} hɯn^{3} ei^{5}
得 吃 利鸟 又 生气
吃了利鸟又生气，

Gijneix mbouj hix noh gaeqdai.
ki^{3} nei^{4} ʔbou^{3} hi^{4} no^{6} kai^{5} taːi^{1}
这些 不 也 肉 死鸡
这肉像是死鸡样。

Gijneix mbouj dwg noh roeg gaj,
ki^{3} nei^{4} ʔbou^{3} tɯk^{8} no^{6} ɣok^{8} ka^{3}
这些 不 是 肉 鸟 杀
这些不是鲜鸟肉，

Daj mwngz Vangz Siengz mbouj louzcingz.
ta^{3} mɯŋ^{2} waːŋ^{2} θiːŋ^{2} ʔbou^{3} lou^{2} ɕiŋ^{2}
打 你 王 祥 不 留情
毫不留情打王祥。

Baz gaem diuzfaex bae yaek fad,
pa^{2} kam^{1} tiːu^{2} fai^{4} pai^{1} jak^{7} faːt^{8}
娘 拿 条棍 去 要 抽打
娘拿木棍去要打，

Vangz Lanj remrat haeujbae dangj.
waːŋ^{2} laːn^{3} ɣeːm^{1} ɣaːt^{7} hau^{3} pai^{1} taːŋ^{3}
王 览 快速 进去 挡
王览快速去拦挡。

Vangz Lanj haiyienz mehlaux dauh,
waːŋ^{2} laːn^{3} haːi^{1} jiːn^{2} me^{6} laːu^{4} taːu^{6}
王 览 开言 老母 道
王览开言老母道，

Mwngz mbaet coenzhauq dingq gou naeuz.
mɯŋ^{2} ʔbat^{7} ɕon^{2} haːu^{5} tiŋ^{5} kou^{1} nau^{2}
你 停下 话儿 听 我 说
你不说话听我讲。

Beix guh goj dwg mwngz hix daj,
pei^{4} ku^{6} ko^{3} tɯk^{8} mɯŋ^{2} hi^{4} ta^{3}
哥 做 也 对 你 也 打
哥做得对你也打，

Raeuz lawz aeu naj doiq ndaej vunz.
ɣau^{2} laɯ^{2} au^{1} na^{3} toːi^{5} ʔdai^{3} wun^{2}
咱 哪 要 脸 对 得 人
咱这脸皮往哪放。

Mehlaux haiyienz Vangz Lanj dauh,
me^{6} la:u^{4} ha:i^{1} ji:n^{2} wa:ŋ^{2} la:n^{3} ta:u^{6}
老母 开言 王 览 道
老母开言王览道，

Mwngz mbaet coenzhauq dingq gou naeuz.
mɯŋ^{2} ʔbat^{7} ɕon^{2} ha:u^{5} tiŋ^{5} kou^{1} nau^{2}
你 停 话 听 我 说
你不说话听我讲。

Mwngz langh naeuz gou mbouj aeu naj,
mɯŋ^{2} la:ŋ^{6} nau^{2} kou^{1} ʔbou^{3} au^{1} na^{3}
你 若 说 我 不 要 脸
你可说我不要脸，

Gou gaj lwg neix yaek baenzlawz?
kou^{1} ka^{3} lɯk^{8} nei^{4} jak^{7} pan^{2} laɯ^{2}
我 杀 个 这 将 怎样
我杀这仔又怎样？

Baz liux siengj gaj ndwi miz leix,
pa^{2} li:u^{4} θi:ŋ^{3} ka^{3} ʔdɯ:i^{1} mi^{2} lei^{4}
她 了 想 杀 没 有 理
老母想杀没有理，

Youh caenh lwg neix bae guhcaeg.
jou^{6} ɕan^{6} lɯk^{8} nei^{4} pai^{1} ku^{6} ɕak^{8}
又 赶 个 这 去 做贼
又赶这仔做贼去。

Caenh mwngz Vangz Siengz bae riengz caeg,
ɕan^{6} mɯŋ^{2} wa:ŋ^{2} θi:ŋ^{2} pai^{1} ɣi:ŋ^{2} ɕak^{8}
赶 你 王 祥 去 跟随 贼
赶你王祥去做贼，

Mbouj saet mingh mwngz louz guhmaz。
ʔbou^{3} θat^{7} miŋ^{6} mɯŋ^{2} lou^{2} ku^{6} ma^{2}
不 失 命 你 留 干啥
你不死掉留无益。

Vangz Lanj haiyienz mehlaux dauh,
wa:ŋ^{2} la:n^{3} ha:i^{1} ji:n^{2} me^{6} la:u^{4} ta:u^{6}
王 览 开言 老母 道
王览开言老母道，

Gaej hawj beixlaux bae gaen vunz.
kai^{3} haɯ^{3} pei^{4} la:u^{4} pai^{1} kan^{1} wun^{2}
别 让 大哥 去 跟随 人
别让大哥跟人去。

Langh mwngz bouxlaux goj yaek haih,
la:ŋ^{6} mɯŋ^{2} pou^{4} la:u^{4} ko^{3} jak^{7} ha:i^{6}
若 你 老人 可 要 害
若你老人非要害，

Gou dem godaih doengzdoih bae.
kou^{1} te:m^{1} ko^{1} ta:i^{6} toŋ^{2} to:i^{6} pai^{1}
我 和 大哥 作伴 去
我同哥哥在一起。

Dai liux doengz dai lix doengz lix,
ta:i^{1} li:u^{4} toŋ^{2} ta:i^{1} li^{4} toŋ^{2} li^{4}
死 了 同 死 生 同 生
死也同死生同生，

Gou mij (mbouj) hawj beix bae gaen vunz.
kou^{1} mi^{3} (ʔbou^{3}) haɯ^{3} pei^{4} pai^{1} kan^{1} wun^{2}
我 不 让 哥 去 跟随 人
我不让哥跟贼帮。

Vangz Siengz couh daengq Vangz Lanj ndei,
wa:ŋ^{2} θi:ŋ^{2} ɕou^{6} taŋ^{5} wa:ŋ^{2} la:n^{3} ʔdei^{1}
王 祥 就 嘱咐 王 览 好
王祥嘱咐王览道，

Caih gou boux ndeu bae louzlaiz (louzlangh).
ɕa:i^{6} kou^{1} pou^{4} ʔde:u^{1} pai^{1} lou^{2} la:i^{2} (lou^{2} la:ŋ^{6})
任由 我 个 一 去 流浪
任我一人去流浪。

Gou bae gvaq nanh gou goj dauq,
kou^{1} pai^{1} kwa^{5} na:n^{6} kou^{1} ko^{3} ta:u^{5}
我 去 逃过 难 我 可 回
我逃过难就回来，

Mwngz dem mehlaux doengz youq ranz.
mɯŋ^{2} te:m^{1} me^{6} la:u^{4} toŋ^{2} jou^{5} ɣa:n^{2}
你 和 老母 一同 在 家
你和老母在家堂。

Mehlaux youq laeng langh gvaqseiq,
me^{6} la:u^{4} jou^{5} laŋ^{1} la:ŋ^{6} kwa^{5} θei^{5}
老母 在 以后 若 去世
老母以后若去世，

Mwngz yaek baiqgvih boiz aencingz.
mɯŋ^{2} jak^{7} pa:i^{5} kwi^{6} po:i^{2} an^{1} ɕiŋ^{2}
你 要 拜跪 还 恩情
你要拜跪恩不忘。

Haetlaeng hwnqninz naj caengz swiq,
hat^{7} laŋ^{1} hɯn^{5} nin^{2} na^{3} ɕaŋ^{2} θɯ:i^{5}
早上后 起床 脸 尚未 洗
翌日早起脸没洗，

Lienz gienj baufug bae louzlangh.
li:n^{2} ki:n^{3} pa:u^{1} fuk^{8} pai^{1} lou^{2} la:ŋ^{6}
即 卷 包袱 去 流浪
就卷包袱去流浪。

Bae daengz buenqloh cingq doek laep,
pai^{1} taŋ^{2} pu:n^{5} lo^{6} ɕiŋ^{5} tok^{7} lap^{7}
去 到 半路 正 到 天黑
去到半路天正黑，

Dingh roeb gyoengq caeg daengj gyangroen.
tiŋ^{6} ɣop^{8} kjoŋ^{5} ɕak^{8} taŋ^{3} kja:ŋ^{1} ɣon^{1}
定 遇 群 贼 拦 半路
遇到贼帮拦路上。

Vangz Siengz dangciengz gvih roengzdaeuj,
waːŋ^{2} θiːŋ^{2} taːŋ^{1} ciːŋ^{2} kwi^{6} ɣoŋ^{2} tau^{3}
王 祥 当场 跪 下来
王祥当即跪下来，

Youq ranz meh neix youh yaek gaj,
jou^{5} ɣaːn^{2} me^{6} nei^{4} jou^{6} jak^{7} ka^{3}
在 家 母亲 这 又 要 杀
在家后母要杀我，

Gouz sou ciuh beix hawj gou gaen.
kou^{2} θou^{1} ɕiːu^{6} pei^{4} haɯ^{3} kou^{1} kan^{1}
求 你们 辈 长兄 让 我 跟随
求众长兄让跟帮。

Caih gou baenaj gaen sou gwn.
ɕaːi^{6} kou^{1} pai^{1} na^{3} kan^{1} θou^{1} kɯn^{1}
让 我 以后 随 你们 吃
让我跟随你们闯。

Caegdaeuz haiyienz Vangz Siengz nyi,
ɕak^{8} tau^{2} haːi^{1} jiːn^{2} waːŋ^{2} θiːŋ^{2} ȵi^{1}
贼首 开言 王 祥 听
贼首开言王祥道，

Caegdaeuz haiyienz Vangz Siengz dauh,
ɕak^{8} tau^{2} haːi^{1} jiːn^{2} waːŋ^{2} θiːŋ^{2} taːu^{6}
贼头 开言 王 祥 道
贼头开言王祥道，

Neix mwngz daeuj gvih vihmaz aen?
nei^{4} mɯŋ^{2} tau^{3} kwi^{6} wi^{6} ma^{2} an^{1}
这 你 来 跪 为何 原因
今你来跪为哪样？

Mwngz mbaet coenzhauq dingq gou naeuz.
mɯŋ^{2} ʔbat^{7} ɕon^{2} haːu^{5} tiŋ^{5} kou^{1} nau^{2}
你 停 话儿 听 我 说
你不说话听我讲。

Vangz Siengz haiyienz daihgo dauh,
waːŋ^{2} θiːŋ^{2} haːi^{1} jiːn^{2} taːi^{6} ko^{1} taːu^{6}
王 祥 开言 大哥 道
王祥开言长兄道，

Mwngz goj guhvunz hengz hauqngeih,
mɯŋ^{2} ko^{3} ku^{6} wun^{2} heːŋ^{2} haːu^{5} ŋei^{6}
你 也 为人 行 孝义
你能为人行孝义，

Mwngz mbaet coenzhauq dingq gou naeuz.
mɯŋ^{2} ʔbat^{7} ɕon^{2} haːu^{5} tiŋ^{5} kou^{1} nau^{2}
你 停 话儿 听 我 说
你不说话听我讲。

Daeuj guh boux neix mbouj ndaej gwn.
tau^{3} ku^{6} pou^{4} nei^{4} ʔbou^{3} ʔdai^{3} kɯn^{1}
来 做 个 这 不 得 吃
来做同伙不应当。

Mwngz daeuj guh caeg dwg miz coih,
mɯŋ2 tau3 ku6 ɕak8 tɯk8 mi2 ɕoːi6
你 来 做 贼 是 有 罪
你来做贼是有罪，

Hawj mwngz ndij caeg bae guhdoih,
haɯ3 mɯŋ2 ʔdi3 ɕak8 pai1 ku6 toːi6
让 你 和 贼 去 做伴
让你同贼去做伴，

Doiq mwngz bae ranz ciengx meh mwngz.
toːi5 mɯŋ2 pai1 ɣaːn2 ɕiːŋ4 me6 mɯŋ2
退 你 去 家 养 娘 你
让你回家养老娘。

Dauq doiq maranz aeu gijmaz?
taːu5 toːi5 ma1 ɣaːn2 au1 ki3 ma2
又 退 回家 要 什么
又退回家要哪样？

Daeuj liux faen cienz youh faen haeux,
tau3 liːu4 fan1 ɕiːn2 jou6 fan1 hau4
来 了 分 钱 又 分 粮
接着分钱又分粮，

Vangz Siengz haiyienz mehlaux dauh,
waːŋ2 θiːŋ2 haːi1 jiːn2 me6 laːu4 taːu6
王 祥 开言 老母 道
王祥开言老母道，

Mwngz dauq hoizbouh baema ranz.
mɯŋ2 taːu5 hoːi2 pou6 pai1 ma1 ɣaːn2
你 重 返回 回去 家
你又返回到家乡。

Mwngz mbaet coenzhauq dingq gou naeuz.
mɯŋ2 ʔbat7 ɕon2 haːu5 tiŋ5 kou1 nau2
你 停 话儿 听 我 说
你不说话听我讲。

Meh neix cingq raen mwngz dauqma,
me6 nei4 ɕiŋ5 ɣan1 mɯŋ2 taːu5 ma1
娘 这 正 见 你 回来
后娘见你又回来，

Caegdaeuz faen cienz youh faen haeux,
ɕak8 tau2 fan1 ɕiːn2 jou6 fan1 hau4
贼头 分 钱 又 分 粮
贼头分钱又分粮，

Baz liux youh ndaq coh Vangz Siengz.
pa2 liːu4 jou6 ʔda5 ɕo6 waːŋ2 θiːŋ2
妇人 了 又 骂 向 王 祥
这个女人骂王祥。

Hawj gou doiqbouh ma ciengx mwngz.
haɯ3 kou1 toːi5 pou6 ma1 ɕiːŋ4 mɯŋ2
让 我 退回 来 养 你
让我退回养老娘。

Aeu cienz aeu liengz hawj gou dauq,
au^{1} ɕi:n^{2} au^{1} li:ŋ^{2} haɯ^{3} kou^{1} ta:u^{5}
要 钱 要 粮 分给 我 返回
拿钱拿粮分给我，

Ma ndij mehlaux doengzdoih gwn.
ma^{1} ʔdi^{3} me^{6} la:u^{4} toŋ^{2} to:i^{6} kɯn^{1}
回来 和 老母 一起 吃
回来与母同分享。

Mehlaux lienzseiz ngeixgyizgyaeg,
me^{6} la:u^{4} li:n^{2} θei^{2} ŋei^{4} kji^{2} kjak^{8}
老母 立即 沉思
老母立即又思考，

Youh aeu ywdoeg coq laeuj ndei.
jou^{6} au^{1} jɯ^{1} tok^{8} ɕo^{5} lau^{3} ʔdei^{1}
又 拿 毒药 放 酒 好
又拿毒药酒中放。

Meh neix haiyienz Vangz Lanj dauh,
me^{6} nei^{4} ha:i^{1} ji:n^{2} wa:ŋ^{2} la:n^{3} ta:u^{6}
娘 这 开言 王 览 道
这娘开言王览道，

Mwngz hawj beix mwngz gwn cenj neix.
mɯŋ^{2} haɯ^{3} pei^{4} mɯŋ^{2} kɯn^{1} ɕe:n^{3} nei^{4}
你 让 哥 你 喝 杯 这
你让你哥喝这盅。

Baz miz aen bingz song bak ndeu,
pa^{2} mi^{2} an^{1} piŋ^{2} θo:ŋ^{1} pa:k^{7} ʔde:u^{1}
她 有 个 瓶 两 嘴 一
她有个瓶两边嘴，

Mbiengj ndeu ywdoeg mbiengj laeuj ndei.
ʔbi:ŋ^{3} ʔde:u^{1} jɯ^{1} tok^{8} ʔbi:ŋ^{3} lau^{3} ʔdei^{1}
边 一 毒药 边 酒 好
一毒一好莫乱用。

Mwngz guh najnuengx gwn cenj neix,
mɯŋ^{2} ku^{6} na^{3} nu:ŋ^{4} kɯn^{1} ɕe:n^{3} nei^{4}
你 做 弟弟 喝 杯 这
你是弟弟喝这盅，

Vangz Siengz najbeix gwn cenj gvaz.
wa:ŋ^{2} θi:ŋ^{2} na^{3} pei^{4} kɯn^{1} ɕe:n^{3} kwa^{2}
王 祥 哥哥 喝 杯 右
王祥是哥喝右盅。

Vangz Lanj haiyienz Vangz Siengz dauh,
wa:ŋ^{2} la:n^{3} ha:i^{1} ji:n^{2} wa:ŋ^{2} θi:ŋ^{2} ta:u^{6}
王 览 开言 王 祥 道
王览开言王祥道，

Mehngeih aeu yw coq laeujbingz.
me^{6} ŋei^{6} au^{1} jɯ^{1} ɕo^{5} lau^{3} piŋ^{2}
后母 拿 药 放 酒瓶
后母放药酒瓶中。

Raeuz liux doengzdoih gwn mbiengj neix，
ɣau^{2} liːu^{4} toŋ^{2} toːi^{6} kɯn^{1} ʔbiːŋ^{3} nei^{4}
我们 了 一起 喝 边 这
我们一起喝这边，

Mbiengjde itseiq mwngz gaej gwn.
ʔbiːŋ^{3} te^{1} it^{7} θei^{5} mɯŋ^{2} kai^{3} kɯn^{1}
那边 一辈 你 别 喝
一辈你别喝那边。

Mwngz gwn mbiengjde gou mbouj bauj，
mɯŋ^{2} kɯn^{1} ʔbiːŋ^{3} te^{1} kou^{1} ʔbou^{3} paːu^{3}
你 喝 那边 我 不 保
你喝那边我不保，

Mehlaux aeu yw coq mbiengjde.
me^{6} laːu^{4} au^{1} jɯ^{1} ɕo^{5} ʔbiːŋ^{3} te^{1}
老母 拿 药 放 那边
老母放药在里面。

Doengzdoih gwn laeuj liux yienzbeih，
toŋ^{2} toːi^{6} kɯn^{1} lau^{3} liːu^{4} jiːn^{2} pei^{6}
一同 喝 酒 了 完毕
一同喝酒完以后，

Guhlawz roih neix youh mbouj dai?
ku^{6} laɯ^{2} ɣoːi^{6} nei^{4} jou^{6} ʔbou^{3} taːi^{1}
为何 个 这 又 不 死
他何不去阎王殿?

Baz liux gag ninz hwnz gag ngeix，
pa^{2} liːu^{4} kaːk^{8} nin^{2} hɯn^{2} kaːk^{8} ŋei^{4}
她 了 自 睡 夜 自 思考
老母夜睡自思考，

Gijneix dahbawx lau yawjraen?
ki^{3} nei^{4} ta^{6} paɯ^{4} laːu^{1} jaɯ^{3} ɣan^{1}
这些 儿媳 恐怕 看见
这些儿媳可看见?

Mehlaux lienzseiz hwnj cawjeiq，
me^{6} laːu^{4} liːn^{2} θei^{2} hɯn^{3} ɕaɯ^{3} ei^{5}
老母 立即 有 主意
老母立即有主意，

Youh aeu ywdoeg haih bawxdaeuz.
jou^{6} au^{1} jɯ^{1} tok^{8} haːi^{6} paɯ^{4} tau^{2}
又 要 毒药 害 大儿媳
要把大媳毒死亡。

Haetlaeng cawj haeux lienz cawj byaek，
hat^{7} laŋ^{1} ɕaɯ^{3} hau^{4} liːn^{2} ɕaɯ^{3} pjak^{7}
早上后 煮 饭 和 煮 菜
翌日早上煮饭菜，

Youh daek song vanj baij gwnz daiz.
jou^{6} tak^{7} θoːŋ^{1} waːn^{3} paːi^{3} kɯn^{2} taːi^{2}
又 装 两 碗 摆 上面 桌
又装两碗摆桌上。

Vanj dah bawxdaeuz baihswix cuengq,
waːn3 ta6 paɯ4 tau2 paːi6 θɯːi4 ɕuːŋ5
碗 个 大媳 左边 放
大媳那碗放左边，

Vanj dah bawxnuengx youq baihgvaz.
waːn3 ta6 paɯ4 nuːŋ4 jou5 paːi6 kwa2
碗 个 弟媳 在 右边
弟媳那碗右边放。

Bawxdaeuz bae muengh cingq dauq ndei,
paɯ4 tau2 pai1 muːŋ6 ɕiŋ5 taːu5 ʔdei1
大儿媳 去 看 正 可 好
大媳去看可正好，

Yaek haeuj lajcauq daek haeuxngaiz.
jak7 hau3 la3 ɕaːu5 tak7 hau4 ŋaːi2
要 入(到) 灶边 盛 饭
要到灶边去盛饭。

Meh neix couh doiq bawxdaeuz naeuz,
me6 nei4 ɕou6 toːi5 paɯ4 tau2 nau2
妇 这 就 对 大媳 说
后妈就对大媳说，

Gou daek haeuxngaiz daengz gwnz daiz.
kou1 tak7 hau4 ŋaːi2 taŋ2 kɯn2 taːi2
我 盛 饭 到 上面 桌
我已盛饭到桌上。

Nuengxliuz cix doiq saujdaih naeuz,
nuːŋ4 liːu2 ɕi4 toːi5 θaːu3 taːi6 nau2
弟媳 则 对 大嫂 说
弟媳则对大嫂说，

Meh neix daek haeux sou gaej gwn.
me6 nei4 tak7 hau4 θou1 kai3 kɯn1
母 这 盛 饭 你们 别 吃
别吃这妇盛那饭。

Mwngz liux dem gou gwn vanj neix,
mɯŋ2 liːu4 teːm1 kou1 kɯn1 waːn3 nei4
你 了 和 我 吃 碗 这
你我同吃这一碗，

Itseiq vanj de mwngz gaej gwn.
it7 θei5 waːn3 te1 mɯŋ2 kai3 kɯn1
一世 碗 它 你 别 吃
一世别吃那一碗。

Mwngz gwn vanj de gou mbouj bauj,
mɯŋ2 kɯn1 waːn3 te1 kou1 ʔbou3 paːu3
你 吃 碗 它 我 不 保
你吃那碗我不保，

Mehlaux aeu yw coq vanj de.
me6 laːu4 au1 jɯ1 ɕo5 waːn3 te1
老母 拿 药 放 碗 它
那碗有毒老母放。

Meh ok yiengzgan dungxsaej naeuh,
me^{6} o:k^{7} yi:ŋ^{2} ka:n^{1} tuŋ^{4} θai^{3} nau^{6}
母 生 阳间 肚肠 腐烂
母生阳间心肠毒，

Baekdouj diemjbouh mingh gviyaem.
pak^{7} tou^{3} ti:m^{3} pou^{6} miŋ^{6} kwi^{1} jam^{1}
北斗 点簿 命 归阴
北斗点簿命归阴。

Meh youq yiengzgan dungxsaej doeg,
me^{6} jou^{5} yi:ŋ^{2} ka:n^{1} tuŋ^{4} θai^{3} tok^{8}
母 在 阳间 肚肠 毒
母在阳间心肠毒，

Youh miz roih lwg hengz hauqsim.
jou^{6} mi^{2} ɣo:i^{6} lɯk^{8} he:ŋ^{2} ha:u^{5} θim^{1}
又 有 个 儿子 行 孝心
又有个儿行孝心。

Vangz Siengz lienzseiz cungj hengzhauq,
wa:ŋ^{2} θi:ŋ^{2} li:n^{2} θei^{2} ɕuŋ^{3} he:ŋ^{2} ha:u^{5}
王 祥 时刻 都 行孝
王祥时刻都行孝

Bae cingj sae dauh daeuj coengz ging.
pai^{1} ɕiŋ^{3} θai^{1} ta:u^{6} tau^{3} ɕoŋ^{2} kiŋ^{1}
去 请 师公 道公 来 诵 经
去请师道来诵经。

Bae cingj sae dauh guh daeuz caet,
pai^{1} ɕiŋ^{3} θai^{1} ta:u^{6} ku^{6} tau^{2} ɕat^{7}
去 请 师公 道公 做 头 七(天)
请师道做头七天，

Guhcai cingj baed doh muengzlingz.
ku^{6} ɕa:i^{1} ɕiŋ^{3} pat^{8} to^{6} mu:ŋ^{2} liŋ^{2}
做斋 请 佛 度 亡灵
做斋请佛度亡灵。

Vuengzdaeq raen mwngz hengz hauqngeih,
wu:ŋ^{2} tai^{5} ɣam^{1} mɯŋ^{2} he:ŋ^{2} ha:u^{5} ŋei^{6}
皇帝 见 你 行 孝义
皇帝见你行孝义，

Soengq aen guenvih ma hawj mwngz.
θoŋ^{5} an^{1} ku:n^{1} wi^{6} ma^{1} haɯ^{3} mɯŋ^{2}
送 个 官位 来 给 你
送个官位来给你。

Vuengzdaeq fung mwngz guh hakhung,
wu:ŋ^{2} tai^{5} fuŋ^{1} mɯŋ^{2} ku^{6} hak^{7} huŋ^{1}
皇帝 封 你 当 大官
皇帝封你当大官，

Bauj nuengx Vangz Lanj guh siuqcaiz.
pa:u^{3} nu:ŋ^{4} wa:ŋ^{2} la:n^{3} ku^{6} θi:u^{5} ɕa:i^{2}
保 弟 王 览 做 秀才
秀才保给王览弟。

Bauj nuengx Vangz Lanj guh siujcaenz,
pa:u^{3} nu:ŋ^{4} wa:ŋ^{2} la:n^{3} ku^{6} θi:u^{3} ɕan^{2}
保 弟 王 览 当 小臣
保给王览当小臣，

Gouz vuengz aeu yaenq hawj roih gaem.
kou^{2} wu:ŋ^{2} au^{1} jan^{5} haɯ^{3} ɣo:i^{6} kam^{1}
求 皇 要 印 给 他 掌管
求皇给他掌印去。

Ngoenzhoengq ngoenzndwi mbouj gamj ciengq,
ŋon^{2} hoŋ^{5} ŋon^{2} ʔdɯ:i^{1} ʔbou^{3} ka:m^{3} ɕi:ŋ^{5}
空日 闲日 不 敢 唱
空日闲日不敢唱，

Cien ngeix fanh muengh mbouj gamj dwen.
ɕi:n^{1} ŋei^{4} fa:n^{6} mu:ŋ^{6} ʔbou^{3} ka:m^{3} tɯ:n^{1}
千 思念 万 渴望 不 敢 提
千万渴望不敢提。

Daih Cibseiq Bien　Goz Gij Hengzhauq
第十四篇　郭巨行孝

Genjdanh Gangj Neiyungz.

Goz Gij, sw (aen biedmingz ciuq mingzcoh hamzeiq lingh an) Vwnzgij, vunz Cindai Lungzli (seizneix Hoznanz Linzyen), yienzbonj ndaw ranz fouqmiz. Boh de dai le, de faen gyacaiz guh song faenh, hawj song daeg nuengx, bonjfaenh gag ciengx meh, doiq meh hauqswnh raixcaix.

Bien fwenhauq neix lwnhgangj Goz Gij ranz gungzhoj, hoeng de caenhsim caenhrengz ciengx meh, lij cawx noh hawj meh gwn.

De miz daeg lwg ndeu ndaej sam bi, lij iq caengz roxsoq, ciengzseiz caeuq buz faen gwn. Goz Gij yousim meh gwn mbouj imq, couh caeuq yah siengliengz, yaek haem lwg bae, cij ndaej mbaet haeux ciengx meh. De naeuz lwg baezlaeng lij ndaej miz, meh dai couh ciengxlwenx yawj mbouj raen lo. Gvanbaz couh aemq lwg bae daengz ndaw suen cuengq roengzdaeuj, song de gvih daej ienq mbwn, gingdoengh daengz Nyawhdaeq.

Nyawhdaeq baij Gveijsaeh roengzfamz, cam Goz Gij vihmaz daej baenzneix siliengz? Goz Gij gangj ok caensaed saehcingz le, Gveijsaeh couh baema bauq naeuz Nyawhdaeq nyi, Nyawhdaeq vaq guh gang gim ndeu haem youq laj doem. Goz Gij vat ndaej gang gim neix le, dawz ma ranz ciengx meh, caiq ndaej giem ciengx lwg dem.

Meh ndaej 70 bi gvaqseiq, Goz Gij diuqhauq caet ngoenz cij soengq bae cangq. Vuengzdaeq deng Goz Gij "haem lwg ciengx meh" gij hauqhengz neix gamjdoengh, fung Goz Gij guh hakhung.

Raeuz mbouj doengzeiq "haem lwg ciengx meh", hoeng bohmeh hawj lwg guh ok gij yienghndei hengzhauq, saed dwg noix mbouj ndaej. Aenvih lwg rox hauqgingq bohmeh, diuzroen ciuhvunz de cij byaij ndaej coengzyungz youh onjmaenh.

内容简介

郭巨，字文举，晋代隆虑（今河南林县）人，原本家道殷实。父亲死后，他把家产分作两份，给了两个弟弟，自己独自供养母亲，对母亲极为孝顺。

本篇孝歌叙述郭巨家境贫困，但尽心尽力侍奉母亲，还买肉给她吃。

他有个三岁的儿子，年幼不懂事，常和母亲分吃。郭巨担心会影响供养母亲，就和妻子商议，要埋掉儿子，以节省粮食供养母亲。他说儿子以后还可有，母亲死后就永远看不到了。夫妻就背儿子到园里放下，两人跪哭怨天，惊动了玉帝。

玉帝派鬼士下凡，询问郭巨为何悲哭？郭巨告诉真相后，鬼士就回去禀报玉帝，玉帝化作一坛黄金埋地下。郭巨挖坑得到这坛黄金，拿回家供养母亲，并得以兼养孩子。

母亲七十岁去世，郭巨吊孝七天才送去葬。皇帝被郭巨“埋儿奉母”的行孝所感动，封郭巨当了大官。

我们不赞同“埋儿奉母”，但父母给孩子做出行孝的好榜样，确是十分必要的。

Fwenlaegdin moix gawq haj cih

fuːn^{1} lak^{8} tin^{1} moːi^{4} kaɯ^{5} ha^{3} ɕi^{6}

五言勒脚歌

Danq Goz Gij hengzhauq,
taːn^{5} ko^{2} ki^{3} heːŋ^{2} haːu^{5}
叹唱 郭 巨 行孝
叹郭巨行孝，

Gyaez mehlaux cibfaen;
kjai^{2} me^{6} laːu^{4} ɕip^{8} fan^{1}
爱 老母 十分
爱老母十分；

Aemq lwgdog bae haem,
am^{5} lɯk^{8} toːk^{8} pai^{1} ham^{1}
背 独儿 去 埋
背独儿去埋，

Vaq gimngaenz daeuj gouq.
wa^{5} kim^{1} ŋan^{2} tau^{3} kou^{5}
化 金银 来 救
化金银救人。

Ranz engq hoj engq gungz,
ɣaːn^{2} eːŋ^{5} ho^{3} eːŋ^{5} kuŋ^{2}
家 更 苦 更 穷
家更苦更穷，

Ndaej funghswngz bouxlaux;
ʔdai^{3} fuŋ^{6} θɯŋ^{2} pou^{4} laːu^{4}
能 奉承 老人
能侍奉老人；

Danq Goz Gij hengzhauq,
taːn^{5} ko^{2} ki^{3} heːŋ^{2} haːu^{5}
叹唱 郭 巨 行孝
叹郭巨行孝，

Gyaez mehlaux cibfaen;
kjai^{2} me^{6} laːu^{4} ɕip^{8} fan^{1}
爱 老母 十分
爱老母十分。

Miz duz bya gaiq noh,
mi^{2} tu^{2} pja^{1} kaːi^{5} no^{6}
有 条 鱼 块 肉
有条鱼块肉，

Lwg ndij bohmeh caemh;
lɯk^{8} ʔdi^{3} po^{6} me^{6} ɕam^{6}
儿 与 父母 共同(吃)
儿与老母分；

Aemq lwgdog bae haem,
am5 lɯk8to:k8 pai1 ham1
背 独儿 去 埋
背独儿去埋，

Vaq gimngaenz daeuj gouq.
wa5 kim1ŋan2 tau3 kou5
化 金银 来 救
化金银救人。

Fwen moix gawq caet cih

fɯ:n1 mo:i4 kaɯ5 ɕat7 ɕi6

七言歌

Heij souj youh daj yiengsoujdiuh,
hei3 θou3 jou6 ta3 ji:ŋ1θou3ti:u6
起 首 又 打 香首调
起首又打香首调，

Ciuz neix coqyouq Cinqciuz guek,
ɕi:u2 nei4 ɕo5jou5 ɕin5ɕi:u2 ku:k7
朝 这 处在 晋朝 国
本朝处在晋朝国，

Fuk souj youh daj fungh siuyieng;
fuk7 θou3 jou6 ta3 fuŋ6 θi:u1ji:ŋ1
伏 首 又 打 奉 烧香
伏首又打奉烧香。

Ndaejnyi gyong'yag nauh mbouj dingz.
ʔdai3ȵi1 kjo:ŋ1ja:k8 na:u6 ʔbou3 tiŋ2
听见 锣鼓 闹 不 停
听见锣鼓闹嚷嚷。

Seng dwk gojsing diuh lingh yiengh,
θe:ŋ1 tɯk7 ko3θiŋ1 ti:u6 liŋ6 ji:ŋ6
生 打 鼓声 调 另 样
生打鼓声调另样，

Ndaejnyi gyong'yag sing mbouj duenh,
ʔdai3ȵi1 kjo:ŋ1ja:k8 θiŋ1 ʔbou3 tu:n6
听见 锣鼓 声 不 断
听见锣鼓声不断，

Danqciengq Goz Gij hengz hauqdangz.
ta:n5ɕi:ŋ5 ko2 ki3 he:ŋ2 ha:u5ta:ŋ2
叹唱 郭 巨 行 孝堂
叹唱郭巨行孝堂。

Swenx byoem hengzhauq gyangq sangciengz.
θɯ:n4 pjom1 he:ŋ2ha:u5 kja:ŋ5 θa:ŋ1ɕi:ŋ2
散 发 行孝 降 丧场
散发行孝降丧场。

Ma daengz sangciengz soengxsaxyaeb,
ma^{1} taŋ^{2} θaːŋ^{1}ɕiːŋ^{2} θoŋ^{4}θa^{4}jap^{8}
回 到 丧场 呆站样
回到丧场呆呆站，

Mij raen cojbaed gijmaz mingz.
mi^{3} ɣan^{1} ɕo^{3}pat^{8} ki^{3}ma^{2} miŋ^{2}
不 见 佛祖 什么 名
不见佛祖名哪样。

Saesinz dauhsaeh laeb ginggyauq,
θai^{1}θin^{2} taːu^{6}θai^{6} lap^{8} kiŋ^{1}kjaːu^{5}
师人 道士 立 经教
师公道士立经教，

Goz Gij hengzhauq guh sangciengz.
ko^{2} ki^{3} heːŋ^{2}haːu^{5} ku^{6} θaːŋ^{1}ɕiːŋ^{2}
郭 巨 行孝 做 丧场
郭巨行孝做丧场。

Lwnhciengq cienzvuengz bingq haujhanq,
lɯn^{6}ɕiːŋ^{5} ɕiːn^{2}wuːŋ^{2} piŋ^{5} haːu^{3}haːn^{5}
论唱 前王 并 好汉
论唱前王和好汉，

Danqciengq dangco bohmeh seng.
taːn^{5}ɕiːŋ^{5} taːŋ^{1}ɕo^{1} po^{6}me^{6} θeːŋ^{1}
叹唱 当初 父母 生
叹唱父母恩如山。

Bohmeh cingq seng cibseiqhaj,
po^{6}me^{6} ɕiŋ^{5} θeːŋ^{1} ɕip^{8}θei^{5}ha^{3}
父母 正 生 十四五
父母生你十四五，

Coux ndaej mehyah ma daengz fwngz.
ɕou^{4} ʔdai^{3} me^{6}ja^{6} ma^{1} taŋ^{2} fɯŋ^{2}
娶 得 妻子 回 到 手
娶得媳妇到家来。

Coux ndaej mehyah hix miz fuk,
ɕou^{4} ʔdai^{3} me^{6}ja^{6} hi^{4} mi^{2} fuk^{7}
娶 得 妻子 也 有 福
娶得媳妇也有福，

Seng ndaej roih lwg dingh vanamz.
θeːŋ^{1} ʔdai^{3} ɣoːi^{6} lɯk^{8} tiŋ^{6} wa^{1}naːm^{2}
生 得 个 儿 定 花男(男孩)
生得一个是男孩。

Nienzgeij mwngz ndaej cibbet bi,
niːn^{2}kei^{3} mɯŋ^{2} ʔdai^{3} ɕip^{8}peːt^{7} pi^{1}
年纪 你 得 十八 岁
年纪你有十八岁，

Roih lwg mwngz miz sam bi rim.
ɣoːi^{6} lɯk^{8} mɯŋ^{2} mi^{2} θaːm^{1} pi^{1} ɣim^{1}
个 儿 你 有 三 岁 满
你儿已满三岁乖。

Cix danq Goz Gij hengz hauqngeih,
ɕi4 ta:n5 ko2 ki3 he:ŋ2 ha:u5ŋei6
就 叹 郭 巨 行 孝义
可叹郭巨行孝义，

Funghswngz mehlaux ndaej daengzgwnz.
fuŋ6θɯŋ2 me6la:u4 ʔdai3 taŋ2kɯn2
奉承 老母 得 至上(全面)
奉养老母最勤快。

Goz Gij yienznaeuz ranz sinhoj,
ko2 ki3 ji:n2nau2 ɣa:n2 θin1ho3
郭 巨 虽然 家 辛苦
郭巨虽然家贫苦，

Lij cawx bya noh ma daih cin.
li3 ɕaɯ4 pja1 no6 ma1 ta:i6 ɕin1
还 买 鱼 肉 来 待 亲
仍买鱼肉待娘好。

Lwg raeuz gouzva goj lij ndaej,
lɯk8 ɣau2 kou2wa1 ko3 li3 ʔdai3
儿 我们 求花 可 还 得
我儿求花还可得，

Mehlaux gvaqseiq bae lawz raen?
me6la:u4 kwa5θei5 pai1 laɯ2 ɣan1
老母 过世 去 哪 见
老母过世去哪要？

Lwg raeuz gouzva goj raen dauq,
lɯk8 ɣau2 kou2wa1 ko3 ɣan1 ta:u5
儿 我们 求花 可 见 回
我儿求花可回来，

Mehlaux gvaqseiq bae lawz gwn.
me6la:u4 kwa5θei5 pai1 laɯ2 kɯn1
老母 过世 去 哪 吃
老母过世吃不到。

Meh youq yiengzgan mbouj gingqfungh,
me6 jou5 yi:ŋ2ka:n1 ʔbou3 kiŋ5fuŋ6
娘 在 阳间 不 敬奉
娘在阳间不敬奉，

Dai gung mou yiengz ndwi raen gwn.
ta:i1 kuŋ1 mou1 yi:ŋ2 ʔdɯ:i1 ɣan1 kɯn1
死 贡 猪 羊 不 见 吃
死贡猪羊不见要。

Song sou gvanbaz ngeix doxdwg,
θo:ŋ1 θou1 kwa:n1pa2 ŋei4 to4tɯk8
两 你们 夫妻 想 相同
你们夫妻想一样，

Doxnaeuz aemq lwg dawz bae haem.
to4nau2 am5 lɯk8 taɯ2 pai1 ham1
相商 背 儿 拿 去 埋葬
相商背儿去埋葬。

Gaeq liux caengz haen nyaen caengz haex,
kai^{5} liːu^{4} ɕaŋ^{2} han^{1} ȵan^{1} ɕaŋ^{2} hai^{4}
鸡 了 未 叫 兽 未 拉屎
兽未拉屎鸡未叫，

Song sou gvanmaex hwnq cangndang.
θoːŋ^{1} θou^{1} kwaːn^{1}mai^{4} hɯn^{5} ɕaːŋ^{1}ʔdaːŋ^{1}
两 你们 夫妻 起床 扮身
你们夫妻起打扮。

Gvan liux gaem so baz gaem gvat,
kwaːn^{1} liːu^{4} kam^{1} θo^{1} pa^{2} kam^{1} kwaːt^{7}
夫 了 拿 铁锹 妻 拿 锄
夫拿铁锹妻拿锄，

Dwg aemq lwgdog dawz bae haem.
tɯk^{8} am^{5} lɯk^{8}toːk^{8} taɯ^{2} pai^{1} ham^{1}
是 背 独儿 拿 去 埋葬
是背独儿去埋葬。

Mehlaux ndaejnyi lan daej hoj,
me^{6}laːu^{4} ʔdai^{3}ȵi^{1} laːn^{1} tai^{3} ho^{3}
老母 听见 孙 哭 苦
老母听见孙哭喊，

Baz liux caep hoq hwnqdaeuj cam.
pa^{2} liːu^{4} ɕap^{7} ho^{5} hɯn^{5}tau^{3} ɕaːm^{1}
她 了 扶 膝盖 起来 问
她扶起来去问探。

Gaeq dauq goj haen ranz caengz rongh,
kai^{5} taːu^{5} ko^{3} han^{1} ɣaːn^{2} ɕaŋ^{2} ɣoːŋ^{6}
鸡 虽 也 啼叫 家 未 亮
鸡虽啼叫天未亮，

Yaek aemq lwg neix bae gaen ndang.
jak^{7} am^{5} lɯk^{8} nei^{4} pai^{1} kan^{1} ʔdaːŋ^{1}
要 背 儿子 这 去 跟 身
要背儿子在身上。

Ce roih lwg ranz lau roih daej,
ɕe^{1} ɣoːi^{6} lɯk^{8} ɣaːn^{2} laːu^{1} ɣoːi^{6} tai^{3}
留 个 儿 家 怕 他 哭
留儿在家怕他哭，

Ok haex ok nyaeuh bae dwk mwngz.
oːk^{7} hai^{4} oːk^{7} ȵau^{6} pai^{1} tɯk^{7} mɯŋ^{2}
拉 屎 拉 尿 去 弄脏 你
拉屎拉尿你身脏。

Ok haex ok nyaeuh mwngz youh hwnq,
oːk^{7} hai^{4} oːk^{7} ȵau^{6} mɯŋ^{2} jou^{6} hɯn^{5}
拉 屎 拉 尿 你 又 起来
拉屎拉尿你又起，

Mehlaux ga unq loh nanz doengh.
me^{6}laːu^{4} ka^{1} un^{5} lo^{6} naːn^{2} toŋ^{6}
老母 腿 软 路 难 动
老母腿软行走难。

Mehlaux ndaejnyi coenz yienghneix,
me^{6} laːu^{4} ʔdai^{3} ȵi^{1} ɕon^{2} jiːŋ^{6} nei^{4}
老母 听到 句 这样
老母听到这么说，

Baz liux ndaep feiz dauq bae ninz.
pa^{2} liːu^{4} ʔdap^{7} fei^{2} taːu^{5} pai^{1} nin^{2}
她 了 熄 火 再 去 睡
她就熄火又去躺。

Goz Gij gaem so bae baihnaj,
ko^{2} ki^{3} kam^{1} θo^{1} pai^{1} paːi^{6} na^{3}
郭 巨 拿 锹 去 前面
郭巨扛锹走在前，

Mehyah aemq lwg riengz baihlaeng.
me^{6} ja^{6} am^{5} lɯk^{8} ɣiːŋ^{2} paːi^{6} laŋ^{1}
妻 背 儿子 随 后面
妻背儿子随后面。

Aemq lwg bae daengz ndaw suen cuengq,
am^{5} lɯk^{8} pai^{1} taŋ^{2} ʔdaɯ^{1} θuːn^{1} ɕuːŋ^{5}
背 儿 去 到 里 园 放
背儿来到园里放，

Song boux doxduengh daej ienq mbwn.
θoːŋ^{1} pou^{4} to^{4} tuːŋ^{6} tai^{3} iːn^{5} ʔbɯn^{1}
两 个 相扶 哭 怨 天
两人相扶哭怨天。

Bak liux hix daej hoq roengzgvih,
paːk^{7} liːu^{4} hi^{4} tai^{3} ho^{5} ɣoŋ^{2} kwi^{6}
嘴 了 也 哭 膝 下跪
嘴里哭喊膝下跪，

Doengh daengz diegdeih ndij mbwnsang.
toŋ^{6} taŋ^{2} tiːk^{8} tei^{6} ʔdi^{3} ʔbɯn^{1} θaːŋ^{1}
惊动 到 大地 和 高天
惊动大地和高天。

Nyawhdaeq gwnzmbwn cingq roxleix,
ȵaɯ^{6} tai^{5} kɯn^{2} ʔbɯn^{1} ɕiŋ^{5} ɣo^{4} lei^{4}
玉帝 天上 正 知理
天上玉帝也知理，

Youh cai Gveijsaeh roengzdaeuj cam.
jou^{6} ɕaːi^{1} kwei^{3} θai^{6} ɣoŋ^{2} tau^{3} ɕaːm^{1}
又 差(派)鬼士 下来 问
派来鬼士问根源。

Gveijsaeh ndaejnyi coenz yienghneix,
kwei^{3} θai^{6} ʔdai^{3} ȵi^{1} ɕon^{2} jiːŋ^{6} nei^{4}
鬼士 听到 句 这样
鬼士听到这句话，

Baez laep lwgda roengz mbwnsang.
pai^{2} lap^{7} lɯk^{8} ta^{1} ɣoŋ^{2} ʔbɯn^{1} θaːŋ^{1}
一 闭 眼睛 下 高天
闭上眼睛下高天。

Gveijsaeh roengzdaeuj couh yawj bae,
kwei^{3}θai^{6} ɣoŋ^{2}tau^{3} ɕou^{6} jaɯ^{3} pai^{1}
鬼士 下来 就 望 去
鬼士下来就望去，

Raen song gvanbaz daej ndaw suen.
ɣan^{1} θoːŋ^{1} kwaːn^{1}pa^{2} tai^{3} ʔdaɯ^{1} θuːn^{1}
看见 两 夫妻 哭 里 园子
看到夫妻哭菜园。

Gveijsaeh couh cam Goz Gij baez,
kwei^{3}θai^{6} ɕou^{6} ɕaːm^{1} ko^{2} ki^{3} pai^{2}
鬼士 就 问 郭 巨 次
鬼士就问郭巨道，

Lienz lwg lienz maex daej gijmaz?
liːn^{2} lɯk^{8} liːn^{2} mai^{4} tai^{3} ki^{3}ma^{2}
连 儿 连 妻 哭 什么
妻儿都哭有何冤？

Goz Gij haiyienz Gveijsaeh dauh,
ko^{2} ki^{3} haːi^{1}jiːn^{2} kwei^{3}θai^{6} taːu^{6}
郭 巨 开言 鬼士 道
郭巨开言鬼士道，

Gwnzmbwn baedlaux dingq gou naeuz.
kɯn^{2}ʔbɯn^{1} pat^{8}laːu^{4} tiŋ^{5} kou^{1} nau^{2}
天上 佛老 听 我 说
天上佛老听我言。

Aenvih ranz hoj guh saeh laet,
an^{1}wi^{6} ɣaːn^{2} ho^{3} ku^{6} θai^{6} lat^{7}
因为 家 贫苦 干 笨事
因为家贫干笨事，

Haet dawz lwg'iq gou daeuj haem.
hat^{7} taɯ^{2} lɯk^{8}i^{5} kou^{1} tau^{3} ham^{1}
才 把 小儿 我 来 埋
就把我儿来埋葬。

Doiqhaw[1] ndaej gwn buenq gaen noh,
toːi^{5}haɯ^{1} ʔdai^{3} kɯn^{1} puːn^{5} kan^{1} no^{6}
对圩 能 吃 半 斤 肉
对圩能吃半斤肉，

Mbouj ndaej fungh meh daengz haw laeng.
ʔbou^{3} ʔdai^{3} fuŋ^{6} me^{6} taŋ^{2} haɯ^{1} laŋ^{1}
不 能 供养 母 到 圩 后面
供母下圩赶不上。

Lwgnyez lij ning mbouj roxsoq,
lɯk^{8}ȵe^{2} li^{3} niŋ^{1} ʔbou^{3} ɣo^{4}θo^{5}
儿子 还 小 不 懂事
儿子还小不懂事，

Roih liux raen noh cix yaek gwn.
ɣoːi^{6} liːu^{4} ɣan^{1} no^{6} ɕi^{4} jak^{7} kɯn^{1}
他 了 见 肉 就 要 吃
他见到肉就要啖。

---

[1]doiqhaw：汉语直译为“对圩”。壮族农村地区每三天为一个圩日，从一个圩日到另一个圩日叫“对圩”。圩，指圩日（集日）。

Aenvih gya gungz gya sinhoj,
an¹ wi⁶ kja¹ kuŋ² kja¹ θin¹ ho³
因为 家 穷 家 辛苦
因为家穷家辛苦，

Ndwi lwg gag meh goj caez gwn.
ʔdɯːi¹ lɯk⁸ kaːk⁸ me⁶ ko³ ɕai² kɯn¹
没 儿 单独 母 可 全部 吃
没儿母亲可吃完。

Gou liux naeuz baz de goj dingq,
kou¹ liːu⁴ nau² pa² te¹ ko³ tiŋ⁵
我 了 劝说 妻 她 也 听
我对妻说她也听，

Haet dawz lwgnding gou daeuj haem.
hat⁷ taɯ² lɯk⁸ ʔdiŋ¹ kou¹ tau³ ham¹
就 把 小儿 我 来 埋。
要把我儿埋此园。

Lwg gou gouzva goj rox ndaej,
lɯk⁸ kou¹ kou² wa¹ ko³ ɣo⁴ ʔdai³
儿 我 求花 可 会 得
我儿求花可还得，

Mehlaux haeuj faex bae lawz raen!
me⁶ laːu⁴ hau³ fai⁴ pai¹ laɯ² ɣan¹
老母 进 棺 去 哪 见
老母进棺去哪见！

Lwg gou gouzva dauq yungzheih,
lɯk⁸ kou¹ kou² wa¹ taːu⁵ juŋ² hei⁶
儿 我 求花 还 容易
我儿求花还容易，

Mehlaux gvaqseiq bae lawz raen!
me⁶ laːu⁴ kwa⁵ θei⁵ pai¹ laɯ² ɣan¹
老母 过世 去 哪 见
老母过世去哪见！

Meh youq yiengzgan mbouj gingqfungh,
me⁶ jou⁵ yiːŋ² kaːn¹ ʔbou³ kiŋ⁵ fuŋ⁶
娘 在 阳间 不 敬奉
娘在阳间不敬奉，

Dai gung mou yiengz mbouj raen gwn!
taːi¹ kuŋ¹ mou¹ yiːŋ² ʔbou³ ɣan¹ kɯn¹
死 贡 猪 羊 不 见 吃
死供猪羊她不见！

Haem lwg ciengx meh boiz aencingz,
ham¹ lɯk⁸ ɕiːŋ⁴ me⁶ poːi² an¹ ɕiŋ²
埋 儿 养 母 还 恩情
埋儿养母还恩情，

Caih sou diendeih cingq hongz gou.
ɕaːi⁶ θou¹ tiːn¹ tei⁶ ɕiŋ⁵ hoːŋ² kou¹
任由 你们 天地 正 骂 我
任由天地骂狼心。

Gveijsaeh hwnj mbwn hoiz Nyawhdaeq,
kwei^{3}θai^6 hɯn^3 ʔbɯn^1 hoːi^2 ȵaɯ^{6}tai^5
鬼士 上 天 报 玉帝
鬼士上天报玉帝，

Lajdeih Goz Gij hengz hauqsim.
la^{3}tei^6 ko^2 ki^3 heːŋ^2 haːu^{5}θim^1
地下 郭 巨 行 孝心
地下郭巨行孝心。

Vih ae ranz hoj guh mbouj ndaej,
wi^6 ai^1 ɣaːn^2 ho^3 ku^6 ʔbou^3 ʔdai^3
因为 他 家 贫苦 做工 没有 得(收入)
他因家贫不得已，

Haem lwg ciengx meh bae boiz cingz.
ham^1 lɯk^8 ɕiːŋ^4 me^6 pai^1 poːi^2 ɕiŋ^2
埋 儿 养 母 去 还 恩情
埋儿养母报恩情。

Nyawhdaeq gwnzmbwn cingq swnhleix,
ȵaɯ^{6}tai^5 kɯn^{2}ʔbɯn^1 ɕiŋ^5 θɯn^{6}lei^4
玉帝 天上 正 顺理
天上玉帝正知理，

Youh vaq laj deih miz gang gim.
jou^6 wa^5 la^3 tei^6 mi^2 kaːŋ^1 kim^1
又 化 下 地 有 缸 金
又化地下有缸金。

Lwnh baez daih'it bae bingz buenq,
lɯn^6 pai^2 taːi^{6}it^7 pai^1 piŋ^2 puːn^5
论 次 第一 进去 平 一半
说第一次进一半，

Lwnh baez daihngeih suenq gyalaeg.
lɯn^6 pai^2 taːi^{6}ŋei^6 θuːn^5 kja^{1}lak^8
论 次 第二 算是 加深
说第二次再加深。

Lwnh baez daihsam sam cik laeg,
lɯn^6 pai^2 taːi^{6}θaːm^1 θaːm^1 ɕik^7 lak^8
论 次 第三 三 尺 深
说第三次进三尺，

Vaeg gaeuj lajnamh miz ganggim.
wak^8 kau^3 la^{3}naːm^6 mi^2 kaːŋ^{1}kim^1
捞 看 地下 有 缸金
一看地下金缸呈。

Ndaej aen ganggim goet duzbaed,
ʔdai^3 an^1 kaːŋ^{1}kim^1 kot^7 tu^{2}pat^8
得 个 金缸 骨 佛老
得个金缸佛老骨，

Bakgang caet cih dwg sawgim.
paːk^{7}kaːŋ^1 ɕat^7 ɕi^6 tɯk^8 θaɯ^{1}kim^1
缸口 七 个 是 金字
七个金字缸口横。

Beksingq caegcingz maeuz mbouj ndaej,
pek^{7} θiŋ^{5} ɕak^{8} ɕiŋ^{2} mau^{2} ʔbou^{3} ʔdai^{3}
百姓 盗贼 谋 不 得
百姓盗贼不可谋，

Guenhak ae sae maeuz mbouj baenz.
ku:n^{1} ha:k^{7} ai^{1} θai^{1} mau^{2} ʔbou^{3} pan^{2}
官吏 个 师公 谋 不 成
官吏师公谋不成。

Hawj sou gvanmaex dauq vuenheij,
haɯ^{3} θou^{1} kwa:n^{1} mai^{4} ta:u^{5} wu:n^{1} hei^{3}
让 你们 夫妻 重 欢喜
让你夫妻又欢喜，

Raeuz aemq lwg'iq ngeix bae ranz.
ɣau^{2} am^{5} lɯk^{8} i^{5} ŋei^{4} pai^{1} ɣa:n^{2}
俺 背 小儿 想 去 家
俺背小儿回家去。

Miz ngaenz cawx bya dem cawx noh,
mi^{2} ŋan^{2} ɕaɯ^{4} pja^{1} te:m^{1} ɕaɯ^{4} no^{6}
有 钱 买 鱼 和 买 肉
有钱买鱼又买肉，

Lwg neix doengz doz mehlaux gwn.
lɯk^{8} nei^{4} toŋ^{2} to^{2} me^{6} la:u^{4} kɯn^{1}
儿 这 同 讨 老母 吃
小儿老母吃一起。

Goz Gij fatcaiz miz gyadangq,
ko^{2} ki^{3} fa:t^{7} ɕa:i^{2} mi^{2} kja^{1} ta:ŋ^{5}
郭 巨 发财 有 家当
郭巨发财有家产，

Gan lwg dem meh ndaej daengzgwnz.
ka:n^{1} lɯk^{8} te:m^{1} me^{6} ʔdai^{3} taŋ^{2} kɯn^{2}
侍奉 儿 和 母 得 至上（全面）
侍儿和母很周齐。

Sam bi lwgnyez mbwn goj dingh,
θa:m^{1} pi^{1} lɯk^{8} ɲe^{2} ʔbɯn^{1} ko^{3} tiŋ^{6}
三 岁 小儿 天 可 注定
三岁小儿天注定，

Ndaej louz diuzmingh youq lajmbwn.
ʔdai^{3} lou^{2} ti:u^{2} miŋ^{6} jou^{5} la^{3} ʔbɯn^{1}
得 留 条命 在 世间
能留条命人世里。

Mehlaux nienzgeij ndaej caetcib,
me^{6} la:u^{4} ni:n^{2} kei^{3} ʔdai^{3} ɕat^{7} ɕip^{8}
老母 年纪 得 七十
老母年纪得七十，

Daihhanh daeuj gip bae vanzsan.
ta:i^{6} ha:n^{6} tau^{3} kip^{7} pai^{1} wa:n^{2} θa:n^{1}
大限 来 急 去 还山
大限来急去归阴。

Aeu faexciengzseng ma hab cangq,
au^{1} fai^{4}ɕiːŋ^{2}θeːŋ^{1} ma^{1} haːp^{8} ɕaːŋ^{5}
要 长生树 来 合 葬
要长生木做棺材，

Dawz dauq gyangdangq baiq muengzlingz.
taɯ^{2} taːu^{5} kjaːŋ^{1}taːŋ^{5} paːi^{5} muːŋ^{2}liŋ^{2}
拿 回 堂中 拜 亡灵
放在堂中拜亡灵。

Bae cingj ae saeh daeuj diuqhauq,
pai^{1} ɕiŋ^{3} ai^{1} θai^{6} tau^{3} tiːu^{5}haːu^{5}
去 请 个 师公 来 吊孝
去请师公来吊孝，

Bae cingj ae dauh daeuj soengz ging.
pai^{1} ɕiŋ^{3} ai^{1} taːu^{6} tau^{3} θoŋ^{2} kiŋ^{1}
去 请 个 道公 来 诵 经
去请道公来诵经。

Diemj daeng siuyieng dwg cingj baed,
tiːm^{3} taŋ^{1} θiːu^{1}jiːŋ^{1} tɯk^{8} ɕiŋ^{3} pat^{8}
点 灯 烧香 是 请 佛
点灯烧香请佛来，

Guh caet haemh cai cienq mehniengz.
ku^{6} ɕat^{7} ham^{6} ɕaːi^{1} ɕiːn^{5} me^{6}niːŋ^{2}
做 七 晚 斋 转 母亲
做斋七晚转母灵。

Vuengzdaeq raen mwngz doeng dauhleix,
wuːŋ^{2}tai^{5} ɣan^{1} mɯŋ^{2} toŋ^{1} taːu^{6}lei^{4}
皇帝 见 你 通 道理
皇帝见你通道理，

Swng ae Goz Gij guh haklaux.
θɯŋ^{1} ai^{1} ko^{2} ki^{3} ku^{6} hak^{7}laːu^{4}
提升 个 郭 巨 当 大官
升你郭巨大官当。

Biu mwngz Goz Gij guh hakhung,
piːu^{1} mɯŋ^{2} ko^{2} ki^{3} ku^{6} hak^{7}huŋ^{1}
封 你 郭 巨 做 大官
封你郭巨当大官，

Ram giuh dauqcungz gvaq daihgai.
ɣam^{1} kiːu^{6} taːu^{5}ɕuŋ^{2} kwa^{5} taːi^{6}kaːi^{1}
抬 轿 重新 过 大街
抬轿重新过街上。

Ngoenzhoengq ngoenzndwi mbouj gamj daez,
ŋon^{2}hoŋ^{5} ŋon^{2}ʔdɯːi^{1} ʔbou^{3} kaːm^{3} tai^{2}
空日 闲日 不 敢 提
空日闲日不敢提，

Cien ngeix fanh muengh mbouj gamj ciengq.
ɕiːn^{1} ŋei^{4} faːn^{6} muːŋ^{6} ʔbou^{3} kaːm^{3} ɕiːŋ^{5}
千 思念 万 渴望 不 敢 唱
千万渴望不敢唱。

Ngoenzhoengq	ngoenzndwi	mbouj	gamj	lwnh，	Ngoenzneix	hauqswnh	hingq	sangciengz.
ŋon^{2} hoŋ^{5}	ŋon^{2} ʔdwːi^{1}	ʔbou^{3}	kaːm^{3}	lɯn^{6}	ŋon^{2} nei^{4}	haːu^{5} θɯn^{6}	hiŋ^{5}	θaːŋ^{1} ɕiːŋ^{2}
空日	闲日	不	敢	论	今日	孝顺	兴办	丧场

空日闲日不敢论，
今日孝顺办丧场。

Daih Cibhaj Bien　Yangz Yangh Hengzhauq
第十五篇　杨香行孝

Genjdanh Gangj Neiyungz

Yangz Yangh, vunz Cincauz, dwg dahlwg Yangz Fungh. De lij iqet seiz meh couh gvaqseiq, boh gwn haemz gwn hoj ciengx de baenz vunz. De dwg youq ndaw hojnanh majhung, simsoh simndei, roxsoq gig caeux, gig hauqgingq boh de.

Bien fwenhauq neix, lwnhgangj Yangz Yangh 14 bi bi haenx, miz ngoenz ndeu, boh hwnj ndoi bae aeu liu (fwnz). Sawqmwh ndaw ndoeng roemx ok duz guk ndeu, coemj coh daxboh, boh hemq gouqmingh.

Yangz Yangh cuengqhag ma ranz, youq gwnz roen dingqnyi sing boh hemq gouqmingh, couh vaiq di buet bae gouq boh. De cungj lumz le rengz bonjfaenh caeuq duzguk cengca gig daih, gijmaz cungj mbouj goq lo, fwngzhau (fwngzbyouq) caeuq duzguk doxbuek. De rat hwnj gwnz hwet guk bae, haenqrengz dub gyaeujguk, sengseng dub dai duzguk, gouq daxboh okdaeuj. Daxboh aenvih deng sieng naek lai, mbouj geijlai nanz couh dai lo. Yangz Yangh vih boh banh sangciengz, soujhauq caetcaet seiqcibgouj ngoenz.

内容简介

杨香，晋朝人，杨丰的女儿。她很小时母亲去世，父亲含辛茹苦，把她拉扯成人。她在苦难中长大，心眼好，懂事早，对父亲非常孝顺。

本篇孝歌叙述杨香 14 岁那年，有一天，父亲上山打柴。忽然林中蹿出一只大老虎，扑向父亲，父亲直喊救命。

杨香放学回家，路上听见父亲呼救声，就赶快跑去救父。她完全忘了自己与老虎的力量悬殊，不顾一切，赤手与虎搏斗。她猛地跳上虎背，猛打虎头，活活打死老虎，救出父亲。父亲伤势过重，不久死去。杨香为父办丧场，守孝七七四十九天。

Fwenlaegdin moix gawq haj cih

fɯːn^{1} lak^{8} tin^{1} moːi^{4} kauɯ^{5} ha^{3} ɕi^{6}

五言勒脚歌

Yangz Yangh hengz hauqcingz,
jaːŋ^{2} jaːŋ^{6} heːŋ^{2} haːu^{5}ɕiŋ^{2}
杨 香 行 孝情
杨香行孝情，

Cingqsim gouq bohlaux;
ɕiŋ^{5}θim^{1} kou^{5} po^{6}laːu^{4}
真心 救 老父
真心救老父；

Buekmingh dwk guklaux,
puːk^{7}miŋ^{6} tɯk^{7} kuk^{7}laːu^{4}
拼命 打 老虎
拼命打虎死，

Gouq boh dauq daengzgwnz.
kou^{5} po^{6} taːu^{5} taŋ^{2}kɯn^{2}
救 父 却 至上
救父身不顾。

Caenh daengx neix conghgug,
ɕan^{6} taŋ^{4} nei^{4} ɕoːŋ^{6}kuk^{8}
尽 到 这 困境
打到此困处，

Duzguk mbouj ndaej ning;
tu^{2}kuk^{7} ʔbou^{3} ʔdai^{3} niŋ^{1}
老虎 不 能 动
老虎瘫泥土；

Yangz Yangh hengz hauqcingz,
jaːŋ^{2} jaːŋ^{6} heːŋ^{2} haːu^{5}ɕiŋ^{2}
杨 香 行 孝情
杨香行孝情，

Cingqsim gouq bohlaux;
ɕiŋ^{5}θim^{1} kou^{5} po^{6}laːu^{4}
真心 救 老父
真心救老父。

Ndaej cibseiq bi cingq,
ʔdai^{3} ɕip^{8}θei^{5} pi^{1} ɕiŋ^{5}
得 十四 岁 正
十四岁正足，

Caetsing daeuj bang cauh;
ɕat^{7}θiŋ^{1} tau^{3} paːŋ^{1} ɕaːu^{6}
七星 来 帮 造
七星来赐福；

Buekmingh dwk guklaux,
puːk^{7} miŋ^{6} tɯk^{7} kuk^{7} laːu^{4}
拼命 打 老虎
拼命打虎死，

Gouq boh dauq daengzgwnz.
kou^{5} po^{6} taːu^{5} taŋ^{2} kɯn^{2}
救 父 却 至上
救父身不顾。

Fwen moix gawq caet cih

fɯːn^{1} moːi^{4} kaɯ^{5} ɕat^{7} ɕi^{6}

七言歌

Heij souj youh daj yiengsoujdiuh,
hei^{3} θou^{3} jou^{6} ta^{3} jiːŋ^{1} θou^{3} tiːu^{6}
起 首 又 打 香首调
起首又打香首调，

Ciuz neix coqyouq Cinqciuz guek,
ɕiːu^{2} nei^{4} ɕo^{5} jou^{5} ɕin^{5} ɕiːu^{2} kuːk^{7}
朝 这 处在 晋朝 国
本朝处在晋朝国，

Fuk souj youh daj fungh siuyieng.
fuk^{7} θou^{3} jou^{6} ta^{3} fuŋ^{6} θiːu^{1} jiːŋ^{1}
伏 首 又 打 奉 烧香
伏首又打奉烧香。

Ndaejnyi gyong'yag nauh mbouj dingz.
ʔdai^{3} ȵi^{1} kjoːŋ^{1} jaːk^{8} naːu^{6} ʔbou^{3} tiŋ^{2}
听见 锣鼓 闹 不 停
听见锣鼓闹嚷嚷。

Seng dwk gojsing diuh lingh yiengh,
θeːŋ^{1} tɯk^{7} ko^{3} θiŋ^{1} tiːu^{6} liŋ^{6} jiːŋ^{6}
生 打 鼓声 调 另 样
生打鼓声调另样，

Ndaejnyi gyong'yag sing mbouj duenh,
ʔdai^{3} ȵi^{1} kjoːŋ^{1} jaːk^{8} θiŋ^{1} ʔbou^{3} tuːn^{6}
听见 锣鼓 声 不 断
听见锣鼓声不断，

Yangz Yangh hengzhauq gyangq sangciengz.
jaːŋ^{2} jaːŋ^{6} heːŋ^{2} haːu^{5} kjaːŋ^{5} θaːŋ^{1} ɕiːŋ^{2}
杨 香 行孝 降 丧场
杨香行孝降丧场。

Swenx byoem hengzhauq gyangq sangciengz.
θɯːn^{4} pjom^{1} heːŋ^{2} haːu^{5} kjaːŋ^{5} θaːŋ^{1} ɕiːŋ^{2}
散 发 行孝 降 丧场
散发行孝降丧场。

Ma daengz sangciengz soeb vih coq,
ma^{1} taŋ^{2} θaːŋ^{1}ɕiːŋ^{2} θop^{8} wi^{6} ɕo^{5}
回 到 丧场 就 位置 坐
回到丧场位置坐，

Dingq gou saeboh ciengqdanq langz.
tiŋ^{5} kou^{1} θai^{1}po^{6} ɕiːŋ^{5}taːn^{5} laːŋ^{2}
听 我 师父 唱叹 郎
听我师父唱叹郎。

Bonj ciengq cienzvuengz bingq(caeuq) haujhanq,
poːn^{3} ɕiːŋ^{5} ɕiːn^{2}wuːŋ^{2} piŋ^{5}（ɕau^{5}） haːu^{3}haːn^{5}
本 唱 前王 并 好汉
本唱前王和好汉，

Danqciengq dangco bohmeh seng.
taːn^{5}ɕiːŋ^{5} taːŋ^{1}ɕo^{1} po^{6}me^{6} θeːŋ^{1}
叹唱 当初 父母 生
叹唱父母恩不忘。

Bohmeh cingq seng bi cibseiq,
po^{6}me^{6} ɕiŋ^{5} θeːŋ^{1} pi^{1} ɕip^{8}θei^{5}
父母 正 生 岁 十四
父母生下十四岁，

Soengq bae doegsaw gauj hagdangz.
θoŋ^{5} pai^{1} tok^{8}θaɯ^{1} kaːu^{3} haːk^{8}taːŋ^{2}
送 去 读书 考 学堂
送去读书考学堂。

Boh mwngz gyaranz guh mbouj ndaej,
po^{6} mɯŋ^{2} kja^{1}ɣaːn^{2} ku^{6} ʔbou^{3} ʔdai^{3}
父 你 家业 搞 不 行
你父家业搞不好，

Gai fwnz gai faex haeuj hagdangz.
kaːi^{1} fɯn^{2} kaːi^{1} fai^{4} hau^{3} haːk^{8}taːŋ^{2}
卖 柴 卖 木 进 学堂
卖柴送你上学堂。

Boh mwngz ra fwnz gvaq ndoengcuk,
po^{6} mɯŋ^{2} ɣa^{1} fɯn^{2} kwa^{5} ʔdoŋ^{1}ɕuk^{7}
父 你 找 柴 过 竹林
你父打柴过竹林，

Bae roeb duzguk gyang sanlimz.
pai^{1} ɣop^{8} tu^{2}kuk^{7} kjaːŋ^{1} θaːn^{1}lim^{2}
去 遇 老虎 中 山林
林中突然遇老虎。

Duzguk cuengq rumz roengzdaeuj coh,
tu^{2}kuk^{7} ɕuːŋ^{5} ɣum^{2} ɣoŋ^{2}tau^{3} ɕo^{6}
老虎 放 风 下来 向
老虎怒吼冲着来，

Lienz bag boh mwngz youq ndaw ndoeng.
liːn^{2} paːk^{8} po^{6} mɯŋ^{2} jou^{5} ʔdaɯ^{1} ʔdoŋ^{1}
连续 扑 父 你 在 里 林
林中追扑你老父。

Boh mwngz dangciengz heuh vunz gouq,
po6 mɯŋ2 taːŋ1ciːŋ2 heːu6 wun2 kou5
父 你 当场 呼喊 人 救
你父当即喊人救，

Gizgyawj Yangz Yangh youh dauqranz.
ki2kjaɯ3 jaːŋ2 jaːŋ6 jou6 taːu5ɣaːn2
近处 杨 香 又 回家
近处杨香回家路。

Yangz Yangh dauqma daengz daihloh,
jaːŋ2 jaːŋ6 taːu5ma1 taŋ2 taːi6lo6
杨 香 返回 到 大路
杨香回到大路上，

Ndaejnyi bohlaux hemq gyang ndoeng.
ʔdai3ȵi1 po6laːu4 heːm5 kjaːŋ1 ʔdoŋ1
听到 老父 呼喊 中 林
听到老父喊打虎。

Yangz Yangh doxdauq haeujbae gaeuj,
jaːŋ2 jaːŋ6 to4taːu5 hau3pai1 kau3
杨 香 返回 进去 看
杨香返回进去看，

Duzguk ngiengx gyaeuj youq baihgwnz.
tu2kuk7 ŋiːŋ4 kjau3 jou5 paːi6kɯn2
老虎 抬 头 在 上面
老虎抬头在其上。

Yangz Yangh aenndang fouz conq diet,
jaːŋ2 jaːŋ6 an1ʔdaːŋ1 fou2 coːn5 tiːt7
杨 香 个身 无 寸 铁
杨香身上无寸铁，

Ae liux lienzliet bae daengz gwnz.
ai1 liːu4 liːn2liːt7 pai1 taŋ2 kɯn2
她 了 迅速 去 到 上面
她就迅速往上翻。

Couh gwih gwnzndang fwngz cix cuk,
ɕou6 kɯːi6 kɯn2ʔdaːŋ1 fɯŋ2 ɕi4 ɕuk7
就 骑 身上 手 就 打
骑在虎背抡拳打，

Youh dub duzguk dai gaxcangx.
jou6 tup8 tu2kuk7 taːi1 ka4ɕaːŋ4
又 打 老虎 死 样子
打死老虎地上瘫。

Yangz Yangh aenndang mbouj sieng gvaq,
jaːŋ2 jaːŋ6 an1ʔdaːŋ1 ʔbou3 θiːŋ1 kwa5
杨 香 个身体 没 伤 过
杨香身体没受伤，

Lij miz daxboh roih mbouj dai.
li3 mi2 ta4po6 ɣoːi6 ʔbou3 taːi1
还 有 老父 他 没 死
还有老父没死亡。

Suenq mwngz Yangz Yangh hoz cingq mwt,
θuːn5 mɯŋ2 jaːŋ2 jaːŋ6 ho2 ɕiŋ5 mɯt7
算 你 杨 香 脖(胆) 正 大
算你杨香够大胆，

Fwngzhau dwk guk ndang mbouj sieng.
fɯŋ2haːu1 tɯk7 kuk7 ʔdaːŋ1 ʔbou3 θiːŋ1
白手 打 虎 身 不 伤
空手打虎身不伤。

Vunzlai ram guk ma gwnz loh,
wun2laːi1 ɣaːm1 kuk7 ma1 kɯn2 lo6
众人 抬 虎 回 上面 路
众人抬虎回路上，

Yangz Yangh aemq boh ma doeklaeng.
jaːŋ2 jaːŋ6 am5 po6 ma1 tok7laŋ1
杨 香 背 父 回 后面
背父在后是杨香。

Bohlaux sam haemh ndwi ndaej yw,
po6laːu4 θaːm1 ham6 ʔdɯːi1 ʔdai3 jɯ1
老父 三 晚 没 能 治
老父三晚医不好，

Yangz Yangh aeu yw youh gouz fueng.
jaːŋ2 jaːŋ6 au1 jɯ1 jou6 kou2 fuːŋ1
杨 香 取 药 又 求 秘方
杨香寻药求秘方。

Yangz Yangh siuyieng gouz coengcoj,
jaːŋ2 jaːŋ6 θiːu1jiːŋ1 kou2 ɕoŋ1ɕo3
杨 香 烧香 求 祖宗
杨香烧香求祖宗，

Danhgouz ae boh gou gaej dai.
taːn6kou2 ai1 po6 kou1 kai3 taːi1
但求 个 父 我 别 死
但求我父别身亡。

Boh dauq rox yaemz lwg ha lwg,
po6 taːu5 ɣo4 jam2 lɯk8 ha lɯk8
父 却 会 说 儿 呀 儿
老父却说儿呀儿，

Gou ciengx mwngz mbwk ndaej gouqmingh.
kou1 ɕiːŋ4 mɯŋ2 ʔbɯk7 ʔdai3 kou5miŋ6
我 养 你 女儿 能 救命
我养女儿能救命。

Gou ndaej miz lwg dwk duzguk,
kou1 ʔdai3 mi2 lɯk8 tɯk7 tu2kuk7
我 能 有 女儿 打 老虎
我有女能打老虎，

Neix raeuz bohlwg mbouj doxgaenh.
nei4 ɣau2 po6lɯk8 ʔbou3 to4kan6
这 我们 父女 不 相近
今后父女不相近。

Beixnuengx mbanjranz gag dajgangj,
pei4 nuːŋ4 ʔbaːn3 ɣaːn2 kaːk8 ta3 kaːŋ3
兄弟 家乡 自 称道
家乡兄弟皆称道，

Goj suenq Yangz Yangh hengz hauqcingz.
ko3 θuːn5 jaːŋ2 jaːŋ6 heːŋ2 haːu5 ɕiŋ2
可 算 杨 香 行 孝情
可算杨香行孝情。

Cibseiq bi vunz hoz cingq mwt,
ɕip8 θei5 pi1 wun2 ho2 ɕiŋ5 mɯt7
十四 岁 人 脖(胆) 正 大
十四岁人胆真大，

Yunghsim dwk guk gouq bohlaux.
juŋ6 θim1 tɯk7 kuk7 kou5 po6 laːu4
用心 打 虎 救 父亲
勇敢打虎救父亲。

Daih'it dwg liux daengz lajmbanj,
taːi6 it7 tɯk8 liːu4 taŋ2 la3 ʔbaːn3
第一 是 了 到 乡村
第一是传在村里，

Daihngeih dwg gangj daengz ndaw cou.
taːi6 ŋei6 tɯk8 kaːŋ3 taŋ2 ʔdaɯ1 ɕou1
第二 是 说 到 里 州
第二是往州里传。

Daihsam dwg liux daengz vuengzdaeq,
taːi6 θaːm1 tɯk8 liːu4 taŋ2 wuːŋ2 tai5
第三 是 了 到 皇帝
第三传扬到皇帝，

Vuengzdaeq biu de foux canghyienz.
wuːŋ2 tai5 piːu1 te1 fou4 ɕaːŋ6 jiːn2
皇帝 封 她 武 状元
皇帝封她武状元。

Mwngz liux roq laz youh boq hauh,
mɯŋ2 liːu4 ɣo5 la2 jou6 po5 haːu6
你 了 敲 锣 又 吹 号
你又敲锣又吹号，

Yangz Yangh hengzhauq ndaej fouxguen.
jaːŋ2 jaːŋ6 heːŋ2 haːu5 ʔdai3 fou4 kuːn1
杨 香 行孝 得 武官
杨香行孝得武官。

Doeklaeng bohlaux ae gvaqseiq,
tok7 laŋ1 po6 laːu4 ai1 kwa5 θei5
后来 父亲 她 过世
后来其父过世时，

Caetcaet seiqgouj guh sangcai.
ɕat7 ɕat7 θei5 kou3 ku6 θaːŋ1 ɕaːi1
七七 四九 做 丧斋
七七丧斋都做满。

Daih Cibroek Bien　Genzlouz Hengzhauq
第十六篇　黔娄行孝

Genjdanh Gangj Neiyungz

Yij Genzlouz,sw (aen biedmingz ciuq mingzcoh hamzeiq lingh an) dwg Swjcinh,vunz Sinhyej,dwg Cangoz seiz Cizgoz boux miz daek miz caiz ndeu.

Bien fwenhauq neix,lwnhgangj Yij Genzlouz cibfaen hauqgingq daxboh. De cib'itngeih bi youq diegrog doegsaw,caenh yousim daxboh ndang mbouj cangq,geij ngoenz couh buet dauq yawj boh. De aeu bak cimz haex boh,danghnaeuz feihdauh haex bienq lo,de couh rox ndaw ndangdaej daxboh fat huj lai,danghnaeuz feihdauh haex mbouj bienq,couh rox daxboh ndangdaej lij ndei. Boh de gvaqseiq seiz,Genzlouz soujhauq caetcaet seiqcibgouj ngoenz,cij cangq daxboh.

Nyawhdaeq rox de gig miz hauqsim,fung de dang hakhung. De dang hak cingqcig,ndaej daengz beksing gyaezhoh dangqmaz.

内容简介

庾黔娄,字子贞,新野人,是战国时齐国的贤士。

本篇孝歌叙述庾黔娄十分孝敬父亲。他十一二岁在外读书,总担心父亲的健康,几天就跑回来看望父亲。他亲自尝父亲的粪便,如果粪便味变了,他就知道父亲体内火气大,如果便味不变,知道父亲身体还好。父亲过世时,黔娄守孝七七四十九天,才安葬了父亲。

玉帝知道他很有孝心,封他当大官。他为官正直,深得百姓爱戴。

Fwenlaegdin moix gawq haj cih

fɯːn^{1} lak^{8} tin^{1} moːi^{4} kaɯ^{5} ha^{3} ɕi^{6}

五言勒脚歌

Genzlouz hengzhauq cingz,
keːn^{2} lou^{2} heːŋ^{2} haːu^{5} ɕiŋ^{2}
黔娄 行孝 情
黔娄行孝情，

Cungsim gyaez bohlaux;
ɕuŋ^{1} θim^{1} kjai^{2} po^{6} laːu^{4}
忠心 爱 老父
忠心爱老父；

Bae guh guen ndwi dauq,
pai^{1} ku^{6} kuːn^{1} ʔdɯːi^{1} taːu^{5}
去 当 官 没 回
去当官没回，

Langh bouxlaux youq ranz.
laːŋ^{6} pou^{4} laːu^{4} jou^{5} ɣaːn^{2}
留下 老父 在 家
老父留家住。

Bae aeu yw ma gan,
pai^{1} au^{1} jɯ^{1} ma^{1} kaːn^{1}
去 拿 药 来 治
去拿药来医，

Langh heiq haeux mbouj imq;
laːŋ^{6} hei^{5} hau^{4} ʔbou^{3} im^{5}
留下 担忧 饭 不 饱
忧吃不饱肚；

Genzlouz hengzhauq cingz,
keːn^{2} lou^{2} heːŋ^{2} haːu^{5} ɕiŋ^{2}
黔娄 行孝 情
黔娄行孝情，

Cungsim gyaez bohlaux;
ɕuŋ^{1} θim^{1} kjai^{2} po^{6} laːu^{4}
忠心 爱 老父
忠心爱老父。

Gan bohlaux boizcingz,
kaːn^{1} po^{6} laːu^{4} poːi^{2} ɕiŋ^{2}
养 老父 还情
养老父还恩，

Caencingz guh hengzhauq;
ɕan^{1} ɕiŋ^{2} ku^{6} heːŋ^{2} haːu^{5}
真情 做 行孝
真行孝付出；

Bae guh guen ndwi dauq,
pai1 ku6 kuːn1 ʔdɯːi1 taːu5
去 当 官 没 回
去当官没回，

Langh bouxlaux youq ranz.
laːŋ6 pou4laːu4 jou5 ɣaːn2
留下 老父 在 家
老父留家住。

Fwen moix gawq caet cih

fɯːn1 moːi4 kaɯ5 ɕat7 ɕi6

七言歌

Heij souj youh daj yiengsoujdiuh,
hei3 θou3 jou6 ta3 jiːŋ1θou3tiːu6
起 首 又 打 香首调
起首又打香首调，

Ciuz neix coqyouq Nanzcizmiuh,
ɕiːu2 nei4 ɕo5jou5 naːn2ɕi2miːu6
朝 这 处在 南齐庙
本朝处在南齐庙，

Fuk souj youh diuz gojsouj dingz.
fuk7 θou3 jou6 tiːu2 ko3θou3 tiŋ2
伏 首 又 调 鼓手 停
伏首又调鼓手停。

Ndaejnyi gyong’yag ciuz mbouj dingz.
ʔdai3ȵi1 kjoːŋ1jaːk8 ɕiːu2 ʔbou3 tiŋ2
听见 锣鼓 嘈 不 停
听见锣鼓闹不停。

Seng dwk gojsing diuh lingh yiengh,
θeːŋ1 tɯk7 ko3θiŋ1 tiːu6 liŋ6 jiːŋ6
生 打 鼓声 调 另 样
生打鼓声调另样，

Ndaejnyi gyong’yag nauh mbouj duenh,
ʔdai3ȵi1 kjoːŋ1jaːk8 naːu6 ʔbou3 tuːn6
听见 锣鼓 闹 不 断
听见锣鼓闹不断，

Lwnhciengq Genzlouz baiq sangdingz.
lɯn6ɕiːŋ5 keːn2lou2 paːi5 θaːŋ1tiŋ2
论唱 黔娄 拜 丧庭
论唱黔娄拜丧庭。

Swenx byoem hengzhauq gyangq sangdingz.
θɯːn4 pjom1 heːŋ2haːu5 kjaːŋ5 θaːŋ1tiŋ2
散 发 行孝 降 丧庭
散发行孝降丧庭。

Ma daengz sangciengz neix vih youq,
ma^{1} taŋ^{2} θaːŋ^{1}ɕiːŋ^{2} nei^{4} wi^{6} jou^{5}
回 到 丧场 这 位子 坐
回到丧场位子坐，

Dingq gou saefouh ciengqdanq langz.
tiŋ^{5} kou^{1} θai^{1}fou^{6} ɕiːŋ^{5}taːn^{5} laːŋ^{2}
听 我 师父 唱叹 郎
听我师父唱叹郎。

Bonj ciengq cienzvuengz bingq haujhanq,
poːn^{3} ɕiːŋ^{5} ɕiːn^{2}wuːŋ^{2} piŋ^{5} haːu^{3}haːn^{5}
本 唱 前王 并 好汉
本唱前王和好汉，

Danqciengq dangco bohmeh seng.
taːn^{5}ɕiːŋ^{5} taːŋ^{1}ɕo^{1} po^{6}me^{6} θeːŋ^{1}
叹唱 当初 父母 生
叹唱父母恩情长。

Bohmeh cingq seng cib'itngeih,
po^{6}me^{6} ɕiŋ^{5} θeːŋ^{1} ɕip^{8}it^{7}ŋei^{6}
父母 正 生 十一二
父母生下十一二，

Vunz seih(dwg) lingzleih dungx mizcaiz.
wun^{2} θei^{6}(tuk^{8}) liŋ^{2}lei^{6} tuŋ^{4} mi^{2}ɕaːi^{2}
人 是 伶俐 肚(脑) 有才
人是伶俐有才干。

Genzlouz bonjdaej vunz hengzhauq,
keːn^{2}lou^{2} poːn^{3}tai^{3} wun^{2} heːŋ^{2}haːu^{5}
黔娄 本体 人 行孝
黔娄本身人行孝，

Funghswngz bohlaux ndaej cibcingz.
fuŋ^{6}θɯŋ^{2} po^{6}laːu^{4} ʔdai^{3} ɕip^{8}ɕiŋ^{2}
奉承 老父 得 十情
侍奉老父都到堂。

Boh mwngz youq neix bi naekcingz,
po^{6} mɯŋ^{2} jou^{5} nei^{4} pi^{1} nak^{7}ɕiŋ^{2}
父 你 在 此 年 深情
你父在此思情深，

Boh mwngz langh bingh sim cix fanz.
po^{6} mɯŋ^{2} laːŋ^{6} piŋ^{6} θim^{1} ɕi^{4} faːn^{2}
父 你 若 病 心 就 烦
你父若病心熬煎。

Soengq bae ranzhag doeg sawceih,
θoŋ^{5} pai^{1} ɣaːn^{2}haːk^{8} tok^{8} θaɯ^{1}ɕei^{6}
送 去 学堂 读 书文
送到学堂去读书，

Cix heiq bohlaux mbouj youq ndei.
ɕi^{4} hei^{5} po^{6}laːu^{4} ʔbou^{3} jou^{5} ʔdei^{1}
就 忧心 老父 不 居住 好
忧心老父体不健。

Doegsaw geij ngoenz mwngz youh dauq,
tok8θaɯ1 kei3 ŋon2 mɯŋ2 jou6 ta:u5
读书 几 天 你 又 回
读书几天你又回，

Goj heiq bohlaux mbouj youq ndei.
ko3 hei5 po6la:u4 ʔbou3 jou5 ʔdei1
也 担忧 老父 不 居住 好
担忧老父不康健。

Langh gou bohlaux ndang mbouj caenz,
la:ŋ6 kou1 po6la:u4 ʔda:ŋ1 ʔbou3 ɕan2
若 我 老父 体 不 神气
若我老父体欠佳，

Aeu bat bae dingh ok daihbienh.
au1 pa:t7 pai1 tiŋ6 o:k7 ta:i6pi:n6
要 盆 去 定时 排 大便
定时端盆排大便。

Ae cimz daihbienh langh goj bienq,
ai1 ɕim2 ta:i6pi:n6 la:ŋ6 ko3 pi:n5
他 尝 大便 若 也 变
他尝大便若味变，

Dwg niemh bohlaux dungx miz feiz.
tɯk8 ni:m6 po6la:u4 tuŋ4 mi2 fei2
是 验证 老父 肚 有 火气
就知父体火气盛。

Ae cimz daihbienh langh ndwi bienq,
ai1 ɕim2 ta:i6pi:n6 la:ŋ6 ʔdɯ:i1 pi:n5
他 尝 大便 若 不 变
他尝大便味不变，

Ae liux fuengbienh hai danyw.
ai1 li:u4 fu:ŋ1pi:n6 ha:i1 ta:n1jɯ1
他 了 方便 开 药方
方便开药他放心。

Hai dan ywguen dem ywdoj,
ha:i1 ta:n1 jɯ1ku:n1 te:m1 jɯ1to3
开 单方 官药 和 土药
取了官药和土药，

Dawz bya dawz noh ma daih cingz.
taɯ2 pja1 taɯ2 no6 ma1 ta:i6 ɕiŋ2
拿 鱼 拿 肉 来 待 情
拿鱼拿肉待父亲。

Bohlaux danghnaeuz ndang baenzbingh,
po6la:u4 ta:ŋ6nau2 ʔda:ŋ1 pan2piŋ6
老父 倘若 身 生病
老父倘若身有病，

Lumj umj lwgnding youq ndaw rumj.
lum3 um3 lɯk8ʔdiŋ1 jou5 ʔdaɯ1 ɣum3
像 抱 婴儿 在 里 怀
就像怀里抱幼婴。

Daih'it dwg liux daengz gizneix,
taːi6 it7 tɯk8 liːu4 taŋ2 ki2 nei4
第一 是 了 到 这里
第一是说在这里，

Daihngeih dwg gangj daengz neix ging.
taːi6 ŋei6 tɯk8 kaːŋ3 taŋ2 nei4 kiŋ1
第二 是 讲 到 这 京城
第二是讲去到京。

Daihsam dwg liux daengz Nyawhdaeq,
taːi6 θaːm1 tɯk8 liːu4 taŋ2 ȵaɯ6 tai5
第三 是 了 到 玉帝
第三是报到玉帝，

Beuj haex bohlaux hengz hauqcingz.
peːu3 hai4 po6 laːu4 heːŋ2 haːu5 ɕiŋ2
搬走 屎 老父 行 孝情
搬走父屎行孝情。

Nyawhdaeq ndaejnyi coenz yienghneix,
ȵaɯ6 tai5 ʔdai3 ȵi1 ɕon2 jiːŋ6 nei4
玉帝 听到 句 这样
玉帝听到这些话，

Gaem bit biuceih daeuj guenj biengz.
kam1 pit7 piːu1 ɕei6 tau3 kuːn3 piːŋ2
拿 笔 写字(下诏书) 来 管 社会
下书赐予管百姓。

Guenj baih saenamz sam bi buenq,
kuːn3 paːi6 θan1 naːm2 θaːm1 pi1 puːn5
掌管 边(面) 西南 三 年 半
管西南面三年半，

Dauq suenq doiqnyaemh baema ranz.
taːu5 θuːn5 toːi5 ȵam6 pai1 ma1 ɣaːn2
却 算 退任 返回 家
就算退位当平民。

Mwngz liux guh guen hix goj cingq,
mɯŋ2 liːu4 ku6 kuːn1 hi4 ko3 ɕiŋ5
你 了 做 官 也 也 正直
你去当官也正直，

Beksingq lwgminz soengq ma mbanj.
pek7 θiŋ5 lɯk8 min2 θoŋ5 ma1 ʔbaːn3
百姓 子民 送 回 村
平民百姓送回乡。

Gvaqlaeng bohmeh ae gvaqseiq,
kwa5 laŋ1 po6 me6 ai1 kwa5 θei5
后来 父母 他 去世
后其父母去世时，

Caetcaet seiqgouj souj hauqdangz.
ɕat7 ɕat7 θei5 kou3 θou3 haːu5 taːŋ2
七七 四九 守 孝堂
七七四九守孝堂。

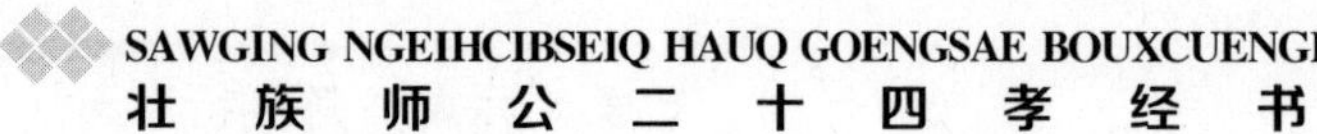

Ngoenzhoengq ngoenzndwi mbouj gamj daez，
ŋon^2 hoŋ^5 ŋon^{2}ʔdɯːi^1 ʔbou^3 kaːm^3 tai^2
空日 闲日 不 敢 提
空日闲日不敢提，

Cien ngeix fanh muengh mbouj gamj ciengq.
ɕiːn^1 ŋei^4 faːn^6 muːŋ^6 ʔbou^3 kaːm^3 ɕiːŋ^5
千 思念 万 渴望 不 敢 唱
千万渴望不敢唱。

Daih Cibcaet Bien　Vangz Yangh Hengzhauq
第十七篇　黄香行孝

Genjdanh Gangj Neiyungz

Vangz Yangh (daihgaiq 68 — 122 nienz), sw (aen biedmingz ciuq mingzcoh hamzeiq lingh an) Vwnzgyangz, vunz Gyanghya Anhluz (seizneix Huzbwz Anhluz). Bouxhak mwh Dunghhan, dwg boux hauqceij gig mizmingz.

Bien fwenhauq neix, lwnhgangj Vangz Yangh vih bohmeh "raeuj denz beiz mbinj" gij gojsaeh sawj vunz gamjdoengh neix. Ranz Vangz Yangh gungzhoj lai, seng ndaej 9 ndwen meh couh dai. De gig hauqgingq boh, gvansim ciuqgoq gig ndei. De 9 bi seiz, seizhah hwngq lai, de bang boh venj riep, beiz duznyungz deuz, beiz fanmbinj liengz, hawj boh ninz ndaej ndei. Seizdoeng nit lai, de sien ninz raeuj fandenz gonq, hawj boh ninz ndaej engq ndei. Bingzseiz aeu byaek ndei、haeux ndei、caz ndei ciengx boh. Boh dai le, de haisang sam ngoenz sam hwnz, cij soengq bae cangq.

内容简介

黄香(约 68—122 年),字文强,江夏安陆(今湖北安陆)人。东汉时期官员,很有名的孝子。

本篇孝歌叙述黄香为父母"暖被扇席"的感人故事。黄香家庭贫苦,生下九月母亲就死。他很孝敬父亲,关怀备至。他 9 岁时,在炎热的夏日,给父亲挂好蚊帐,扇走蚊子,扇凉席子,让父亲睡好觉。寒冷的冬天,他用身体暖被子,让父亲睡得更好。平时用好饭菜、好茶供养父亲。父亲死后,他开丧三天三夜,才送上山。

Fwenlaegdin moix gawq haj cih

fɯːn^{1} lak^{8} tin^{1} moːi^{4} kaɯ^{5} ha^{3} ɕi^{6}

五言勒脚歌

Danq Vangz Yangh hengzhauq,
taːn^{5} waːŋ^{2} jaːŋ^{6} heːŋ^{2} haːu^{5}
叹唱 黄 香 行孝
叹黄香行孝，

Cauh rawz (lawz) ce hawj raeuz;
ɕaːu^{6} ɣaɯ^{2}(laɯ^{2}) ɕe^{1} haɯ^{3} ɣau^{2}
造 啥 留 给 我们
造啥留我们；

Fwhnit (seiznit) ninz de raeuj,
fɯ^{6} nit^{7}(θei^{2} nit^{7}) nin^{2} te^{1} ɣau^{3}
冷时 睡 他 暖
冬季他暖床，

Haet naeuz bohmeh ninz.
hat^{7} nau^{2} po^{6} me^{6} nin2
才 叫 父母 睡
让父母安枕。

Fwhhwngq (seizhwngq) youh beiz liengz,
fɯ^{6} hɯŋ^{5}(θei^{2} hɯŋ^{5}) jou^{6} pei^{2} liːŋ^{2}
热时 又 扇 凉
夏季他扇凉，

Hojlienz daengz bouxlaux;
ho^{3} liːn^{2} taŋ^{2} pou^{4} laːu^{4}
可怜 到 老人
可怜到老人；

Danq Vangz Yangh hengzhauq,
taːn^{5} waːŋ^{2} jaːŋ^{6} heːŋ^{2} haːu^{5}
叹唱 黄 香 行孝
叹黄香行孝，

Cauh rawz (lawz) ce hawj raeuz;
ɕaːu^{6} ɣaɯ^{2}(laɯ^{2}) ɕe^{1} haɯ^{3} ɣau^{2}
造 啥 留 给 我们
造啥留我们。

Miz saw roengzdaeuj bauq,
mi^{2} θaɯ^{1} ɣoŋ^{2} tau^{3} paːu^{5}
有 书 下来 报
有书下来报，

Dwg cienzciuz cienz daeuj;
tɯk^{8} ɕiːn^{2} ɕiːu^{2} ɕiːn^{2} tau^{3}
是 前朝(古代) 传 来
是前朝传本；

Fwhnit (seiznit) ninz de raeuj,
fɯ^{6} nit^{7} (θei^{2} nit^{7}) nin^{2} te^{1} ɣau^{3}
冷时 睡 他 暖
冬季他暖床，

Haet naeuz bohmeh ninz.
hat^{7} nau^{2} po^{6} me^{6} nin^{2}
才 叫 父母 睡
让父母安枕。

Fwen moix gawq caet cih

fɯːn^{1} moːi^{4} kaɯ^{5} ɕat^{7} ɕi^{6}

七言歌

Heij souj youh daj yiengsoujdiuh,
hei^{3} θou^{3} jou^{6} ta^{3} jiːŋ^{1} θou^{3} tiːu^{6}
起 首 又 打 香首调
起首又打香首调，

Ciuz neix coqyouq Hanqciuz guek,
ɕiːu^{2} nei^{4} ɕo^{5} jou^{5} haːn^{5} ɕiːu^{2} kuːk^{7}
朝 这 处在 汉朝 国
本朝处在汉朝国，

Fuk souj youh daj fungh siuyieng.
fuk^{7} θou^{3} jou^{6} ta^{3} fuŋ^{6} θiːu^{1}jiːŋ^{1}
伏 首 又 打 奉 烧香
伏首又打奉烧香。

Ndaejnyi gyong'yag nauh yixyienx
ʔdai^{3} ɲi^{1} kjoːŋ^{1} jaːk^{8} naːu^{6} ji^{4}jiːn^{4}
听见 锣鼓 闹 嚷嚷
听见锣鼓响嚷嚷。

Seng dwk gojsing miz lingh yiengh,
θeːŋ^{1} tɯk^{7} ko^{3} θiŋ^{1} mi^{2} liŋ^{6} jiːŋ^{6}
生 打 鼓声 有 另 样
生打鼓声有另样，

Ndaejnyi gyong'yag sing mbouj duenh,
ʔdai^{3} ɲi^{1} kjoːŋ^{1} jaːk^{8} θiŋ^{1} ʔbou^{3} tuːn^{6}
听见 锣鼓 声 不 断
听见锣鼓声不断，

Vangz Yangh hengzhauq gyangq sangciengz.
waːŋ^{2} jaːŋ^{6} heːŋ^{2} haːu^{5} kjaːŋ^{5} θaːŋ^{1} ɕiːŋ^{2}
黄 香 行孝 降 丧场
黄香行孝降丧场。

Swenx byoem hengzhauq gyangq sangciengz.
θɯːn^{4} pjom^{1} heːŋ^{2} haːu^{5} kjaːŋ^{5} θaːŋ^{1} ɕiːŋ^{2}
散 发 行孝 降 丧场
散发行孝降丧场。

Ma daengz sangciengz soeb roengzgvih,
ma1 taŋ2 θaːŋ1 ɕiːŋ2 θop8 ɣoŋ2 kwi6
回 到 丧场 即 下跪
回到丧场即下跪，

Gaeujraen baizvih cix gya muengz.
kau3 ɣan1 paːi2 wi6 ɕi4 kja1 muːŋ2
看见 牌位 就 更加 慌
看见牌位心更慌。

Haeuj daengz sangciengz neix vih coq,
hau3 taŋ2 θaːŋ1 ɕiːŋ2 nei4 wi6 ɕo5
进 到 丧场 这 位置 坐
回到丧场这位坐，

Dingq gou bohsae ciengqdanq Yangh.
tiŋ5 kou1 po6 θai1 ɕiːŋ5 taːn5 jaːŋ6
听 我 师父 唱叹 香
听我师父唱叹香。

Bonj ciengq cienzvuengz bingq haujhanq,
poːn3 ɕiːŋ5 ɕiːn2 wuːŋ2 piŋ5 haːu3 haːn5
本 唱 前王 并 好汉
本唱前王和好汉，

Danqciengq dangco seng mwngz langz.
taːn5 ɕiːŋ5 taːŋ1 ɕo1 θeːŋ1 mɯŋ2 laːŋ2
叹唱 当初 生 你 郎
叹唱当初生你郎。

Bohmeh cingq seng mwngz Vangz Yangh,
po6 me6 ɕiŋ5 θeːŋ1 mɯŋ2 waːŋ2 jaːŋ6
父母 正 生 你 黄 香
父母生下你黄香，

Meh dai ndwi gan langh lij ning.
me6 taːi1 ʔdɯːi1 kaːn1 laːŋ6 li3 niŋ1
母 死 没 养 丢下 还 幼小
母死丢你没能养。

Mwngz ndaej gouj ndwen meh cix laux (dai),
mɯŋ2 ʔdai3 kou3 ʔdɯːn1 me6 ɕi4 laːu4 (taːi1)
你 得 九 月 母 就 老(死)
你得九月母就死，

Bohlaux gan mwngz song sam cin.
po6 laːu4 kaːn1 mɯŋ2 θoːŋ1 θaːm1 ɕin1
老父 养 你 两 三 春
这两三岁老父养。

Ciengx ndaej sam bi mwngz cix hung,
ɕiːŋ4 ʔdai3 θaːm1 pi1 mɯŋ2 ɕi4 huŋ1
养 得 三 岁 你 就 大
养得三岁你渐大，

Roek bi cix soengq haeuj hagdangz.
ɣok7 pi1 ɕi4 θoŋ5 hau3 haːk8 taːŋ2
六 岁 就 送 进 学堂
六岁送你上学堂。

Caet bi lwgnyez haeuj ndaw hag,
ɕat7 pi1 lɯk8 ȵe2 hau3 ʔdaɯ1 ha:k8
七 岁 儿童 入 里 学堂
七岁儿童在学堂，

Doegsaw guh hak dungx miz caiz.
tok8 θaɯ1 ku6 ha:k7 tuŋ4 mi2 ɕa:i2
读书 做 官 肚 有 才干
读书做官有才干。

Doegsaw sugrox raemx roengz bo,
tok8 θaɯ1 θuk8ɣo4 ɣam4 ɣoŋ2 po1
读书 熟练 水 下 坡
读熟书如水下坡，

Doegsaw sugrox raemx roengz dan.
tok8 θaɯ1 θuk8ɣo4 ɣam4 ɣoŋ2 ta:n1
读书 熟练 水 下 滩
读熟书如水下滩。

Doegsaw sugrox doeng dauhleix,
tok8 θaɯ1 θuk8ɣo4 toŋ1 ta:u6 lei4
读书 熟练 通 道理
熟读诗书通道理，

Gaem bit sij ceih (saw) cienjbixbanx.
kam1 pit7 θi3 ɕei6 (θaɯ1) ɕi:n3 pi4 pa:n4
拿 笔 写 字 转溜溜
拿笔写字很流畅。

Gaem bit sij saw lienz gangjvah,
kam1 pit7 θi3 θaɯ1 li:n2 ka:ŋ3 wa6
拿 笔 写 字 和 讲话
拿笔写字和讲话，

Ngeix daengz bohmeh raemxda roengz.
ŋei4 taŋ2 po6 me6 ɣam4 ta1 ɣoŋ2
想 到 父母 眼泪 下
想到父母泪汪汪。

Dwen daengz bohmeh simdaeuz in,
tɯ:n1 taŋ2 po6 me6 θim1 tau2 in1
提 到 父母 心头 痛
提到父母心头痛，

Bohmeh sinhoj raemxda roengz.
po6 me6 θin1 ho3 ɣam4 ta1 ɣoŋ2
父母 辛苦 眼泪 淌
父母辛苦眼泪淌。

Mwngz ndaej gouj ndwen meh cix laux (dai),
mɯŋ2 ʔdai3 kou3 ʔdɯ:n1 me6 ɕi4 la:u4 (ta:i1)
你 得 九 月 母亲 就 老(死)
你得九月母亲死，

Goj lij bohlaux nanz boizvanz.
ko3 li3 po6 la:u4 na:n2 po:i2 wa:n2
可 还 老父 难 偿还
还有父恩难偿还。

Muenghraen aenmoh simdaeuz dot,
muːŋ^{6} ɣan^{1} an^{1}mo^{6} θim^{1} tau^{2} toːt^{7}
望见 个坟墓 心头 痛
望见坟墓心头疼，

Raemxda gyujgyot daeuj mbouj dingz.
ɣam^{4} ta^{1} kju^{3} kjoːt^{7} tau^{3} ʔbou^{3} tiŋ^{2}
眼泪 纷纷 来 不 停
眼泪不停落纷纷。

Raemxda gyujgyot daeuj mbouj duenh,
ɣam^{4} ta^{1} kju^{3} kjoːt^{7} tau^{3} ʔbou^{3} tuːn^{6}
眼泪 纷纷 来 不 断
泪水纷纷来不断，

Nanz suenq bohmeh gou yiengzgan.
naːn^{2} θuːn^{5} po^{6} me^{6} kou^{1} yiːŋ^{2} kaːn^{1}
难 算 父母 我 阳间
难计父母情义深。

Bohmeh cingq seng cibfaen hoj,
po^{6} me^{6} ɕiŋ^{5} θeːŋ^{1} ɕip^{8} fan^{1} ho^{3}
父母 正 生 十分 苦
父母生养十分苦，

Rox aeu gijmaz ndaej boizaen.
ɣo^{4} au^{1} ki^{3} ma^{2} ʔdai^{3} poːi^{2} an^{1}
不知 要 什么 能 报恩
不知要啥能报恩。

Vunz miz bohmeh doengz suenqsoq,
wun^{2} mi^{2} po^{6} me^{6} toŋ^{2} θuːn^{5} θo^{5}
人 有 父母 同 算数
人有父母同算数，

Doengzdoih gan'goq lwg baenzvunz.
toŋ^{2} toːi^{6} kaːn^{1} ko^{5} lɯk^{8} pan^{2} wun^{2}
做伴 照顾 儿 成人
共同照顾儿成人。

Danh lij roih lwg yaek gingqfungh,
taːn^{6} li^{3} ɣoːi^{6} lɯk^{8} jak^{7} kiŋ^{5} fuŋ^{6}
但 还 个 儿子 要 敬奉
但有儿子要敬奉，

Gungciengx bohmeh vanz aencingz.
kuŋ^{1} ɕiːŋ^{4} po^{6} me^{6} waːn^{2} an^{1} ɕiŋ^{2}
供养 父母 还 恩情
供养父母还恩情。

Laeuj caz ciengzseiz goj mbouj duenh,
lau^{3} ɕa^{2} ɕiːŋ^{2} θei^{2} ko^{3} ʔbou^{3} tuːn^{6}
酒 茶 常常 可 不 断
酒茶常有都不断，

Cingq suenq Vangz Yangh dungx caixhangz.
ɕiŋ^{5} θuːn^{5} waːŋ^{2} jaːŋ^{6} tuŋ^{4} ɕaːi^{4} haːŋ^{2}
正 算 黄 香 肚(脑)在行
算你黄香脑聪明。

Noh bya ciengzseiz gingq bohlaux,
no^{6} pja^{1} ɕiːŋ^{2} θei^{2} kiŋ^{5} po^{6} laːu^{4}
肉 鱼 常常 敬 老父
常常鱼肉敬老父，

Bohlaux cingzngeih hix nanz dang.
po^{6} laːu^{4} ɕiŋ^{2} ŋei^{6} hi^{4} naːn^{2} taːŋ^{1}
老父 情义 也 难 当
也难报答父恩情。

Ngeix daengz cingzngeih bohmeh laux,
ŋei^{4} taŋ^{2} ɕiŋ^{2} ŋei^{6} po^{6} me^{6} laːu^{4}
想 到 情义 父母 老
想到父母情义深，

Raemxda guh cauz daeuj mbouj dingz.
ɣam^{4} ta^{1} ku^{6} ɕaːu^{2} tau^{3} ʔbou^{3} tiŋ^{2}
眼泪 做 槽 来 不 停
泪似流槽来不停。

Geijlai gyadangq ce lwg coux,
kei^{3} laːi^{1} kja^{1} taːŋ^{5} ɕe^{1} lɯk^{8} ɕou^{4}
多少 家当 留 儿 承接
多少家财留给儿，

Meh gaem fwngzndwi haeuj yaemgan
me^{6} kam^{1} fɯŋ^{2}ʔdɯːi^{1} hau^{3} jam^{1} kaːn^{1}
母亲 握 空手 进 阴间
母亲空手入阴间。

Geijlai gyadangq ce lwglan,
kei^{3} laːi^{1} kja^{1} taːŋ^{5} ɕe^{1} lɯk^{8} laːn^{1}
多少 家当 留 儿孙
多少家财留儿孙，

Sam hoenz caet beg Yenzlozdienh.
θaːm^{1} hon^{2} ɕat^{7} peːk^{8} yeːn^{2} lo^{2} tiːn^{6}
三 魂 七 魄 阎罗殿
三魂七魄阎罗殿。

Vangz Yangh haeujninz dauq rox ngeix,
waːŋ^{2} jaːŋ^{6} hau^{3} nin^{2} taːu^{5} ɣo^{4} ŋei^{4}
黄 香 入睡 倒 会 想
黄香睡觉却会想，

Raemxda feixfeix doek bixbanx.
ɣam^{4} ta^{1} fei^{4} fei^{4} tok^{7} pi^{4} paːn^{4}
眼泪 涟涟 落 扑扑
独自伤心泪涟涟。

Laebcin daeuj daengz cix bingzgvaq,
lap^{8} ɕin^{1} tau^{3} taŋ^{2} ɕi^{4} piŋ^{2} kwa^{5}
立春 来 到 则 平过
立春来到还好过，

Laebhah daeuj daengz fwn doek hung.
lap^{8} ha^{6} tau^{3} taŋ^{2} fɯn^{1} tok^{7} huŋ^{1}
立夏 来 到 雨 落 大
立夏来到大雨天。

Loeg nyied daeuj daengz daihsawq seiz,
lok8 ȵiːt8 tau3 taŋ2 taːi6 θaɯ5 θei2
六 月 来 到 大暑 时
六月来到大暑时，

Vangz Yangh beiz vad raemxda roengz.
waːŋ2 jaːŋ6 pei2 waːt8 ɣam4 ta1 ɣoŋ2
黄 香 扇子 摇动 眼泪 落
黄香摇扇眼泪掉。

Beiz vad cingq liengz ndei dahraix,
pei2 waːt8 ɕiŋ5 liːŋ2 ʔdei1 ta6 ɣaːi4
扇子 摇动 正 凉 好 果然
摇扇果然好凉快，

Daenj buh duet haiz haeujbae ninz.
tan3 pu6 tuːt7 haːi2 hau3 pai1 nin2
穿 衣 脱 鞋 进去 睡
穿衣脱鞋去睡觉。

Duznyungz haeuj riep de faet deuz,
tu2 ȵuŋ2 hau3 ɣiːp7 te1 fat7 teːu2
蚊子 进 蚊帐 他 拍 走
蚊进蚊帐他就打，

Youh heuh daxboh haeujbae ninz.
jou6 heːu6 ta4 po6 hau3 pai1 nin2
又 叫 父亲 进去 睡
才请父亲去睡好。

Vad nyungz vad nengz okbae caez,
waːt8 ȵuŋ2 waːt8 neːŋ2 oːk7 pai1 ɕai2
扇(赶) 蚊子 扇(赶) 虫子 出去 完
蚊子虫子全扇走，

Bak naeuz ae boh haeuj congz ninz.
paːk7 nau2 ai1 po6 hau3 ɕoːŋ2 nin2
嘴 说 个 父亲 进 床 睡
才叫父亲去睡觉。

Diemj daeng rongh congz diendaiz an,
tiːm3 taŋ1 ɣoːŋ6 ɕoːŋ2 tiːn1 taːi2 aːn1
点 灯 亮 床 天台 安放
点灯亮床放天台，

Rongh congz yiemzgun[1] gan ninz ndei.
ɣoːŋ6 ɕoːŋ2 jiːm2 kun1 kaːn1 nin2 ʔdei1
亮 床 严君 管 睡 好
亮床管父好睡眠。

Caz ndei ciengzseiz ndaw cenj coux,
ɕa2 ʔdei1 ɕiːŋ2 θei2 ʔdaɯ1 ɕeːn3 ɕou4
茶 好 时常 里 杯 装
好茶时常放杯里，

Yiemzgun heuh aeu soengq daengz henz.
jiːm2 kun1 heːu6 au1 θoŋ5 taŋ2 heːn2
严君 喊 要 送 到 旁
父亲喊要送身边。

[1]yiemzgun:汉语直译为“严君”,指父亲。

Mboujlwnh cawj bya dem cawj noh,
ʔbou3 lɯn6 ɕaɯ3 pja1 teːm1 ɕaɯ3 no6
不论 煮 鱼 和 煮 肉
不论煮鱼或煮肉，

Youh heuh bohlaux hwnq gwn dang.
jou6 heːu6 po6 laːu4 hɯn5 kɯn1 taːŋ1
又 叫 老父 起来 喝 汤
都叫老父起尝鲜。

Geiqcin geiqcou goj bingzgvaq,
kei5 ɕin1 kei5 ɕou1 ko3 piŋ2 kwa5
春季 秋季 还 平过
春季秋季还好过，

Laebdoeng daihhanz youh ma daengz.
lap8 toŋ2 taːi6 haːn2 jou6 ma1 taŋ2
立冬 大寒 又 回 到
立冬又到大寒天。

Laebdoeng daihhanz daeuj daengz seiz,
lap8 toŋ2 taːi6 haːn2 tau3 taŋ2 θei2
立冬 大寒 来 到 时
立冬大寒来到时，

Doek nae doek siet nitsauxsaux.
tok7 na1 tok7 θiːt7 nit7 θaːu4 θaːu4
降 霜 下 雪 冷冰冰
降霜下雪冷森森。

Vangz Yangh haemh ninz hwnz rox ngeix,
waːŋ2 jaːŋ6 ham6 nin2 hɯn2 ɣo4 ŋei4
黄 香 晚上 睡 夜 会 想
黄香夜睡自会想，

Fwhneix (seizneix) guhlawz hengz hauqdangz?
fɯ6 nei4 (θei2 nei4) ku6 laɯ2 heːŋ2 haːu5 taːŋ2
现时 如何 行 孝堂
眼下如何孝老人？

Baengzfaiq couzduenh meh ce mbangj,
paŋ2 faːi5 ɕou2 tuːn6 me6 ɕe1 ʔbaːŋ3
棉布 绸缎 娘 留 一些
棉布绸缎娘留些，

Cingj cangh ma ranz nyib buhgun.
ɕiŋ3 ɕaːŋ6 ma1 ɣaːn2 jip8 pu6 kun1
请 匠 到 家 缝 汉服
汉服就请匠来缝。

Baengzfaiq couzduenh caiz sam gienh,
paŋ2 faːi5 ɕou2 tuːn6 ɕaːi2 θaːm1 kiːn6
棉布 绸缎 缝 三 件
棉布绸缎裁三件，

Lienz buh lienz vaq yaek haeujndang.
liːn2 pu6 liːn2 wa5 jak7 hau3 ʔdaːŋ1
连 衣服 连 裤子 要 合身
衣服裤子要合身。

Haiz mad hix moq buh hix moq,
haːi2 maːt8 hi4 mo5 pu6 hi4 mo5
鞋 袜 也 新 衣服 也 新
鞋袜衣服都是新，

Mbouj lau ae boh liengz daengz ndang.
ʔbou3 laːu1 ai1 po6 liːŋ2 taŋ2 ʔdaːŋ1
不 忧 个 父亲 凉 到 身体
不忧父亲身体冷。

Daihhanz daeuj daengz nit lai lo,
taːi6 haːn2 tau3 taŋ2 nit7 laːi1 lo1
大寒 来 到 冷 多 了
大寒来到非常冷，

Aeu feiz ma oq boh raeuj ndang.
au1 fei2 ma1 o5 po6 ɣau3 ʔdaːŋ1
要 火 来 烘 父 暖 身
要柴烧火父暖身。

Fwhlawz (seizlawz) mbouj feiz nit hojsouh,
fɯ6 laɯ2 (θei2 laɯ2) ʔbou3 fei2 nit7 ho3 θou6
哪时 没有 火 冷 难受
哪时没火就难受，

Couh aeu fandenz ma ung ndang.
ɕou6 au1 faːn1 teːn2 ma1 uŋ1 ʔdaːŋ1
就 要 棉被 来 包 身
就要棉被来包身。

Denz liux hix raeuj mbinj hix raeuj,
teːn2 liːu4 hi4 ɣau3 ʔbin3 hi4 ɣau3
棉被 了 也 暖 席子 也 暖和
棉被席子都暖和，

Bae heuh ae boh ma raeuj ndang.
pai1 heːu6 ai1 po6 ma1 ɣau3 ʔdaːŋ1
去 叫 个 父亲 来 暖 身
去叫父亲来暖身。

Caz noh lienz bya mwngz mbouj duenh,
ɕa2 no6 liːn2 pja1 mɯŋ2 ʔbou3 tuːn6
茶 肉 和 鱼 你 不 断
茶肉和鱼你不断，

Cingq suenq Vangz Yangh dungx caixhangz.
ɕiŋ5 θuːn5 waːŋ2 jaːŋ6 tuŋ4 ɕaːi4 haːŋ2
正 算 黄 香 肚(脑) 在行
就算黄香人在行。

Geiqcin geiqcou gyonj mwngz leix,
kei5 ɕin1 kei5 ɕou1 kjoːn3 mɯŋ2 lei4
春季 秋季 归 你 管理
春季秋季归你管，

Gingqfungh hauqngeih doeng diengung.
kiŋ5 fuŋ6 haːu5 ŋei6 toŋ1 tiːn1 kuŋ1
敬奉 孝义 通 天空
敬奉孝义通天上。

Mbanj gwnz youh miz Liuz soujhoh,
ʔbaːn^{3} kɯn^{2} jou^{6} mi^{2} liːu^{2} θou^{3} ho^{6}
村 上 又 有 刘 守护
上村又有刘守护，

Sij biuj sij so bae bauq ranz.
θi^{3} piːu^{3} θi^{3} θo^{1} pai^{1} paːu^{5} ɣaːn^{2}
写 表 写 疏 去 报 家
家事表疏就报上。

Mbanj ndaw youh bauq daengz mbanj rog,
ʔbaːn^{3} ʔdaɯ^{1} jou^{6} paːu^{5} taŋ^{2} ʔbaːn^{3} ɣoːk^{8}
村 里 又 报 到 村 外
村里又报到村外，

Mbanj rog youh bauq daengz diendangz.
ʔbaːn^{3} ɣoːk^{8} jou^{6} paːu^{5} taŋ^{2} tiːn^{1} taːŋ^{2}
村 外 又 报 到 天堂
村外又报到天堂。

Gag cou liux fouj cienh okdaeuj,
kaːk^{8} ɕou^{1} liːu^{4} fou^{3} ɕiːn^{6} oːk^{7} tau^{3}
各 州 了 府 举荐 出来
各州和府又举荐，

Vangz Yangh hauq bouxboh caenseng.
waːŋ^{2} jaːŋ^{6} haːu^{5} pou^{4} po^{6} ɕan^{1} θeːŋ^{1}
黄 香 孝 个父 亲生
黄香行孝侍高堂。

Haibuengj cienz mingz mwngz Vangz Yangh,
haːi^{1} puːŋ^{3} ɕiːn^{2} miŋ^{2} mɯŋ^{2} waːŋ^{2} jaːŋ^{6}
开榜 传 名 你 黄 香
开榜传名你黄香，

Hanqciuz hengzhauq langz daih'it.
haːn^{5} ɕiːu^{2} heːŋ^{2} haːu^{5} laːŋ^{2} taːi^{6} it^{7}
汉朝 行孝 郎 第一
汉朝行孝第一郎。

Doenggeiq doek siet de raeuj denz,
toŋ^{1} kei^{5} tok^{7} θiːt^{7} te^{1} ɣau^{3} teːn^{2}
冬季 落 雪 他 暖 被子
冬季落雪他暖被，

Hahgeiq beizsen vad youh liengz.
ha^{6} kei^{5} pei^{2} θeːn^{1} waːt^{8} jou^{6} liːŋ^{2}
夏季 扇子 摇动 又 凉爽
夏季摇扇又凉爽。

Gouj bi lwgnyez cingq roxleix,
kou^{3} pi^{1} lɯk^{8} ȵe^{2} ɕiŋ^{5} ɣo^{4} lei^{4}
九 岁 儿童 正 懂理
九岁儿童正懂理，

Hauqngeih Vangz Yangh laj famzgan.
haːu^{5} ŋei^{6} waːŋ^{2} jaːŋ^{6} la^{3} faːm^{2} kaːn^{1}
孝义 黄 香 下面 凡间
黄香行孝凡间上。

Hengzhauq lajfamz liux yienzbeih,
heːŋ^{2} haːu^{5} la^{3} faːm^{2} liːu^{4} jiːn^{2} pei^{6}
行孝 凡间 了 完毕
行孝凡间完以后，

Bae cingj saedauh coengz gingfaenz.
pai^{1} ɕiŋ^{3} θai^{1} taːu^{6} ɕoŋ^{2} kiŋ^{1} fan^{2}
去 请 师公道公 诵 经文
师公道公来诵唱。

Aeu seiq gip benj ma hab faex,
au^{1} θei^{5} kip^{7} peːn^{3} ma^{1} haːb^{8} fai^{4}
要 四 块 板 来 合 棺材
要四块板合棺葬，

Seiq gak laeuzdaiz dauh doiq sang.
θei^{5} kaːk^{7} lau^{2} taːi^{2} taːu^{6} toːi^{5} θaːŋ^{1}
四 角 楼台 道 对 丧
四角楼台道封丧。

Haisang sam ngoenz engq sam haemh,
haːi^{1} θaːŋ^{1} θaːm^{1} ŋon^{2} eːŋ^{5} θaːm^{1} ham^{6}
开丧 三 天 更 三 夜
开丧三天更三夜，

Sam ngoenz sam haemh soengq bae san.
θaːm^{1} ŋon^{2} θaːm^{1} ham^{6} θoŋ^{5} pai^{1} θaːn^{1}
三 天 三 夜 送 去 山
三天三夜送上山。

Soengq ok bohmeh bae ancangq,
θoŋ^{5} oːk^{7} po^{6} me^{6} pai^{1} aːn^{1} ɕaːŋ^{5}
送 出 父母 去 安葬
送终父亲去安葬，

Vangz Yangh hengzhauq daengz diendangz.
waːŋ^{2} jaːŋ^{6} heːŋ^{2} haːu^{5} taŋ^{2} tiːn^{1} taːŋ^{2}
黄 香 行孝 到 天堂
黄香行孝到天堂。

Sangciengz mbouj dwg vunzraeuz cauh,
θaːŋ^{1} ɕiːŋ^{2} ʔbou^{3} tɯk^{8} wun^{2} ɣau^{2} ɕaːu^{6}
丧场 不 是 人我们 创造
丧场不是我们造，

Hengzhauq mbouj dwg vunzraeuz cang.
heːŋ^{2} haːu^{5} ʔbou^{3} tɯk^{8} wun^{2} ɣau^{2} ɕaːŋ^{1}
行孝 不 是 人我们 装样子
行孝不是我们装。

Sangciengz mbouj dwg vunz luenh cauh,
θaːŋ^{1} ɕiːŋ^{2} ʔbou^{3} tɯk^{8} wun^{2} luːn^{6} ɕaːu^{6}
丧场 不 是 人 乱 创造
丧场不是人乱做，

Ngeihseiq hengzhauq cauh sangciengz.
ŋei^{6} θei^{5} heːŋ^{2} haːu^{5} ɕaːu^{6} θaːŋ^{1} ɕiːŋ^{2}
二四 行孝 造 丧场
二四行孝造丧场。

Fanz sou dauhyoux doiq daeng'anq,
faːn^{2} θou^{1} taːu^{6} jou^{4} toːi^{5} taŋ^{1} aːn^{5}
麻烦 你们 道友 退 灯案
有劳道友退灯案，

Dauh liux dem sae caez ciuqgoq,
taːu^{6} liːu^{4} teːm^{1} θai^{1} ɕai^{2} ɕiːu^{5} ko^{5}
道公 了 和 师公 全部 照顾
道公师公都照顾，

Soudan faensanq gip hoizvanz.
θou^{1} taːn^{1} fan^{1} θaːn^{5} kip^{7} hoːi^{2} waːn^{2}
收摊 分散 急 回还
收摊分散回府上。

Ciudoh lingzhoenz hwnj diendangz.
ɕiːu^{1} to^{6} liŋ^{2} hon^{2} hɯn^{3} tiːn^{1} taːŋ^{2}
超度 灵魂 升上 天堂
超度灵魂上天堂。

Daih Cibbet Bien　Gyangh Sih Hengzhauq
第十八篇　姜诗行孝

Genjdanh Gangj Neiyungz

Gyangh Sih, sw (aen biedmingz ciuq mingzcoh hamzeiq lingh an) dwg Swyouz, vunz Gvangjhan (seizneix Swconh Dwzyangz). Bouxhak Dunghhan seizgeiz, hak dang daengz Langzcungh, yah de dwg Bangz si. Gvanbaz gig hauqswnh daxmeh.

Hoeng gij neiyungz bien fwenhauq neix, caeuq《Ngeihcibseiq Hauq》Sawgun miz haujlai mbouj doengz, cujyinzgungh Gyangh Sih youz vunzsai gaijbaenz vunzmbwk lo.

Bi haenx mbanj gwnz miz daegmbauq ndeu heuh Van Liengz, mbanj laj miz dah sau ndeu heuh Gyangh Sih. Cingqngamj bungz daengz gingsingz miz caeg cauhfanj, guenfouj gaemh gak dieg beksingq bae cuk ciengz hoh singz. Van Liengz dwg lwgdog, vih ciengx mehlaux, de ok rog bae ndojndang. Gyangh Sih bae rap raemx seiz, lohgengz roengz raemx bae caemxndang, yawjraen gwnz dah miz vunz ndoj youq ndaw faexgyoeng fouz raemx daeuj, boux vunz neix couh dwg Van Liengz. Gyoengqde song boux doxraen le, gapbaenz gvanbaz.

Miz vunz bauq daengz ciuzdingz, gingsingz baij vunz daeuj gaemh Van Liengz bae cuk ciengz, Van Liengz boihseiz deng ciengz doemq nap dai. Roegenq、roegga mbin daeuj bauqsang. Gyangh Sih swz gyabuz le, bae liuhleix gij sangsaeh Van Liengz.

Gyangh Sih bae daengz laj ciengz gingsingz, haeb lwgfwngz aeu lwed niemh gij seihaiz gvan de, ra raen seihaiz gvan de lo.

Gyangh Sih daejngaungau, gingdoengh daengz ciuzdingz. Ciuzdingz hakhung daeuj cam, rox yienzaen le, naeuz nyienh aeu Gyangh Sih guh yah. Gyangh Sih naeuz byawz ndaej bang gvan de haisang, couh haq hawj de. Hakhung couh genj ngoenzndei, hawj Van Liengz haisang.

Ngoenz haisang, Gyangh Sih gvihbaiq seiz, fwt raen Van Liengz naengh youq gyangding cuengq lingzbaiz haenx, de couh riengz Van Liengz bae. Van Liengz Gyangh Sih doengzseiz haeuj yaemfouj bae lo.

Yenzloz daengq song de vaq guh doiq gyaeqngwz ndeu, cuengq youq ndaw ranz Van

Liengz. Meh Van Liengz dawz gyaeqngwz bae faeg, ok doiq ngwz gyaephoengz ndeu. Caencik gig fanjdoiq meh Van Liengz ciengx ngwz, hoeng de cix baenzbaenz cungj yaek ciengx.

Meh Van Liengz lij hawj doiq ngwz neix bae gyanghnanz mingzfouj hen dousingz, gyoengqvunz fouzfap haeujok dousingz. Hakhung gyanghnanz okhoengz 1000 liengx ngaenzhau, cingj vunz cawz doiq ngwz neix bae. Meh Van Liengz bae gietbuengj, song duz ngwz neix couh doiqok dousingz, ndonj haeuj ndoeng bae lo.

Meh Van Liengz gvaqseiq seiz, doiq ngwz haenx ma ranz soujhauq. Doiq ngwz neix couh dwg Gyangh Sih caeuq Van Liengz bienqbaenz.

内容简介

姜诗,字士游,广汉(今四川德阳)人。东汉时期官吏,官至郎中,其妻庞氏。夫妻事母至孝。

但本篇孝歌内容与汉语《二十四孝》有很大不同,主人公姜诗由男改成女的。

当年上村有个小伙子叫万良,下村有个姑娘叫姜诗。适逢京城盗贼造反,官府要抓四方百姓去筑墙护城。万良是独子,为侍奉老母,他到外面躲避。姜诗去挑水时,赤膊下水洗澡,看见河中有人躲在一空心木中漂来,这人便是万良。他们二人相识,结为夫妻。

有人报到朝廷,京城派人来抓万良去筑墙,万良不幸被塌墙压死。燕子、乌鸦飞到家里报丧。姜诗辞别家婆,前去料理万良后事。

姜诗赶到京城墙下,咬指头取血检验丈夫尸骨,找到了丈夫尸体。

姜诗痛哭,惊动朝廷。朝廷大官来探问,知道原因后,说愿娶姜诗为妻。姜诗说谁能帮她丈夫开丧,她就嫁给他。大官就择吉日,给万良开丧。

开丧之日,姜诗跪拜时,忽见万良坐在灵屋的堂中,她就随他去。万良姜诗同时进入阴府了。

阎罗吩咐他俩化为一对蛇蛋,放在万良家中。万良老母将蛇蛋孵出一对红鳞蛇。亲戚极力反对万良母养蛇,她却坚持要养。

万良母还让这对蛇去江南名府守城门,人们无法出入城门。江南大官就悬赏1000两白银,请人除去那对蛇。万良母去揭榜,两蛇就退出城门爬进山林了。

万良母去世时,那对蛇回家守孝。这对蛇便是姜诗和万良变成。

Fwenlaegdin moix gawq haj cih

fɯːn^{1} lak^{8} tin^{1} moːi^{4} kaɯ^{5} ha^{3} ɕi^{6}

五言勒脚歌

Danq Gyangh Sih hengzhauq,
taːn^{5} kjaːŋ^{6} θi^{6} heːŋ^{2} haːu^{5}
叹唱 姜 诗 行孝
叹姜诗行孝，

Cauh hoq[1] heij caiging;
ɕaːu^{6} ho^{5} hei^{3} ɕaːi^{1} kiŋ^{1}
造 房 起 斋经
造“房”起斋经；

Daej Fanh Liengz sueng sing,
tai^{3} faːn^{6} liːŋ^{2} θuːŋ^{1} θiŋ^{1}
哭 万 良 两 声
哭万良两声，

Doengh gingsingz vuengzdaeq.
toŋ^{6} kiŋ^{1} θiŋ^{2} wuːŋ^{2} tai^{5}
惊动 京城 皇帝
京城皇帝惊。

Caet nyied haeuj laebcou,
ɕat^{7} ɲiːt^{8} hau^{3} lap^{8} ɕou^{1}
七 月 入 立秋
七月入立秋，

A dawz saw daeuj bauq;
a^{1} taɯ^{2} θaɯ^{1} tau^{3} paːu^{5}
乌鸦 拿 书文 来 报
乌鸦报丧情；

Danq Gyangh Sih hengzhauq,
taːn^{5} kjaːŋ^{6} θi^{6} heːŋ^{2} haːu^{5}
叹 姜 诗 行孝
叹姜诗行孝，

Cauh hoq heij caiging.
ɕaːu^{6} ho^{5} hei^{3} ɕaːi^{1} kiŋ^{1}
造 房 起 斋经
造房起斋经。

Haeb lwgfwngz aeu lwed,
hap^{8} lɯk^{8} fɯŋ^{2} au^{1} lɯːt^{8}
咬 指头 要 血
咬指头要血，

Diemj goetyiet haet cin(caen);
tiːm^{3} kot^{7} jiːt^{7} hat^{7} ɕin^{1}(ɕan^{1})
点 骨肉 是 真
验骨肉真情；

[1]hoq：意译为“房”。此指用细竹条绑成高约 0.7 米、长约 1.2 米的长四边形，前后左右和上面都贴上白纸，画有门窗，写上死者（比如父或母）姓名、生辰，当做死者在阴间的新房，放在其墓上，说让死者脱胎后住在里面。拜祭死者结束后就用火烧掉。

Daej Fanh Liengz sueng sing,
tai3 fa:n6 li:ŋ2 θu:ŋ1 θiŋ1
哭 万 良 两 声
哭万良两声，

Doengh gingsingz vuengzdaeq.
toŋ6 kiŋ1θiŋ2 wu:ŋ2tai5
惊动 京城 皇帝
京城皇帝惊。

Fwen moix gawq caet cih

fɯ:n1 mo:i4 kaɯ5 ɕat7 ɕi6

七言歌

Heij souj youh daj yiengsoujdiuh,
hei3 θou3 jou6 ta3 ji:ŋ1θou3ti:u6
起 首 又 打 香首调
起首又打香首调，

Ciuz neix coqyouq Hanqciuz guek,
ɕi:u2 nei4 ɕo5jou5 ha:n5ɕi:u2 ku:k7
朝 这 处在 汉朝 国
本朝处在汉朝国，

Fuk souj youh daj fungh siuyieng.
fuk7 θou3 jou6 ta3 fuŋ6 θi:u1ji:ŋ1
伏 首 又 打 奉 烧香
伏首又打奉烧香。

Ndaejnyi gyong'yag nauh yixyienx.
ʔdai3ɲi1 kjo:ŋ1ja:k8 na:u6 ji4ji:n4
听见 锣鼓 闹 嚷嚷
听见锣鼓闹嚷嚷。

Seng dwk gojsing diuh lingh yiengh,
θe:ŋ1 tɯk7 ko3θiŋ1 ti:u6 liŋ6 ji:ŋ6
生 打 鼓声 调 另 样
生打鼓声调另样，

Ndaejnyi gyong'yag sing mbouj duenh,
ʔdai3ɲi1 kjo:ŋ1ja:k8 θiŋ1 ʔbou3 tu:n6
听见 锣鼓 声 不 断
听见锣鼓声不断，

Gyangh Sih hengzhauq gyangq sangciengz.
kja:ŋ6 θi6 he:ŋ2ha:u5 kja:ŋ5 θa:ŋ1ɕi:ŋ2
姜 诗 行孝 降 丧场
姜诗行孝降丧场。

Swenx byoem hengzhauq gyangq sangciengz.
θɯ:n4 pjom1 he:ŋ2ha:u5 kja:ŋ5 θa:ŋ1ɕi:ŋ2
散 发 行孝 降 丧场
散发行孝降丧场。

Ma daengz sangciengz neix vih coq,
ma1 taŋ2 θa:ŋ1ɕi:ŋ2 nei4 wi6 ɕo5
回 到 丧场 这 位子 坐
回到丧场位子坐，

Dingq gou bohsae ciengqdanq yieng.
tiŋ5 kou1 po6θai1 ɕi:ŋ5ta:n5 ji:ŋ1
听 我 师父 唱叹 香烛
听我师父唱叹香。

Bonj ciengq cienzvuengz bingq haujhanq,
po:n3 ɕi:ŋ5 ɕi:n2wu:ŋ2 piŋ5 ha:u3ha:n5
本 唱 前王 并 好汉
本唱前王和好汉，

Lwnhciengq dangco bohmeh seng.
lɯn6ɕi:ŋ5 ta:ŋ1ɕo1 po6me6 θe:ŋ1
论唱 当初 父母 生
论唱父母恩情长。

Mbanj gwnz dwg seng Fanh Liengz beix,
ʔba:n3 kɯn2 tɯk8 θe:ŋ1 fa:n6 li:ŋ2 pei4
村 上 是 生 万 良 兄
上村是生万良兄，

Mbanj laj neix seng Gyangh Sih niengz[1].
ʔba:n3 la3 nei4 θe:ŋ1 kja:ŋ6 θi6 ni:ŋ2
村 下 这 生 姜 诗 娘
下村是生姜诗娘。

Mboujngeix ndaw ging caeg cauhfanj,
ʔbou3ŋei4 ʔdaɯ1 kiŋ1 ɕak8 ɕa:u6fa:n3
不料 里 京城 贼 造反
不料京城贼造反，

Seiq mbanj bet baih bae cuk ciengz.
θei5 ʔba:n3 pe:t7 pa:i6 pai1 ɕuk7 ɕi:ŋ2
四 村 八 方 去 筑 墙
四面抓丁去筑墙。

Bouxboux cuk ciengz ndwi ndaej dauq,
pou4pou4 ɕuk7 ɕi:ŋ2 ʔdɯ:i1 ʔdai3 ta:u5
个个 筑 墙 没 得 回来
个个筑墙回不来，

Lwgdog mehlaux mbouj ndaej bae.
lɯk8to:k8 me6la:u4 ʔbou3 ʔdai3 pai1
儿子独 老母 不 能 去
老母独儿去不成。

Mwngz liux youq ranz lau mbouj gvaq,
mɯŋ2 li:u4 jou5 ɣa:n2 la:u1 ʔbou3 kwa5
你 了 在 家 怕 不 过
你忧在家逃不过，

Deuz bae bangxdah youq ndoj ndang.
te:u2 pai1 pa:ŋ4ta6 jou5 ʔdo3 ʔda:ŋ1
逃 去 河边 住 躲 身
逃到河边去躲身。

[1]niengz：汉语直译为“娘”，此指年轻女子。

Haeuj ndaw faexgon bae giz youq,
hau^3 ʔdauɯ^1 fai^{4}ko:n^1 pai^1 ki^2 jou^5
进入 里 空心木 去 那里 住
进入木洞里面住，

Gyangh Sih aeu raemx youh daeuj fungz.
kja:ŋ^6 θi^6 au^1 ɣam^4 jou^6 tau^3 fuŋ^2
姜 诗 要 水 又 来 逢
姜诗挑水又相逢。

Haetromh Gyangh Sih aeu raemx daeuj,
hat^{7}ɣo:m^6 kja:ŋ^6 θi^6 au^1 ɣam^4 tau^3
早晨 姜 诗 要 水 来
早晨姜诗来挑水，

Roih gaeuj bangxdah ndwi raen vunz.
ɣo:i^6 kau^3 pa:ŋ^{4}ta^6 ʔdɯ:i^1 ɣan^1 wun^2
她 看 河边 没 见 人
她看河边没有人。

Roih liux duetndang roengzbae caemx,
ɣo:i^6 li:u^4 tu:t^{7}ʔda:ŋ^1 ɣoŋ^{2}pai^1 cam^4
她 了 赤膊 下去 洗
她就赤膊去洗身，

Roih gaeuj ndaw dah caemh ndwi vunz.
ɣo:i^6 kau^3 ʔdauɯ^1 ta^6 ɕam^6 ʔdɯ:i^1 wun^2
她 看 里 河 也 没有 人
她看河中也没人。

Roih liux duetndang roih youh lawq,
ɣo:i^6 li:u^4 tu:t^{7}ʔda:ŋ^1 ɣo:i^6 jou^6 lauɯ^5
她 了 赤膊 她 又 犹豫
她打赤膊又犹豫，

Roih gaeuj seiqcawq ndwi miz vunz.
ɣo:i^6 kau^3 θei^{5}ɕauɯ^5 ʔdɯ:i^1 mi^2 wun^2
她 看 四处 没 有 人
她看四处无一人。

Gyangh Sih gaeujraen raemx baesax,
kja:ŋ^6 θi^6 kau^{3}ɣan^1 ɣam^4 pai^{1}θa^4
姜 诗 看见 水 奔流
姜诗看见水奔流，

Roih raen ndaw dah miz bouxvunz.
ɣo:i^6 ɣan^1 ʔdauɯ^1 ta^6 mi^2 pou^{4}wun^2
她 见 里 河 有 个人
她见河中有个人。

Gyangh Sih gaeujraen danhndexndaux,
kja:ŋ^6 θi^6 kau^{3}ɣan^1 ta:n^{6}de^{4}ʔda:u^4
姜 诗 看见 飘荡样
姜诗看见飘浮来，

Roih liux naengh diuq dauq hwnj haenz.
ɣo:i^6 li:u^4 naŋ^6 ti:u^5 ta:u^5 hɯn^3 han^2
她 了 就 跳 回 上 岸
她跳上岸去看人。

Cingq raen ndaw faex miz aen'gyaeuj,
ɕiŋ^{5} ɣan^{1} ʔdaɯ^{1} fai^{4} mi^{2} an^{1}kjau^{3}
正 见 里面 木 有 个头
正见木洞有个头，

Cingq naeuz miz vunz ndwi raen ndang.
ɕiŋ^{5} nau^{2} mi^{2} wun^{2} ʔdɯːi^{1} ɣan^{1} ʔdaːŋ^{1}
正 说 有 人 不 见 身
正说有人身不现。

Fanh Liengz iet gyaeuj hwnjdaeuj yawj,
faːn^{6} liːŋ^{2} iːt^{7} kjau^{3} hɯn^{3}tau^{3} jaɯ^{3}
万 良 伸 头 起来 看
万良伸头起来看，

Gyangh Sih vaegrawz youh dauq raen.
kjaːŋ^{6} θi^{6} wak^{8}ɣaɯ^{2} jou^{6} taːu^{5} ɣan^{1}
姜 诗 忽然 又 重 见
姜诗忽然又重见。

Gyangh Sih cingq raen gaiq yienghneix,
kjaːŋ^{6} θi^{6} ɕiŋ^{5} ɣan^{1} kaːi^{5} jiːŋ^{6}nei^{4}
姜 诗 正 看见 件 这样
姜诗看见这情形，

Mwngz beix daeuj neix vihmaz nyaen(yienzaen)?
mɯŋ^{2} pei^{4} tau^{3} nei^{4} wi^{6}ma^{2} ȵan^{1}(jiːn^{2}an^{1})
你 长兄来 此 为何 原因
长兄到此为何缘？

Mwngz beix daeuj neix yienghlawz saeh?
mɯŋ^{2} pei^{4} tau^{3} nei^{4} jiːŋ^{6}laɯ^{2} θai^{6}
你 长兄来 这 哪样 事
哥你到这有何事？

Youq ndaw conghfaex yienghlawz nyaen(yienzaen)?
jou^{5} ʔdaɯ^{1} ɕoːŋ^{6}fai^{4} jiːŋ^{6}laɯ^{2} ȵan^{1}(jiːn^{2}an^{1})
在 里面 木洞 哪样 原因
在这木洞为哪件？

Fanh Liengz vadfwngz naeuz gaej gangj,
faːn^{6} liːŋ^{2} waːt^{8}fɯŋ^{2} nau^{2} kai^{3} kaːŋ^{3}
万 良 摇手 说 别 讲
万良摆手说难尽，

Gou liux deuznanh daeuj neix ninz.
kou^{1} liːu^{4} teːu^{2}naːn^{6} tau^{3} nei^{4} nin^{2}
我 了 逃难 来 此 睡
我是逃到此睡眠。

Gou liux deuz liengz daeuj neix youq,
kou^{1} liːu^{4} teːu^{2} liːŋ^{2} tau^{3} nei^{4} jou^{5}
我 了 逃 粮 来 此 住
我因逃粮到此住，

Naeuz mwngz nuengxniengz gaej lwnh vunz.
nau^{2} mɯŋ^{2} nuːŋ^{4}niːŋ^{2} kai^{3} lɯn^{6} wun^{2}
说 你 妹娘 莫 告诉 人
妹你莫对他人言。

Gyangh Sih dangciengz riuhixhix,
kjaːŋ^6 θi^6 taːŋ^{1}ciːŋ^2 ɣiːu^{1}hi^{4}hi^4
姜 诗 当场 笑嘻嘻
姜诗当场笑嘻嘻，

Mwngz beix ok nix(neix) daeuj gou naeuz.
mɯŋ^2 pei^4 oːk^7 ni^4(nei^4) tau^3 kou^1 nau^2
你 哥 出 这 来 我 讲
哥你到这听我言。

Mwngz beix okdaeuj dingq gou naeuz,
mɯŋ^2 pei^4 oːk^{7}tau^3 tiŋ^5 kou^1 nau^2
你 长兄 出来 听 我 说
哥你出来听我说，

Gou daeuj aeu raemx dwg mwngz raen.
kou^1 tau^3 au^1 ɣam^4 tɯk^8 mɯŋ^2 ɣan^1
我 来 要 水 被 你 见
我来挑水被你见。

Gyangh Sih dauq cam coenz daihngeih,
kjaːŋ^6 θi^6 taːu^5 ɕaːm^1 ɕon^2 taːi^{6}ŋei^6
姜 诗 再 问 句 第二
姜诗又问第二句，

Mwngz beix ndaej yah roxnaeuz caengz?
mɯŋ^2 pei^4 ʔdai^3 ja^6 ɣo^{4}nau^2 ɕaŋ^2
你 哥 得 妻 或者 没
哥你是否已娶妻？

Langh mwngz guh beix caengz ndaej maex,
laːŋ^6 mɯŋ^2 ku^6 pei^4 ɕaŋ^2 ʔdai^3 mai^4
若 你 为 兄 未 得 妻
若你为兄未娶妻，

Dem gou siujmaex giet vaenyienz.
teːm^1 kou^1 θiːu^{3}mai^4 kiːt^7 wan^{1}jiːn^2
与 我 小妹 结 婚姻
与小妹我结连理。

Fanh Liengz dangciengz laengx le laengx,
faːn^6 liːŋ^2 taːŋ^{1}ciːŋ^2 laŋ^4 le laŋ^4
万 良 当场 愣 了 愣
万良当场愣了愣，

Gangj daengz aeu yah gou hix nanz.
kaːŋ^3 taŋ^2 au^1 ja^6 kou^1 hi^4 naːn^2
讲 到 娶 妻 我 也 难
讲到娶妻我难语。

Gou liux deuznanh daeuj neix youq,
kou^1 liːu^4 teːu^{2}naːn^6 tau^3 nei^4 jou^5
我 了 逃难 来 此 居住
我因逃难来此居，

Aeu mwngz siujnawx bae lawz gwn?
au^1 mɯŋ^2 θiːu^{3}naɯ^4 pai^1 laɯ^2 kɯn^1
娶 你 小女 去 哪 吃
娶你日后怎生计？

Gou liux gyadangq caenh ndwi cauh,
kou1 liːu4 kja1taːŋ5 ɕan6 ʔdɯːi1 ɕaːu6
我 了 家当 全 没有 创
我还没有创家业，

Gag lij mehlaux youq ndaw ranz.
kaːk8 li3 me6laːu4 jou5 ʔdaɯ1 ɣaːn2
独自 还 老母 住 里 家
母亲一人留家里。

Gyangh Sih haiyienz Fanh Liengz dauh,
kjaːŋ6 θi6 haːi1jiːn2 faːn6 liːŋ2 taːu6
姜 诗 开言 万 良 道
姜诗开言万良道，

Mwngz mbaet coenzhauq dingq gou naeuz.
mɯŋ2 ʔbat7 ɕon2haːu5 tiŋ5 kou1 nau2
你 停 话儿 听 我 说
你不说话听我语。

Mwngz cix raen gvaq ndangnoh gou,
mɯŋ2 ɕi4 ɣan1 kwa5 ʔdaːŋ1no6 kou1
你 则 见 过 身体 我
你已见过我身体，

Mwngz liux lij youq guh gijmaz?
mɯŋ2 liːu4 li3 jou5 ku6 ki3ma2
你 了 还 停住 干 什么
为何你还呆那里？

Langh baenz gvanbaz miz cingzfaenh,
laːŋ6 pan2 kwaːn1pa2 mi2 ɕiŋ2fan6
若 成 夫妻 有 情分
若有缘分结夫妻，

Mwngz caenh gaej lwnh gou diengei.
mɯŋ2 ɕan6 kai3 lɯn6 kou1 tiːn1kei1
你 总 别 讲 我 天机
你别讲出我天机。

Gou naeuz coenz neix langh baenz leix,
kou1 nau2 ɕon2 nei4 laːŋ6 pan2 lei4
我 说 句 这 若 成 理
我说这句若有理，

Mwngz naeuz betceih gou bae bingz.
mɯŋ2 nau2 peːt7ɕei6 kou1 pai1 piŋ2
你 说 八字 我 去 评
你说八字我卜去。

Fanh Liengz euq mwngz goj ndwi ndaej,
faːn6 liːŋ2 eːu5 mɯŋ2 ko3 ʔdɯːi1 ʔdai3
万 良 辩说 你 也 不 得
万良辩说不过你，

Youh lwnh betceih hawj mwngz niengz.
jou6 lɯn6 peːt7ɕei6 haɯ3 mɯŋ2 niːŋ2
又 告诉 八字 给 你 妹娘
就把八字告诉你。

Gyangh Sih bae bingz mingh habbaenz,
kjaːŋ6 θi6 pai1 piŋ2 miŋ6 haːb8 pan2
姜　诗　去　评　命　合成
姜诗去卜命相合，

Ngaenz noix cingz naek Fanh Liengz aeu.
ŋan2 noːi4 ɕiŋ2 nak7 faːn6 liːŋ2 au1
钱　少　情　深　万　良　娶
钱少情深万良娶。

Ngoenzndei seizleih mwngz dwg coux,
ŋon2 ʔdei1 θei2 lei6 mɯŋ2 tɯk8 ɕou4
吉日　良辰　你　是　迎娶
吉日良辰你迎娶，

Coux ndaej Gyangh Sih bae daengz ranz.
ɕou4 ʔdai3 kjaːŋ6 θi6 pai1 taŋ2 ɣaːn2
娶　得　姜　诗　去　到　家
娶得姜诗到家里。

Gietbaenz gvanbaz ndaej sam hwnz,
kiːt7 pan2 kwaːn1 pa2 ʔdai3 θaːm1 hɯn2
结成　夫妻　得　三　晚
结成夫妻得三晚，

Miz vunz bae lwnh daengz ciuzdingz.
mi2 wun2 pai1 lɯn6 taŋ2 ɕiːu2 tiŋ2
有　人　去　报告　到　朝廷
有人报告到朝廷。

Ndaw ging miz cai roengzdaeuj diuh,
ʔdaɯ1 kiŋ1 mi2 ɕaːi1 ɣoŋ2 tau3 tiːu6
里　京城　有　差吏　下来　调
京城差吏下来抓，

Naeuz mwngz Fanh Liengz bae cuk ciengz.
nau2 mɯŋ2 faːn6 liːŋ2 pai1 ɕuk7 ciːŋ2
说　你　万　良　去　筑　城墙
万良筑墙当壮丁。

Mwngz liux caengz bae daengq Gyangh Sih,
mɯŋ2 liːu4 ɕaŋ2 pai1 taŋ5 kjaːŋ6 θi6
你　了　尚未　去　嘱　姜　诗
你出发前嘱姜诗，

Ngoenzlaeng gan ndi(ndei) mehlaux gou.
ŋon2 laŋ1 kaːn1 ʔdi1(ʔdei1) me6 laːu4 kou1
日来　照管　好　母亲　我
平时侍好我母亲。

Fanh Liengz okbae deng ngoenzyak,
faːn6 liːŋ2 oːk7 pai1 teːŋ1 ŋon2 jaːk7
万　良　出去　遇　凶日
万良出去遇凶日，

Ciengzsingz doemqlak goemq ndang dai.
ciːŋ2 θiŋ2 tom5 laːk7 kom5 ʔdaːŋ1 taːi1
城墙　坍塌　覆盖　身体　死
墙塌压人死归阴。

Fanh Liengz saetmingh bae yaemfouj,
faːn^{6} liːŋ^{2} θat^{7}miŋ^{6} pai^{1} jam^{1}fou^{3}
万 良 丧命 去 阴府
万良丧命归阴府，

Hawj duz roegenq daeuj bauq ranz.
haɯ^{3} tu^{2} ɣok^{8}eːn^{5} tau^{3} paːu^{5} ɣaːn^{2}
让 只 燕子 来 报 家
让燕子来报家堂。

Youh hawj roegenq ma bauq dai,
jou^{6} haɯ^{3} ɣok^{8}eːn^{5} ma^{1} paːu^{5} taːi^{1}
又 让 燕子 来 报 死讯
又让燕子来报丧，

Gyangh Sih ngawhngaiz naengh haenz feiz.
kjaːŋ^{6} θi^{6} ŋaɯ^{6}ŋaːi^{2} naŋ^{6} han^{2} fei^{2}
姜 诗 呆呆 坐 旁 火堆
姜诗呆坐火堆旁。

Roegenq ma daengz heuhyaujyauj,
ɣok^{8}eːn^{5} ma^{1} taŋ^{2} heːu^{6}jaːu^{3}jaːu^{3}
燕子 来 到 叫呀呀
燕子来到叫呀呀，

Roeg cam mehlaux youq gizlawz?
ɣok^{8} ɕaːm^{1} me^{6}laːu^{4} jou^{5} ki^{2}laɯ^{2}
燕子 问 老母 在 哪里
燕问老母在何方？

Gyangh Sih haiyienz roegenq dauh,
kjaːŋ^{6} θi^{6} haːi^{1}jiːn^{2} ɣok^{8}eːn^{5} taːu^{6}
姜 诗 开言 燕子 道
姜诗开言燕子道，

Roeg cam mehlaux guh gijmaz?
ɣok^{8} ɕaːm^{1} me^{6}laːu^{4} ku^{6} ki^{3}ma^{2}
燕子 问 老母 干 什么
燕问老母为哪样？

Gyangh Sih lienzseiz cuengqsing daej,
kjaːŋ^{6} θi^{6} liːn^{2}θei^{2} ɕuːŋ^{5}θiŋ^{1} tai^{3}
姜 诗 立刻 放声 哭
姜诗立刻放声哭，

Lienz meh lienz bawx daej gvaq hwnz.
liːn^{2} me^{6} liːn^{2} paɯ^{4} tai^{3} kwa^{5} hɯn^{2}
连 母 连 媳 哭 过 夜
婆媳连夜哭声闻。

Sou daej sam ngoenz ndwi rox yaemz,
θou^{1} tai^{3} θaːm^{1} ŋon^{2} ʔdɯːi^{1} ɣo^{4} jam^{2}
你们 哭 三 天 不 会 停
你们三天哭不停，

Lingh hawj duza ma bauq ranz.
liŋ^{6} haɯ^{3} tu^{2}a^{1} ma^{1} paːu^{5} ɣaːn^{2}
另 让 乌鸦 来 报 家
另让乌鸦报家人。

Duza ma daengz baiq youh naeuz,
tu^{2}a^{1} ma^{1} taŋ^{2} paːi^{5} jou^{6} nau^{2}
乌鸦 回 到 拜 又 说
乌鸦来到拜又说，

Neix ae saetmingh bae yaemfouj,
nei^{4} ai^{1} θat^{7}miŋ^{6} pai^{1} jam^{1}fou^{3}
现在 他 丧命 去 阴府
他今丧命到阴府，

Fanh Liengz baenaj dwg ik ndang.
faːn^{6} liːŋ^{2} pai^{1}na^{3} tɯk^{8} ik^{7} ʔdaːŋ^{1}
万 良 前去 是 益 身
万良去后益本身。

Ndwi miz bouxlawz bae cangndang.
ʔdɯːi^{1} mi^{2} pou^{4}lau^{2} pai^{1} ɕaːŋ^{1}ʔdaːŋ^{1}
没 有 哪个 去 整容
没谁帮整仪容去。

Gyangh Sih haiyienz mehlaux dauh,
kjaːŋ^{6} θi^{6} haːi^{1}jiːn^{2} me^{6}laːu^{4} taːu^{6}
姜 诗 开言 老母 道
姜诗开言老母道，

Mehlaux ndaejnyi coenz yienghneix,
me^{6}laːu^{4} ʔdai^{3}ȵi^{1} ɕon^{2} jiːŋ^{6}nei^{4}
老母 听见 句 这样
老母听见这句话，

Mwngz mbaet coenzhauq dingq gou naeuz.
mɯŋ^{2} ʔbat^{7} ɕon^{2}haːu^{5} tiŋ^{5} kou^{1} nau^{2}
你 停 话儿 听 我 说
你停说话听我论。

Raemxda feixfeix doek lumj fwn.
ɣam^{4}ta^{1} fei^{4}fei^{4} tok^{7} lum^{3} fɯn^{1}
眼泪 纷纷 落 如 雨
眼泪纷纷如下雨。

Dou guh gvanbaz ndaej sam haemh,
tou^{1} ku^{6} kwaːn^{1}pa^{2} ʔdai^{3} θaːm^{1} ham^{6}
我们 做 夫妻 得 三 晚
我俩夫妻得三晚，

Baenz lwg bouxsai dauq yungzheih,
pan^{2} lɯk^{8} pou^{4}θaːi^{1} taːu^{5} juŋ^{2}hei^{6}
成为 儿 男子 倒是 容易
若是男子容易办，

Neix mbwn daeuj gaemh roih bae yaem.
nei^{4} ʔbɯn^{1} tau^{3} kam^{6} ɣoːi^{6} pai^{1} jam^{1}
这 老天 来 抓 他 去 阴间
老天要他归阴去。

Neix lwg mehmbwk guhlawz bae?
nei^{4} lɯk^{8} me^{6}ʔbɯk^{7} ku^{6}lauː^{2} pai^{1}
这 儿 女人 如何 去
身为女人如何去？

Mwngz gaeuj gwnzmbwn daemq rox sang,
mɯŋ^{2} kau^{3} kɯn^{2}ʔbɯn^{1} tam^{5} ɣo^{4} θaːŋ^{1}
你 看 苍天 低 或 高
你看苍天高或低，

Mwngz gangj gingsingz gaenh rox gyae.
mɯŋ^{2} kaːŋ^{3} kiŋ^{1}θiŋ^{2} kan^{6} ɣo^{4} kjai^{1}
你 说 京城 近 或 远
你说京城远或近。

Mwngz caenh rox cienj youq henz feiz,
mɯŋ^{2} ɕan^{6} ɣo^{4} ɕiːn^{3} jou^{5} heːn^{2} fei^{2}
你 尽 会 转 在 旁边 火
你尽会在厨房转，

Guhlawz okrog bae doeng ging.
ku^{6}lauɯ^{2} oːk^{7}ɣoːk^{8} pai^{1} toŋ^{1} kiŋ^{1}
如何 外出 去 通 京城
如何外出去到京。

Mwngz cienj haenz feiz caenh caengz doh,
mɯŋ^{2} ɕiːn^{3} han^{2} fei^{2} ɕan^{6} ɕaŋ^{2} to^{6}
你 转 旁边 火 总 未 遍
厨房你尚未转遍，

Guhlawz rox loh bae doeng ging.
ku^{6}lauɯ^{2} ɣo^{4} lo^{6} pai^{1} toŋ^{1} kiŋ^{1}
如何 懂 路 去 通 京城
如何懂路到北京。

Gyangh Sih haiyienz mehlaux dauh,
kjaːŋ^{6} θi^{6} haːi^{1}jiːn^{2} me^{6}laːu^{4} taːu^{6}
姜 诗 开言 老母 道
姜诗开言老母道，

Naeuz mwngz mehlaux sim gaej fanz.
nau^{2} mɯŋ^{2} me^{6}laːu^{4} θim^{1} kai^{3} faːn^{2}
说 你 老母 心 别 烦
说老母你别烦心。

Gou bae saek ndwen gou cix dauq,
kou^{1} pai^{1} θak^{7} ʔdɯːn^{1} kou^{1} ɕi^{4} taːu^{5}
我 去 一 月 我 就 回
我去个把月就回，

Goj soengq mehlaux bae vanzsan.
ko^{3} θoŋ^{5} me^{6}laːu^{4} pai^{1} waːn^{2}θaːn^{1}
也 送 母亲 去 还山
侍奉母亲老送终。

Gyangh Sih gaenhau cug roega,
kjaːŋ^{6} θi^{6} kan^{1}haːu^{1} ɕuk^{8} ɣok^{8}a^{1}
姜 诗 白巾 绑 乌鸦
姜诗白巾连乌鸦，

Mbin gvaq daihloh miz hauhdaeuz.
ʔbin^{1} kwa^{5} taːi^{6}lo^{6} mi^{2} haːu^{6}tau^{2}
飞 过 大路 有 记号
飞过大路记心中。

Duza gvaq gwnz gou gvaq laj,
tu^{2}a^{1} kwa^{5} kɯn^{2} kou^{1} kwa^{5} la^{3}
乌鸦 过 上 我 过 下
乌鸦在上我在下，

Haj ngoenz haj haemh daengz gingsingz.
ha^{3} ŋon^{2} ha^{3} ham^{6} taŋ^{2} kiŋ^{1}θiŋ^{2}
五 天 五 夜 到 京城
五天五夜到京中。

Duza haemhlaep ninz gwnz faex,
tu^{2}a^{1} ham^{6}lap^{7} nin^{2} kɯn^{2} fei^{4}
乌鸦 夜晚 睡 上 树
乌鸦夜晚睡树上，

Gyangh Sih baez laep haeuj ranzdoz.
kjaːŋ^{6} θi^{6} pai^{2} lap^{7} hau^{3} ɣaːn^{2}to^{2}
姜 诗 一旦 天黑 进 客栈
姜诗夜住客栈中。

Bae daengz gingsingz vunz baenzfanh,
pai^{1} taŋ^{2} kiŋ^{1}θiŋ^{2} wun^{2} pan^{2}faːn^{6}
去 到 京城 人 上万
到京城见上万人，

Goetyiet haujhanq laj dinciengz.
kot^{7}jiːt^{7} haːu^{3}haːn^{5} la^{3} tin^{1}ciːŋ^{2}
骨肉 好汉 下面 墙脚
好汉尸骨堆墙根。

Vunz dai laj singz miz fouzsoq,
wun^{2} taːi^{1} la^{3} θiŋ^{2} mi^{2} fou^{2}θo^{5}
人 死 下面 城墙 有 无数
墙下死人有无数，

Mbouj rox bouxlawz Fanh Liengz ndang.
ʔbou^{3} ɣo^{4} pou^{4}laɯ^{2} faːn^{6} liːŋ^{2} ʔdaːŋ^{1}
不 知 哪个 万 良 身
不知谁是万良身。

Langh mwngz miz lingz engq miz singq,
laːŋ^{6} mɯŋ^{2} mi^{2} liŋ^{2} eːŋ^{5} mi^{2} θiŋ^{5}
若 你 有 灵 更 有 性
若你真是有灵性，

Goetyiet cix dingh baihnaj vang.
kot^{7}iːt^{7} ɕi^{4} tiŋ^{6} paːi^{6}na^{3} waːŋ^{1}
尸骨 就 一定 面前 横
尸骨定会面前横。

Fanh Liengz miz lingz engq miz singq,
faːn^{6} liːŋ^{2} mi^{2} liŋ^{2} eːŋ^{5} mi^{2} θiŋ^{5}
万 良 有 灵 更 有 性
万良真是有灵性，

Goetyiet cix dingh doiqnaj yienh.
kot^{7}iːt^{7} ɕi^{4} tiŋ^{6} toːi^{5}na^{3} jiːn^{6}
尸骨 就 一定 面前 呈现
尸骨定会面前呈。

Gyangh Sih haeb fwngz aeu senglwed,
kjaːŋ^{6} θi^{6} hap^{8} fɯŋ^{2} au^{1} θeːŋ^{1} lɯːt^{8}
姜 诗 咬 手指 要 生血(鲜血)
姜诗咬指要鲜血，

Ma diemj goetyiet cingq aegvan.
ma^{1} tiːm^{3} kot^{7} iːt^{7} ɕiŋ^{5} ai^{1} kwaːn^{1}
来 点 尸骨 正 个丈夫
验尸正是她丈夫。

Youh aeu baengzcouz dawz ma coux,
jou^{6} au^{1} paŋ^{2} ɕou^{2} taɯ^{2} ma^{1} ɕou^{4}
又 要 绸布 拿 来 包裹
又要绸布来包裹，

Youh aeu goetyiet ae ma cang.
jou^{6} au^{1} kot^{7} iːt^{7} ai^{1} ma^{1} ɕaːŋ^{1}
又 要 尸骨 他 来 装
又要装好他尸骨。

Bae aeu gouh faex dawz ma coux,
pai^{1} au^{1} kou^{6} fai^{4} taɯ^{2} ma^{1} ɕou^{4}
去 要 副 棺材 拿 来 装
去要棺材装里面，

Gyangh Sih soujhauq laj congzlingz.
kjaːŋ^{6} θi^{6} θou^{3} haːu^{5} la^{3} ɕoːŋ^{2} liŋ^{2}
姜 诗 守孝 下面 灵桌
姜诗守灵多痛苦。

Gyangh Sih soujhauq naengh laj faex,
kjaːŋ^{6} θi^{6} θou^{3} haːu^{5} naŋ^{6} la^{3} fai^{4}
姜 诗 守孝 坐 下面 棺材
姜诗守孝坐棺旁，

Haemh mwngz goj daej daengz buenqhwnz.
ham^{6} mɯŋ^{2} ko^{3} tai^{3} taŋ^{2} puːn^{5} hɯn^{2}
晚上 你 也 哭 到 半夜
每晚半夜你还哭。

Gyangngoenz mwngz daej doengh ciuzdingz,
kjaːŋ^{1} ŋon^{2} mɯŋ^{2} tai^{3} toŋ^{6} ɕiːu^{2} tiŋ^{2}
白天 你 哭 惊动 朝廷
白天你哭惊朝廷，

Hakhung cingqcaih roengzdaeuj cam.
haːk^{7} huŋ^{1} ɕiŋ^{5} ɕaːi^{6} ɣoŋ^{2} tau^{3} ɕaːm^{1}
大官 正在 下来 问
大官正在下来问。

Hakhung haiyienz Gyangh Sih dauh,
haːk^{7} huŋ^{1} haːi^{1} jiːn^{2} kjaːŋ^{6} θi^{6} taːu^{6}
大官 开言 姜 诗 道
大官开言姜诗道，

Mwngz mbaet coenzhauq dingq gou naeuz.
mɯŋ^{2} ʔbat^{7} ɕon^{2} haːu^{5} tiŋ^{5} kou^{1} nau^{2}
你 停 话儿 听 我 说
你停说话听我论。

Mwngz daeuj gizneix souj laj faex,
mɯŋ2 tau3 ki2nei4 θou3 la3 fai4
你 来 这里 守 下面 棺材
你来这里守棺材，

Mwngz neix souj boh rox souj gvan.
mɯŋ2 nei4 θou3 po6 ɣo4 θou3 kwa:n1
你 这 守 父亲 或 守 夫君
你守父亲或夫君？

Gyangh Sih haiyienz haklaux dauh,
kja:ŋ6 θi6 ha:i1ji:n2 ha:k7la:u4 ta:u6
姜 诗 开言 大官 道
姜诗开言大官道，

Sou mbaet coenzhauq dingq gou naeuz.
θou1 ʔbat7 ɕon2ha:u5 tiŋ5 kou1 nau2
你们 停 话儿 听 我 说
你们不言听我陈。

Gou lwnh laizyouz hawj sou rox,
kou1 lɯn6 la:i2jou2 haɯ3 θou1 ɣo4
我 讲 原因 给 你们 知道
我讲原因你们听，

Gou ndwi souj boh cingq souj gvan.
kou1 ʔdɯ:i1 θou3 po6 ɕiŋ5 θou3 kwa:n1
我 不是 守 父 正 守 丈夫
我非守父正守郎。

Giethab gvanbaz ndaej sam haemh,
ki:t7ha:p8 kwa:n1pa2 ʔdai3 θa:m1 ham6
结合 夫妻 得 三 晚
结成夫妻得三晚，

Ndaw fouj bae gaemh daeuj cuk ciengz.
ʔdaɯ1 fou3 pai1 kam6 tau3 ɕuk7 ci:ŋ2
里 府 去 抓 来 筑 城墙
府里抓来筑城墙。

Ae liux saetmingh gvi yaemfouj,
ai1 li:u4 θat7miŋ6 kwi1 jam1fou3
他 了 丧命 归 阴府
他已死去归阴府，

Ae hawj roegenq daeuj bauq ranz.
ai1 haɯ3 ɣok8e:n5 tau3 pa:u5 ɣa:n2
他 让 燕子 来 报 家
他让燕子来报丧。

Ae liux mbouj beix youh mbouj nuengx,
ai1 li:u4 ʔbou3 pei4 jou6 ʔbou3 nu:ŋ4
他 了 没 哥哥 又 没 弟妹
他没哥哥没弟妹，

Gou liux cingq cuengq daeuj cang ndang.
kou1 li:u4 ɕiŋ5 ɕu:ŋ5 tau3 ɕa:ŋ1 ʔda:ŋ1
我 了 正 放 来 安放 身体
我今正是来安放。

Gou liux dawz faex okbae deih,
kou^{1} liːu^{4} taɯ^{2} fai^{4} oːk^{7}pai^{1} tei^{6}
我 了 拿(送) 棺材 出去 地
我送棺材出去葬，

Gou liux doiqvih baema ranz.
kou^{1} liːu^{4} toːi^{5}wi^{6} pai^{1}ma^{1} ɣaːn^{2}
我 了 退位 返回 家
我就退回家乡去。

Haklaux haiyienz Gyangh Sih dauh,
haːk^{7}laːu^{4} haːi^{1}jiːn^{2} kjaːŋ^{6} θi^{6} taːu^{6}
大官 开言 姜 诗 道
大官开言姜诗道，

Mwngz mbaet coenzhauq dingq gou naeuz.
mɯŋ^{2} ʔbat^{7} ɕon^{2}haːu^{5} tiŋ^{5} kou^{1} nau^{2}
你 停 话儿 听 我 说
你停说话听我叙。

Neix mwngz gvan gaeuq goj dai gvaq,
nei^{4} mɯŋ^{2} kwaːn^{1} kau^{5} ko^{3} taːi^{1} kwa^{5}
如今 你 丈夫 旧 也 死 去
你夫如今已死去，

Aeu mwngz guh yah daeuj rox ndwi?
au^{1} mɯŋ^{2} ku^{6} ja^{6} tau^{3} ɣo^{4} ʔdɯːi^{1}
娶 你 为 妻 来 或 不
娶你为妻可有意？

Gyangh Sih haiyienz goenghak dauh,
kjaːŋ^{6} θi^{6} haːi^{1}jiːn^{2} koŋ^{1}haːk^{7} taːu^{6}
姜 诗 开言 大官 道
姜诗开言大官道，

Mwngz mbaet coenzhauq dingq gou naeuz.
mɯŋ^{2} ʔbat^{7} ɕon^{2}haːu^{5} tiŋ^{5} kou^{1} nau^{2}
你 停 话儿 听 我 说
你不说话听我语。

Ae lawz mizsim hai gvan gaeuq,
ai^{1} laɯ^{2} mi^{2}θim^{1} haːi^{1} kwaːn^{1} kau^{5}
个 哪 有心 开丧 丈夫 旧
谁帮开丧我旧夫，

Aeu gou guh yah hix goj daeuj.
au^{1} kou^{1} ku^{6} ja^{6} hi^{4} ko^{3} tau^{3}
娶 我 为 妻 也 可 来
娶我为妻也可来。

Guh baz ae lawz hix lingh gag,
ku^{6} pa^{2} ai^{1} laɯ^{2} hi^{4} liŋ^{6} kaːk^{8}
做 妻 个 哪 也 另外 自
做哪个妻另外说，

Guh baz ae hak mbouj ndei lai?
ku^{6} pa^{2} ai^{1} haːk^{7} ʔbou^{3} ʔdei^{1} laːi^{1}
做 妻 个 官 不 好 多
做个官妻不自在？

Goenghak ndaejnyi coenz yienghneix,
koŋ1 haːk7 ʔdai3 ȵi1 ɕon2 jiːŋ6 nei4
大官 听到 句 这样
大官听到这样说，

Ngoenzndei haisang sae dauh daeuj.
ŋon2 ʔdei1 haːi1 θaːŋ1 θai1 taːu6 tau3
吉日 开丧 师公 道公 来
吉日开丧师道来。

Saedauh lienzseiz cungj vuenheij,
θai1 taːu6 liːn2 θei2 ɕuŋ3 wuːn1 hei3
师公道公 立即 都 欢喜
师公道公都欢喜，

Gaeujngoenz saedceij heij caiging.
kau3 ŋon2 θat8 ɕei3 hei3 ɕaːi1 kiŋ1
选时辰 日子 开 斋经
选好日子丧场开。

Gaeuj saw bu ceij hai gingcoj,
kau3 θaɯ1 pu1 ɕei3 haːi1 kiŋ1 ɕo3
看 书 铺 纸 开 祖经
看书铺纸开祖经，

Cingj cangh guh hoq hai gvan niengz.
ɕiŋ3 ɕaːŋ6 ku6 ho5 haːi1 kwaːn1 niːŋ2
请 匠 造 屋 开 丈夫 娘子
请匠造“屋”来开丧。

Saedauh baij yienz roengz doeg ging,
θai1 taːu6 paːi3 jiːn2 ɣoŋ2 tok8 kiŋ1
师公道公 摆 筵(席) 下来 读 经书
师道摆席来诵经，

Gvih naj congzlingz dwg Gyangh Sih.
kwi6 na3 ɕoːŋ2 liŋ2 tɯk8 kjaːŋ6 θi6
跪 前面 灵桌 是 姜 诗
姜诗下跪向灵堂。

Dauh guh sienbuengj youh faen hoq,
taːu6 ku6 θiːn1 puːŋ3 jou6 fan1 ho5
道公 做 仙榜 又 分 屋
道做仙榜又分“屋”，

Bauq daengz mingzcoh raemxda roengz.
paːu5 taŋ2 miŋ2 ɕo6 ɣam4 ta1 ɣoŋ2
报 到 名字 眼泪 淌
报到名字眼泪淌。

Dauh vaenz ging dawz haeuj ndaw hoq,
taːu6 wan2 kiŋ1 taɯ2 hau3 ʔdaɯ1 ho5
道公 运 经 拿 进 里 房
道运合经进“房”里，

Goengdaek bouhcoh Fanh Liengz mingz.
koŋ1 tak7 pou6 ɕo6 faːn6 liːŋ2 miŋ2
功德 名册 万 良 名
功德名册有万良。

Sam haemh sangciengz hengz ginggyauq,
θaːm1 ham6 θaːŋ1ɕiːŋ2 heːŋ2 kiŋ1kjaːu5
三 晚 丧场 行 经教
三晚丧场行经教，

Gyangh Sih soujhauq gvih congzlingz.
kjaːŋ6 θi6 θou3haːu5 kwi6 ɕoːŋ2liŋ2
姜 诗 守孝 跪 灵桌
姜诗守孝跪灵堂。

Haetlaeng dawz faex okbae deih,
hat7laŋ1 taɯ2 fai4 oːk7pai1 tei6
早上 后 拿 棺材 出去 地
翌日送棺出去葬，

Dawz hoq lingzranz bae giz coemh.
taɯ2 ho5 liŋ2ɣaːn2 pai1 ki2 ɕom6
拿 房 灵屋 去 那里 烧
抬着灵屋去烧完。

Bae daengz haenznaz dauq yiengq hoq,
pai1 taŋ2 han2na2 taːu5 jiːŋ5 ho5
去 到 田边 转 方向 灵屋
去到田边转灵屋，

Hai saw gvan co ap guh yienz.
haːi1 θaɯ1 kwaːn1 ɕo1 aːp7 ku6 jiːn2
开 书 关 疏 押 做 完
开合书疏押做完。

Dauh cienj sam hop feiz cix cit,
taːu6 ɕiːn3 θaːm1 hoːp7 fei2 ɕi4 ɕit7
道公 转 三 圈 火 就 烧
道公转三圈就烧，

Gyangh Sih bae daengz baiq faenzsan.
kjaːŋ6 θi6 pai1 taŋ2 paːi5 fan2θaːn1
姜 诗 去 到 拜 坟山
姜诗去到拜坟山。

Gyangh Sih gaem faex haeujbae ndeuq,
kjaːŋ6 θi6 kam1 fai4 hau3pai1 deːu5
姜 诗 拿 棍 进去 撩
姜诗拿棍进去撩，

Ngeuxraen Fanh Liengz naengh gyangdangz.
ŋeːu4ɣan1 faːn6 liːŋ2 naŋ6 kjaːŋ1taːŋ2
看见 万 良 坐 中堂
看见万良坐堂中。

Muenghraen Fanh Liengz naengh ndaw hoq,
muːŋ6ɣan1 faːn6 liːŋ2 naŋ6 ʔdaɯ1 ho5
望见 万 良 坐 里 屋
望见万良坐“屋”里，

Gyangh Sih lienz loh bae daengz ndaw.
kjaːŋ6 θi6 liːn2 lo6 pai1 taŋ2 ʔdaɯ1
姜 诗 随 路 去 到 里面
姜诗随路到其中。

Gyangh Sih lienz loh haeujbae cimh,
kjaːŋ^{6} θi^{6} liːn^{2} lo^{6} hau^{3}pai^{1} ɕim^{6}
姜 诗 沿 路 进去 找
姜诗沿路进去找，

Lienz saet diuzmingh bae gviyaem.
liːn^{2} θat^{7} tiːu^{2}miŋ^{6} pai^{1} kwi^{1}jam^{1}
连 失 条命 去 归阴
亦即归阴把命送。

Haklaux caemq din dwk baez hat,
haːk^{7}laːu^{4} ɕam^{5} tin^{1} tɯk^{7} pai^{2} haːt^{7}
大官 跺 脚 着 一 喝声
大官跺脚喝声道，

Saedauh mbouj fad hix geijseiz!
θai^{1}taːu^{6} ʔbou^{3} faːt^{8} hi^{4} kei^{3}θei^{2}
师公道公 不 揍 又 几时
不揍师道留何用！

Mboujcaih cienzging[1] dem haeuxdae[2],
ʔbou^{3}ɕaːi^{6} ɕiːn^{2}kiŋ^{1} teːm^{1} hau^{4}tai^{1}
不仅 经钱 和 祭饭
不仅经钱和祭饭，

Ciengz neix mbouj gemj hix geijseiz!
ɕiːŋ^{2} nei^{4} ʔbou^{3} keːm^{3} hi^{4} kei^{3}θei^{2}
场 这 不 减 又 几时
这场必须得减少！

Mboujdanh cienzging sou mbouj ndaej,
ʔbou^{3}taːn^{6} ɕiːn^{2}kiŋ^{1} θou^{1} ʔbou^{3} ʔdai^{3}
不但 经钱 你们 不 得
不但经钱不给你，

Couh lienz nohlaex[3] hix mboujmiz.
ɕou^{6} liːn^{2} no^{6}lai^{4} hi^{4} ʔbou^{3}mi^{2}
就 连 礼肉 也 没有
就连礼肉也除掉。

Sam haemh sangciengz ndwi ndaej haeux,
θaːm^{1} ham^{6} θaːŋ^{1}ɕiːŋ^{2} ʔdɯːi^{1} ʔdai^{3} hau^{4}
三 晚 丧场 没 得 米
三晚丧场没得米，

Gyonj cug saedauh dawz haeuj lauz.
kjoːn^{3} ɕuk^{8} θai^{1}taːu^{6} taɯ^{2} hau^{3} laːu^{2}
都 绑 师公道公 押 进 牢房
还把师道关进牢。

Saedauh haiyienz haklaux dauh,
θai^{1}taːu^{6} haːi^{1}jiːn^{2} haːk^{7}laːu^{4} taːu^{6}
师公道公 开言 大官 道
师道开言大官说，

Mwngz mbaet coenzhauq dingq gou naeuz.
mɯŋ^{2} ʔbat^{7} ɕon^{2}haːu^{5} tiŋ^{5} kou^{1} nau^{2}
你 停 话儿 听 我 说
你停言语听我道。

[1]cienzging：意译为“经钱”，即付给道公、师公诵经的辛苦费。

[2]haeuxdae：意译为“祭饭”。指祭祀时用的一碗饭（饭上面插着香）。

[3]nohlaex：意译为“礼肉”，即为酬谢道公、师公而送给的肉。

Aeu baengz cug ham[1] dou cij daeuj,
au1 paŋ2 ɕuk8 haːm1 tou1 ɕi3 tau3
要 布 绑 神位 我们 才 来
布包神位俺才来，

Vihmaz ngoenzneix mbouj aeu cienz?
wi6 ma2 ŋon2 nei4 ʔbou3 au1 ɕiːn2
为何 今天 不 要 钱
为何今天钱不要？

Gaiqnoh ndaw buenz mbaej gemj bae,
kaːi5 no6 ʔdaɯ1 puːn2 ʔbai3 keːm3 pai1
肉块 里 盆 不得 减 去
盆中肉块不得减，

Cienzging haeuxdae hix yaek aeu.
ɕiːn2 kiŋ1 hau4 tai1 hi4 jak7 au1
经钱 祭饭 也 得 要
经钱祭饭也得要。

Mehsae[2] ndaw ranz hix aeu gag,
me6 θai1 ʔdaɯ1 ɣaːn2 hi4 au1 kaːk8
师母 里 家 也 要 独自
挑担师母须另给，

Lwgnyez[3] dawz rap yaek aeu dem.
lɯk8 ȵe2 taɯ2 ɣaːp7 jak7 au1 teːm1
小孩 挑 担 得 要 还
挑担小孩不能少。

Neix mwngz daihsinz mbouj miz fuk,
nei4 mɯŋ2 taːi6 θin2 ʔbou3 mi2 fuk7
如今 你 大人 没 有 福气
今你大人没福气，

Cug dou saedauh nanz ndaej baz.
ɕuk8 tou1 θai1 taːu6 naːn2 ʔdai3 pa2
绑 我们 师公道公 难 得 妻
绑俺师道妻难讨。

Mwngz ndij Fanh Liengz ndaej guhdoih,
mɯŋ2 ʔdi3 faːn6 liːŋ2 ʔdai3 ku6 toːi6
你 和 万 良 能 做伴
你和万良能做伴，

Ngeix daengz meh noix(neix) youq yiengzgan.
ŋei4 taŋ2 me6 noːi4(nei4) jou5 yiːŋ2 kaːn1
想 到 母亲 这 在 阳间
想到母亲在阳间。

Song sou gvanbaz giet foufoux(gvanbaz),
θoːŋ1 θou1 kwaːn1 pa2 kiːt7 fou1 fou4(kwaːn1 pa2)
两 你们 夫妇 结 夫妻
你们二人结夫妇，

Ngeixdaengz fouzmoux(bohmeh) caengz ndaej vanz.
ŋei4 taŋ2 fou2 mou4(po6 me6) ɕaŋ2 ʔdai3 waːn2
想 到 父母 未 得 还
想到父母未还愿。

[1]ham：神位；神堂。

[2]Mehsae：即"师母"，此指师公外出做法事时，帮师公挑东西往返的妇女。

[3]Lwgnyez：即"小孩"。此指师公外出做法事时，帮师公挑东西往返的少年。

Sou liux guhdoih haeuj yaemfouj,
θou1 li:u4 ku6to:i6 hau3 jam1fou3
你们 了 作伴 进 阴府
你们做伴进阴府，

Yenzloz faenfouq daengz yaemgan.
ye:n2lo2 fan1fou5 taŋ2 jam1ka:n1
阎罗 吩咐 到 阴间
阎罗吩咐到阴间。

Yenzloz faenfouq sou daengz deih,
ye:n2lo2 fan1fou5 θou1 taŋ2 tei6
阎罗 吩咐 你们 到 地
阎罗吩咐到地下，

Vaq doiq gyaeqngwz youq gyang ranz.
wa5 to:i5 kjai5ŋɯ2 jou5 kja:ŋ1 ɣa:n2
化成 对 蛇蛋 在 中 家
化对蛇蛋家里面。

Cix danq mehlaux miz fukheiq,
ɕi4 ta:n5 me6la:u4 mi2 fuk7hei5
只 叹 老母 有 福气
只叹老母有福气，

Faeg doiq gyaeqngwz guh lwglan.
fak8 to:i5 kjai5ŋɯ2 ku6 lɯk8la:n1
孵 对 蛇蛋 当 儿孙
孵对蛇蛋当儿养。

Faeg ndaej samcaet duz cix ok,
fak8 ʔdai3 θa:m1ɕat7 tu2 ɕi4 o:k7
孵 得 三七 它 就 出来
孵廿一天它出来，

Ok baenz doiq ngwz gyaep hoengzyanz.
o:k7 pan2 to:i5 ŋɯ2 kjap7 hoŋ2ja:n2
出 成 对 蛇 鳞 红色
出对小蛇红鳞样。

Ciengx ndaej gouj ndwen duz cix hung,
ɕi:ŋ4 ʔdai3 kou3 ʔdɯ:n1 tu2 ɕi4 huŋ1
养 得 九 月 它 就 大
养了九月蛇就大，

Duz cungj ok gyaep ronghcazbanz.
tu2 ɕuŋ3 o:k7 kjap7 ɣo:ŋ6ɕa2pa:n2
它 总是 长 鳞 亮灿灿
它就长鳞亮灿灿。

Aeu noh aeu haeux ciengx duz hung,
au1 no6 au1 hau4 ɕi:ŋ4 tu2 huŋ1
要 肉 要 饭 养 它 大
要肉要饭养它大，

Goj ngeix gung ngwz baenz lwgcing(lwglan).
ko3 ŋei4 kuŋ1 ŋɯ2 pan2 lɯk8ɕiŋ1(lɯk8la:n1)
也 想 供养 蛇 当成 儿孙
也想把蛇当儿郎。

Beixnuengx fuengzcug daeuj gyadangz,
pei^{4} nuːŋ^{4} fuːŋ^{2}ɕuk^{8} tau^{3} kja^{1} taːŋ^{2}
亲戚 族人 来 家堂
亲戚族人到家访，

Vaeg raen doiq dangh(ngwz) youq ndaw ranz.
wak^{8} ɣan^{1} toːi^{5} taːŋ^{6}(ŋɯ^{2}) jou^{5} ʔdaɯ^{1} ɣaːn^{2}
忽 见 对 蛇 在 里 家
看见两蛇屋中聚。

Lungzau daeuj daengz raen cix ndaq,
luŋ^{2}aːu^{1} tau^{3} taŋ^{2} ɣan^{1} ɕi^{4} ʔda^{5}
叔伯 来 到 见 就 骂
叔伯来到见就骂，

Dawz nyaen dawz gvaiq ma gyang ranz.
taɯ^{2} ȵan^{1} taɯ^{2} kwaːi^{5} ma^{1} kjaːŋ^{1} ɣaːn^{2}
拿 野兽 拿 怪物 回 里 家
拿兽拿怪回家里。

Mwngz ciengx doiq neix mbouj gvaq uk,
mɯŋ^{2} ɕiːŋ^{4} toːi^{5} nei^{4} ʔbou^{3} kwa^{5} uk^{7}
你 养 对 这 不 过 脑
你养这蛇何不想，

Mwngz dai fuengzcug nanz hwnj ranz.
mɯŋ^{2} taːi^{1} fuːŋ^{2}ɕuk^{8} naːn^{2} hɯn^{3} ɣaːn^{2}
你 死 族人 难 来 家
你死族人难来理。

Mehlaux ndaejnyi coenz yienghneix,
me^{6}laːu^{4} ʔdai^{3}ȵi^{1} ɕon^{2} jiːŋ^{6}nei^{4}
老母 听见 句 这样
老母听见这句话，

Naeuz sou doiqvih gaej youq neix.
nau^{2} θou^{1} toːi^{5}wi^{6} kai^{3} jou^{5} nei^{4}
说 你们 退位 别 在 此
说道你们退回去。

Soengq bae gyanghnanz daih mingzfouj,
θoŋ^{5} pai^{1} kjaːŋ^{6}naːn^{2} taːi^{6} miŋ^{2}fou^{3}
送 去 江南 大 名府
送去江南大名府，

Cog mwngz soujhauq meh vanzsan.
ɕoːk^{8} mɯŋ^{2} θou^{3}haːu^{5} me^{6} waːn^{2}θaːn^{1}
将来 你 守孝 母 还山
将来孝母又上坟。

Bae daengz gyanghnanz daih mingzfouj,
pai^{1} taŋ^{2} kjaːŋ^{6}naːn^{2} taːi^{6} miŋ^{2}fou^{3}
去 到 江南 大 名府
去到江南大名府，

Vaq guh doiq ngwz souj dousingz.
wa^{5} ku^{6} toːi^{5} ŋɯ^{2} θou^{3} tou^{1}θiŋ^{2}
化 成 对 蛇 守 城门
化作对蛇守城门。

Souj bak dousingz bi daengz gyaeuj，
θou3 pa:k7 tou1θiŋ2 pi1 taŋ2 kjau3
守 门口 城门 年 到 头
守住城门一年满，

Ndaw mbouj ndaej ok rog mbaej haeuj.
ʔdaɯ1 ʔbou3 ʔdai3 o:k7 ɣo:k8 ʔbai3 hau3
里面 不 能 出去 外面 不能 进来
不能出去进不成。

Haklaux gyanghnanz gag mbouj nyienh，
ha:k7 la:u4 kja:ŋ6 na:n2 ka:k8 ʔbou3 ȵi:n6
大官 江南 自 不 愿
江南大官受不了，

Bouxlawz ndaej dienh ngwz haenx bae?
pou4 laɯ2 ʔdai3 ti:n6 ŋɯ2 han4 pai1
哪个 能 殄 蛇 那 去
能殄蛇去有何人？

Bouxlawz ndaej dienh doiq ngwz haenx，
pou4 laɯ2 ʔdai3 ti:n6 to:i5 ŋɯ2 han4
哪个 能 殄 对 蛇 那
哪个能殄那对蛇，

Hawj cien liengx ngaenz soengq duzde.
haɯ3 ɕi:n1 li:ŋ4 ŋan2 θoŋ5 tu2 te1
给 千 两 银子 赠 他
千两银子来馈赠。

Gou bak gangjndwi sou mbouj saenq，
kou1 pa:k7 ka:ŋ3 ʔdɯ:i1 θou1 ʔbou3 θan5
我 嘴 白说 你们 不 信
我说你们信不过，

Gou ok cieng buengj nem doumonz.
kou1 o:k7 ɕi:ŋ1 pu:ŋ3 ne:m1 tou1 mo:n2
我 出 张 榜 贴 大门
我就张榜贴大门。

Mehlaux ndaejnyi coenz yienghneix，
me6 la:u4 ʔdai3 ȵi1 ɕon2 ji:ŋ6 nei4
老母 听见 句 这样
老母听见这样说，

Diem din lixlingx haeuj yaxmonz.
ti:m1 tin1 li4 liŋ4 hau3 ja4 mo:n2
迈 步 匆匆 进 衙门
迈步匆匆进衙门。

Fwngz gaem biuhoengz soeb roengzgvih，
fɯŋ2 kam1 pi:u1 hoŋ2 θop8 ɣoŋ2 kwi6
手 拿 红标 就 下跪
手拿红标就下跪，

Hak ok sawceih caen mbouj caen?
ha:k7 o:k7 θaɯ1 ɕei6 ɕan1 ʔbou3 ɕan1
官 出 书文 真 不 真
官出红榜是否真？

Hakfouj ndaejnyi coenz yienghneix,
haːk^{7}fou^{3} ʔdai^{3}ȵi^{1} ɕon^{2} jiːŋ^{6}nei^{4}
官府 听到 句 这样
大官听到这样说，

Mwngz miz fukheiq cix dawz bae!
mɯŋ^{2} mi^{2} fuk^{7}hei^{5} ɕi^{4} taɯ^{2} pai^{1}
你 有 福气 就 拿 去
你有福气就拿去！

Caengh cien liengx ngaenz youq gizneix,
ɕaŋ^{6} ɕiːn^{1} liːŋ^{4} ŋan^{2} jou^{5} ki^{2}nei^{4}
称 千 两 银 在 这里
称千两银在这里，

Mwngz miz fukheiq cix dawz bae!
mɯŋ^{2} mi^{2} fuk^{7}hei^{5} ɕi^{4} taɯ^{2} pai^{1}
你 有 福气 就 拿 去
你有福分管拿去！

Mwngz dienh doiq ngwz langh ndaej baenz,
mɯŋ^{2} tiːn^{6} toːi^{5} ŋɯ^{2} laːŋ^{6} ʔdai^{3} pan^{2}
你 殄 对 蛇 若 能 成
倘若你能灭掉蛇，

Hawj fou soengq ngaenz bae daengz ranz!
haɯ^{3} fou^{1} θoŋ^{5} ŋan^{2} pai^{1} taŋ^{2} ɣaːn^{2}
让 挑夫送 钱 去 到 家
挑夫送钱到家里！

Meh ndij hakfouj gangj yienzbeih,
me^{6} ʔdi^{3} haːk^{7}fou^{3} kaːŋ^{3} jiːn^{2}pei^{6}
母 与 官府 讲 完毕
老母与官讲完后，

Ma guh dauhleix coq duzfangz.
ma^{1} ku^{6} taːu^{6}lei^{4} ɕo^{5} tu^{2}faːŋ^{2}
回来 讲 道理 对 鬼
回来对鬼讲道理。

Mehlaux ndaej ngaenz boiz cingzngeih,
me^{6}laːu^{4} ʔdai^{3} ŋan^{2} poːi^{2} ɕiŋ^{2}ŋei^{6}
老母 得 银 还 情义
老母得银还情义，

Song lwg[1] doiqvih bae gyanghnanz.
θoːŋ^{1} lɯk^{8} toːi^{5}wi^{6} pai^{1} kjaːŋ^{6}naːn^{2}
两 儿 退位 去 江南
两儿退去入江南。

Cog gou langh dai haeuj yaemfouj,
ɕoːk^{8} kou^{1} laːŋ^{6} taːi^{1} hau^{3} jam^{1}fou^{3}
日后 我 若 死 进 阴府
日后我死进阴府，

Song lungz[2] hoizvih haeuj ndaw ranz.
θoːŋ^{1} luŋ^{2} hoːi^{2}wi^{6} hau^{3} ʔdaɯ^{1} ɣaːn^{2}
两 龙 退位 入 里 家
两龙退回进家堂。

[1]lwg：即“儿子”，此指蛇。

[2]lungz：即“龙”，此指蛇。

Song lwg ndaejnyi coenz yienghneix，
θoːŋ1 lɯk8 ʔdai3ȵi1 ɕon2 jiːŋ6nei4
两 儿 听到 句 这样
两儿听到这些话，

Lienzseiz doiqvih haeuj sanlimz.
liːn2θei2 toːi5wi6 hau3 θaːn1lim2
立即 退位 进 山林
立即退去进大山。

Gvaqlaeng mehlaux dai gvaqseiq，
kwa5laŋ1 me6laːu4 taːi1 kwa5θei5
过后 老母 死 过世
后来老母过世时，

Song lwg hoizvih baema ranz.
θoːŋ1 lɯk8 hoːi2wi6 pai1ma1 ɣaːn2
两 儿 退位 回去 家
两儿退回把家还。

Sambauj[1] youh naeuz doiq lungz dauh，
θaːm1paːu3 jou6 nau2 toːi5 luŋ2 taːu6
三宝 又 说 对 龙 道
三宝又对双龙说，

Sou yaek soujhauq youq gyang naz.
θou1 jak7 θou3haːu5 jou5 kjaːŋ1 na2
你们 要 守孝 在 中间 田
你们守孝在田中。

Doiq lungz ndaejnyi coenz yienghneix，
toːi5 luŋ2 ʔdai3ȵi1 ɕon2 jiːŋ6nei4
对 龙 听见 句 这样
双龙听见这句话，

Lienzseiz doiq ma daengz gyang naz.
liːn2θei2 toːi5 ma1 taŋ2 kjaːŋ1 na2
立即 退 回 到 中间 田
立即退回田当中。

Doiq bae gyang naz bae soujhauq，
toːi5 pai1 kjaːŋ1 na2 pai1 θou3haːu5
退 去 中间 田 去 守孝
退到田中去守孝，

Samseiz hengz dauh bae ciuz lungz.
θaːm1θei2 heːŋ2 taːu6 pai1 ɕiːu2 luŋ2
三时 行 道 去 朝 龙
三时行道去朝龙。

Song lungz gyang naz bae soujhauq，
θoːŋ1 luŋ2 kjaːŋ1 na2 pai1 θou3haːu5
双 龙 中间 田 去 守孝
双龙田中去守孝，

Couhseih cienzciuz Fanh Liengz mingz.
ɕou6θei6 ɕiːn2ɕiːu2 faːn6 liːŋ2 miŋ2
就是 前朝 万 良 名
就是前朝万良公。

[1]Sambauj：即“三宝”，人名。

Couh hix Fanh Liengz ndij Gyangh Sih,
ɕou^{6} hi^{4} faːn^{6} liːŋ^{2} ʔdi^{3} kjaːŋ^{6} θi^{6}
就 也 万 良 和 姜 诗
就是万良和姜诗，

Ma souj bomih(bohmeh) boiz aencingz.
ma^{1} θou^{3} po^{1}mi^{6}(po^{6}me^{6}) poːi^{2} an^{1}ɕiŋ^{2}
回来 守 父母 还 恩情
来守父母还大恩。

Cienzciuz gojsaeh vunzraeuz rox,
ɕiːn^{2}ɕiːu^{2} ko^{3}θai^{6} wun^{2}ɣau^{2} ɣo^{4}
前朝 故事 人我们 懂
古代故事人们懂，

Ciengq daengz mingzcoh raemxda roengz.
ɕiːŋ^{5} taŋ^{2} miŋ^{2}ɕo^{6} ɣam^{4}ta^{1} ɣoŋ^{2}
唱 到 名字 眼泪 淌
唱到名字泪纷纷。

Dai bae guh lungz soujhauq mih(meh),
taːi^{1} pai^{1} ku^{6} luŋ^{2} θou^{3}haːu^{5} mi^{6}(me^{6})
死 去 变成 龙 守孝 母亲
死变成龙守孝母，

Guh ci guh hoq dap niengz aen.
ku^{6} ɕi^{1} ku^{6} ho^{5} taːp^{7} niːŋ^{2} an^{1}
做 车 做 房 报 娘 恩
做“车”做“房”报娘恩。

Lwg cix gyaez meh baenz sien ndei,
lɯk^{8} ɕi^{4} kjai^{2} me^{6} pan^{2} θiːn^{1} ʔdei^{1}
儿 则 爱 母亲 成 仙人 好
儿爱母亲成仙人，

Meh cix gyaez lwg baenz lungz mbin.
me^{6} ɕi^{4} kjai^{2} lɯk^{8} pan^{2} luŋ^{2} ʔbin^{1}
母 则 爱 儿 成 龙 飞
母爱儿成龙飞奔。

Sangciengz daengj hoq lienz daengj ci,
θaːŋ^{1}ɕiːŋ^{2} taŋ^{3} ho^{5} liːn^{2} taŋ^{3} ɕi^{1}
丧场 放 房 和 放 车
丧场有“房”又有“车”，

Coj vih Gyangh Sih dap dienaen.
ɕo^{3} wi^{6} kjaːŋ^{6} θi^{6} taːp^{7} tiːn^{1}an^{1}
只 为 姜 诗 答 天恩
只为姜诗答天恩。

Daih Cibgouj Bien　Laujlaizswj Hengzhauq
第十九篇　老莱子行孝

Genjdanh Gangj Neiyungz

Laujlaizswj (daihgaiq gonq 599 — gonq 479 nienz), boux swhsiengjgyah mizmingz Cujgoz Cunhciuh geizlaeng, gyoengq haidaeuz cauhlaeb "daugyah" ndawde boux ndeu.

Bien fwenhauq neix, lwnhgangj Laujlaizswj cibfaen hauqgingq bohmeh, siengj caenh banhfap hawj bohmeh sim'angq. Cib'itngeih bi couh rox gingq bouxlaux. Ndaej aen makgam ndeu cungj yaek soengq hawj bouxlaux cimz. Ngoenzngoenz cungj naemj baenzlawz ciengx ndei bohmeh. Ciengzseiz cawx bya、noh、bingj、dangz hawj bohmeh gwn. Bae mbanj bae haw, gibseiz ganj dauq ciuqgoq bohmeh. De gaenq dwg boux vunz 70 bi lo, lij siengj banhfap hawj bohmeh sim'angq. De cangbaenz lwgnyez, daenj buhva, ringx gwnz doem, daeuq bohmeh vuenheij. De rap raemx ma ranz deng laemx lo, hixnaengz ringx youq gwnz namh, cang baenz lwgnding daejnge'nge, sawj bohmeh yawj le riuhaha. Meh de gvaqseiq seiz, de soujhauq sam ngoenz sam hwnz, cij soengq bae cangq.

内容简介

老莱子(约前599—前479年),春秋晚期楚国著名思想家,"道家"创始人之一。

本篇孝歌叙述老莱子十分孝敬父母,千方百计让父母欢心。十一二岁就懂得敬老。得到一个橘子,都要送给老人尝。天天都在思考如何供养好父母。经常买鱼、肉、饼、糖给父母吃。串村赶圩,及时赶回照顾父母。他已经是七十岁的人了,仍想着法子让父母高兴。他装扮成小孩,穿着花衣服,打滚在地上,逗父母快乐。他挑水回来跌倒了,索性滚在地面,装着像婴儿一样啼哭,让父母看了乐呵呵。母亲去世时,他守孝三天三夜,才送出去埋葬。

Fwenlaegdin moix gawq haj cih

fuːn1 lak8 tin1 moːi4 kaɯ5 ha3 ɕi6

五言勒脚歌

Danq gojsaeh Laujlaiz,
taːn5 ko3θai6 laːu3laːi2
叹唱 故事 老莱
叹老莱故事，

Cingq dahraix caixhangz;
ɕiŋ5 ta6ɣaːi4 ɕaːi4haːŋ2
正 果然 在行
实在很在行；

Gip ndaej aen makgam,
kip7 ʔdai3 an1 maːk7kaːm1
捡 得 只 橘子
得到一橘子，

Maranz soengq bouxlaux.
ma1ɣaːn2 θoŋ5 pou4laːu4
回家 送给 老人
送给老人尝。

Lij iq cix funghswngz,
li3 i5 ɕi4 fuŋ6θɯŋ2
还 小 就 奉承
从小会敬奉，

Suenq mwngz gyaez ceiq lai;
θuːn5 mɯŋ2 kjai2 ɕei5 laːi1
算 你 爱 最 多
你最爱高堂；

Danq gojsaeh Laujlaiz,
taːn5 ko3θai6 laːu3laːi2
叹唱 故事 老莱
叹老莱故事，

Cingq dahraix caixhangz;
ɕiŋ5 ta6ɣaːi4 ɕaːi4haːŋ2
正 果然 在行
实在很在行。

Hengzhauq youh roxleix,
heːŋ2haːu5 jou6 ɣo4lei4
行孝 又 懂理
行孝又懂理，

Boux ngeix sim cix van.
pou4 ŋei4 θim1 ɕi4 waːn1
个 想 心 就 甜
思者心甜糖；

Gip　ndaej　aen　makgam,
kip7　ʔdai3　an1　maːk7 kaːm1
捡　得　只　橘子
得到一橘子，

Maranz　soengq　bouxlaux.
ma1 ɣaːn2　θoŋ5　pou4 laːu4
回家　送给　老人
送给老人尝。

Fwen moix gawq caet cih

fɯːn1 moːi4 kaɯ5 ɕat7 ɕi6

七言歌

Heij　souj　youh　daj　yiengsoujdiuh,
hei3　θou3　jou6　ta3　jiːŋ1 θou3 tiːu6
起　首　又　打　香首调
起首又打香首调，

Ciuz　neix　coqyouq　Cujgoz　guek,
ɕiːu2　nei4　ɕo5 jou5　ɕu3 ko2　kuːk7
朝　这　处在　楚国　国
本朝就处在楚国，

Fuk　souj　youh　daj　fungh　vanzsan.
fuk7　θou3　jou6　ta3　fuŋ6　waːn2 θaːn1
伏　首　又　打　奉　还山
伏首又打奉还山。

Ndaejnyi　gyong'yag　nauh　banxbanx.
ʔdai3 ȵi1　kjoːŋ1 jaːk8　naːu6　paːn4 paːn4
听见　锣鼓　闹　嚷嚷
听见锣鼓闹嚷嚷。

Seng　dwk　gojsing　diuh　lingh　yiengh,
θeːŋ1　tɯk7　ko3 θiŋ1　tiːu6　liŋ6　jiːŋ6
生　打　鼓声　调　另　样
生打鼓声调另样，

Ndaejnyi　gyong'yag　sing　mbouj　duenh,
ʔdai3 ȵi1　kjoːŋ1 jaːk8　θiŋ1　ʔbou3　tuːn6
听见　锣鼓　声　不　断
听见锣鼓声不断，

Laujlaiz　hengzhauq　gyangq　sangdangz.
laːu3 laːi2　heːŋ2 haːu5　kjaːŋ5　θaŋ1 taːŋ2
老莱　行孝　降　丧堂
老莱行孝降丧堂。

Swenx byoem hengzhauq gyangq sangdangz.
θɯːn4　pjom1　heːŋ2 haːu5　kjaːŋ5　θaːŋ1 taːŋ2
散　发　行孝　降　丧堂
散发行孝降丧堂。

Guhmaiq daengj gyadingz,
ku^6 maːi^1 taŋ^3 kja^1 tiŋ^2
寡居 守 家庭
寡妇守家堂，

Ciengx lwgnding dem meh.
ɕiːŋ^4 lɯŋ^{2}ʔdiŋ^1 teːm^1 me^6
养 幼儿 和 母亲
养儿和母亲。

Fwen moix gawq caet cih

fɯːn^1 moːi^4 kaɯ^5 ɕat^7 ɕi^6

七言歌

Haej souj youh daj yiengsoujdiuh,
hei^3 θou^3 jou^6 ta^3 jiːŋ^{1}θou^3 tiːu^6
起 首 又 打 香首调
起首又打香首调，

Ciuz neix cawqyouq Hanqciuz guek,
ɕiːu^2 nei^4 ɕaɯ^{5}jou^5 haːn^{5}ɕiːu^2 kuːk^7
朝 这 处在 汉朝 国
本朝处在汉朝国，

Fuk souj youh daj fungh vanzsan.
fuk^7 θou^3 jou^6 ta^3 fuŋ^6 waːn^{2}θaːn^1
伏 首 又 打 奉 还山
伏首又打奉还山。

Ndaejnyi gyong'yag nauh mbouj dingz.
ʔdai^{3}ȵi^1 kjoːŋ^{1}jaːk^8 naːu^6 ʔbou^3 tiŋ^2
听见 锣鼓 闹 不 停
听见锣鼓不停响。

Seng dwk gojsing diuh lingh yiengh,
θeːŋ^1 tɯk^7 ko^{3}θiŋ^1 tiːu^6 liŋ^6 jiːŋ^6
生 打 鼓声 调 另 样
生打鼓声调另样，

Ndaejnyi gyong'yag sing mbouj duenh,
ʔdai^{3}ȵi^1 kjoːŋ^{1}jaːk^8 θiŋ^1 ʔbou^3 tuːn^6
听见 锣鼓 声 不 断
听见锣鼓声不断，

Cai Sun hengzhauq gyangq sangciengz.
ɕaːi^1 θun^1 heːŋ^{2}haːu^5 kjaːŋ^5 θaːŋ^{1}ɕiːŋ^2
蔡 顺 行孝 降 丧场
蔡顺行孝降丧场。

Swenx byoem hengzhauq gyangq sangciengz.
θɯːn^4 pjom^1 heːŋ^{2}haːu^5 kjaːŋ^5 θaːŋ^{1}ɕiːŋ^2
散 头发 行孝 降 丧场
散发行孝降丧场。

Ma daengz sangciengz neix vih coq,
ma1 taŋ2 θaːŋ1ɕiːŋ2 nei4 wi6 ɕo5
回 到 丧场 此 位置 坐
回到丧场这位坐，

Dingq gou saeboh ciengqdanq niengz.
tiŋ5 kou1 θai1po6 ɕiːŋ5taːn5 niːŋ2
听 我 师父 唱叹 娘
听我师父唱叹娘。

Bonj ciengq cienzvuengz bingq haujhanq,
poːn3 ɕiːŋ5 ɕiːn2wuːŋ2 piŋ5 haːu3haːn5
本 唱 前王 并 好汉
本唱前王和好汉，

Danqciengq dangco bohmeh seng.
taːn5ɕiːŋ5 taːŋ1ɕo1 po6me6 θeːŋ1
论唱 当初 父母 生
论唱父母恩如山。

Bohmeh cingq seng cibseiqhaj,
po6me6 ɕiŋ5 θeːŋ1 ɕip8θei5ha3
父母 正 生 十四五
父母生下十四五，

Haq doek Yug Cing[1] giet vunyien.
ha5 tok7 juk8 ɕiŋ1 kiːt7 wun1jiːn1
嫁 给 玉清 结 婚姻
嫁给玉清共一堂。

Haq doek Yug Cing ranz sinhoj,
ha5 tok7 juk8 ɕiŋ1 ɣan2 θin1ho3
嫁 给 玉清 家 辛苦
嫁给玉清家贫苦，

Goj lij Yangz si meh youq ranz.
ko3 li3 jaːŋ2 θi1 me6 jou5 ɣaːn2
可 还 杨 氏 母亲 在 家
母亲杨氏在家堂。

Goj lij Yangz si meh guhmaiq,
ko3 li3 jaːŋ2 θi1 me6 ku6maːi5
可 还 杨 氏 母 守寡
还有杨氏母守寡，

Sinhoj cix caih gou gag dang.
θin1ho3 ɕi4 ɕaːi6 kou1 kaːk8 taːŋ1
辛苦 则 任由 我 自己 当
辛苦由我自己当。

Seiq fwngz guh haiz ciengx mbouj gvaq,
θei5 fɯŋ2 ku6 haːi2 ɕiːŋ4 ʔbou3 kwa5
四 手 做 鞋 养 不 过来
四手做鞋养不来，

Gai buh gai vaq ma ciengx gvan.
kaːi1 pu6 kaːi1 wa5 ma1 ɕiːŋ4 kwaːn1
卖 衣 卖 裤 来 养 丈夫
卖衣卖裤把夫养。

[1] Yug Cing：即“玉清”，人名。

Yug Cing nienzgeij ndaej samcib,
juk8 ɕiŋ1 niːn2kei3 ʔdai3 θaːm1ɕip8
玉清 年纪 得 三十
玉清年纪到三十，

Mboujngeix minghgip dai baenz fangz.
ʔbou3ŋei4 miŋ6kip7 taːi1 pan2 faːŋ2
不料 命急 死 成 鬼
不料短命见阎王。

Geijlai gyaranz gip gai liux,
kei3laːi1 kja1ɣaːn2 kip7 kaːi1 liːu4
多少 家财 捡 卖 光
多少家财全卖光，

Haisang ciengbiuj[1] soengq vanzsan.
haːi1θaːŋ1 ɕiːŋ1piːu3 θoŋ5 waːn2θaːn1
开丧 章表 送 还山
开丧章表送还山。

Haisang ciengbiuj soengq bae deih,
haːi1θaːŋ1 ɕiːŋ1piːu3 θoŋ5 pai1 tei6
开丧 章表 送 去 地
开丧章表送去埋，

Youq naj lingzvih cuengq haeuxngaiz.
jou5 na3 liŋ2wi6 cuːŋ5 hau4ŋaːi2
在 前面 灵位 放 祭饭
在灵位前放祭饭。

Haisang ciengbiuj soengq bae cangq,
haːi1θaːŋ1 ɕiːŋ1piːu3 θoŋ5 pai1 ɕaːŋ5
开丧 章表 送 去 葬
开丧章表送去葬，

Dauqma gyangdangz cuengq haeuxngaiz.
taːu5ma1 kjaːŋ1taːŋ2 ɕuːŋ5 hau4ŋaːi2
回到 中厅堂 放 祭饭
回到堂中放祭饭。

Swnhniengz guhmaiq ndang mizheij,
θɯn6niːŋ2 ku6maːi5 ʔdaːŋ1 mi2hei3
顺娘 守寡 身 有喜
顺娘守寡身有喜，

Gvaq ndaej geij ndwen seng vanamz.
kwa5 ʔdai3 kei3 ʔdɯːn1 θeːŋ1 wa1naːm2
过 得 几 月 生 花男(男孩)
数月过后生一男。

Seng ndaej roih neix boh mbouj raen,
θeːŋ1 ʔdai3 ɣoːi6 nei4 po6 ʔbou3 ɣan1
生 得 个 这 父 不 见
此子生下没见父，

An guh Yauganj aen mingzdangz.
aːn1 ku6 jaːu5kaːn3 an1 miŋ2taːŋ2
安 做 孝感 个 名堂
名字就叫做孝感。

[1]ciengbiuj：即“章表”。章，用来谢恩；表，用来陈述事由情理。

An guh Yauganj aen mingzcih，
aːn^{1} ku^{6} jaːu^{5}kaːn^{3} an^{1} miŋ^{2}ɕi^{6}
安 做 孝感 个 名字
安做孝感这名字，

Cogaen lij iq bohmeh seng.
ɕo^{1}kan^{1} li^{3} i^{5} po^{6}me^{6} θeːŋ^{1}
当初 还 小 父母 生
父母生你小儿郎。

Swnhniengz guhmaiq hix roxsoq，
θɯn^{6}niːŋ^{2} ku^{6}maːi^{5} hi^{4} ɣo^{4}θo^{5}
顺娘 守寡 也 懂理
顺娘守寡知理义，

Gangoq bazyah swh(lumj) duzsien.
kaːn^{1}ko^{5} pa^{2}ja^{6} θɯ^{6}(lum^{3}) tu^{2}θiːn^{1}
照料 家婆 似 神仙
照料家婆当仙养。

Bazyah gag ninz hwnz gag ngeix，
pa^{2}ja^{6} kaːk^{8} nin^{2} hɯn^{2} kaːk^{8} ŋei^{4}
家婆 独 睡 夜 自 想
家婆独睡夜自想，

Baz liux gag ngeix leix mbouj dang.
pa^{2} liːu^{4} kaːk^{8} ɲei^{4} lei^{4} ʔbou^{3} taːŋ^{1}
她 了 自 思考 理 不 适当
她自思考理不当。

Laeg mwngz mbouj haq lau miz coih，
lak^{8} mɯŋ^{2} ʔbou^{3} ha^{5} laːu^{1} mi^{2} ɕoːi^{6}
拦 你 不 嫁 怕 有 罪
拦你不嫁怕有罪，

Cog dai baenaj Yenzloz gyaeng.
ɕoːk^{8} taːi^{1} pai^{1}na^{3} jeːn^{2}lo^{2} kjaŋ^{1}
日后 死 前去 阎罗 监禁
日后死去阎罗关。

Mehlaux haiyienz Swnhniengz dauh，
me^{6}laːu^{4} haːi^{1}jiːn^{2} θɯn^{6}niːŋ^{2} taːu^{6}
老母 开言 顺娘 道
老母开言顺娘道，

Mwngz mbaet coenzhauq dingq gou naeuz.
mɯŋ^{2} ʔbat^{7} ɕon^{2}haːu^{5} tiŋ^{5} kou^{1} nau^{2}
你 停 话儿 听 我 讲
你不说话听我讲。

Lwg gou guhmaiq ranz sinhoj，
lɯk^{8} kou^{1} ku^{6}maːi^{5} ɣaːn^{2} θin^{1}ho^{3}
儿 我 守寡 家 辛苦
我儿守寡家贫苦，

Roxnaeuz baehaq mienx fouz fanz.
ɣo^{4}nau^{2} pai^{1}ha^{5} miːn^{4} fou^{2} faːn^{2}
或者 出嫁 免 无 烦
或者改嫁免心烦。

Swnhniengz haiyienz mehlaux dauh,
θɯn6 niːŋ2 haːi1 jiːn2 me6 laːu4 taːu6
顺娘 开言 老母 道
顺娘开言老母道，

Mwngz mbaet coenzhauq dingq gou naeuz.
mɯŋ2 ʔbat7 ɕon2 haːu5 tiŋ5 kou1 nau2
你 停 话儿 听 我 说
你不说话听我谈。

Gou liux baehaq gaz sam gienh,
kou1 liːu4 pai1 ha5 ka2 θaːm1 kiːn6
我 了 出嫁 卡 三 件
我要改嫁三件难，

Mwngz meh gag youq leix mbouj dang.
mɯŋ2 me6 kaːk8 jou5 lei4 ʔbou3 taːŋ1
你 娘 独自 居 理 不 当
留娘独居理不当。

Mehlaux bak gangj sim youh ngeix,
me6 laːu4 paːk7 kaːŋ3 sim1 jou6 ŋei4
老母 嘴 讲 心 又 想
老母嘴讲心又想，

Yienghlawz sam gienh lwg cix naeuz.
jiːŋ6 laɯ2 θaːm1 kiːn6 lɯk8 ɕi4 nau2
哪样 三 件 儿 就 说
有哪三件儿就讲。

Swnhniengz haiyienz mehlaux dauh,
θɯn6 niːŋ2 haːi1 jiːn2 me6 laːu4 taːu6
顺娘 开言 老母 道
顺娘开言老母道，

Mwngz mbaet coenzhauq dingq gou naeuz.
mɯŋ2 ʔbat7 ɕon2 haːu5 tiŋ5 kou1 nau2
你 停 话儿 听 我 说
你不说话听我讲。

It gienh bouxlan mwngz lij iq,
it7 kiːn6 pou4 laːn1 mɯŋ2 li3 i5
一 件 个孙 你 还 小
一件你孙还太小，

Ngeih gienh lwgsai mwngz ndwimiz.
ŋei6 kiːn6 lɯk8 θaːi1 mɯŋ2 ʔdɯːi1 mi2
二 件 男儿 你 没有
二件你没男儿郎。

Sam gienh nienzgeij mwngz youh laux,
θaːm1 kiːn6 niːn2 kei3 mɯŋ2 jou6 laːu4
三 件 年纪 你 又 老
三件年纪你又老，

Lainoix goj lij gou funghswngz.
laːi1 noːi4 ko3 li3 kou1 fuŋ6 θɯŋ2
多少 也 还 我 奉承
多少还要我奉养。

Nienzgeij mwngz laux dauq baenz hoj,
ni:n^{2}kei^{3} mɯŋ^{2} la:u^{4} ta:u^{5} pan^{2} ho^{3}
年纪 你 老 却 变成 苦
你年纪老却变苦，

Lumj haeux loeg nyied boq rumzbaek.
lum^{3} hau^{4} lok^{8} ȵi:t^{8} po^{5} ɣum^{2}pat^{7}
像 稻子 六 月 吹 北风
六月稻怕北风翻。

Neix mwngz bouxlaux dauq baenz hoj,
nei^{4} mɯŋ^{2} pou^{4}la:u^{4} ta:u^{5} pan^{2} ho^{3}
这 你 老人 却 变成 苦
今你老人变贫苦，

Lij gou gangoq mwngz noix fanz.
li^{3} kou^{1} ka:n^{1}ko^{5} mɯŋ^{2} no:i^{4} fa:n^{2}
还 我 照顾 你 少 烦
有我照顾你少烦。

Gou langh baehaq ndang miz coih,
kou^{1} la:ŋ^{6} pai^{1}ha^{5} ʔda:ŋ^{1} mi^{2} ɕo:i^{6}
我 若 出嫁 身 有 罪
我若改嫁身有罪，

Cog dai nanz doiq Yenzlozvuengz.
ɕo:k^{8} ta:i^{1} na:n^{2} to:i^{5} ye:n^{2}lo^{2}wu:ŋ^{2}
将来 死 难 面对 阎罗王
死后难对阎罗王。

Langh lwg langh yah hwnj baehaq,
la:ŋ^{6} lɯk^{8} la:ŋ^{6} ja^{6} hɯn^{3} pai^{1}ha^{5}
弃 儿 弃 家婆 起 出嫁
弃儿弃婆改嫁去，

Caiq lau loizbyaj bag dangqnaj.
ɕa:i^{5} la:u^{1} lo:i^{2}pja^{3} pa:k^{8} ta:ŋ^{5}na^{3}
又 怕 雷公 劈 面前
又怕雷公劈身亡。

Lij youq cix lau loizbyaj bag,
li^{3} jou^{4} ɕi^{4} la:u^{1} lo:i^{2}pja^{3} pa:k^{8}
还 在 就 怕 雷公 劈
活着就怕雷公劈，

Dai liux cix gag haeuj lauzfangz.
ta:i^{1} li:u^{4} ɕi^{4} ka:k^{8} hau^{3} la:u^{2}fa:ŋ^{2}
死 了 就 自 进 鬼牢
死后自进鬼牢房。

Raeuz youq yiengzgan hengz simsoh,
ɣau^{2} jou^{5} yi:ŋ^{2}ka:n^{1} he:ŋ^{2} θim^{1}θo^{6}
咱们 在 阳间 行 善心
咱在阳间行善心，

Dai coh doeng'yug mienx simfanz.
ta:i^{1} ɕo^{6} toŋ^{1}juk^{8} mi:n^{2} θim^{1}fa:n^{2}
死 向 东狱 免 心烦
死入东狱免心烦。

Fungz daengz bilaeng mwngz miz nanh,
fuŋ2 taŋ2 pi1laŋ1 mɯŋ2 mi2 na:n6
遇 到 来年 你 有 难
遇到来年你有难，

Dwg caeg daeuj sanq mbouj miz gwn.
tɯk8 ɕak8 tau3 θa:n5 ʔbou3 mi2 kɯn1
是 贼 来 散(盗) 没 有 吃
是贼来盗没吃穿。

Ciengx lwg ciengx yah ndwi ndaej gvaq,
ɕi:ŋ4 lɯk8 ɕi:ŋ4 ja6 ʔdɯ:i1 ʔdai3 kwa5
养 儿 养 家婆 没 能 过
养儿养婆难度日，

Bae guh gaeujvaq ciengx mehniengz.
pai1 ku6 kau3wa5 ɕi:ŋ4 me6ni:ŋ2
去 当 乞丐 养 家婆
去当乞丐把母养。

Aemq lwg aemq yah guh gaeujvaq,
am5 lɯk8 am5 ja6 ku6 kau3wa5
背 儿 背 家婆 当 乞丐
背儿背婆当乞丐，

Bae daengz bangxdah youh roeb fwn.
pai1 taŋ2 pa:ŋ4ta6 jou6 ɣop8 fɯn1
去 到 河边 又 遇 雨
去到河边又遇雨。

Bae daengz bangxdah roeb fwn mbwk,
pai1 taŋ2 pa:ŋ4ta6 ɣop8 fɯn1 ʔbɯk7
去 到 河边 逢 雨 大
去到河边遇大雨，

Aemq lwg aemq yah haeuj miuhdingz.
am5 lɯk8 am5 ja6 hau3 mi:u6ti:ŋ2
背 儿 背 家婆进 庙亭
背儿背婆进庙去。

Aemq dawz mehlaux haeuj miuh naengh,
am5 taɯ2 me6la:u4 hau3 mi:u6 naŋ6
背 着 老母 进 庙 坐
背着老母庙里坐，

Aemq lwg daengz mbanj bae ndoj ndang.
am5 lɯk8 taŋ2 ʔba:n3 pai1 ʔdo3 ʔda:ŋ1
背 儿 到 村 去 躲 身
背儿进村去躲避。

Mwngz ndaej vanjhaeux ndij gaiqnoh,
mɯŋ2 ʔdai3 wa:n3hau4 ʔdi3 ka:i5no6
你 得 碗饭 和 块肉
讨得碗饭和块肉，

Ma daengz daihloh fwn youh roengz.
ma1 taŋ2 ta:i6lo6 fɯn1 jou6 ɣoŋ2
回 到 大路 雨 又 下
回到大路雨又急。

Mwngz ndaej vanjhaeux soengq mehlaux,
mɯŋ^{2} ʔdai^{3} wa:n^{3}hau^{4} θoŋ^{5} me^{6}la:u^{4}
你 得 碗饭 送 老母
你得碗饭送老母，

Lwgfungh(sawqmwh) deng laemx limz gyang fwn.
lɯŋ^{8}fuŋ^{6}(θaɯ^{5}mɯ^{6}) te:ŋ^{1} lam^{4} lim^{2} kja:ŋ^{1} fɯn^{1}
忽然 被 倒 淋 中 雨
忽然跌倒雨淋浴。

Swnhniengz dangciengz daej youh ienq,
θɯn^{6}ni:ŋ^{2} ta:ŋ^{1}ci:ŋ^{2} tai^{3} jou^{6} i:n^{5}
顺娘 当场 哭 又 怨
顺娘当即哭又怨，

Gou caen mbouj nyienh guh ciuhvunz.
kou^{1} ɕan^{1} ʔbou^{3} ɲi:n^{6} ku^{6} ɕi:u^{6}wun^{2}
我 真 不 愿 当 人生
我真不愿活下去。

Gou nyienh haeb linx dai baenaj,
kou^{1} ɲi:n^{6} hap^{8} lin^{4} ta:i^{1} pai^{1}na^{3}
我 愿 咬 舌 死 前去
我愿咬舌就死掉，

Gou lij bazyah youq miuhdingz.
kou^{1} li^{3} pa^{2}ja^{6} jou^{5} mi:u^{6}tiŋ^{2}
我 还有 家婆 在 庙亭
我有老母在庙里。

Bae daengz miuhdingz soeb roengzgvih,
pai^{1} taŋ^{2} mi:u^{6}tiŋ^{2} θop^{8} ɣoŋ^{2}kwi^{6}
去 到 庙亭 即 下跪
去到庙里即下跪，

Raemxda cix rih lumj fwn doek.
ɣam^{4}ta^{1} ɕi^{4} ɣi^{6} lum^{3} fɯn^{1} tok^{7}
眼泪 就 流 如 雨 落
眼泪如雨落下地。

Bazyah haiyienz Swnhniengz nyi,
pa^{2}ja^{6} ha:i^{1}ji:n^{2} θɯn^{6}ni:ŋ^{2} ɲi^{1}
家婆 开言 顺娘 道
家婆开言顺娘道，

Gag miz yienghlawz ndei simfanz?
kak^{8} mi^{2} jiŋ^{6}laɯ^{2} ʔdei^{1} θim^{1}fa:n^{2}
自 有 哪样 好 心烦
你有何事好心烦？

Mwngz miz yienghlawz ndei simheiq,
mɯŋ^{2} mi^{2} yi:ŋ^{6}laɯ^{2} ʔdei^{1} sim^{1}hei^{5}
你 有 哪样 好 忧心
你有啥事好忧心，

Raemxda feixfeix doek lumj fwn?
ɣam^{4}ta^{1} fei^{4}fei^{4} tok^{7} lum^{3} fɯn^{1}
泪水 纷纷 落 如 雨
泪水纷纷雨飘散？

Swnhniengz haiyienz mehlaux dauh,
θɯn^{6} niːŋ^{2} haːi^{1} jiːn^{2} me^{6} laːu^{4} taːu^{6}
顺娘 开言 老母 道
顺娘开言老母道，

Mwngz mbaet coenzhauq dingq gou naeuz.
mɯŋ^{2} ʔbat^{7} ɕon^{2} haːu^{5} tiŋ^{5} kou^{1} nau^{2}
你 停 话儿 听 我 说
你不说话听我谈。

Gou ndaej vanjhaeux ndij gaiqnoh,
kou^{1} ʔdai^{3} waːn^{3} hau^{4} ʔdi^{3} kaːi^{5} no^{6}
我 得 碗饭 和 块肉
我得碗饭和块肉，

Ma daengz daihloh laemx youh sanq.
ma^{1} taŋ^{2} taːi^{6} lo^{6} lam^{4} jou^{6} θaːn^{5}
回 到 大路 跌倒 又 散
回到大路跌又散。

Mehlaux ndaejnyi coenz yienghneix,
me^{6} laːu^{4} ʔdai^{3} ȵi^{1} ɕon^{2} jiːŋ^{6} nei^{4}
老母 听见 句 这样
老母听见这些话，

Baz liux aeuqheiq bingh limz ndang.
pa^{2} liːu^{4} au^{5} hei^{5} piŋ^{6} lim^{2} ʔdaːŋ^{1}
她 了 怄气 病 临 身
她就怄气身患病。

Mehlaux daihhanh youh daeuj dingh,
me^{6} laːu^{4} taːi^{6} haːn^{6} jou^{6} tau^{3} tiŋ^{6}
老母 大限 又 来 注定
老母大限已注定，

Lienzseiz saetmingh bae gviyaem.
liːn^{2} θei^{2} θat^{7} miŋ^{6} pai^{1} kwi^{1} jam^{1}
当即 丧命 去 归阴
当即丧命去归阴。

Swnhniengz lienzseiz cuengqsing daej,
θɯn^{6} niːŋ^{2} liːn^{2} θei^{2} ɕuːŋ^{5} θiŋ^{1} tai^{3}
顺娘 立即 放声 哭
顺娘立即放声哭，

Bae lawz aeu faex coq mehniengz.
pai^{1} laɯ^{2} au^{1} fai^{4} ɕo^{5} me^{6} niːŋ^{2}
上 哪 要 棺材 放 母亲
上哪要棺放母亲。

Sij lwg bae dingj aeu gouh faex,
θi^{3} lɯk^{8} pai^{1} tiŋ^{3} au^{1} kou^{6} fai^{4}
舍 儿 去 顶 要 副 棺材
舍儿顶债要棺材，

Aeu ndaej gouh faex ma coq meh.
au^{1} ʔdai^{3} kou^{6} fai^{4} ma^{1} ɕo^{5} me^{6}
要 得 副 棺材 来 放 母亲
要得棺材放母亲。

Ndaej dawz mehlaux okbae bya,
ʔdai3 taɯ2 me6 la:u4 o:k7 pai1 pja1
能 把 老母 出去 山
能送老母去山上，

Bae guh gaeujvaq ciengx lwgnding.
pai1 ku6 kau3 wa5 ɕi:ŋ4 lɯk8 ʔdiŋ1
去 当 乞丐 养 幼儿
去当乞丐养儿郎。

Bae guh gaeujvaq ciengx lwg neix,
pai1 ku6 kau3 wa5 ɕi:ŋ4 lɯk8 nei4
去 当 乞丐 养 儿 这
去当乞丐养此儿，

Mboujngeix dauq doiq gang ngaenz haem.
ʔbou3 ŋei4 ta:u5 to:i5 ka:ŋ1 ŋan2 ham1
不料 却 对 缸 银 埋
不料遇到银一缸。

Dawz lwg ma ranz cauh gyadangq,
taɯ2 lɯk8 ma1 ɣa:n2 ɕa:u6 kja1 ta:ŋ5
带 儿 回 家 造 家当
带儿回去创家业，

Ancangq bazyah lienz haisang.
a:n1 ɕa:ŋ5 pa2 ja6 li:n2 ha:i1 θa:ŋ1
安葬 家婆 和 开丧
安葬家婆和开丧。

Mwngz dauq fatcaiz miz gyadangq,
mɯŋ2 ta:u5 fa:t7 ɕa:i2 mi2 kja1 ta:ŋ5
你 重 发财 有 家当
你又发财有家产，

Soengq lwg Yauganj bae doegsaw.
θoŋ5 lɯk8 ja:u1 ka:n3 pai1 tok8 θaɯ1
送 儿 孝感 去 读书
送孝感儿上学堂。

Yauganj doegsaw dungx lingzleih,
ja:u1 ka:n3 tok8 θaɯ1 tuŋ4 liŋ2 lei6
孝感 读书 肚（脑）聪明
孝感读书人聪明，

Gauj hwnj cinsw daih'it mingz.
ka:u3 hɯn3 ɕin1 θɯ1 ta:i6 it7 miŋ2
考 上 进士 第一 名
进士头名已考上。

Doeklaeng Swnhniengz gvi yaemseiq,
tok7 laŋ1 θɯn6 ni:ŋ2 kwi1 jam1 θei5
后来 顺娘 归 阴世
后来顺娘归阴世，

Caetcaet seiqgouj guh sangciengz.
cat7 cat7 θei5 kou3 ku6 θa:ŋ1 ɕi:ŋ2
七七 四九 做 丧场
七七四九做丧场。

Ngoenzhoengq ngoenzndwi mbouj gamj daez,
ŋon2 hoŋ5 ŋon2 ʔdɯːi1 ʔbou3 kaːm3 tai2
空日 闲日 不 敢 提
空日闲日不敢提，

Ngoenzhoengq ngoenzndwi mbouj gamj lwnh,
ŋon2 hoŋ5 ŋon2 ʔdɯːi1 ʔbou3 kaːm3 lɯn6
空日 闲日 不 敢 论
空日闲日不敢论，

Cien ngeix fanh muengh mbouj gamj ciengq.
ɕiːn1 ŋei4 faːn6 muːŋ6 ʔbou3 kaːm3 ɕiːŋ5
千 思念 万 渴望 不 敢 唱
千万渴望不敢唱。

Cingq aeu ngoenzneix wngq sangciengz.
ɕiŋ5 au1 ŋon2 nei4 ɯŋ5 θaːŋ1 ɕiːŋ2
正 要 今天 应 丧场
正要今天应丧场。

Daih Ngeihcib'it Bien　Vangz Bouz Hengzhauq
第二十一篇　王裒行孝

Genjdanh Gangj Neiyungz

Vangz Bouz, sw (aen biedmingz ciuq mingzcoh hamzeiq lingh an) dwg Veijyenz, vunz Veicin seizgeiz Cincwngz Yangzyingz (seizneix Sanhdungh Canghloz Yen), gangjvah hengzdoengh bietdingh ciuqsouj laexfap, hauqswnh raixcaix. Meh de lij lix seiz lau byajraez, dai le haem youq ndaw ndoengfaex.

Bien fwenhauq neix, lwnhgangj Vangz Bouz lij iq boh couh dai, youz meh de ciengx. De coengmingz lingzleih, hwnjhag doegsaw, doeklaeng gauj hwnj cinsw. De moix ngoenz saeqsim ciuqgoq daxmeh, cawx bya cawx noh hawj de gwn. Meh bingh seiz, de aemq meh lumj aemq lwgnyez nei. Meh dai le, de soujhauq sam haemh, cij soengq bae ndaw ndoeng haem. Gwnzmbwn byajraez seiz, de couh buet daengz henz moh daxmeh bae gvihbaiq, nai daxmeh: Lwg youq gizneix, daxmeh gaej lau!

内容简介

王裒，字伟元，魏晋时期晋城阳营（今山东昌乐县）人，言行必遵礼法，非常孝顺。其母在世时怕雷，死后埋葬在山林中。

本篇孝歌叙述王裒幼年丧父，由母亲养育。他聪明伶俐，上学读书，后考中进士。他每天细心照顾母亲，买鱼肉回来给她吃。母亲病时，他背起母亲像背小孩一样。母亲死后，他守孝三晚，才送上山林埋葬。天上打雷时，他就跑到母亲墓旁跪拜，安慰母亲：儿在这里，母亲别怕！

Fwenlaegdin moix gawq haj cih

fuːn^{1} lak^{8} tin^{1} moːi^{4} kaɯ^{5} ha^{3} ɕi^{6}

五言勒脚歌

Vangz Bouz hengz hauqngeih,
waːŋ^{2} pou^{2} heːŋ^{2} haːu^{5} ŋei^{6}
王 裒 行 孝义
王裒行孝义，

Doeg sawcih hagdangz;
tok^{8} θaɯ^{1} ɕi^{6} haːk^{8} taːŋ^{2}
读 书文 学堂
读书在学堂；

Mehlaux dai baenz fangz,
me^{6} laːu^{4} taːi^{1} pan^{2} faːŋ^{2}
老母 死 成 鬼
老母死成鬼，

Guh hoq dang gwnz moh.
ku^{6} ho^{5} taːŋ^{1} kɯn^{2} mo^{6}
造 房 盖 上面 墓
造“房”盖墓上。

Loiz gingdoengh gwnzmbwn,
loːi^{2} kiŋ^{1} toŋ^{6} kɯn^{2} ʔbɯn^{1}
雷 惊动 天上
雷惊动苍天，

Cauh hoq dang gwnz deih;
ɕaːu^{6} ho^{5} taːŋ^{1} kɯn^{2} tei^{6}
造 屋 挡 上 地
造“屋”挡地上。

Vangz Bouz hengz hauqngeih,
waːŋ^{2} pou^{2} heːŋ^{2} haːu^{5} ŋei^{6}
王 裒 行 孝义
王裒行孝义，

Doeg sawceih hagdangz;
tok^{8} θaɯ^{1} ɕei^{6} haːk^{8} taːŋ^{2}
读 书文 学堂
读书在学堂。

Vunzraeuz yaek rox ngeix,
wun^{2} ɣau^{2} jak^{7} ɣo^{4} ŋei^{4}
人们 要 会 想
人们要会想，

Gungz ceij caenh ndwi cang;
kuŋ^{2} ɕei^{3} ɕan^{6} ʔdɯːi^{1} ɕaːŋ^{1}
穷 纸钱 都 不 装
穷纸钱不放；

Mehlaux dai baenz fangz,
me6laːu4 taːi1 pan2 faːŋ2
老母 死 成 鬼
老母死成鬼，

Guh hoq dang gwnz moh.
ku6 ho5 taːŋ1 kɯn2 mo6
造 房 盖 上面 墓
造“房”盖墓上。

Fwen moix gawq caet cih

fɯːn1 moːi4 kaɯ5 ɕat7 ɕi6

七言歌

Heij souj youh daj yiengsoujdiuh,
hei3 θou3 jou6 ta3 jiːŋ1θou3tiːu6
起 首 又 打 香首调
起首又打香首调，

Ciuz neix coqyouq Veiqciuz guek,
ɕiːu2 nei4 ɕo5jou5 wei1ɕiːu2 kuːk7
朝 这 处在 魏朝 国
本朝处在魏朝国，

Fuk souj youh daj fungh siuyieng.
fuk7 θou3 jou6 ta3 fuŋ6 θiːn1jiːŋ1
伏 首 又 打 奉 烧香
伏首又打奉烧香。

Ndaejnyi gyong'yag nauhbixbanx.
ʔdai3ȵi1 kjoŋ1jaːk8 naːu6pi4paːn4
听见 锣鼓 闹嚷嚷
听见锣鼓闹嚷嚷。

Seng dwk gojsing diuh lingh yiengh,
θeːŋ1 tɯk7 ko3θiŋ1 tiːu6 liŋ6 jiːŋ6
生 打 鼓声 调 另 样
生打鼓声调另样，

Ndaejnyi gyong'yag sing mbouj duenh,
ʔdai3ȵi1 kjoŋ1jaːk8 θiŋ1 ʔbou3 tuːn6
听见 锣鼓 声 不 断
听见锣鼓声不断，

Lwnhciengq Vangz Bouz hengz hauqdangz.
lɯn6ɕiːŋ5 waːŋ2 pou2 heːŋ2 haːu5taːŋ2
论唱 王 裒 行 孝堂
论唱王裒行孝堂。

Swenx byoem hengzhauq gyangq sangciengz.
θɯːn4 pjom1 heːŋ2haːu5 kjaːŋ5 θaːŋ1ɕiːŋ2
散 发 行孝 降 丧场
散发行孝降丧场。

Ma daengz sangciengz neix vih coq,
ma^{1} taŋ^{2} θaːŋ^{1}ɕiːŋ^{2} nei^{4} wi^{6} ɕo^{5}
回 到 丧场 此 位子 坐
回到丧场位子坐，

Dingq gou saeboh ciengq hauqdangz.
tiŋ^{5} kou^{1} θai^{1}po^{6} ɕiːŋ^{5} haːu^{5}taːŋ^{2}
听 我 师父 唱 孝堂
听我师父唱孝堂。

Bonj ciengq cienzvuengz bingq haujhanq,
poːn^{3} ɕiːŋ^{5} ɕiːn^{2}wuːŋ^{2} piŋ^{5} haːu^{3}haːn^{5}
本 唱 前王 并 好汉
本唱前王和好汉，

Danqciengq dangco bohmeh seng.
taːn^{5}ɕiːŋ^{5} taːŋ^{1}ɕo^{1} po^{6}me^{6} θeːŋ^{1}
叹唱 当初 父母 生
叹唱父母恩情长。

Bohmeh cingq seng mwngz lij saeq,
po^{6}me^{6} ɕiŋ^{5} θeːŋ^{1} mɯŋ^{2} li^{3} θai^{5}
父母 正 生 你 还 小
父母生下你还小，

Bohlaux gvaqseiq bae vanzsan.
po^{6}laːu^{4} kwa^{5}θei^{5} pai^{1} waːn^{2}θaːn^{1}
老父 过世 去 还山
老父过世送山上。

Mwngz liux guh gyax hix iq lai,
mɯŋ^{2} liːu^{4} ku^{6} kja^{4} hi^{4} i^{5} laːi^{1}
你 了 做 孤儿 也 小 多
你成孤儿还幼小，

Meh mwngz guhmaiq vunz caixhangz.
me^{6} mɯŋ^{2} ku^{6}maːi^{5} wun^{2} ɕaːi^{4}haːŋ^{2}
娘 你 守寡 人 在行
你娘守寡人能干。

Meh mwngz guhmaiq vunz lingzleih,
me^{6} mɯŋ^{2} ku^{6}maːi^{5} wun^{2} liŋ^{2}lei^{6}
娘 你 守寡 人 伶俐
你娘守寡人伶俐，

Soengq lwg doegceih(doegsaw) haeuj hagdangz.
θoŋ^{5} lɯk^{8} tok^{8}ɕei^{6}(tok^{8}θaɯ^{1}) hau^{3} haːk^{8}taːŋ^{2}
送 儿 读书 进 学堂
送儿读书进学堂。

Soengq lwg haeujhag doeg sawceih,
θoŋ^{5} lɯk^{8} hau^{3}haːk^{8} tok^{8} θaɯ^{1}ɕei^{6}
送 儿 入学 读 书文
送儿入学读诗书，

Soengq bae fouceij an mingzdangz.
θoŋ^{5} pai^{1} fou^{1}ɕei^{3} aːn^{1} miŋ^{2}taːŋ^{2}
送 去 夫子(老师) 安 名堂(名字)
送给老师把名安。

An guh Vangz Bouz neix baujhauh,
aːn^{1} ku^{6} waːŋ^{2} pou^{2} nei^{4} paːu^{3}haːu^{6}
安 做 王 裒 这 宝号
安做王裒这宝号，

Doegsaw leixdauh gaiq gvaq vunz.
tok^{8}θaɯ^{1} lei^{4}taːu^{6} kaːi^{5} kwa^{5} wun^{2}
读书 道理 盖 过 人
读书知礼比人强。

Mwngz bae doegsaw lienz gauj bae,
mɯŋ^{2} pai^{1} tok^{8}θaɯ^{1} liːn^{2} kaːu^{3} pai^{1}
你 去 读书 连续 考 去
你去读书连考上，

Cungq ndaej siuqcaiz daih'it mingz.
ɕuŋ^{5} ʔdai^{3} θiːu^{5}ɕaːi^{2} taːi^{6}it^{7} miŋ^{2}
中 得 秀才 第一 名
头名秀才题榜上。

Bouz daengz gamseng dem batgungq,
pou^{2} taŋ^{2} kaːm^{1}θeːŋ^{1} teːm^{1} paːt^{7}kuŋ^{5}
王裒 至 监生 和 拔贡
裒至监生又拔贡，

Lienz cungq gawjsinz dem caenhsaeh.
liːn^{2} ɕuŋ^{5} kaɯ^{3}θin^{2} teːm^{1} ɕan^{6}θai^{6}
连 中 举人 和 进士
举人进士连连升。

Soengq mwngz hakfouj mwngz ndwi souh,
θoŋ^{5} mɯŋ^{2} haːk^{7}fou^{3} mɯŋ^{2} ʔdɯːi^{1} θou^{6}
送 你 府官 你 不 受
封你府官你不受，

Ma ranz gingq moux(meh) guh sienseng.
ma^{1} ɣaːn^{2} kiŋ^{5} mou^{4}(me^{6}) ku^{6} θiːn^{1}θeːŋ^{1}
回 家 敬 母 当 先生(老师)
回家敬母当先生。

Mehlaux souhyienz roekcib bi,
me^{6}laːu^{4} θou^{6}jiːn^{2} ɣok^{7}ɕip^{8} pi^{1}
老母 长寿 六十 岁
老母长寿六十岁，

Ndi guh saenzsien ndang dwg vunz.
ʔdi^{1} ku^{6} θan^{2}θiːn^{1} ʔdaːŋ^{1} tɯk^{8} wun^{2}
不 做 神仙 身 是 人
不做神仙做俗人。

Meh liux soujyouz(cwxcaih) Bouz ha Bouz,
me^{6} liːu^{4} θou^{3}jou^{2}(ɕɯ^{4}ɕaːi^{6}) pou^{2} ha pou^{2}
母亲 了 逍遥 裒 呀 裒
母亲逍遥裒呀裒，

Mwngz youq gizneix gou mbouj lau.
mɯŋ^{2} jou^{5} ki^{2}nei^{4} kou^{1} ʔbou^{3} laːu^{1}
你 在 这里 我 不 怕
你在这儿我安神。

Gyangngoenz aemq langz bae doegsaw,
kjaːŋ1ŋon2 am5 laːŋ2 pai1 tok8θaɯ1
白天 背 儿郎 去 读书
白天儿背去读书，

Ndaw ranz bya noh goj mbouj duenh,
ʔdaɯ1 ɣaːn2 pja1 no6 ko3 ʔbou3 tuːn6
里 家 鱼 肉 也 不 断
家里鱼肉不间断，

Ma ranz cawj ngaiz hawj meh gwn.
ma1 ɣaːn2 ɕaɯ3 ŋaːi2 haɯ3 me6 kɯn1
回 家 煮 饭 给 娘 吃
煮饭给娘你尽力。

Baezbaez gaenx guenj ma ranz swngz.
pai2pai2 kan4 kuːn3 ma1 ɣaːn2 θɯŋ2
每每 勤 管 回 家 侍奉
每每回家勤料理。

Ngoenz mwngz sam cauh ndaej fugsaeh,
ŋon2 mɯŋ2 θaːm1 ɕaːu6 ʔdai3 fuk8θai6
每日 你 三 餐 能 服侍
每天三餐服侍好，

Mehlaux bi geq ndang miz bingh,
me6laːu4 pi1 ke5 ʔdaːŋ1 mi2 piŋ6
母亲 年 老 身 有 病
母亲年老身有病，

Lwgmaex roih nuengx mbouj rim mwngz.
lɯk8mai4 ɣoːi6 nuːŋ4 ʔbou3 ɣim1 mɯŋ2
妹妹 个 弟弟 不 及 你
弟弟妹妹不及你。

Aeu yw camgimq[1] bae mbouj dingz.
au1 jɯ1 ɕaːm1kim5 pai1 ʔbou3 tiŋ2
取 药 求仙 去 不 停
取药求仙去不停。

Ciengzseiz mbouj bya hix seih noh,
ɕiːŋ2θei2 ʔbou3 pja1 hi4 θei6 no6
常常 不 鱼 也 是 肉
常常不鱼也是肉，

Mehlaux bingh mbouj ndaej hwnqnaengh,
me6laːu4 piŋ6 ʔbou3 ʔdai3 hɯn5naŋ6
老母 病 不 能 起来坐
老母身病不能坐，

Meh cix gyaez gwn goj vuenheij.
me6 ɕi4 kjai2 kɯn1 ko3 wuːn1hei3
母亲 则 爱 吃 也 欢喜
母亲爱吃也欢喜。

Aemq laeng bazmeh swh(lumj) lwgnding.
am5 laŋ1 pa2me6 θɯ6(lum3) lɯk8ʔdiŋ1
背 背后 母亲 似 幼婴
背着母亲似幼婴。

---

[1]camgimq：亦说 camsien，意为“求仙”，即请巫婆卜卦。

Daihhanh mehlaux roengzdaeuj dingh,
taːi6 haːn6 me6 laːu4 ɣoŋ2 tau3 tiŋ6
大限 母亲 下来 定
母亲大限天注定，

Lienz saet diuzmingh bae gviyaem.
liːn2 θat7 tiːu2 miŋ6 pai1 kwi1 jam1
连 失 条命 去 归阴
丧失生命去归阴。

Mehlaux saetmingh bae yaemfouj,
me6 laːu4 θat7 miŋ6 pai1 jam1 fou3
老母 丧命 去 阴府
老母丧命去阴府，

Lwgsae baengzyoux daeuj limz sang.
lɯk8 θai1 paŋ2 jou4 tau3 lim2 θaːŋ1
弟子 朋友 来 临 丧
弟子友人奔丧临。

Doengzseng baengzyoux daeuj caeqbaiq,
toŋ2 θeːŋ1 paŋ2 jou4 tau3 ɕai5 paːi5
同伴 朋友 来 祭拜
同伴朋友来祭奠，

Doiqnaj baizvih doeg cukfaenz[1].
toːi5 na3 paːi2 wi6 tok8 ɕuk7 fan2
对面 牌位 读 祝文
灵前祝文表衷肠。

Vangz Bouz lienzseiz hwnj cawjeiq,
waːŋ2 pou2 liːn2 θei2 hɯn3 ɕaɯ3 ei5
王 裒 立刻 起(有) 主意
王裒立刻有主意，

Guh ndei lingzvih coq daizlingz.
ku6 ʔdei1 liŋ2 wi6 ɕo5 taːi2 liŋ2
做 好 灵位 放 灵桌
灵位放在灵桌上。

Sam haemh sangciengz hengz hauqgyauq,
θaːm1 ham6 θaːŋ1 ɕiːŋ2 heːŋ2 haːu5 kjaːu5
三 晚 丧场 行 孝教
三晚丧场行孝教，

Cingj sae doeg dauh heij sangciengz.
ɕiŋ3 θai1 tok8 taːu6 hei3 θaːŋ1 ɕiːŋ2
请 师公 读 道 开 丧场
请师诵经开丧场。

Caencik vaihgya daeuj hwnjcaeq,
ɕan1 ɕik7 waːi6 kja1 tau3 hɯn3 ɕai5
亲戚 外家 来 拜祭
亲戚外家来拜祭，

Mwngz gvih gyaeujfaex daej mbouj dingz.
mɯŋ2 kwi6 kjau3 fai4 tai3 ʔbou3 tiŋ2
你 跪 头棺材 哭 不 停
你跪棺材哭悲伤。

[1]cukfaenz：即“祝文”。此指祭祀先母的文辞。祝，表示对人对事的美好祝福；文，文字。

Vaihgya baiq daengq liux yienzbeih,
waːi^{6}kja^{1} paːi^{5} taŋ^{5} liːu^{4} jiːn^{2}pei^{6}
外家 拜 嘱咐 了 完毕
外家拜嘱完毕后，

Doengzseng baengzyoux iu caeq dangz.
toŋ^{2}θeːŋ^{1} paŋ^{2}jou^{4} iːu^{1} ɕai^{5} taːŋ^{2}
同伴 朋友 邀 祭 堂
同伴朋友齐祭堂。

Cienj daengz naj faex cix gvihhoq,
ɕiːn^{3} taŋ^{2} na^{3} fai^{4} ɕi^{4} kwi^{6}ho^{5}
转 到 前 棺 就 跪膝
转到棺前就跪下，

Fwen eu coxcox daejbanxbanx.
fɯːn^{1} eːu^{1} ɕo^{4}ɕo^{4} tai^{3}paːn^{4}paːn^{4}
山歌 唱 声声 哭凄凄
唱歌声声哭哀伤。

Vangz Bouz cix daej meh caeuq boh,
waːŋ^{2} pou^{2} ɕi^{4} tai^{3} me^{6} cau^{5} po^{6}
王 裒 就 哭 母 和 父
王裒伤心哭父母，

Yangzgan sinhoj ciengx lwgcing(lwgsai).
jaːŋ^{2}kaːn^{1} θin^{1}ho^{3} ɕiːŋ^{4} lɯk^{8}ɕiŋ^{1}(lɯk^{8}θaːi^{1})
阳间 辛苦 养 儿子
阳间辛苦养儿忙。

Bohmeh cix seng raeuz gaeuq laux,
po^{6}me^{6} ɕi^{4} θeːŋ^{1} ɣau^{2} kau^{5} laːu^{4}
父母 则 生 我们 够 老
父母生儿已变老，

Lwg hengz hauqdauh boiz aencingz.
lɯk^{8} heːŋ^{2} haːu^{5}taːu^{6} poːi^{2} an^{1}ɕiŋ^{2}
儿 行 孝道 还 恩情
儿今行孝恩不忘。

Bohmeh cix seng gou laux bae,
po^{6}me^{6} ɕi^{4} θeːŋ^{1} kou^{1} laːu^{4} pai^{1}
父母 则 生 我 老 去
父母生我已老去，

Meh haet seizneix dai haeujyaem.
me^{6} hat^{7} θei^{2}nei^{4} taːi^{1} hau^{3}jam^{1}
母亲 就 现在 死 归阴
母亲如今死归阴。

Vangz Bouz fwensei eu lingxlox,
waːŋ^{2} pou^{2} fɯːn^{1}θei^{1} eːu^{1} liŋ^{4}lo^{4}
王 裒 山歌 唱 悲伤样
王裒山歌多悲伤，

Haet rox bohmeh aencingz laeg.
hat^{7} ɣo^{4} po^{6}me^{6} an^{1}ɕiŋ^{2} lak^{8}
就 知 父母 恩情 深
悉知父母大恩情。

Lauxsae[1] cix daej daengz fouxmoux(bohmeh),
laːu4 θai1 ɕi4 tai3 taŋ2 fou4 mou4(po6 me6)
老师 则 哭 到 父母
老师唱叹到父母，

Doengzseng bouxboux daej mbouj dingz.
toŋ2 θeːŋ1 pou4 pou4 tai3 ʔbou3 tiŋ2
同伴 个个 哭 不 停
同伴个个哭不停。

Sam haemh sangciengz soengq bae deih,
θaːm1 ham6 θaːŋ1 ɕiːŋ2 θoŋ5 pai1 tei6
三 晚 丧场 送 去 地
三晚丧场送出去，

Guh hoq ram faex okbae ndoi.
ku6 ho5 ɣam1 fai4 oːk7 pai1 ʔdoːi1
造 房 抬 棺 出去 山野
造“房”抬棺就出殡。

Bae cingj Yiengzgoeng[2] guh deihleix,
pai1 ɕiŋ3 jiːŋ2 koŋ1 ku6 tei6 lei4
去 请 杨公 做 地理
去请杨公看地理，

Mwngz guh hoq caeq cix ndaej dang.
mɯŋ2 ku6 ho5 ɕai5 ɕi4 ʔdai3 taːŋ1
你 造 房 祭 则 可 遮挡
你造“房”祭可遮挡。

Ndaejnyi loizraez loiz hengzdoengh,
ʔdai3 ɲi1 loːi2 ɣai2 loːi2 heːŋ2 toŋ6
听见 雷鸣 雷 惊动
听见雷鸣雷惊动，

Vangz Bouz byoengqmingh haeuj sanlimz.
waːŋ2 pou2 pjoŋ5 miŋ6 hau3 θaːn1 lim2
王 裒 拼命 进 山林
王裒拼命跑进山。

Bae daengz bangx moh youh baiqgvih,
pai1 taŋ2 paːŋ4 mo6 jou6 paːi5 kwi6
去 到 旁边 墓 又 拜跪
赶到墓旁又拜跪，

Gou youq gizneix mwngz gaej lau.
kou1 jou5 ki2 nei4 mɯŋ2 kai3 laːu1
我 在 这里 你 别 怕
我在这里别慌张。

Gou youq gizneix mwngz gaej heiq,
kou1 jou5 ki2 nei4 mɯŋ2 kai3 hei5
我 在 这里 你 莫 忧
我在这里娘莫忧，

Goj lij hoqceij goemq gwnz moh.
ko3 li3 ho5 ɕei3 kom5 kɯn2 mo6
也 还 纸屋 盖 上面 墓
还有纸屋盖墓上。

[1]lauxsae：老师，即弟子称王裒为“老师”。

[2]Yiengzgoeng：即杨公，指唐代风水宗师杨筠松。

Youh sij Yiengzgoeng coq gwnz moh,
jou^{6} θi^{3} jiːŋ^{2}koŋ^{1} ɕo^{5} kɯn^{2} mo^{6}
又 写 杨公 放 上面 墓
又写杨公放墓上，

Souj ndaej sam bi hoenz duetseiq,
θou^{3} ʔdai^{3} θaːm^{1} pi^{1} hon^{2} tuːt^{7}θei^{5}
守 得 三 年 魂 脱世
守得三年魂超度，

Loizvuengz dwk goj(gyong) meh mbouj lau.
loːi^{2}wuːŋ^{2} tɯk^{7} ko^{3}(kjoŋ^{1}) me^{6} ʔbou^{3} laːu^{1}
雷王 打 鼓 娘 莫 怕
雷王打鼓娘莫慌。

Ndaej boiz bohmeh gij aencingz.
ʔdai^{3} poːi^{2} po^{6}me^{6} ki^{3} an^{1}ɕiŋ^{2}
能 还 父母 那些 恩情
父母恩情今报偿。

Daih Ngeihcibngeih Bien Dingh Lanz Hengzhauq
第二十二篇 丁兰行孝

Genjdanh Gangj Neiyungz

Dingh Lanz, Dunghhan hauqceij, vunz Hoznei (seizneix Hoznanz Cinyangz). Dingh Lanz "dik faex hauq caen" aen gojsaeh neix daih cienz daih, cungj ndaej daengz vunz yawjnaek, bingzgyaq gig sang.

Bien fwenhauq neix, lwnhgangj gij neiyungz de caeuq《Ngeihcibseiq Hauq》banj Sawgun miz di mbouj doengz. Dingh Lanz lij iq meh de couh dai, de hung le mbouj geiq ndaej gij yienghsiengq daxmeh. De bae Hawgiuzleih[1] ra meh, raen mehmbwk sang、mehgeq couh heuh meh, couh deng vunz yeix naj ndaq. De ma ranz le, couh gaek faexraeu, dangguh daxmeh, cuengq youq gyangding, haethaemh siuyieng gingqbaiq. Yahgonq Dingh Lanz doiq duz siengqfaex mbouj hauq, deng Dingh Lanz boenq deuz, lingh aeu yahlaeng. De caeuq yahlaeng ngoenzngoenz baiq duzsiengqfaex, doeklaeng duzsiengqfaex caen ndaej lae ok lwed daeuj.

Dingh Lanz "dik faex hauq caen", yienznaeuz mbouj hab saedsaeh, hoeng hab langmancujyi gij lohnaemj sij faenzcieng haenx. Gij hauqhengz Dingh Lanz heuhsingj vunzbiengz: Bouxlaux lix youq miz seizhanh, lwglan hengzhauq gaej ngaiznyed.

内容简介

丁兰,东汉孝子,河内(今河南沁阳)人。丁兰"刻木孝亲"的故事世代相传,备受推崇。

本篇孝歌叙述的内容与汉文版《二十四孝》有所不同。丁兰年幼时母亲去世,他长大后没记得母亲容颜。他到乔利圩寻母,见到高个子、老年妇女就叫娘,结果被人指着脸骂。他回家后,就雕刻枫木,当做母亲,放在厅堂上,早晚烧香敬拜。丁兰前妻对木像不孝,被丁兰休掉,另娶后妻。他与后妻坚持敬拜木像,结果雕像真的能流出血来。

丁兰"刻木孝亲",虽然不符合事实逻辑,但合乎浪漫主义的创作思路。丁兰的孝行唤醒世人:老人在世有时限,子孙行孝别拖延。

---

[1]Hawgiuzleih:汉译为"乔利圩",壮语圩集名,在广西马山县乔利乡。这是壮族师公编歌时加上去的。

Fwenlaegdin moix gawq haj cih

fɯːn^{1} lak^{8} tin^{1} moːi^{4} kaɯ^{5} ha^{3} ɕi^{6}

五言勒脚歌

Danq gojsaeh Dingh Lanz,
taːn^{5} ko^{3}θai^{6} tiŋ^{6} laːn^{2}
叹唱 故事 丁 兰
叹丁兰故事，

Aeu fangz ma ranz ciengx;
au^{1} faːŋ^{2} ma^{1} ɣaːn^{2} ɕiːŋ^{4}
要 鬼 回 家 养
要鬼回家养；

Dik faexraeu guh yiengh,
tik^{7} fai^{4}ɣau^{1} ku^{6} jiːŋ^{6}
雕刻 枫木 做 样子
雕木做人像，

Goj siengj meh youq ranz.
ko^{3} θiːŋ^{3} me^{6} jou^{5} ɣaːn^{2}
可 想 母 在 家
想母留家堂。

Siuyieng gvih roengzdaeuj,
θiːu^{1}jiːŋ^{1} kwi^{6} ɣoŋ^{2}tau^{3}
烧香 跪 下来
烧香跪下来，

Goj ngeix youq yiengzgan;
ko^{3} ŋei^{4} jou^{5} yiːŋ^{2}kaːn^{1}
可 以为 在 阳间
以为还在阳；

Danq gojsaeh Dingh Lanz,
taːn^{5} ko^{3}θai^{6} tiŋ^{6} laːn^{2}
叹唱 故事 丁 兰
叹丁兰故事，

Aeu fangz ma ranz ciengx;
au^{1} faːŋ^{2} ma^{1} ɣaːn^{2} ɕiːŋ^{4}
要 鬼 回 家 养
要鬼回家养。

Gyaez mehlaux lailai,
kjai^{2} me^{6}laːu^{4} laːi^{1}laːi^{1}
爱 老母 多多
爱老母多多，

Haet gwn ngaiz youh cuengq;
hat^{7} kɯn^{1} ŋaːi^{2} jou^{6} ɕuːŋ^{5}
早上 吃 饭 又 放
吃饭碗又放；

Dik faexraeu guh yiengh,
tik⁷ fai⁴ɣau¹ ku⁶ ji:ŋ⁶
雕刻 枫木 做 样子
雕木做人像，

Goj siengj meh youq ranz.
ko³ θi:ŋ³ me⁶ jou⁵ ɣa:n²
可 想 母 在 家
想母留家堂。

Fwen moix gawq caet cih

fuɯ:n¹ mo:i⁴ kaɯ⁵ ɕat⁷ ɕi⁶

七言歌

Heij souj youh daj yiengsoujdiuh,
hei³ θou³ jou⁶ ta³ ji:ŋ¹θou³ti:u⁶
起 首 又 打 香首调
起首又打香首调，

Ciuz neix coqyouq Byahanqmiuh,
ɕi:u² nei⁴ ɕo⁵jou⁵ pja¹ha:n⁵mi:u⁶
朝 这 处在 岜罕庙
本朝处在岜罕庙，

Fuk souj youh daj fungh vanzsan.
fuk⁷ θou³ jou⁶ ta³ fuŋ⁶ wa:n²θa:n¹
伏 首 又 打 奉 还山
伏首又打奉还山。

Mwngz youq Hanqciuz cix okndang.
muɯŋ² jou⁵ ha:n⁵ɕi:u² ɕi⁴ o:k⁷ʔda:ŋ¹
你 在 汉朝 就 出生
你在汉朝来世上。

Seng dwk gojsing diuh lingh yiengh,
θe:ŋ¹ tuɯk⁷ ko³θiŋ¹ ti:u⁶ liŋ⁶ ji:ŋ⁶
生 打 鼓声 调 另 样
生打鼓声调另样，

Gag youq Hanqciuz cix okseiq,
ka:k⁸ jou⁵ ha:n⁵ɕi:u² ɕi⁴ o:k⁷θei⁵
自己 在 汉朝 就 出世
你在汉朝就出世，

Lwnhciengq gojsaeh roih Dingh Lanz.
luɯn⁶ɕi:ŋ⁵ ko³θai⁶ ɣo:i⁶ tiŋ⁶ la:n²
论唱 故事 他 丁 兰
论唱故事他丁兰。

Hengzhauq miz ngeih gingq mehniengz.
he:ŋ²ha:u⁵ mi² ŋei⁶ kiŋ⁵ me⁶ni:ŋ²
行孝 有 义 敬 亲娘
行孝有义敬亲娘。

Ngoenzneix Ding gya miz sangsaeh，
ŋon2 nei4 tiŋ1 kja1 mi2 θaːŋ1 θai6
今天 丁 家 有 丧事
今天丁家有丧事，

Lwnhciengq gaendaej hengz hauqdangz.
lɯn6 ɕiːŋ5 kan1 tai3 heːŋ2 haːu5 taːŋ2
论唱 根源 行 孝堂
论唱根源行孝堂。

Bonj ciengq cienzvuengz bingq haujhanq，
poːn3 ɕiːŋ5 ɕiːn2 wuːŋ2 piŋ5 haːu3 haːn5
本 唱 前王 并 好汉
本唱前王和好汉，

Danqciengq gaendaej meh mwngz seng.
taːn5 ɕiːŋ5 kan1 tai3 me6 mɯŋ2 θeːŋ1
叹唱 根底 母 你 生
叹唱根底母恩长。

Bohmeh cingq seng mwngz lij nyaeq，
po6 me6 ɕiŋ5 θeːŋ1 mɯŋ2 li3 ȵai5
父母 正 生 你 还 幼小
父母生下你还小，

Meh mwngz gvaqseiq bae vanzsan.
me6 mɯŋ2 kwa5 θei5 pai1 waːn2 θaːn1
娘 你 过世 去 还山
你娘过世去还山。

Raen bazmeh neix baenzlawz yiengh，
ɣan1 pa2 me6 nei4 pan2 laɯ2 jiːŋ6
见 老母 这 怎么 样
见到老母又如何，

Caengz siengj bazmeh haemz rox hoj.
ɕaŋ2 θiːŋ3 pa2 me6 ham2 ɣo4 ho3
未 想 母亲 苦 或 难
未想母亲苦难样。

Dingh Lanz haemh ninz hwnz gag ngeix，
tiŋ6 laːn2 ham6 nin2 hɯn2 kaːk8 ŋei4
丁 兰 晚上 睡 夜 独自 想
丁兰夜睡独自想，

Bae Hawgiuzleih heuh mehlangz.
pai1 haɯ1 kiːu2 lei6 heːu6 me6 laːŋ2
去 乔利圩 叫 亲娘
去乔利圩叫亲娘。

Baz lawz langh sang daeuj guh meh，
pa2 laɯ2 laːŋ6 θaːŋ1 tau3 ku6 me6
妇人 哪 若 高 来 做 妈
哪妇若高来做妈，

Baz lawz langh geq daeuj guh niengz.
pa2 laɯ2 laːŋ6 ke5 tau3 ku6 niːŋ2
妇人 哪 若 老 来 做 娘
哪妇若老来做娘。

Baz neix lienzseiz ciz naj ndaq,
pa^{2} nei^{4} liːn^{2}θei^{2} ɕi^{2} na^{3} ʔda^{5}
妇人 这 立即 指 脸 骂
此妇立即指脸骂，

Mwngz heuh baz lawz bazmeh mwngz?
mɯŋ^{2} heːu^{6} pa^{2} laɯ^{2} pa^{2}me^{6} mɯŋ^{2}
你 叫 妇人 哪 母亲 你
你叫哪个做你娘？

Dingh Lanz guhlawz gag aeuqheiq,
tiŋ^{6} laːn^{2} ku^{6}laɯ^{2} kaːk^{8} au^{5}hei^{5}
丁 兰 怎样 自 怄气
丁兰怎不自怄气，

Dauqma gizneix heuh mehniengz.
taːu^{5}ma^{1} ki^{2}nei^{4} heːu^{6} me^{6}niːŋ^{2}
回来 这里 叫 亲娘
回到这里叫亲娘。

Dingh Lanz ma ranz ngeix le siengj,
tiŋ^{6} laːn^{2} ma^{1} ɣaːn^{2} ŋei^{4} le θiːŋ^{3}
丁 兰 回 家 思 了 想
丁兰回家仔细想，

Faexraeu dik yiengh coq gyang ranz.
fai^{4}ɣau^{1} tik^{7} jiːŋ^{6} ɕo^{5} kjaːŋ^{1} ɣaːn^{2}
枫木 雕 人样 放 中间 家
枫木雕像放堂上。

Youh aeu faexraeu dik guh yiengh,
jou^{6} au^{1} fai^{4}ɣau^{1} tik^{7} ku^{6} jiːŋ^{6}
又 要 枫木 雕 做 人样
又要枫木雕人像，

Siuyieng gingqfungh cuengq haeuxngaiz.
θiːu^{1}jiːŋ^{1} kiŋ^{5}fuŋ^{6} ɕuːŋ^{5} hau^{4}ŋaːi^{2}
烧香 敬奉 放 祭饭
烧香敬奉放祭饭。

Haethaemh siuyieng youh baiqgvih,
hat^{7}ham^{6} θiːu^{1}jiːŋ^{1} jou^{6} paːi^{5}kwi^{6}
早晚 烧香 又 拜跪
早晚烧香又拜跪，

Goj ngeix bazmeh lij youq ranz.
ko^{3} ŋei^{4} pa^{2}me^{6} li^{3} jou^{5} ɣaːn^{2}
也 想 母亲 还 在 家
也想母亲在家堂。

Ndwi rox bazmeh sang rox daemq,
ʔdɯːi^{1} ɣo^{4} pa^{2}me^{6} θaːŋ^{1} ɣo^{4} tam^{5}
不 知 母亲 高 或 矮
不知母亲高或矮，

Haethaemh goj ngeix meh youq ranz.
hat^{7}ham^{6} ko^{3} ŋei^{4} me^{6} jou^{5} ɣaːn^{2}
早晚 也 想 娘 在 家
早晚也想家有娘。

Mwngz liux sou goet bazmeh laux,
mɯŋ2 liːu4 θou1 kot7 pa2me6 laːu4
你 了 收 尸骨 老母亲
你给老母收尸骨，

Bae cingj sae dauh daeuj haisang.
pai1 ɕiŋ3 θai1 taːu6 tau3 haːi1θaːŋ1
去 请 师公 道公 来 开丧
师公道公来开丧。

Haisang sam haemh dawz bae deih,
haːi1θaːŋ1 θaːm1 ham6 taɯ2 pai1 tei6
开丧 三 晚 送 去 地
开丧三晚送上山，

Dawz faex bae geiq ndaw gamj sang.
taɯ2 fai4 pai1 kei5 ʔdaɯ1 kaːm3 θaːŋ1
抬 棺 去 寄存 里 山洞 高
抬棺寄存高洞上。

Gou gaeuj bakgamj youh baenz deih,
kou1 kau3 paːk7kaːm3 jou6 pan2 tei6
我 看 洞口 又 成为 地
我看洞口好地方，

Dawz faex goetyiet meh bae haem.
taɯ2 fai4 kot7jiːt7 me6 pai1 ham1
送 棺材 骨肉 母 去 埋葬
母亲棺材此埋葬。

Ma daengz bakgamj youh dauq lawq,
ma1 taŋ2 paːk7kaːm3 jou6 taːu5 laɯ5
回 到 洞口 又 却 疑惑
来到洞口又疑惑，

Aen gamj goj youq ndwi raen ndaw.
an1 kaːm3 ko3 jou5 ʔdɯːi1 ɣan1 ʔdaɯ1
个 山洞 也 在 不 见 里面
山洞还在很深长。

Cix danq Dingh Lanz hengz hauqngeih,
ɕi4 taːn5 tiŋ6 laːn2 heːŋ2 haːu5ŋei6
就 叹唱 丁 兰 行 孝义
就叹丁兰行孝义，

Goj danq maex haenx mbouj caixhangz.
ko3 taːn5 mai4 han4 ʔbou3 ɕaːi4haːŋ2
可 唱叹 妻 那 不 在行
可叹那妻不在行。

Gvaqlaeng Dingh Lanz soengq maex bae,
kwa5laŋ1 tiŋ6 laːn2 θoŋ5 mai4 pai1
过后 丁 兰 送 妻 去
过后丁兰送妻走，

Dauq aeu maexngeih vunz caixhangz.
taːu5 au1 mai4ŋei6 wun2 ɕaːi4haːŋ2
重新 娶 妻第二 人 在行
另娶后妻人在行。

Dauq ndaej maexlaeng vunz lingzleih,
taːu5 ʔdai3 mai4laŋ1 wun2 liŋ2lei6
再 得 后妻 人 伶俐
娶到后妻人伶俐，

Fouqgviq suengcienz ceiq habdangq.
fou5kwi5 θuːŋ1ɕiːn2 ɕei5 haːp8taːŋ5
富贵 双全 最 恰当
富贵双全最恰当。

Gvaqlaeng Dingh Lanz hengz hauqngeih,
kwa5laŋ1 tiŋ6 laːn2 heːŋ2 haːu5ŋei6
过后 丁 兰 行 孝义
过后丁兰行孝义，

Dik faex ma souj dauq baenz fangz.
tik7 fai4 ma1 θou3 taːu5 pan2 faːŋ2
雕 木 来 守 却 成 鬼
雕木来守成鬼样。

Lawz neix faexraeu dwg ok lwed,
laɯ2 nei4 fai4ɣau1 tɯk8 oːk7 lɯːt8
为何 这 枫木 是 出 血
为何枫木能出血，

Mboujhix goetyiet meh dingh caen.
ʔbou3hi4 kot7jiːt7 me6 tiŋ6 ɕan1
也许 骨血 母 定 真
也许真是母血淌。

Ngoenzneix Ding gya miz sangsaeh,
ŋon2nei4 tiŋ1 kja1 mi2 θaːŋ1θai6
今日 丁 家 有 丧事
今日丁家有丧事，

Lwnhciengq gaendaej hawj vunz yimz.
lɯn6ɕiːŋ5 kan1tai3 haɯ3 wun2 jim2
论唱 根底 让 人 说
论唱根底让人讲。

Daih Ngeihcibsam Bien Mung Cungh Hengzhauq
第二十三篇 孟宗行孝

Genjdanh Gangj Neiyungz

Mung Cungh (218 — 271 nienz), vunz Gyanghya (seizneix Huzbwz Swngj Ngozcwngz) mwh Samguek, sw (aen biedmingz ciuq mingzcoh hamzeiq lingh an) Gunghvuj. Vuzgoz boux hauqceij okmingz ndeu, lij iq boh couh dai.

Bien fwenhauq neix, lwnhgangj meh Mung Cungh vunz geq binghnaek, gwn le ywguen、ywdoj cungj mbouj ndei. De bae boekgvaq、gouzfangz、gouzsien, hix fouzyungh. Caiq bae ndaw miuh gouzciem, gouz ndaej sienghciem, dawz ma yawj le, roxdaengz daxmeh gwn rangzdoeng bingh cij ndei.

Daihngeih ngoenz haetromh, Mung Cungh ganj daengz ndoeng faexcuk. Youq doengh ngoenz seizdoeng nitsisi neix, de ra bae ra dauq, cungj mbouj ra ndaej rangz, couh gvih youq ndaw ndoeng daejngaungau, gingdoengh daengz Nyawhdaeq. Nyawhdaeq baij Gveijsaeh roengzdaeuj cam, roxdaengz yienzaen le, Gveijsaeh ma bauq naeuz Nyawhdaeq nyi. Nyawhdaeq hix doeng cingzleix, hawj ndaw ndoeng hwnj di rangzdoeng daeuj.

Mung Cungh couh aeu rangzdoeng ma ranz, cawj hawj meh gwn, meh dauq ndangcangq lo. Doeklaeng meh gvaqseiq, Mung Cungh hengzhauq caetcaet seiqcibgouj ngoenz, cij soengq okbae cangq.

内容简介

孟宗(218—271 年),三国时江夏(今湖北省鄂城)人,字恭武。吴国著名孝子,少年父亡。

本篇孝歌叙述孟宗的母亲年老病重,吃了官药、土药都不好。他又去卜卦、求鬼、求仙,也没用。再到庙里去求签,求得上签,拿来看后,知道母亲吃冬笋病才好。翌日早上,孟宗赶到竹林找笋。在这寒冷的冬天,他找来找去,始终没找到笋,就在林中跪下大哭,惊动到玉帝。玉帝差鬼士下来查问,知道原因后,鬼士回去禀报玉帝。玉帝倒也通情达理,让林里长出一些冬笋来。孟宗就采回冬笋,煮给母亲吃,母亲康复了。后来母亲去世时,孟宗行孝七七四十九天,才送去埋葬。

Fwenlaegdin moix gawq haj cih

fɯːn1 lak8 tin1 moːi4 kaɯ5 ha3 ɕi6

五言勒脚歌

Danq Mung Cungh hengzhauq,
taːn5 muŋ1 ɕuŋ6 heːŋ2 haːu5
叹唱 孟 宗 行孝
叹孟宗行孝，

Gyaez mehlaux naekvan;
kjai2 me6 laːu4 nak7 waːn1
爱 老母 深切
深爱他老母；

Meh yaek gwn doengrangz,
me6 jak7 kɯn1 toŋ1 ɤaːŋ2
母 要 吃 冬笋
母要吃冬笋，

Ok rogranz bae daej.
oːk7 ɤoːk8 ɤaːn2 pai1 tai3
出 屋外 去 哭
到屋外去哭。

Gyang ndoengcuk roengzgvih,
kjaːŋ1 ʔdoŋ1 ɕuk7 ɤoŋ2 kwi6
里 竹林 下跪
跪在竹林里，

Mbwn ok di rangzlaux;
ʔbɯn1 oːk7 ti1 ɤaːŋ2 laːu4
天 长出 些 大笋
天让笋出土；

Danq Mung Cungh hengzhauq,
taːn5 muŋ1 ɕuŋ6 heːŋ2 haːu5
叹唱 孟 宗 行孝
叹孟宗行孝，

Gyaez mehlaux naekvan;
kjai2 me6 laːu4 nak7 waːn1
爱 老母 深切
深爱他老母。

Mehlaux ndang baenzbingh,
me6 laːu4 ʔdaːŋ1 pan2 piŋ6
老母 身 患病
老母身患病，

Suenqmingh youh gouz fangz;
θuːn5 miŋ6 jou6 kou2 faːŋ2
算命 又 求 鬼
算命求鬼护；

Meh yaek gwn doengrangz,
me6 jak7 kɯn1 toŋ1ɣaːŋ2
母 要 吃 冬笋
母要吃冬笋，

Ok rogranz bae daej.
oːk7 ɣoːk8ɣaːn2 pai1 tai3
出 屋外 去 哭
到屋外去哭。

Fwen moix gawq caet cih

fɯːn1 moːi4 kaɯ5 ɕat7 ɕi6

七言歌

Heij souj youh daj yiengsoujdiuh,
hai3 θou3 jou6 ta3 jiːŋ1θou3tiːu6
起 首 又 打 香首调
起首又打香首调，

Ciuz neix cawqyouq mwh Samguek,
ɕiːu2 nei4 ɕaɯ5jou5 mɯ6 θaːm1kuːk7
朝 这 处在 时期 三国
本朝处在三国时，

Fuk souj youh daj fungh siuyieng.
fuk7 θou3 jou6 ta3 fuŋ6 θiːu1jiːŋ1
伏 首 又 打 奉 烧香
伏首又打奉烧香。

Ndaejnyi gyong'yag nauhyixywenx.
ʔdai3ȵi1 kjoːŋ1jaːk8 naːu6ji4jɯːn4
听见 锣鼓 闹嚷嚷
听见锣鼓闹嚷嚷。

Seng dwk gojsing diuh lingh yiengh,
θeːŋ1 tɯk7 ko3θiŋ1 tiːu6 liŋ6 jiːŋ6
生 打 鼓声 调 另 样
生打鼓声调另样，

Ndaejnyi gyong'yag sing rixrangx,
ʔdai3ȵi1 kjoːŋ1jaːk8 θiŋ1 ɣi4ɣaːŋ4
听见 锣鼓 声 咚锵响
听见锣鼓声不断，

Mung Cungh hengzhauq gyangq sangciengz.
muŋ1 ɕuŋ6 heːŋ2haːu5 kjaːŋ5 θaːŋ1ɕiːŋ2
孟 宗 行孝 降 丧场
孟宗行孝降丧场。

Cangndang hengzhauq haeuj sangciengz.
ɕaːŋ1ʔdaːŋ1 heːŋ2haːu5 hau3 θaːŋ1ɕiːŋ2
装扮 行孝 进 丧场
装扮行孝进丧场。

Ma daengz sangciengz neix vih coq,
ma^1 taŋ^2 θaːŋ^{1}ɕiːŋ^2 nei^4 wi^6 ɕo^5
回 到 丧场 这 位置 坐
回到丧场位置坐，

Dingq gou saeboh ciengqdanq langz.
tiŋ^5 kou^1 θai^{1}po^6 ɕiːŋ^{5}taːn^5 laːŋ^2
听 我 师父 唱叹 郎
听我师父叹郎好。

Bonj ciengq cienzvuengz bingq haujhanq,
poːn^3 ɕiːŋ^5 ɕiːn^{2}wuːŋ^2 piŋ^5 haːu^{3}haːn^5
本 唱 前王 并 好汉
本唱前王和好汉，

Lwnhciengq dangco bohmeh seng.
lɯn^{6}ɕiːŋ^5 taːŋ^{1}ɕo^1 po^{6}me^6 θeːŋ^1
论唱 当初 父母 生
论唱父母恩山高。

Bohmeh cingq seng mwngz lij ning,
po^{6}me^6 ɕiŋ^5 θeːŋ^1 mɯŋ^2 li^3 niŋ^1
父母 正 生 你 还 幼小
父母生你幼小时，

Mehlaux baenzbingh mboujcaengz ndei.
me^{6}laːu^4 pan^{2}piŋ^6 ʔbou^{3}ɕaŋ^2 ʔdei^1
老母 生病 尚未 好
老母生病尚未好。

Ywguen ma gwn hix mbouj rox,
jɯ^{1}kuːn^1 ma^1 kɯn^1 hi^4 ʔbou^3 ɣo^4
官药 来 吃 也 不 知
吃了官药病不除，

Ywdoj ma gwn hix mbouj ndei.
jɯ^{1}to^3 ma^1 kɯn^1 hi^4 ʔbou^3 ʔdei^1
土药 来 吃 也 不 好
吃了土药病不消。

Boekgvaq gouz fangz hix mbouj dingh,
pok^{7}kwa^5 kou^2 faːŋ^2 hi^4 ʔbou^3 tiŋ^6
卜卦 求 鬼 也 不 定
卜卦求鬼也不好，

Aeu yw camgimq hix mbouj ndei.
au^1 jɯ^1 ɕaːm^{1}kiːm^5 hi^4 ʔbou^3 ʔdei^1
取 药 求仙 也 不 好
取药求仙病恹恹。

Mung Cungh haemh ninz hwnz gag ngeix,
muŋ^1 ɕuŋ^6 ham^6 nin^2 hɯn^2 kaːk^8 ŋei^4
孟 宗 晚上 睡 夜 自己 想
孟宗夜睡自己想，

Gwncai haeuj miuh bae gouzciem.
kɯn^{1}ɕaːi^1 hau^3 miːu^6 pai^1 kou^{2}ɕiːm^1
斋戒 进 庙 去 求签
斋戒进庙去求签。

Gwncai haeuj miuh gouz baed bae,
kɯn^{1}ɕaːi^{1} hau^{3} miːu^{6} kou^{2} pat^{8} pai^{1}
斋戒 进 庙 求 佛 去
斋戒进庙去求佛，

Gouz bae gouz dauq ok sienghciem.
kou^{2} pai^{1} kou^{2} taːu^{5} oːk^{7} θiːŋ^{6}ɕiːm^{1}
求 去 求 来 出 上签
求来求去得上签。

Yaeb aeu sienghciem neix ma gaeuj,
jap^{8} au^{1} θiːŋ^{6}ɕiːm^{1} nei^{4} ma^{1} kau^{3}
抽 要 上签 这 回来 看
抽得上签拿来看，

Ndaej gwn rangzdoeng couh yw ndei.
ʔdai^{3} kɯn^{1} ɣaːŋ^{2}toŋ^{1} ɕou^{6} jɯ^{1} ʔdei^{1}
得 吃 冬笋 就 治 好
吃到冬笋病可痊。

Mung Cungh ndaejnyi coenz yienghneix,
muŋ^{1} ɕuŋ^{6} ʔdai^{3}ɲi^{1} ɕon^{2} jiːŋ^{6}nei^{4}
孟 宗 听见 句 这样
孟宗听见这样说，

Couh gaenj hwnqromh bae ndoengfaex.
ɕou^{6} kan^{3} hɯn^{5}ɣoːm^{6} pai^{1} ʔdoŋ^{1}fai^{4}
就 抓紧 早起 去 山林
抓紧早起林中去。

Lienzgaenj hwnqcaeux haeuj ndoengcuk,
liːn^{2}kan^{3} hɯn^{5}ɕau^{4} hau^{3} ʔdoŋ^{1}ɕuk^{7}
抓紧 早起 进 竹林
抓紧早起去竹林，

Lieb bae mbuk dauq ndwi ndaej rangz.
liːp^{8} pai^{1} ʔbuk^{7} taːu^{5} ʔdɯːi^{1} ʔdai^{3} ɣaːŋ^{2}
巡 去 找 回 没 得 笋
找来找去没笋迹。

Mung Cungh ra rangz goj ndwi miz,
muŋ^{1} ɕuŋ^{6} ɣa^{1} ɣaːŋ^{2} ko^{3} ʔdɯːi^{1} mi^{2}
孟 宗 找 笋 可 没 有
孟宗找笋不见影，

Ae liux roengzgvih daej gyang ndoeng.
ai^{1} liːu^{4} ɣoŋ^{2}kwi^{6} tai^{3} kjaːŋ^{1} ʔdoŋ^{1}
他 了 跪下 哭 中 林
他就跪下哭林里。

Nyawhdaeq gwnzmbwn cingq swnhleix,
ɲaɯ^{6}tai^{5} kɯn^{2}ʔbɯn^{1} ɕiŋ^{5} θɯn^{6}lei^{4}
玉帝 天上 正 顺理
天上玉帝正顺理，

Couh cai Gveijsaeh roengzdaeuj cam.
ɕou^{6} ɕaːi^{1} kwei^{3}θai^{6} ɣoŋ^{2}tau^{3} ɕaːm^{1}
就 差(派) 鬼士 下来 问
就差鬼士问缘起。

Gveijsaeh roengzdaeuj coh naj muengh,
kwei^{3}θai^{6} ɣoŋ^{2}tau^{3} ɕo^{6} na^{3} muːŋ^{6}
鬼士 下来 朝 前 望
鬼士下来朝前望，

Muenghraen Mung Cungh gvih gyang ndoeng.
muːŋ^{6}ɣan^{1} muŋ^{1} ɕuŋ^{6} kwi^{6} kjaːŋ^{1} ʔdoŋ^{1}
望见 孟 宗 跪 中 山林
看见孟宗跪林间。

Mung Cungh haiyienz Gveijsaeh dauh,
muŋ^{1} ɕuŋ^{6} haːi^{1}jiːn^{2} kwei^{3}θai^{6} taːu^{6}
孟 宗 开言 鬼士 道
孟宗就对鬼士言，

Aenvih mehlaux daej gwn rangz.
an^{1}wi^{6} me^{6}laːu^{4} tai^{3} kɯn^{1} ɣaːŋ^{2}
因为 老母 哭 吃 笋
母为吃笋哭涟涟。

Neix baz baenzbingh sam bi cingq,
nei^{4} pa^{2} pan^{2}piŋ^{6} θaːm^{1} pi^{1} ɕiŋ^{5}
这 妇人 生病 三 年 正
她已生病整三年，

Aeu yw camgimq youh gouz fangz.
au^{1} jɯ^{1} ɕaːm^{1}kim^{5} jou^{6} kou^{2} faːŋ^{2}
取 药 问仙 又 求 鬼
取药求鬼又问仙。

Gwncai haeuj miuh bae gouz baed,
kɯn^{1}ɕaːi^{1} hau^{3} miːu^{6} pai^{1} kou^{2} pat^{8}
吃斋 进 庙 去 求 佛
吃斋进庙去求佛，

Gouz bae gouz dauq naed sienghciem.
kou^{2} pai^{1} kou^{2} taːu^{5} nat^{8} θiːŋ^{6}ɕiːm^{1}
求 去 求 来 个 上签
求去求来得上签。

Gou dawz diuz ciem neix ma gaeuj,
kou^{1} taɯ^{2} tiːu^{2} ɕiːm^{1} nei^{4} ma^{1} kau^{3}
我 拿 条 签 这 回来 看
我拿这签回来看，

Aeu gwn rangzdoeng meh haet ndei.
au^{1} kɯn^{1} ɣaːŋ^{2}toŋ^{1} me^{6} hat^{7} ʔdei^{1}
要 吃 冬笋 母 才 好
吃到冬笋母病好。

Langh dwg seizcin dauq yungzheih,
laːŋ^{6} tɯk^{8} θei^{2}ɕin^{1} taːu^{5} juŋ^{2}hei^{6}
若 是 春天 倒 容易
若在春天倒容易，

Doengseiz mwhneix bae lawz aeu?
toŋ^{1}θei^{2} mɯ^{6}nei^{4} pai^{1} laɯ^{2} au^{1}
冬天 此时 去 哪 要
此时冬天去哪要？

Sou bae gwnzmbwn hoiz Nyawhdaeq,
θou1 pai1 kɯn2ʔbɯn1 hoːi2 ȵaɯ6 tai5
你们 去 天上 回 玉帝
你们上天回玉帝，

Nyawhdaeq ndaejnyi coenz yienghnix(yienghneix),
ȵaɯ6 tai5 ʔdai3 ȵi1 ɕon2 jiːŋ6 ni4 (jiːŋ6 nei4)
玉帝 听见 句 这样
玉帝听见这一句，

Mung Cungh mehlaux daej gwn rangz.
muŋ1 ɕuŋ6 me6 laːu4 tai3 kɯn1 ɣaːŋ2
孟 宗 老母 哭 吃 笋
孟宗母哭笋难找。

Couh fat di rangz hwnj gyang ndoeng.
ɕou6 faːt7 ti1 ɣaːŋ2 hɯn3 kjaːŋ1 ʔdoŋ1
就 发 些 笋 生长 中 竹林
就让些笋长林里。

Gveijsaeh hwnj mbwn hoiz Nyawhdaeq,
kwei3 θai6 hɯn3 ʔbɯn1 hoːi2 ȵaɯ6 tai5
鬼士 上 天 回 玉帝
鬼士升天回玉帝，

Mung Cungh cingq raen gaiq yienghneix,
muŋ1 ɕuŋ6 ɕiŋ5 ɣan1 kaːi5 jiːŋ6 nei4
孟 宗 正 看见 个 这样
孟宗正看见这些，

Gaeuj mbwn ndij deih yienghlawz guh.
kau3 ʔbɯn1 ʔdi3 tei6 jiːŋ6 laɯ2 ku6
看 天 和 地 怎么 办
看天和地怎办到。

Dawz rangz bae cawj hawj meh gwn.
taɯ2 ɣaːŋ2 pai1 ɕaɯ3 haɯ3 me6 kɯn1
拿 笋 去 煮 给 母 吃
给娘煮笋又送去。

Langh doiq seizcin dauq yungzheih,
laːŋ6 toːi5 θei2 ɕin1 taːu5 juŋ2 hei6
若 对 春天 倒 容易
如到春天倒容易，

Mehlaux ndaej gwn ndang dauqfuk,
me6 laːu4 ʔdai3 kɯn1 ʔdaːŋ1 taːu5 fuk7
老母 得 吃 身体 康复
老母吃笋就康复，

Doengseiz mwhneix bae lawz aeu?
toŋ1 θei2 mɯ6 nei4 pai1 laɯ2 au1
冬天 此时 去 哪里 要
此时冬天哪里觅？

Dauq ndaej dawz lwgnyez guenj ranz.
taːu5 ʔdai3 taɯ2 lɯk8 ȵe2 kuːn3 ɣaːn2
又 得 带 小孩 管 家
能带小孩管家里。

Mehlaux roeb nanh yaek duetndang,
me^{6} laːu^{4} ɣop^{8} naːn^{6} jak^{7} tuːt^{7} ʔdaːŋ^{1}
老母 遭 难 要 脱身
老母遭难要脱身，

Ndaej gwn rangzdoeng bingh dauq ndei.
ʔdai^{3} kɯn^{1} ɣaːŋ^{2} toŋ^{1} piŋ^{6} taːu^{5} ʔdei^{1}
得 吃 冬笋 病 又 好
得吃冬笋体无恙。

Gvaqlaeng mehlaux dai gvaqseiq,
kwa^{5} laŋ^{1} me^{6} laːu^{4} taːi^{1} kwa^{5} θei^{5}
后来 老母 死 过世
后来母亲老去世，

Caetcaet seiqgouj muenx sangciengz.
ɕat^{7} ɕat^{7} θei^{5} kou^{3} muːn^{4} θaːŋ^{1} ɕiːŋ^{2}
七七 四九 满 丧场
七七四九满丧场。

Caetcaet seiqgouj hengz muenx hauq,
ɕat^{7} ɕat^{7} θei^{5} kou^{3} heːŋ^{2} muːn^{4} haːu^{5}
七七 四九 行 满 孝
七七四九行满孝，

Dauq soengq mehlaux bae vanzsan.
taːu^{5} θoŋ^{5} me^{6} laːu^{4} pai^{1} waːn^{2} θaːn^{1}
再 送 老母 去 还山
再送老母去还山。

Ngoenzhoengq ngoenzndwi mbouj gamj lwnh,
ŋon^{2} hoŋ^{5} ŋon^{2} ʔdɯːi^{1} ʔbou^{3} kaːm^{3} lɯn^{6}
空日 闲日 不 敢 论
空日闲日不敢论，

Ngoenzneix hauqswnh hingq sangciengz.
ŋon^{2} nei^{4} haːu^{5} θɯn^{6} hiŋ^{5} θaːŋ^{1} ɕiːŋ^{2}
今日 孝顺 办 丧场
今日孝顺办丧场。

Daih Ngeihcibseiq Bien Cauz Anh Hengzhauq
第二十四篇 曹安行孝

Genjdanh Gangj Neiyungz

Bien fwenhauq neix, caeuq《Ngeihcibseiq Hauq》banj Sawgun aen goj "Cauz Anh gaj lwg" haenx, miz haujlai mbouj doxdoengz.

Cauz Anh miz boux meh ndeu. De cib'itngeih bi haeujhag doegsaw, cibbet bi aeu yah, gvaqlaeng seng daeg lwg ndeu. Cauz Anh gvanbaz cungj gig hauqgingq daxmeh, daxmeh gig gyaez daeglan, cienz ranz vunz gig huzndei.

Mboujliuh roeb daengz caivueng, gig nanz cawx ndaej haeux. Cauz Anh gvanbaż couh doxyaeng, gaj lwg ciengx meh.

Song boux cunhcangj daeuj daengz ndaw ranz Cauz Anh, boenq de gyau haeuxliengz. Cauz Anh naeuz seizneix roeb diencai, mbouj miz haeux. Cunhcangj couh ndaq de, naeuz de dingj mbouj nabliengz, lij cawx noh ma soengq haeux. Cauz Anh gangj ok gaj lwg ginggvaq, cunhcangj sikhaek doiq okbae, caemhcaiq gauq de daengz vuengzdaeq bae.

Vuengzdaeq deng gij hauqhengz Cauz Anh gamjdoengh lo, fung Cauz Anh guh daih'it fouq, hawj de seng haj sai song mbwk, bouxboux cungj youq ciuzdingz dang hak.

Daxmeh dai le, Cauz Anh hengzhauq caetcaet seiqcibgouj ngoenz, cij soengq bae cangq.

Cauz Anh gaj lwg ciengx meh, raeuz mbouj ndaej ciuq guh, hoeng de gij hauqhengz caenhrengz fugsaeh daxmeh haenx, gamjdoengh diendeih!

Cauz Anh gaj lwg ciengx meh, dwg cungj guhfap yejmanz yakdoeg ndeu, raeuz baenzbaenz mbouj hawj yienghneix guh, hoeng de gij binjdwz caenh rengz hauqgingq daxmeh neix, cigndaej vunz ciuhlaeg hagsib.

内容简介

本篇孝歌与汉语版《二十四孝》中"曹安杀子"的故事情节大不相同。

曹安有个老母。他十一二岁入学读书，十八岁娶妻，后生一男孩。曹安夫妇都很孝敬母亲，母亲很爱孙子，一家十分和睦。

不料遇到灾荒，难买到米。曹安夫妻商议，杀儿养母。

两个村长来到曹安家，催他纳粮。曹安说如今遇天灾，没有米。村长就骂他，说他拒不交粮，却买肉下饭。曹安说出杀儿经过，村长立即退出，并把他告到皇帝。

皇帝被他的行孝所感动，封他为第一富，让他生五男二女，个个都在朝廷当官。

母亲死后，曹安行孝七七四十九天，才送去葬。

曹安杀子养母不可仿效，但他竭尽全力侍奉母亲的孝行，感天动地！

曹安杀子供养母亲，是一种野蛮凶残的行为，我们坚决杜绝发生此类行为，但他竭尽全力孝敬母亲的品德，值得后人学习。

Fwenlaegdin moix gawq haj cih

fɯːn1 lak8 tin1 moːi4 kaɯ5 ha3 ɕi6

五言勒脚歌

Cauz Anh dungx coengmingz,
ɕaːu2 aːn6 tuŋ4 ɕoŋ1 miŋ2
曹 安 肚(脑) 聪明
曹安脑聪明，

Caencingz gyaez mehlaux;
ɕan1 ɕiŋ2 kjai2 me6 laːu4
真情 爱 母亲
真情爱母亲；

Mwngz caenhsim hengzhauq,
mɯŋ2 ɕan6 sim1 heːŋ2 haːu5
你 尽心 行孝
你尽心行孝，

Fungh mehlaux daengzgwnz.
fuŋ6 me6 laːu4 taŋ2 kɯn2
侍奉 老母 至上
侍老母十情。

Gaj lwg ciengx mehlaux,
ka3 lɯk8 ɕiːŋ4 me6 laːu4
杀 儿 养 老母
杀儿养老母，[1]

Cai bauq daengz ciuzdingz;
ɕaːi1 paːu5 taŋ2 ɕiːu2 tiŋ2
差人 报 到 朝廷
差人报朝廷；

Cauz Anh dungx coengmingz,
ɕaːu2 aːn6 tuŋ4 ɕoŋ1 miŋ2
曹 安 肚(脑) 聪明
曹安脑聪明，

Caencingz gyaez mehlaux;
ɕan1 ɕiŋ2 kjai2 me6 laːu4
真情 爱 母亲
真情爱母亲。

Meh gvaqseiq nanz ma,
me6 kwa5 θei5 naːn2 ma1
母 过世 难 回
母死去难回，

Lwg gouzva goj dauq;
lɯk8 kou2 wa1 ko3 taːu5
儿 求花 可 返
求儿可重迎；

[1]杀儿养老母：曹安杀儿子来供养母亲，这是一种十分残暴的行为，是愚昧社会的产物，是作者处于落后年代使然，我们绝对不能仿效这种愚孝。

Mwngz caenhsim hengzhauq,
mɯŋ2 ɕan6 sim1 heːŋ2 haːu5
你 尽心 行孝
你尽心行孝，

Fungh mehlaux daengzgwnz.
fuŋ6 me6 laːu4 taŋ2 kɯn2
侍奉 老母 至上
侍奉母十情。

Fwen moix gawq caet cih

fɯːn1 moːi4 kaɯ5 ɕat7 ɕi6

七言歌

Heij souj youh daj yiengsoujdiuh,
hei3 θou3 jou6 ta3 jiːŋ1 θou3 tiːu6
起 首 又 打 香首调
起首又打香首调，

Ciuz neix cawqyouq Sungqciuz guek,
ɕiːu2 nei4 ɕaɯ5 jou5 θuŋ5 ɕiːu2 kuːk7
朝 这 处在 宋朝 国
本朝处在宋朝国，

Fuk souj youh daj fungh vanzsan.
fuk7 θou3 jou6 ta3 fuŋ6 waːn2 θaːn1
伏 首 又 打 奉 还山
伏首又打奉还山。

Ndaejnyi gyong'yag nauh mbouj dingz.
ʔdai3 ȵi1 kjoːŋ1 jaːk8 naːu6 ʔbou3 tiŋ2
听见 锣鼓 闹 不 停
听见锣鼓闹嚷嚷。

Seng dwk gojsing diuh lingh yiengh,
θeːŋ1 tɯk7 ko3 θiŋ1 tiːu6 liŋ6 jiːŋ6
生 打 鼓声 调 另 样
生打鼓声调另样，

Ndaejnyi gyong'yag sing rixrangx,
ʔdai3 ȵi1 kjoːŋ1 jaːk8 θiŋ1 ɣi4 ɣaːŋ4
听见 锣鼓 声 咚锵响
听见锣鼓声不断，

Cauz Anh hengzhauq gyangq sangciengz.
ɕaːu2 aːn6 heːŋ2 haːu5 kjaːŋ5 θaːŋ1 ɕiːŋ2
曹 安 行孝 降 丧场
曹安行孝降丧场。

Cangndang hengzhauq gyangq sangciengz.
ɕaːŋ1 ʔdaːŋ1 heːŋ2 haːu5 kjaːŋ5 θaːŋ1 ɕiːŋ2
装扮 行孝 降 丧场
装扮行孝降丧场。

Ma daengz naj lingz cingj gvihroengz,
ma1 taŋ2 na3 liŋ2 ɕiŋ3 kwi6ɣoŋ2
回 到 前面 灵位 请 跪下
回到丧场请跪下，

Dingq gou saefouh ciengq hangzcingz.
tiŋ5 kou1 θai1fou6 ɕiːŋ5 haːŋ2ɕiŋ2
听 我 师父 唱 行情
听我师父不停唱。

Bonj ciengq cienzvuengz bingq haujhanq,
poːn3 ɕiːŋ5 ɕiːn2wuːŋ2 piŋ5 haːu3haːn5
本 唱 前王 并 好汉
本唱前王和好汉，

Danqciengq dangco bohmeh seng.
taːn5ɕiːŋ5 taːŋ1ɕo1 po6me6 θeːŋ1
叹唱 当初 父母 生
叹唱父母恩情长。

Seng mwngz Cauz Anh cib'itngeih,
θeːŋ1 mɯŋ2 ɕaːu2 aːn6 ɕip8it7ŋei6
生 你 曹 安 十一二
生你曹安十一二，

Bae coengz fouceij haeuj hagdangz.
pai1 ɕoŋ2 fou1ɕei3 hau3 haːk8taːŋ2
去 从 夫子(老师) 进 学堂
去从老师进学堂。

Bae coengz fouceij cij ancoh,
pai1 ɕoŋ2 fou1ɕei3 ɕi3 aːn1ɕo6
去 从 夫子(老师) 才 安名
去从夫子才起名，

An guh Cauz Anh aen mingz neix.
aːn1 ku6 ɕaːu2 aːn6 an1 miŋ2 nei4
安 做 曹 安 个 名 这
名字就叫做曹安。

Nienzgeij mwngz ndaej cibseiqhaj,
niːn2kei3 mɯŋ2 ʔdai3 ɕip8θei5ha3
年纪 你 得 十四五
年纪你得十四五，

Cai moiz aeu yah ma hawj mwngz.
ɕaːi1 moːi2 au1 ja6 ma1 haɯ3 mɯŋ2
差 媒婆 娶 妻 回来 给 你
你要娶媳请媒帮。

Nienzgeij cibbet cix coux maex,
niːn2kei3 ɕip8peːt7 ɕi4 ɕou4 mai4
年纪 十八 就 娶 妻
年纪十八就娶妻，

Coux ndaej siujmoih vunz caixhangz.
ɕou4 ʔdai3 θiːu3moːi6 wun2 ɕaːi4haːŋ2
娶 得 小妹 人 在行
娶得小妹人在行。

Mwngz coux siujnawx ndaej song bi,
mɯŋ^{2} ɕou^{4} θiːu^{3}naɯ^{4} ʔdai^{3} θoːŋ^{1} pi^{1}
你 娶 小女 得 两 年
你娶小女得两年，

Seng ndaej lan iq dwg vanamz.
θeːŋ^{1} ʔdai^{3} laːn^{1} i^{5} tɯk^{8} wa^{1}naːm^{2}
生 得 孙 小 是 花男(男孩)
生得小儿是花男。

Seng ndaej lan neix goj lij iq,
θeːŋ^{1} ʔdai^{3} laːn^{1} nei^{4} ko^{3} li^{3} i^{5}
生 得 孙子 这 可 还 小
生得孩子可还小，

Mboujngeix haeux gviq deng cainienz.
ʔbou^{3}ŋei^{4} hau^{4} kwi^{5} teːŋ^{1} ɕaːi^{1}niːn^{2}
不料 米 贵 遇 灾年
不料米贵遇灾荒。

Bi de yaemzcaenz doiq gveizceih,
pi^{1} te^{1} jam^{2}ɕan^{2} toːi^{5} kwei^{2}ɕei^{6}
年 它 壬辰 对 癸巳
那年壬辰对癸巳，

Doengz haeux gaen ngeih seiq cienz[1] ngaenz.
toŋ^{2} hau^{4} kan^{1} ŋei^{6} θei^{5} ɕiːn^{2} ŋan^{2}
一筒 米 斤 二 四 钱 银
筒米斤二银四钱。

Doengz haeux gaen ngeih seiq cienz bet,
toŋ^{2} hau^{4} kan^{1} ŋei^{6} θei^{5} ɕiːn^{2} peːt^{7}
筒 米 斤 二 四 钱 八
筒米斤二四钱八，

Miz song cingz haeux bet cingz rim.
mi^{2} θoːŋ^{1} ɕiŋ^{2} hau^{4} peːt^{7} ɕiŋ^{2} ɣim^{1}
有 两 成 米 八 成 满
两成米付八成钱。

Gaen haeux aenhaw mbok faexnguh,
kan^{1} hau^{4} an^{1}aɯ^{1} boːk^{7} fai^{4}ŋu^{6}
斤 米 集市 筒 梧桐
市上卖米用筒量，

Gaen noh aenhaw ngux(haj) maenz cienz.
kan^{1} no^{6} an^{1}aɯ^{1} ŋu^{4}(ha^{3}) man^{2} ɕiːn^{2}
斤 肉 集市 五 文 钱
集市斤肉五文钱。

Bae gaeuj hangzhaeux faen mbouj doh,
pai^{1} kau^{3} haːŋ^{2}hau^{4} fan^{1} ʔbou^{3} to^{6}
去 看 米行 分 不 够
去看米行不够分，

Bae gaeuj hangznoh caeq baenz ciengz.
pai^{1} kau^{3} haːŋ^{2}no^{6} ɕai^{5} pan^{2} ciːŋ^{2}
去 看 肉行 叠 成 墙
去看肉行叠肉片。

---

[1]cienz：即“钱”，重量单位，10 钱等于 1 两重。“Doengz haeux gaen ngeih seiq cienz ngaenz”，意为“一筒有一斤二两米，卖得四钱银子”。旧秤 1 市斤有 16 两。

Bae haw cawx haeux goj ndwi ndaej,
pai^{1} haɯ^{1} ɕaɯ^{4} hau^{4} ko^{3} ʔdɯːi^{1} ʔdai^{3}
去 集市 买 米 可 没 得
上街没能买到米，

Bae dwk byaekndoi ma guh haeux.
pai^{1} tɯk^{7} pjak^{7}ʔdoːi^{1} ma^{1} ku^{6} hau^{4}
去 挖 野菜 来 当 饭
去挖野菜来当饭。

Gvan liux ndaej gaem baz ndaej nab,
kwaːn^{1} liːu^{4} ʔdai^{3} kam^{1} pa^{2} ʔdai^{3} naːp^{8}
夫 了 得 一把 妻 得 一抓
夫得一把妻一抓，

Dawz ma doxdap guh haeuxcaeuz.
taɯ^{2} ma^{1} to^{4}taːp^{7} ku^{6} hau^{4}ɕau^{2}
拿 来 搭配 做 晚饭
拿来混合做晚饭。

Caen cix ndei gwn mbouj dwg dungx,
ɕan^{1} ɕi^{4} ʔdei^{1} kɯn^{1} ʔbou^{3} tɯk^{8} tuŋ^{4}
真 也 好 吃 不 合 肚
真是好吃肚难受，

Mehlaux gutgungq goj ninz ndwi.
me^{6}laːu^{4} kut^{7}kuŋ^{5} ko^{3} nin^{2} ʔdɯːi^{1}
老母 弯曲 就 睡 空(饿)
母饿曲身饿床上。

Cauz Anh haemh ninz hwnz gag ngeix,
ɕaːu^{2} aːn^{6} ham^{6} nin^{2} hɯn^{2} kaːk^{8} ŋei^{4}
曹 安 晚上 睡 夜 自 想
曹安夜睡自己想，

Song sou gvanmaex gag doxyaeng.
θoːŋ^{1} θou^{1} kwaːn^{1}mai^{4} kaːk^{8} to^{4}jaŋ^{1}
两 你们 夫妻 自 商量
你们夫妻自相商。

Song sou gvanbaz yaeng doxdwg,
θoːŋ^{1} θou^{1} kwaːn^{1}pa^{2} jaŋ^{1} to^{4}tɯk^{8}
两 你们 夫妻 商量 一致
你们夫妻商量好，

Aeu mid gaj lwg sim gag ienq.
au^{1} mit^{8} ka^{3} lɯk^{8} θim^{1} kaːk^{8} iːn^{5}
要 刀 杀 儿 心 自 怨恨
要刀杀儿违心愿。

Youh aeu midning dawz ma ngeuq,
jou^{6} au^{1} mit^{8}niŋ^{1} taɯ^{2} ma^{1} ŋeːu^{5}
又 要 刀子 拿 来 磨
又要刀子来磨磨，

Cix heuh lwgnyaeq ma daengz henz.
ɕi^{4} heːu^{6} lɯk^{8}ȵai^{5} ma^{1} taŋ^{2} heːn^{2}
就 叫 小儿 来 到 旁边
叫来儿子到身边。

Heuh boux lwgnyaeq ma naengh youq,
heːu6 pou4 lɯk8ȵai5 ma1 naŋ6 jou5
叫 个 小儿 来 坐 着
就叫儿子来坐下，

Song fwngz lumh gyaeuj raemxda roengz.
θoːŋ1 fɯŋ2 lum6 kjau3 ɣam4ta1 ɣoŋ2
两 手 摸 头 眼泪 下
两手摸头泪涟涟。

Lwg liux youh daej boh hax boh,
lɯk8 liːu4 jou6 tai3 po6 ha4 po6
儿子 了 又 哭 爹 呀 爹
儿子就哭爹呀爹，

Boh liux youh ienq mbwn hax mbwn!
po6 liːu4 jou6 iːn5 ʔbɯn1 ha4 ʔbɯn1
父亲 了 又 怨恨 天 呀 天
父亲则哭天呀天！

Aenvih aen mbwn neix guhgvaiq,
an1wi6 an1 ʔbɯn1 nei4 ku6kwaːi5
因为 个 苍天 这 作怪
因为苍天它作怪，

Gou gaj lwgdog vaih ciuhvunz.
kou1 ka3 lɯk8toːk8 waːi6 ɕiːu6wun2
我 杀 独儿 毁 一生
毁儿一生我惊恐。

Cix danq Cauz Anh sim cingq in,
ɕi4 taːn5 ɕaːu2 aːn6 θim1 ɕiŋ5 in1
却 叹 曹 安 心 正 痛
可叹曹安心正痛，

Meh iek hoj ninz cij gaj lwg.
me6 iːk7 ho3 nin2 ɕi3 ka3 lɯk8
母 饿 难 睡 才 杀 儿
母饿难挨杀儿供。

Mwngz hengz yakdoeg couh gag daej,
mɯŋ2 heːŋ2 jaːk7tok8 ɕou6 kaːk8 tai3
你 行 恶毒 就 自 哭
你一行凶就自哭，

Coengzlaiz dienleix dwg nanz yungz.
ɕoŋ2laːi2 tiːn1lei4 tɯk8 naːn2 juŋ2
从来 天理 是 难 容
从来天理是难容。

Noh cug soengq daengz henz ndang meh,
no6 ɕuk8 θoŋ5 taŋ2 heːn2 ʔdaːŋ1 me6
肉 熟 送 到 旁边 身 母
肉熟送到娘身边，

Heuh de daeuj gwn siengsim lai.
heːu6 te1 tau3 kɯn1 θiːŋ1θim1 laːi1
叫 她 来 吃 悲伤 多
叫她来吃悲心中。

Mehlaux gwn gaiq goj dawz gaiq,
me⁶la:u⁴ kɯn¹ ka:i⁵ ko³ taɯ² ka:i⁵
老母 吃 块 又 拿 块
老母吃块拿一块,

Neix mwngz mbouj seih noh lannyaeq,
nei⁴ mɯŋ² ʔbou³ θei⁶ no⁶ la:n¹ȵai⁵
这 你 不 是 肉 小孙
你这不是孙子肉,

Youh dawz gaiq neix ngeix lannyaeq,
jou⁶ taɯ² ka:i⁵ nei⁴ ŋei⁴ la:n¹ȵai⁵
又 拿 块 这 想 小孙
拿着这块想孙娃。

Gaiq neix mbouj seih noh lan'iq!
ka:i⁵ nei⁴ ʔbou³ θei⁶ no⁶ la:n¹i⁵
块 这 不 是 肉 幼孙
这块不是幼孙他!

Lan vunz bae youz goj rox dauq,
la:n¹ wun² pai¹ jou² ko³ ɣo⁴ ta:u⁵
孙子 别人 去 玩 就 会 回来
别人孙子玩已回,

Mehlaux ndaejnyi coenz yienghneix,
me⁶la:u⁴ ʔdai³ȵi¹ ɕon² ji:ŋ⁶nei⁴
老母 听到 句 这样
老母听到这句话,

Lan gou guhmbauq mbouj ma ranz?
la:n¹ kou¹ ku⁶ʔba:u⁵ ʔbou³ ma¹ ɣa:n²
孙 我 玩耍 不 回 家
我孙去哪不回家?

Lienz vanj lienz noh vit roengz doengj!
li:n² wa:n³ li:n² no⁶ wit⁷ ɣoŋ² toŋ³
连 碗 连 肉 丢 下 桶
连碗和肉丢桶深!

Cauz Anh haiyienz mehlaux dauh,
ɕa:u² a:n⁶ ha:i¹ji:n² me⁶la:u⁴ ta:u⁶
曹 安 开言 老母 道
曹安开言老母道,

Mehlaux lienzseiz ciz naj ndaq,
me⁶la:u⁴ li:n²θei² ɕi² na³ ʔda⁵
老母 立即 指 脸 骂
老母立即指脸骂,

Mwngz mbaet coenzhauq dingq gou naeuz.
mɯŋ² ʔbat⁷ ɕon²ha:u⁵ tiŋ⁵ kou¹ nau²
你 停 言语 听 我 说
你不言语听我话。

Ndaq mwngz Cauz Anh mbouj dwg vunz.
ʔda⁵ mɯŋ² ɕa:u² a:n⁶ ʔbou³ tɯk⁸ wun²
骂 你 曹 安 不 是 人
骂你曹安不是人。

Mehlaux mbouj gwn geijlai noh,
me6 la:u4 ʔbou3 kɯn1 kei3 la:i1 no6
老母 不 吃 几多 肉
老母不吃多少肉，

Gaj lan inhoj gou nanz lumz.
ka3 la:n1 in1 ho3 kou1 na:n2 lum2
杀 孙 苦痛 我 难 忘
杀孙难忘我苦疼。

Ndwi miz ae lawz swngz gyacoj,
ʔdɯ:i1 mi2 ai1 laɯ2 θɯŋ2 kja1 ɕo3
没 有 个 哪 承 家业
没有哪个承家业，

Ae lawz sauqmoh ngoenz cingmingz.
ai1 laɯ2 θa:u5 mo6 ŋon2 ɕiŋ1 miŋ2
个 哪 扫墓 日 清明
哪个清明去扫坟。

Cauz Anh haiyienz mehlaux dauh,
ɕa:u2 a:n6 ha:i1 ji:n2 me6 la:u4 ta:u6
曹 安 开言 老母 道
曹安开言老母道，

Mehlaux mbaet hauq dingq gou naeuz.
me6 la:u4 ʔbat7 ha:u5 tiŋ5 kou1 nau2
老母 停 话 听 我 说
老母不言我说事。

Lwgdog gouzva goj dauq ndaej,
lɯk8 to:k8 kou2 wa1 ko3 ta:u5 ʔdai3
独儿 求花 又 重 得
独儿求花可重得，

Cog meh laux bae gizlawz gwn?
ɕo:k8 me6 la:u4 pai1 ki2 laɯ2 kɯn1
日后 母 老 去 哪儿 吃
日后母逝去哪吃？

Lwgdog gouzva goj dauq ndaej,
lɯk8 to:k8 kou2 wa1 ko3 ta:u5 ʔdai3
独儿 求花 又 重 得
独儿求花可重得，

Mehlaux haeuj faex bae lawz gwn?
me6 la:u4 hau3 fai4 pai1 laɯ2 kɯn1
老母 进 棺 去 哪 吃
老母进棺去哪吃？

Mwngz youq yiengzgan gou mbouj fungh,
mɯŋ2 jou5 yi:ŋ2 ka:n1 kou1 ʔbou3 fuŋ6
你 在 阳间 我 不 侍奉
你在阳间我不侍，

Dai dawz bae gung ndwi raen gwn.
ta:i1 taɯ2 pai1 kuŋ1 ʔdɯ:i1 ɣan1 kɯn1
死 拿 去 供 不 见 吃
死后去供不见吃。

Mwngz dem mehlaux baez sat gangj,
mɯŋ2 teːm1 me6laːu4 pai2 θaːt7 kaːŋ3
你 和 老母 一 完毕 说
你和老母刚说完，

Song boux cunhcangj caenh haeuxliengz.
θoːŋ1 pou4 ɕun6ɕaːŋ3 ɕan6 hau4liːŋ2
两 个 村长 催 粮食
两个村长催交粮。

Caifouj hwnj ranz caengz naengh ndei,
ɕaːi1fou3 hɯn3 ɣaːn2 ɕaŋ2 naŋ6 ʔdei1
府差 进 屋 未 坐 好
府差进屋没坐好，

Lienzseiz faenfouq guh haeuxcaeuz.
liːn2θei2 fan1fou5 ku6 hau4ɕau2
立即 吩咐 煮 晚饭
立即吩咐煮晚饭。

Cauz Anh haiyienz caifouj dauh,
ɕaːu2 aːn6 haːi1jiːn2 ɕaːi1fou3 taːu6
曹 安 开言 府差 道
曹安开言府差道，

Sou mbaet coenzhauq dingq gou naeuz.
θou1 ʔbat7 ɕon2haːu5 tiŋ5 kou1 nau2
你们 停 话儿 听 我 说
你们不说听我讲。

Aenmbung mbouj miz naed haeuxyangz,
an1ʔbuŋ1 ʔbou3 mi2 nat8 hau4jaːŋ2
个囤 没 有 粒 玉米
囤里没有粒玉米，

Aencang mbouj miz naed haeuxsan.
an1ɕaːŋ1 ʔbou3 mi2 nat8 hau4θaːn1
个仓 没 有 粒 大米
仓里没米空荡荡。

Ndaw ranz caenh mbouj miz naedhaeux,
ʔdaɯ1 ɣaːn2 ɕan6 ʔbou3 mi2 nat8hau4
里 家 都 没 有 粒米
家里没有一粒米，

Gou aeu gijmaz guh haeuxdonq.
kou1 au1 ki3ma2 ku6 hau4toːn5
我 拿 什么 煮 餐饭
我拿什么来煮饭。

Cunhcangj lienzseiz ciz naj ndaq,
ɕun6ɕaːŋ3 liːn2θei2 ɕi2 na3 ʔda5
村长 立刻 指 脸 骂
村长立刻指脸骂，

Ndaq mwngz Cauz Anh mbouj dwg vunz.
ʔda5 mɯŋ2 ɕaːu2 aːn6 ʔbou3 tɯk8 wun2
骂 你 曹 安 不 是 人
骂你曹安是混蛋。

Cienzliengz honghangh mbouj ngeix coq,
ɕiːn^{2} liːŋ^{2} hoːŋ^{1} haːŋ^{6} ʔbou^{3} ŋei^{4} ɕo^{5}
粮钱 劳务 不 思 干
粮钱劳务不思干，

Goj lij cawx noh ma soengq haeux.
ko^{3} li^{3} ɕaɯ^{4} no^{6} ma^{1} θoŋ^{5} hau^{4}
也 还 买 肉 来 下 饭
却还买肉来送饭。

Cauz Anh haiyienz cunhcangj dauh,
ɕaːu^{2} aːn^{6} haːi^{1} jiːn^{2} ɕun^{6} ɕaːŋ^{3} taːu^{6}
曹 安 开言 村长 道
曹安开言村长道，

Sou mbaet coenzhauq dingq gou naeuz.
θou^{1} ʔbat^{7} ɕon^{2} haːu^{5} tiŋ^{5} kou^{1} nau^{2}
你们 停 话儿 听 我 说
你们不说听我谈。

Gou mbouj lwnh gyae mbouj lwnh gaenh,
kou^{1} ʔbou^{3} lɯn^{6} kjai^{1} ʔbou^{3} lɯn^{6} kan^{6}
我 不 谈论 远 不 诉说 近
我不道远不说近，

Gou lwnh yimzcaenz gveizceih nienz.
kou^{1} lɯn^{6} jim^{2} ɕan^{2} kwei^{2} ɕei^{6} niːn^{2}
我 谈论 壬辰 癸巳 年
我说壬辰癸巳年。

Bi de yimzcaenz doiq gveizceih,
pi^{1} te^{1} jim^{2} ɕan^{2} toːi^{5} kwei^{2} ɕei^{6}
年 它 壬辰 对 癸巳
那年壬辰对癸巳，

Doengz haeux gaen ngeih seiq cienz ngaenz.
toŋ^{2} hau^{4} kan^{1} ŋei^{6} θei^{5} ɕiːn^{2} ŋan^{2}
一筒 米 一斤二两 四 钱 银子
筒米斤二银四钱。

Doengz haeux gaen ngeih seiq maenz bet,
toŋ^{2} hau^{4} kan^{1} ŋei^{6} θei^{5} man^{2} peːt^{7}
一筒 米 一斤二两 四 文 八
筒米斤二四文八，

Ndaej song cingz haeux bet cingz rim.
ʔdai^{3} θoːŋ^{1} ɕiŋ^{2} hau^{4} peːt^{7} ɕiŋ^{2} ɣim^{1}
得 两 成 米 八 成 满
两成米付八成钱。

Gaen haeux aenhaw mbok faexnguh,
kan^{1} hau^{4} an^{1} haɯ^{1} ʔboːk^{7} fai^{4} ŋu^{6}
斤 米 集市 筒 梧桐
市上卖米用筒量，

Gaen noh aenhaw ngux maenz cienz.
kan^{1} no^{6} an^{1} haɯ^{1} ŋu^{4} man^{2} ɕiːn^{2}
斤 肉 集市 五 文 钱
集市斤肉五文钱。

Bae gaeuj hangzhaeux faen mbouj doh,
pai1 kau3 ha:ŋ2 hau4 fan1 ʔbou3 to6
去 看 米行 分 不 够
去看米行不够分，

Bae gaeuj hangznoh caeq baenz ciengz.
pai1 kau3 ha:ŋ2 no6 ɕai5 pan2 ci:ŋ2
去 看 肉行 叠 成 墙
去看肉行叠成墙。

Bae haw cawx haeux goj ndwi ndaej,
pai1 haɯ1 ɕaɯ4 hau4 ko3 ʔdɯ:i1 ʔdai3
去 圩 买 米 也 没 得
赶圩买米没得到，

Ma ranz dem maex gou doxyaeng.
ma1 ɣa:n2 te:m1 mai4 kou1 to4 jaŋ1
回 家 与 妻 我 商量
回家与妻相商量。

Song dou gvanmaex ngeix doxdwg,
θo:ŋ1 tou1 kwa:n1 mai4 ŋei4 to4 tɯk8
两 我们 夫妻 考虑 一致
我俩夫妻考虑好，

Doxnaeuz gaj lwg hawj meh gwn.
to4 nau2 ka3 lɯk8 haɯ3 me6 kɯn1
相商 杀 儿 给 母 吃
同意杀儿让娘尝。

Lwg gou gouzva goj rox ndaej,
lɯk8 kou1 kou2 wa1 ko3 ɣo4 ʔdai3
儿 我 求花 可 会 得
我儿求花还可得，

Mehlaux haeuj faex bae lawz gwn.
me6 la:u4 hau3 fai4 pai1 laɯ2 kɯn1
老母 入 棺 去 哪 吃
老母入棺怎供养。

Baz youq yiengzgan gou mbouj fungh,
pa2 jou5 yi:ŋ2 ka:n1 kou1 ʔbou3 fuŋ6
母 在 阳间 我 不 侍奉
母在阳间我不侍，

Dai gung mou yiengz ndwi raen gwn.
ta:i1 kuŋ1 mou1 yi:ŋ2 ʔdɯ:i1 ɣan1 kɯn1
死 供 猪 羊 不 见 吃
死供猪羊不见尝。

Gou liux gangjndwi sou mbouj sinq(saenq),
kou1 li:u4 ka:ŋ3 ʔdɯ:i1 θou1 ʔbou3 θin5(θan5)
我 了 空谈 你们 不 信
我光讲话你不信，

Lij raen lwg gou youq gizlawz.
li3 ɣan1 lɯk8 kou1 jou5 ki2 laɯ2
还 见 儿子 我 在 哪里
还见我儿在哪方。

Gangj sat hai rug caiq hai riengh,
kaːŋ3 θat7 haːi1 ɣuk8 ɕaːi5 haːi1 ɣiːŋ6
说 完 开 房间 又 开 牛栏
说完开房和牛栏，

Cunhcangj giengzriengh mbouj yawj laeng.
ɕun6ɕaːŋ3 kiːŋ2ɣiːŋ6 ʔbou3 jaɯ3 laŋ1
村长 快溜 不 看 后面
村长溜走不后看。

Bae daengz haenzdaemz gag doxndaq,
pai1 taŋ2 han2tam2 kaːk8 to4ʔda5
去 到 塘边 自 相互 骂
跑到塘边相互骂，

Caeklaiq mbouj ra dawz song raeuz.
ɕak7laːi5 ʔbou3 ɣa1 taɯ2 θoːŋ1 ɣau2
幸亏 没 找 到 两 我们
幸亏我俩没摊上。

Lwgdog lwgndeu de caenh gaj,
lɯk8toːk8 lɯk8ʔdeːu1 te1 ɕan6 ka3
单子 儿一 他 都 杀
单子独儿他都杀，

Caeklaiq mbouj ra dawz song raeuz.
ɕak7laːi5 ʔbou3 ɣa1 taɯ2 θoːŋ1 ɣau2
幸亏 没 找 到 两 我们
幸亏没找我们俩。

Cunhcangj bae ranz mbouj fugheiq,
ɕun6ɕaːŋ3 pai1 ɣaːn2 ʔbou3 fuk6hei5
村长 去 家 不 服气
村长到家心不服，

Bae gauq Cauz Anh gaj lwgdog.
pai1 kaːu5 ɕaːu2 aːn6 ka3 lɯk8toːk8
去 控告 曹 安 杀 独儿
控告曹安杀儿郎。

Daj cingz bae gauq daengz vuengzdaeq,
ta3 ɕiŋ2 pai1 kaːu5 taŋ2 wuːŋ2tai5
打(写) 呈子 去 控告 到 皇帝
呈文控告到皇帝，

Aeu ceij sij sangx gauq daengz vuengz.
au1 ɕei3 θi3 θaːŋ4 kaːu5 taŋ2 wuːŋ2
要 纸 写 状子 告 到 皇帝
要纸写状告到皇。

Vuengzdaeq ndaejnyi coenz yienghneix,
wuːŋ2tai5 ʔdai3ȵi1 ɕon2 jiːŋ6nei4
皇帝 知道 句 这样
皇帝知道这些事，

Youh hawj Gunceij daeuj bae cam.
jou6 haɯ3 kun1ɕei3 tau3 pai1 ɕaːm1
又 派 君子 来 去 问
又派君子来问案。

Gunceij daeuj daengz hoz cing naeuq,
kun^{1}ɕei^3 tau^3 taŋ^2 ho^2 ɕiŋ^1 nau^5
君子 来 到 脖(心) 正 恼怒
君子来到正恼怒，

Sam ngoenz cix at bae daengz fouj,
θaːm^1 ŋon^2 ɕi^4 aːt^7 pai^1 taŋ^2 fou^3
三 天 就 押解 去 到 州府
三天押解到州府，

Fwngz liux fung uk couh gaemhdawz.
fɯŋ^2 liːu^4 fuŋ^1 uk^7 ɕou^6 kam^{6}taɯ^2
手 了 摁 头部 就 逮捕
手压头部就捆绑。

Gouj ngoenz cix gaiq bae daengz vuengz.
kou^3 ŋon^2 ɕi^4 kaːi^5 pai^1 taŋ^2 wuːŋ^2
九 天 就 押送 去 到 皇帝
九天押送到皇上。

Cug mwngz Cauz Anh hix mbouj gaj,
ɕuk^8 mɯŋ^2 ɕaːu^2 aːn^6 hi^4 ʔbou^3 ka^3
绑 你 曹 安 也 不 杀
捉你曹安也不杀，

Dawz mwngz Cauz Anh gyangdangz cuengq,
taɯ^2 mɯŋ^2 ɕaːu^2 aːn^6 kjaːŋ^{1}taːŋ^2 ɕuːŋ^5
押 你 曹 安 中堂 放
押你曹安堂中放，

Dawz mwngz bae laj doiq vuengzhouh.
taɯ^2 mɯŋ^2 pai^1 la^3 toːi^5 wuːŋ^{2}hou^6
抓 你 去 下面 对 侯王
抓你就送到侯王。

Vuengzdaeq naengh dienh daeuj cam coenz.
wuːŋ^{2}tai^5 naŋ^6 tiːn^6 tau^3 ɕaːm^1 ɕon^2
皇帝 坐 殿 来 问 话
皇帝坐殿问根源。

Dawz mwngz bae laj doiq vuengzdaeq,
taɯ^2 mɯŋ^2 pai^1 la^3 toːi^5 wuːŋ^{2}tai^5
抓 你 去 下 对 皇帝
抓你押送到皇帝，

Vuengzdaeq haiyienz Cauz Anh nyi,
wuːŋ^{2}tai^5 haːi^{1}jiːn^2 ɕaːu^2 aːn^6 ȵi^1
皇帝 开言 曹 安 听
皇帝说话曹安听，

Nyaenmaz(vihmaz) yienghneix gaj lwgdaeuz?
ȵan^{1}ma^2(wi^{6}ma^2) jiːŋ^{6}nei^4 ka^3 lɯk^{8}tau^2
因何 这样 杀 长子
为何这样杀儿郎？

Vihmaz yienghneix gaj lwgdaeuz?
wi^{6}ma^2 jiːŋ^{6}nei^4 ka^3 lɯk^{8}tau^2
为何 这样 杀 长子
这样杀儿何因缘？

Cauz Anh bae daengz soeb roengzgvih,
ɕaːu^{2} aːn^{6} pai^{1} taŋ^{2} θop^{8} ɣoŋ^{2}kwi^{6}
曹 安 去 到 就 跪下
曹安去到就跪下，

Cawj gou leixswnh hix dingq naeuz.
ɕaɯ^{3} kou^{1} lei^{4}θɯn^{6} hi^{4} tiŋ^{5} nau^{2}
主人 我 顺理 也 听 说
我主公正也听言。

Mwngz mbouj lwnh gyae mbouj lwnh gaenh,
mɯŋ^{2} ʔbou^{3} lɯn^{6} kjai^{1} ʔbou^{3} lɯn^{6} kan^{6}
你 不 谈论 远 不 谈论 近
你不说远不说近，

Gou lwnh yimzcaenz gveizceih nienz.
kou^{1} lɯn^{6} jim^{2}ɕan^{2} kwei^{2}ɕei^{6} niːn^{2}
我 谈论 壬辰 癸巳 年
我论壬辰癸巳年。

Bi de yimzcaenz doiq gveizceih,
pi^{1} te^{1} jim^{2}ɕan^{2} toːi^{5} kwei^{2}ɕei^{6}
年 它 壬辰 对 癸巳
那年壬辰对癸巳，

Doengz haeux gaen ngeih seiq maenz cienz.
toŋ^{2} hau^{4} kan^{1} ŋei^{6} θei^{5} man^{2} ɕiːn^{2}
一筒 米 一斤 二两 四 文 钱
筒米斤二四文钱。

Doengz haeux gaen ngeih seiq maenz bet,
toŋ^{2} hau^{4} kan^{1} ŋei^{6} θei^{5} man^{2} peːt^{7}
一筒 米 一斤 二两 四 文 八
筒米斤二四文八，

Ndaej song cingz haeux bet cingz cang.
ʔdai^{3} θoːŋ^{1} ɕiŋ^{2} hau^{4} peːt^{7} ɕiŋ^{2} ɕaːŋ^{1}
得 二 成 米 八 成 装
二成米收八成钱。

Hangzhaeux aenhaw mbokfaexnguh,
haːŋ^{2}hau^{4} an^{6}aɯ^{1} ʔboːk^{7}fai^{4}ŋu^{6}
米行 集市 梧桐筒
集市米行梧桐筒，

Gaen noh aenhaw ngux(haj) maenz cienz.
kan^{1} no^{6} an^{1}haɯ^{1} ŋu^{4}(ha^{3}) man^{2} ɕiːn^{2}
一斤 肉 集市 五 文 钱
集市斤肉五文钱。

Bae gaeuj hangzhaeux mbok doxdoj,
pai^{1} kau^{3} haːŋ^{2}hau^{4} ʔboːk^{7} to^{4}to^{3}
去 看 米行 筒 相对
去看米行筒相对，

Ma gaeuj hangznoh dong baenz ciengz.
ma^{1} kau^{3} haːŋ^{2}no^{6} toːŋ^{1} pan^{2} ciːŋ^{2}
回来 看 肉行 堆 成 墙
再看肉行堆肉片。

Bae haw cawx haeux goj ndwi ndaej,
pai1 haɯ1 ɕaɯ4 hau4 ko3 ʔdɯːi1 ʔdai3
去 圩 买 米 也 没 得
赶圩买米没得到，

Ma ranz ndij maex caez doxngeix.
ma1 ɣaːn2 ʔdi3 mai4 ɕai2 to4ŋei4
回 家 与 妻 一起 相商
回家与妻共议事。

Gou liux ndij maex ngeix doxdwg,
kou1 liːu4 ʔdi3 mai4 ŋei4 to4tɯk8
我 了 与 妻 想法 相同
我与妻议正相合，

Doxnaeuz gaj lwg hawj meh gwn.
to4nau2 ka3 lɯk8 haɯ3 me6 kɯn1
相商 杀 儿 给 母 吃
相商杀儿让娘吃。

Lwgdog gouzva goj rox ndaej,
lɯk8toːk8 kou2wa1 ko3 ɣo4 ʔdai3
独儿 求花 可 会 得
独儿求花还可得，

Meh gou haeuj faex bae lawz gwn?
me6 kou1 hau3 fai4 pai1 laɯ2 kɯn1
娘 我 入 棺 去 哪 吃
我娘入棺上哪吃？

Meh youq yiengzgan gou mbouj fungh,
me6 jou5 yiːŋ2kaːn1 kou1 ʔbou3 fuŋ6
娘 在 阳间 我 不 侍奉
娘在阳间我不侍，

Dai liux bae gung ndwi raen gwn.
taːi1 liːu4 pai1 kuŋ1 ʔdɯːi1 ɣan1 kɯn1
死 了 去 供 不 见 吃
死后才供不见吃。

Vuengzdaeq ndaejnyi coenz yienghneix,
wuːŋ2tai5 ʔdai3ɲi1 ɕon2 jiːŋ6nei4
皇帝 听见 句 这样
皇帝听见这些话，

Suenq mwngz Cauz Anh ceiq hauqswnh.
θuːn5 mɯŋ2 ɕaːu2 aːn6 ɕei5 haːu5θɯn6
算 你 曹 安 最 孝顺
算你曹安最孝顺。

Fung mwngz Cauz Anh daih'it fouq,
fuŋ1 mɯŋ2 ɕaːu2 aːn6 taːi6it7 fou5
封 你 曹 安 第一 富
封你曹安第一富，

Ram giuh fouzfang gvaq daihgai.
ɣaːm1 kiːu6 fou2faːŋ1 kwa5 taːi6kaːi1
抬 轿 悠悠 过 大街
抬轿悠悠大街奔。

Bouxhek gyang gai gag doxlwnh,
pou^{4}heːk^7 kjaːŋ^1 kaːi^1 kaːk^8 to^{4}lɯn^6
客人 中 街 自 相互议论
街上客人相议论，

Cauz Anh gaj lwg hwnj haklaux.
ɕaːu^2 aːn^6 ka^3 lɯk^8 hɯn^3 haːk^{7}laːu^4
曹 安 杀 儿 升上 大官
曹安杀儿有官任。

Cauz Anh gaj lwg cungq hakmbwk,
ɕaːu^2 aːn^6 ka^3 lɯk^8 ɕuŋ^5 haːk^{7}ʔbɯk^7
曹 安 杀 儿 中 高官
曹安杀儿当高官，

Ciengzleix sij lwg ngeix guhlawz?
ciːŋ^{2}lei^4 θi^3 lɯk^8 ŋei^4 ku^{6}laɯ^2
常理 舍 儿 想 干嘛
常理舍儿为哪门？

Gaj lwg ndaej goeng mwngz cix dauq,
ka^3 lɯk^8 ʔdai^3 koŋ^1 mɯŋ^2 ɕi^4 taːu^5
杀 儿 得 功劳 你 就 回来
杀儿立功你回来，

Faenzsaw daeuj bauq daengz baihlaeng.
fan^{2}θaɯ^1 tau^3 paːu^5 taŋ^2 paːi^{6}laŋ^1
文书 来 报 到 外家
文书来报外家送。

Roq laz boq hauh baiq goengcoj,
ɣo^5 la^2 po^5 haːu^6 paːi^5 koŋ^{1}ɕo^3
敲 锣 吹 号 拜 祖宗
敲锣吹号拜祖先，

Cojcoeng goengboh cingj dauqma.
ɕo^{3}ɕoŋ^1 koŋ^{1}po^6 ɕiŋ^3 taːu^{5}ma^1
祖宗 先父 请 回来
请回先父和祖宗。

Gvaqlaeng Cauz Anh goj miz fuk,
kwa^{5}laŋ^1 ɕaːu^2 aːn^6 ko^3 mi^2 fuk^7
过后 曹 安 可 有 福
过后曹安可有福，

Miz haj roih lwg ciep cojcoeng.
mi^2 ha^3 ɣoːi^6 lɯk^8 ɕiːp^7 ɕo^{3}ɕoŋ^1
生 五 个 儿 接 祖宗
生有五儿接祖宗。

Dauq seng haj namz dem ngeih mbwk,
taːu^5 θeːŋ^1 ha^3 naːm^2 teːm^1 ŋei^6 ʔbɯk^7
再 生 五 男 和 二 女
又生五男和二女，

Caet ceij doxcomz lwg ciuzdingz.
ɕat^7 ɕei^3 to^{4}ɕoːm^2 lɯk^8 ɕiːu^{2}tiŋ^2
七 子 相聚 儿 朝廷
七子相聚朝廷中。

Gvaqlaeng mehlaux dai gvaqseiq,
kwa^{5} laŋ^{1} me^{6} laːu^{4} taːi^{1} kwa^{5} θei^{5}
后来 老母 死 过世
后来老母去世时，

Caetcaet seiqgouj muenx sangdingz.
ɕat^{7} ɕat^{7} θei^{5} kou^{3} muːn^{4} θaːŋ^{1} tiŋ^{2}
七七 四九 满 丧庭
七七四九满丧庭。

Caetcaet seiqgouj muenx sanghoih,
ɕat^{7} ɕat^{7} θei^{5} kou^{3} muːn^{4} θaːŋ^{1} hoːi^{6}
七七 四九 满 丧会
七七四九满丧会，

Lwglan roihroih miz goengmingz.
luk^{8} laːn^{1} ɣoːi^{6} ɣoːi^{6} mi^{2} koŋ^{1} miŋ^{2}
子孙 个个 有 功名
子孙个个有功名。

Ngoenzhoengq ngoenzndwi mbouj gamj ciengq,
ŋon^{2} hoŋ^{5} ŋon^{2} ʔduːi^{1} ʔbou^{3} kaːm^{3} ɕiːŋ^{5}
空日 闲日 不 敢 唱
空日闲日不敢唱，

Ngoenzneix daeuj neix muenx sangciengz.
ŋon^{2} nei^{4} tau^{3} nei^{4} muːn^{4} θaːŋ^{1} ɕiːŋ^{2}
今日 到 此 满 丧场
今日丧场尽孝心。

前朝二十四行孝全書

玄门弟子陸明教

沉哱众部老。
二十四孝情。
吽母鍢介体。
浪眉狄眉鴉。
吽收朝孝男。
论行孝古事。
父母死过世。
送父母肵丕。

詑前朝的佉。
偻佉移斉听。
師恨斗吊孝。
提麻祭卓灵。
拎播跟遠檟。
赔父母恩情。
正吞内賠还。
吃笑佉通理。

二十四行孝。
论父母之恩。
伝偻恶吞叁。
咬哖捲斑关。
二十四行孝。
夜内起表坊。
养父母真生。
行孝劫天地。

理道亦难分。
孙十分匀記。
勺奉承父老。
淰他斗分分。
造教舍許仟。
唱前王古事。
迪衍偻介鬧。
亱内偻难跟。

行孝眉劫情。论伝偻夻听
二十四孝嘪。正賢人眉名
吽牧众師道。介八甪鼓鈴
伝偻不咎提。眉卒悉斗论。
依師蔔卦傳。吃想肝公名
干父老肝丕。吃奕伝嗄隊
父母口吞阴。恩情偻是斲。
二十四行孝。纫前朝的伝。

嘆帝舜行孝。
姆攞句想瞒。
俗行孝所歪。
眉福气汏赖。
敬着又打香着吊。
生得古声吊令向。
今會座在奉丧國。
社议鼓岳不断。

提麻報歪伻。
吴王曾天下
劝心唐帝堯
胃尽败死伤。
伏着又打奉燒香。
论唱帝舜降表坊。
社议鼓岳闹亦完。
散發行孝降表坊。

麻肝丧场踪乍怡。 屑曾助佛其麻名。
麻肝丧场習逰跪。 苟悬牌位只家亡。
麻肝丧场語陇能。 听我師童论跟言。
论唱前王並好汉。 单唱当初父母生。
父母正生佲里意。 姆佲失命批归陰。
姆佲失命批归故。 父佲四嫘个里嘞。
佲了四珈亦里於。 令丕母二麻干拦。
丕乱母内躺太福。 生乱特象大二郎。

Vahbaihlaeng

《Sawging Ngeihcibseiq Hauq Goengsae Bouxcuengh》(fanhoiz cawqgej) bouh saw neix, Bonjfwngzcau Sawndip de dwg——《Bouh Saw Caezcingj Ngeihcibseiq Hauq Ciuzgonq》, youz goengsae mizmingz Luz Yinghhan sienseng daezhawj, de dwg vunz Gvangjsih Vujmingz Gih Ningzvuj Cin. De seng youq 1938 nienz, roxsug Sawndip, cingdoeng gij sawging goengsae Bouxcuengh, ciengzseiz miz vunz cingj de bae guh gak cungj fapsaeh yizsiz. De doeg liux Bonjfwngzcau Sawndip《Bouh Saw Caezcingj Ngeihcibseiq Hauq Ciuzgonq》, gejgangj le cihsaw hamzeiq nanz rox de, sawj gou ndaej swnhleih roxdoeg bonjfwngzcau, caiqlij cingjleix、fanhoiz baenz bouh saw neix. Bouxcwzbenh、yaudui Gvangjsih Minzcuz Cuzhanjse, vih bouh saw neix ok haujlai goengrengz. Youq mwh bouh saw neix couh yaek yaenq, itheij caensim docih gyoengqde!

Gvanh Swgingh
2015. 7

后 记

《壮族师公二十四孝经书》(译注)一书的古壮字手抄本——《前朝二十四行孝全书》,由广西南宁市武鸣区宁武镇有名师公陆英汉先生提供。他于1938年出生,熟悉古壮字(方块壮字),精通壮族师公经书,常被人请去操持各种法事仪式。他通读了《前朝二十四行孝全书》(上下册)手抄本,解释了其中的一些难字词,使我能够顺利识读手抄本,并整理、翻译成此书。广西民族出版社的责编和校对人员,为本书的出版付出了大量的劳动。在本书即将付梓之际,一并表示诚挚谢意!

关仕京
2015.7

图书在版编目(CIP)数据

壮族师公二十四孝经书译注：壮文/关仕京采录译注. —南宁：广西民族出版社，2015.11
ISBN 978-7-5363-7002-9

Ⅰ.①壮… Ⅱ.①关… Ⅲ.①壮族—经文（道教）—译文—壮语 Ⅳ.①B952

中国版本图书馆 CIP 数据核字（2015）第 256090 号

ZHUANGZU SHIGONG ERSHISIXIAO JINGSHU YIZHU

壮族师公二十四孝经书译注

著　　者：关仕京
责任编辑：尹福建
封面设计：筱　影
版式设计：何世春
特约编辑：潘朝阳
特约校对：苏加快
特约审读：杨兰桂
责任印制：蓝　锋
出版发行：广西民族出版社
地址：广西南宁市青秀区桂春路 3 号　邮编：530021
电话：0771—5523216　传真：0771—5523225
制版印刷：广西地质印刷厂
规　　格：787 毫米×1092 毫米　1/16
印　　张：22
字　　数：120 千
版　　次：2015 年 11 月第 1 版
印　　次：2015 年 11 月第 1 次印刷
印　　数：1～1000 册
书　　号：ISBN 978-7-5363-7002-9/B·10
定　　价：88.00 元